A PROBLEMATIZAÇÃO DA DIGNIDADE PENAL DO CRIME DE ABUSO DE CONFIANÇA FISCAL

A PROBLEMATIZAÇÃO DA DIGNIDADE PENAL DO CRIME DE ABUSO DE CONFIANÇA FISCAL

2023

Hugo Lacerda

ALMEDINA

A PROBLEMATIZAÇÃO DA DIGNIDADE PENAL DO CRIME DE ABUSO DE CONFIANÇA FISCAL

AUTOR
Hugo Lacerda

EDITOR
EDIÇÕES ALMEDINA, S.A.
Avenida Emídio Navarro, 81, 3D
3000-151 Coimbra
Tel.: 239 851 904 · Fax: 239 851 901
www.almedina.net · editora@almedina.net

DESIGN DE CAPA
FBA.
CAPA: EDIÇÕES ALMEDINA, S.A.

PRÉ-IMPRESSÃO
EDIÇÕES ALMEDINA, S.A.

IMPRESSÃO E ACABAMENTO

Março, 2023

ISBN
978-989-40-1055-5

DEPÓSITO LEGAL

ALMEDINA | GRUPOALMEDINA

À minha mãe Rosa

"Por vezes os homens, com as melhores intenções, causam o maior mal à sociedade; e algumas vezes, com a pior das vontades, fazem o maior bem."

(Cesare Beccaria, *Dos delitos e das penas*, 1764)

"Hoje e sempre, o povo pagará tributos mais penosos para que a pátria tenha sempre os cofres bem cheios, a honra bem imaculada, e a liberdade bem resplandecente."

(Eça de Queirós, *Distrito de Évora, n.º 20*, de 17 de Março de 1867)

"La vita non è come l'hai vista al cinematografo: la vita è più difficile. Qualunque cosa farai, amala, come amavi la cabina del Paradiso."

(Do filme, *Cinema Paraíso*, de Giuseppe Tornatore, 1988)

AGRADECIMENTOS

O texto que se apresenta corresponde, com pequenas alterações de pormenor, à dissertação de Doutoramento em Ciências Jurídicas, defendida, discutida e aprovada por unanimidade, em provas públicas, no dia 30 de setembro de 2020, na Escola do Porto da Faculdade de Direito da Universidade Católica Portuguesa, perante um júri composto pelos senhores Professores Doutores Fernando Ferreira Pinto [presidente], Germano Marques da Silva, Henrique Salinas [arguente], José Damião da Cunha [orientador], Mário Ferreira Monte, Pedro Freitas, Susana Aires de Sousa [arguente] e Tomás Cantista Tavares. Aos membros do júri agradeço a forma como honraram um momento único na minha vida académica e pessoal, em particular, aos meus arguentes, pelas pertinentes criticas, sugestões e debate profícuo.

Uma palavra de agradecimento público ao meu orientador, Professor Doutor José Damião da Cunha pela forma sempre disponível, interessada, rigorosa, compreensiva e paciente, aliada à partilha descomprometida de saber, com que sempre orientou este estudo.

No fim de mais uma etapa recordo todos os que me acompanham desde o início; os colegas e os amigos que no meio das minhas aventuras e desventuras, sempre me ampararam neste longo e solitário caminho. O vosso companheirismo e amizade é o maior dos prémios que poderia almejar.

Por ser de justiça, agradeço aos Doutores Ana Cristina Ribeiro Costa e Filipe Cerqueira Alves, pelo inexcedível apoio e motivação ao autor desta tese. A dívida contraída de gratidão é idêntica à amizade que nutro por ambos.

Por último, "por serem sempre os primeiros", à minha família, constantemente privada da minha companhia e, injustamente, colocada em segundo plano: à Carla pelo seu silêncio confortante sem ciúme em relação a este meu grande amor; ao Nuno e ao Huguinho, os meus pilotos, que cresceram com a cabeça nas nuvens para hoje viverem no meio delas: *"Sierra Echo! Foxtrot Echo Lima India Zulu!"*; e à minha querida mãe Rosa a quem devo os princípios e os valores transmitidos e, principalmente, por me ter dado a oportunidade de ter alguém a quem posso chamar de MÃE, fazendo-me sentir o mais amado dos filhos.

PREFÁCIO

O Senhor Doutor Hugo Lacerda convida-me a prefaciar esta sua obra, intitulada "A problematização da dignidade penal do crime de abuso de confiança fiscal". É com muito gosto que aceito tão honroso convite. Sei o quanto se empenhou no estudo do tema bem como na redação da obra, até à sua atual conformação.

No ano de 2007, os Senhores Professores Manuel da Costa Andrade e Susana Aires de Sousa publicaram, na Revista Portuguesa de Ciência Criminal, um artigo denominado "As metamorfoses e desventuras de um crime (abuso de confiança fiscal) irrequieto – Reflexões críticas a propósito da alteração introduzida pela Lei n.º 53-/2006" (RPCC, n.º 17, p 53ss). A qualificação do crime – de irrequieto – logo passou a ser a marca da incriminação.

O Senhor Doutor Hugo Lacerda "apaixonou-se" pelo tema, pelo crime de abuso de confiança fiscal. Confessadamente, terá sido a sua atividade prática que o levou a interrogar e aprofundar o estudo sobre os fundamentos desta "estranha incriminação". E quem investiga seriamente um determinado objeto acaba por "assimilar" a natureza desse objeto. Assim, esta obra é da lavra de um Autor "irrequieto" e versa sobre um crime "irrequieto". Pode resumir-se assim a preocupação do Autor: continuar a colocar em causa, a desafiar, a quietude de um crime, por natureza "irrequieto", eventualmente visando "reformá-lo".

O crime de abuso de confiança fiscal, especificamente enquanto crime fiscal, insere-se numa temática ampla e muito relevante, mas pouco estudada na sua visão global. De facto, a tutela penal do património público, do património do Estado, na sua vertente orçamental (ou seja: por um lado, a tutela penal das receitas do Estado – o lado fiscal; e, por outro lado, a tutela penal da "boa despesa pública" – o lado das políticas públicas, em particular, das políticas de subvenções públicas ou, então, a de contratação pública) não tem sido vista de um modo conjunto ou conjugado, mas tão-só fragmentado (em função do tipo legal que esteja em causa ou em função do âmbito orçamental sujeito a análise). Justifica-se ainda mais esta separação de mundos, porque nos dois hemisférios encontram-se normas incriminatórias especiais, previstas, por sua vez, em legislação penal setorial (num hemisfério: p. ex., a fraude fiscal e a burla tributária – no Regime Geral das Infrações Tributárias; no outro: p. ex., o crime de fraude na obtenção de subsidio – previsto no diploma sobre Infrações anti-económicas e contra a saúde pública; já em outras modalidades de despesas públicas, como é o caso da contratação pública ou de outras políticas de subvenção, eventuais incriminações estarão previstas no regime penal comum, especialmente no tipo legal de burla). Trata-se de áreas temáticas que ultrapassam a dimensão do sistema jurídico nacional, refletindo uma dimensão Europeia (na tutela dos interesses orçamentais da União Europeia e das suas instituições) e ainda a competência da Procuradoria Europeia.

Resumindo: de um lado encontra-se a tutela penal de uma modalidade de financiamento, seguramente a mais relevante, do Estado (as suas receitas: os tributos); do outro, a tutela penal referente a políticas que, financiadas por aquelas receitas, se traduzem em despesas que visam o bem comum da comunidade.

O crime de abuso de confiança fiscal só parcialmente se insere neste quadro tão amplo de preocupações, afigurando-se mais "comezinho" nas suas finalidades. Com efeito, embora esteja em causa garantir receitas, financiamento, para o Estado (e, neste sentido, também está em causa um mecanismo de tutela dos interesses financeiros do Estado Português), nele ganha realce uma outra dimensão, aquela referente ao "agente do crime" e, em particular, aos seus deveres (nomeadamente, o desvio de dinheiros entregues para outros fins que não os legalmente previstos, incluindo fins pessoais, próprios). De facto, o crime de abuso de confiança fiscal (ou, então, o seu homónimo em outra área financeira: a da segurança social) também apresenta uma outra característica, talvez mais subtil ou "sub-reptícia", própria da atividade atual do Estado: no caso, uma quase "privatização" da atividade de "recebimento/cobrança de fundos ou dinheiros públicos"; com efeito, o Estado serve-se de especiais pessoas obrigadas (ou como tal obrigadas legalmente), que quase atuam como se fossem funcionários, para "recolha de impostos". É, pois, este duplo eixo de interesses ou vertentes que penetram o tipo legal de crime.

Todavia, é bom de ver que o tipo legal apresenta especificidades de nota (sobretudo face a tipos legais equiparáveis): seja nos valores considerados relevantes (tanto para efeito de limiar mínimo de punibilidade como para efeito de agravação em razão do valor), seja na imposição de prazos limite (com outras condições) a partir dos quais a omissão de entrega passa a ser considerada crime. São exatamente estas diversas condições que tornam a omissão de entrega de tributos criminalmente relevante, dando um recorte específico a esta incriminação.

Outros elementos, porém, intervêm quanto à sua aplicação prática, p. ex., relativamente aos mecanismos processuais.

Como decorre do trabalho do Senhor Doutor Hugo Lacerda, que procede à recensão dos principais passos na construção do tipo legal, o ponto de chegada – a atual norma incriminadora com todas as suas "idiossincrasias" – é consequência de uma evolução legislativa e também de jurisprudência entretanto fixada.

E é este, como dissemos, o tipo legal analisado pormenorizadamente e criticado pelo Senhor Doutor Hugo Lacerda. Empreendimento que leva – consequente ou inconsequentemente, ao leitor caberá ajuizar – a interrogar mais fundo da razoabilidade da incriminação e mesmo a colocá-la em questão, na sua validade. Ou seja, a manter a marca ou o registo desta incriminação como "irrequieta".

José Damião da Cunha
Professor Catedrático da Escola de Direito do Porto da Universidade Católica Portuguesa

RESUMO

A tese que apresentamos tem o título *«A Problematização da Dignidade Penal do Crime de Abuso de Confiança Fiscal»* e versa, de forma objetiva, a seguinte questão: mantém, presentemente, o crime de abuso de confiança fiscal, a dignidade penal que lhe é atribuída pelo artigo 105.º do Regime Geral das Infrações Tributárias, a partir do momento em que o legislador não diferencia a conduta do agente neste ilícito penal, em relação ao ilícito contraordenacional em termos de conduta, de desvalor ético e apenas o distingue em caso de gravidade do montante a entregar, mesmo que o bem protegido, a receita do Estado, seja o mesmo?

Este tema, para além do interesse académico sempre despertado, é igualmente impulsionado – e o texto não o omite –, na experiência da vida prática. Na verdade, através do exercício da advocacia somos confrontados com processos nos quais é imputada a prática de incumprimentos que originam responsabilidade tributária e/ou responsabilidade penal.

Por ser uma tese de Direito Penal Tributário, aborda matéria decorrente do Direito Penal e do Direito Fiscal, e, nessa medida, conceitos e princípios de ambos os ramos.

Os desafios que possamos reportar ao longo do trabalho decorrem, nomeadamente, das definições e delimitações de conceitos penais e fiscais, pelo sentido jurídico divergente, quer na sua natureza, quer na sua especialidade, o que trazem, sempre, dificuldades acrescidas na transposição e explanação do raciocínio jurídico que se pretende transmitir.

Naturalmente que não desconhecemos serem as posições da doutrina em alguns pontos, divergentes das que apresentamos nesta tese, nomeadamente, na interpretação que realizamos a alguns dos elementos do crime de abuso de confiança fiscal, o que tornou o trabalho apresentado especialmente desafiante.

A nossa reflexão não pretende afigurar se a conduta é ou não merecedora de intervenção penal, se o bem jurídico violado contém a necessária eticidade exigida na dignidade penal, uma vez que o caráter desvalioso e de danosidade social da conduta encontra-se presente e é pela comunidade merecedora de censura.

A questão que colocamos é saber de que modo, e em que termos, cumprindo-se os princípios do Direito Penal, da dignidade punitiva e da necessidade ou carência de pena, se conforma essa intervenção penal com o ilícito fiscal para cumprir a sua função em relação ao bem jurídico-penal protegido.

Para podermos alcançar os objetivos a que nos propusemos, decidimos dividir este estudo em três Capítulos principais.

Assim, no primeiro capítulo, analisamos o caminho legislativo percorrido até ao atual Regime Geral das Infrações Tributárias, sem esquecer duas das principais reformas fiscais, implementadas durante este percurso legislativo. Indicamos aqueles que foram, em nosso entendimento, os momentos mais marcantes na evolução do pensamento do legislador, o qual vai deambulando entre a sanção administrativa, a sanção penal, ou ambas. Sendo o bem jurídico tutelado no crime de abuso de confiança fiscal a proteção do Estado, do erário público, isto é, das receitas tributárias recebidas ou deduzidas e não entregues à Administração Fiscal, de igual modo, estudamos o conceito de infração tributária, a sua natureza e, por entendermos se tratar de aspeto relevante para uma fase subsequente do tema, os aspetos essenciais da culpa na infração tributária.

No segundo capítulo, após algumas considerações iniciais sobre o crime de abuso de confiança fiscal, apresentamos, numa primeira secção, os traços e as caraterísticas definidoras deste crime. Abordamos, numa perspetiva exclusiva de Direito Fiscal, pela relevância na compreensão do ilícito penal e contraordenacional, o instituto da substituição tributária, o seu conceito, os vários tipos de substituição e de espécies, assim como de igual modo, os vários tipos de responsabilidade tributária, nomeadamente, a responsabilidade do substituto tributário e as consequências decorrentes da substituição. Entendemos ser útil a referência efetuada a algumas figuras e conceitos fiscais, como por exemplo a repercussão fiscal, que, como sabemos, é caraterística do IVA e do Imposto do Selo e cuja confusão por vezes ocorre, nomeadamente, em relação à substituição tributária. Mereceu igual apontamento a responsabilidade funcional prevista no artigo 24.º da Lei Geral Tributária, por ser, igualmente, assunto que se distingue do estudado.

Regressando ao Direito Penal Tributário, analisamos a importância das condições objetivas da punibilidade na consumação do crime, destacando neste ponto a posição que defendemos sobre este conceito com relevância para o momento da sua consumação, as questões mais relevantes decorrentes da notificação da condição de punibilidade aditada à norma pela Lei n.º 53-A/2006, de 29 de dezembro. Aliás, entendemos serem estas denominadas condições objetivas de punibilidade, como elementos integrantes no ilícito, isto porque enquanto o dever de realizar a ação devida persistir o facto não se pode considerar consumado. Contudo, não é esta a interpretação efetuada quer pela doutrina quer pela jurisprudência.

Ainda o tipo subjetivo, as causas de justificação da ilicitude e da exclusão da culpa, relevantes a este crime, assim como a responsabilidade das pessoas coletivas e as formas especiais deste crime para podermos encontrar a melhor resposta à questão central do estudo.

Já na 2.ª secção deste capítulo expomos alguns dos problemas mais recorrentes na prática judiciária e que, em face da nossa posição, merecem partilha, em concreto, com o instituto da suspensão provisória do processo, a prescrição e o pedido de indemnização civil e as vantagens patrimoniais.

Na 3.ª secção, analisamos comparativamente, 4 (quatro) crimes, cada um deles, com aparentes similitudes para com o crime de abuso de confiança fiscal, seja decorrente da génese do ilícito, seja pela evolução legislativa da norma.

No 3.º e último capítulo, imprescindível à tese, refletimos sobre a fundamentação e razão de ser da incriminação penal do crime de abuso de confiança fiscal. Com efeito, refletimos se faz ou não sentido a sanção penal atendendo à tipificação atual deste crime ou se não se bastará a sanção não penal. Estudamos, ainda, se ao aceitarmos o afastamento do elemento matriz que dá eticidade ao crime, não estaremos perante uma alteração de paradigma e, ainda, um crime de desobediência fiscal.

Por fim, apresentamos as nossas propostas normativas para o crime de abuso de confiança fiscal que, cremos, podem ser concretizáveis.

ABSTRACT

The thesis we present is entitled «The Problematization of the Criminal Dignity of the Crime of Misappropriation of Tax Funds» and deals with the following question: does the crime of abuse of fiscal confidence currently maintain the criminal dignity that is attributed by article 105.º of the General Tax Infraction Regimen, from the moment the legislator does not differentiate the agent's conduct in this criminal offense, in relation to the misdemeanor offense in terms of conduct, ethical worthlessness and only distinguishes it in of gravity of the amount to be delivered, even if the protected property, the State revenue, is the same?

This theme, in addition to the academic interest always aroused, is also driven in the experience of practical life.

As it is a Criminal Tax Law thesis, it deals with matters arising from Criminal Law and Tax Law, and, to that extent, concepts and principles of both branches.

Our reflection is not intended to show whether the conduct is worthy of criminal intervention or not, whether the violated legal asset contains the necessary ethics required in the criminal dignity, since the demeaning and socially harmful nature of the conduct is present and it is community deserving of censorship.

The question we pose is to know how, and in what terms, complying with the principles of Criminal Law, of punitive dignity and the need or lack of punishment, does this criminal intervention conform to the tax offense to fulfill its function in relation to the protected legal-criminal good.

In order to achieve the objectives we set ourselves, we decided to divide this study into three main Chapters.

Thus, in the first chapter, we analyse the legislative path taken until the current General Tax Infraction Regimen, without forgetting two of the main tax reforms, implemented during this legislative path.

In the second chapter, we present, in a first section, the traits and defining characteristics of this crime. We approach, from an exclusive perspective of Tax Law, due to the relevance in the understanding of criminal and administrative offenses.

Returning to Criminal Tax Law, we analyse the importance of objective conditions of punishability in the consummation of the crime, highlighting at this point the position we defend on this concept with relevance to the moment of its consummation.

In the 2nd section of this chapter, we expose some of the most recurrent problems in judicial practice.

In the 3rd section, we comparatively analyse 4 (four) crimes, each of them with apparent similarities to the crime of abuse of fiscal trust, whether arising from the genesis of the illicit act, or due to the legislative evolution of the norm.

In the 3rd and last chapter, we reflect on the reasoning and reason for criminal incrimination of the crime of misappropriation of Tax Funds. In fact, we reflect on whether or not the criminal sanction makes sense given the current classification of this crime or if the non-criminal sanction will not suffice.

Finally, we present our normative proposals for the crime of abuse of fiscal trust that, we believe, can be implemented.

ÍNDICE

Agradecimentos 9

Prefácio 11

Resumo 15

Abstract 19

Índice 21

Abreviaturas e Siglas 29

INTRODUÇÃO 31

1. O Objeto da Investigação 31
2. Metodologia e Sequência da Investigação 32
3. Primeira Aproximação ao Objetivo da Investigação 34

CAPÍTULO I
ALUSÃO À HISTORICIDADE JURÍDICO FISCAL DAS INFRAÇÕES FISCAIS

1. Um Direito Penal Especial(íssimo) 37
2. A Lei n.º 12, de 13 de dezembro de 1844 45
3. O Código Penal de 1886 no âmbito das Infrações Fiscais 46
   3.1. As Infrações Fiscais Aduaneiras 46
   3.2. As Infrações Fiscais Não Aduaneiras 47
4. A Reforma Fiscal de 1958/1965 48
5. O Decreto-Lei n.º 619/76, de 27 de julho 50
6. A Reforma Fiscal de 1988/1989 52
7. O Regime Jurídico das Infrações Fiscais Aduaneiras 53

8. O Regime Jurídico das Infrações Fiscais Não Aduaneiras 54
9. O Regime Geral das Infrações Tributárias 57

Secção I
A Infração Tributária

1. Breve Contextualização 61
2. A Sanção Tributária 63
3. A Natureza da Infração Fiscal 64
3.1. O Ilícito Administrativo no âmbito da Infração Tributária 65
3.2. O Ilícito Criminal no âmbito da Infração Tributária 67
3.3. A Autonomia e Pluralidade do Ilícito Fiscal 69
3.3.1. A Doutrina Autonomista 69
3.3.2. A Doutrina Pluralista 70
4. O Ilícito Fiscal e a Natureza Meramente Sancionatória do Direito Penal Tributário 71
5. A Incriminação 74

Secção II
Os Elementos Estruturantes da Infração Tributária

1. O Facto Ilícito (Ilicitude e Tipicidade da Infração Tributária) 77
2. A Ação e Omissão da Conduta – A importância do *Locus* e *Tempus Delicti* 78
3. O Resultado 80

CAPÍTULO II
O CRIME DE ABUSO DE CONFIANÇA FISCAL

Considerações introdutórias sobre as especificidades do crime de Abuso de Confiança Fiscal 85

Secção I
O Crime de Abuso de Confiança Fiscal

1. O Bem Jurídico 97
2. A Substituição Tributária 101
2.1. Conceito e Considerações Gerais 101
2.2. Os Tipos de Substituição Tributária 102
2.2.1. A Substituição Total 103

2.2.2. A Substituição Parcial 104
2.2.3. O Substituto Tributário 105
2.3. As Espécies de Substituição Tributária 107
2.3.1. A Substituição Tributária por meio de Retenção na Fonte 107
2.3.2. A Retenção na Fonte e o Pagamento por Conta 110
2.4. A Responsabilidade Tributária 112
2.4.1. A Responsabilidade Solidária 113
2.4.2. A Responsabilidade Subsidiária 116
2.4.3. As Consequências da Substituição – O Art. 28.º da LGT 118
2.4.4. A Responsabilidade Funcional do Art. 24.º da LGT 120
2.5. Distinção de Figuras Afins 124
2.5.1. A Repercussão Fiscal 124
2.5.2. O Direito de Regresso na Substituição e Repercussão Fiscal 126
2.6. A Responsabilidade do Substituto – Aspetos Finais 127
3. O Preenchimento dos Elementos do Tipo Legal Objetivo 130
3.1. A Conduta 131
3.2. A Apropriação: Elemento (des)Necessário ao Preenchimento do Tipo? 132
3.3. O Iva e os Demais Impostos Sujeitos a Dedução/Retenção 134
4. A Punibilidade da Conduta 138
4.1. As Condições Objetivas de Punibilidade 139
4.2. A Condição de Punibilidade do decurso de 90 dias sobre o termo do prazo legal de entrega da Prestação 141
4.3. A Condição de Punibilidade: Exigibilidade de Pagamento no Prazo de 30 dias Após a Notificação para o Efeito 142
4.3.1. A Consumação do Crime 145
4.3.2. A Notificação e as Questões que lhe estão Associadas (A Problemática da imposição legal de notificação) 146
A. Competência e Legitimidade para proceder à Notificação 146
B. Os Problemas decorrentes da Introdução da Al. b), no n.º 4, pela Lei n.º 53-A/2006, de 29 de Dezembro 150
C. A Notificação das Pessoas Coletivas 152
D. A Notificação das Pessoas Coletivas ou Singulares em Situação de Insolvência 152

E. Os Requisitos Formais da Notificação da Al. b), do n.º 4 154
F. A Notificação da Coima 154
5. Elemento Subjetivo 156
6. Causas de Justificação da Ilicitude e Exclusão da Culpa 157
6.1. O Direito de Necessidade no Crime de Abuso de Confiança Fiscal 161
6.2. O Conflito de Deveres No Crime de Abuso de Confiança Fiscal 167
6.3. Aspetos Essenciais da Exclusão da Culpabilidade 180
6.3.1. A Imputabilidade (Capacidade de Culpa) 183
6.3.2. A "imputabilidade" das Pessoas Coletivas 184
6.3.3. Forma de Culpabilidade – A Culpa Dolosa e Negligente 188
6.4. O Estado de Necessidade Desculpante 192
7. Formas Especiais da Infração Fiscal – A tentativa e a Comparticipação 195
7.1. A Tentativa 200
7.2. A Comparticipação 201
8. O Crime Continuado e o Concurso de Crimes 205
9. A Responsabilidade Penal das Pessoas Coletivas no crime de Abuso de Confiança Fiscal 210
10. A Moldura Penal 218
11. A Dispensa e Atenuação Especial da Pena 220
12. A Suspensão da Execução da Pena 221

SECÇÃO II
O CRIME DE ABUSO DE CONFIANÇA FISCAL – PROBLEMAS RECORRENTES NA PRÁTICA JUDICIÁRIA

1. A Suspensão Provisória do Processo 229
2. A Prescrição 235
3. O Processo de Adesão e a Vantagem Patrimonial 239
A. A posição do Ministério Público no Processo de Adesão. O caso particular do Crime de Abuso de Confiança Fiscal 242
B. A Diferença entre a Indemnização Civil e a Vantagem Patrimonial 246
C. Breve Súmula 249

Secção III
Crimes Próximos ao Crime de Abuso de Confiança Fiscal

§1. O Crime de Abuso de Confiança Contra a Segurança Social 253
1.1. A (des)aproximação de ambos os crimes 253
1.2. Contribuições para a Segurança Social – Brevíssima referência à sua Evolução e Classificação 254
1.3. Um crime dessemelhante 256
1.4. O Acórdão Uniformizador de Jurisprudência n.º 8 de 2010 262
1.4.1. A Posição que teve Vencimento 262
1.4.2. A Posição Vencida 266
1.4.3. A Nossa Posição 269
A. O sentido literal da norma 270
B. A Inconstitucionalidade 271
C. O Julgador e a Segurança Social – Conflito de deveres? 272
§ 2. O Crime de Infidelidade 274
2.1. O Bem Jurídico 274
2.2. Do Tipo Objetivo 276
2.3. Do Tipo subjetivo 278
2.4. Outras questões Jurídicas no Crime de Infidelidade 279
2.5. Síntese Conclusiva 280
§ 3. O Crime de violação da Obrigação de Alimentos 280
3.1. O Bem Jurídico 282
3.2. Do Tipo Objetivo 282
3.3. Do Tipo Subjetivo 286
3.4. A Comparticipação 286
3.5. O Concurso 287
3.6. A Desvalorização do Crime – Dispensa da Pena 287
3.7. Síntese Conclusiva 288
§ 4. O Crime de Abuso de Confiança 289
4.1. O Bem Jurídico 290
4.2. Do Tipo Objetivo 290
4.2.1. A Apropriação Ilegítima 291
4.2.2. A Coisa Móvel Alheia 293
4.2.3. A Entrega da Coisa por Título não Translativo 293
4.3. Do Tipo Subjetivo 294
4.4. A Comparticipação e Tentativa 294

4.5. A Agravação 295
4.6. Síntese Conclusiva 296
§ 5. Conclusões Globais – Um Regime Autónomo para o Crime de Abuso de Confiança Fiscal? 297

CAPÍTULO III
FUNDAMENTO E RAZÃO DE SER DA INCRIMINAÇÃO PENAL NO CRIME DE ABUSO DE CONFIANÇA FISCAL

1. A Dignidade Penal e a Carência de Tutela Penal 299
2. A Sanção (não) Penal 314
2.1. A Sanção no Crime e na Contraordenação Tributária 315
2.2. Da Possibilidade de Dispensa, Atenuação Especial da Coima ou da Admoestação na Contraordenação Tributária 322
2.2.1. A Dispensa de Coima 323
2.2.2. A Atenuação Especial de Coima 325
2.2.3. A Admoestação 327
3. O Afastamento do Elemento Matriz no Crime de Abuso de Confiança Fiscal. Um Crime de Desobediência Fiscal? 332
4. Uma Alteração de Paradigma? Desafios e Propostas Normativas 336
4.1. A Descriminalização do Crime de Abuso de Confiança Fiscal – O Caráter Fraudulento da Norma 337
4.2. O Problema do Preenchimento da Conduta como Fraudulenta 344
4.3. A Ressocialização Fiscal 346
5. O Princípio da Solidariedade no Direito Penal Tributário 347
6. O Direito Penal Tributário no Crime de Abuso de Confiança Fiscal – *Ultima Ratio* de um Estado Socialmente Fiscal 354

CONCLUSÕES 361

JURISPRUDÊNCIA, DECISÕES ARBITRAIS E DIRETIVAS DA PGR CONSULTADAS 369
Tribunal Europeu dos Direitos do Homem 369
Tribunal Constitucional 369
Supremo Tribunal Administrativo 373
Tribunal Central Administrativo do Norte 374
Tribunal Central Administrativo do Sul 374
Supremo Tribunal de Justiça 374

Uniformização e Fixação de Jurisprudência 376
Tribunal da Relação de Coimbra 378
Tribunal da Relação de Évora 380
Tribunal da Relação de Guimarães 381
Tribunal da Relação de Lisboa 383
Tribunal da Relação do Porto 384
Decisões Arbitrais do CAAD 387
Diretivas da Procuradoria Geral da República 388

Bibliografia e Fontes 389

ABREVIATURAS E SIGLAS

AAFDL *Associação Académica da Faculdade de Direito de Lisboa*
AAVV *Autores Vários*
Ac. *Acórdão*
AEDUM *Associação de Estudantes de Direito da Universidade do Minho*
Al. *Alínea*
AO *Abgabenordnung*
ARGIT *Anterior Regime Geral das Infrações Tributárias*
Art. *Artigo*
BMJ *Boletim do Ministério da Justiça*
C. Civ. *Código Civil*
CAAD *Centro de Arbitragem Administrativa*
CEDH *Convenção Europeia dos Direitos do Homem*
Cf. *Confronte-se*
CIRC *Código do Imposto do Rendimento sobre as Pessoas Coletivas*
CIRE *Código da Insolvência e da Recuperação de Empresas*
CIRS *Código do Imposto sobre as Pessoas Singulares*
CIVA *Código do Imposto sobre o Valor Acrescentado*
CJ *Coletânea de Jurisprudência*
CMVM *Comissão do Mercado de Valores Mobiliários*
CTF *Revista de Ciência e Técnica Fiscal*
DL *Decreto-Lei*
FDUC *Faculdade de Direito da Universidade de Coimbra*
IDEFF *Instituto de Direito Económico Financeiro e Fiscal*
IMI *Imposto Municipal sobre Imóveis*
IMT *Imposto Municipal sobre as Transmissões Onerosas de Imóveis*

IRC	*Imposto sobre o Rendimento das Pessoas Coletivas*
IRS	*Imposto sobre o Rendimento das Pessoas Singulares*
IS	*Imposto do Selo*
IVA	*Imposto sobre o Valor Acrescentado*
LBSS	*Lei de Bases da Segurança Social*
NRGIT	*Novo Regime Geral das Infrações Tributárias*
OA	*Ordem dos Advogados*
OE	*Orçamento do Estado*
OCDE	*Organização para a Cooperação e Desenvolvimento Económico*
P.e.p.	*Previsto e Punido*
PGR	*Procuradoria Geral da República*
Proj.PG	*Projeto da Parte Geral*
RCEJ	*Revista do Centro de Estudos Judiciários*
RCJAP	*Revista de Ciências Jurídicas e de Administração Pública*
RDES	*Revista de Direito e de Estudos Sociais*
RDJ	*Revista de Direito e Justiça*
RLJ	*Revista de Legislação e Jurisprudência*
RMP	*Revista do Ministério Público*
ROA	*Revista da Ordem dos Advogados Portugueses*
RPCC	*Revista Portuguesa de Ciência Criminal*
TEDH	*Tribunal Europeu dos Direitos do Homem*
TJUE	*Tribunal de Justiça da União Europeia*

INTRODUÇÃO

1. O Objeto da Investigação

Esta dissertação versa o crime de abuso de confiança fiscal, discutindo-se o problema da sua dignidade penal ou da sua ausência. O interesse despertado por este tema decorreu, fundamentalmente, da visão teórico-prática que ao longo dos anos fomos assimilando, quer nos trabalhos académicos por nós realizados[1/2/3], quer na prática que profissionalmente efetuamos.

Se no campo jurídico-teórico este é um tema eminentemente conduzido pela interpretação sufragada pelo Supremo Tribunal de Justiça, já no campo teórico-prático, é um tópico que se vai alternando consoante as necessidades prementes do Estado.

O nosso estudo académico não pretende apenas refletir o somatório das leis ou fontes de direito em sentido técnico-jurídico, mas também a prática jurídica na resolução das incongruências que o crime apresenta – como adiante vamos referir –, e que tem na experiência judicial[4] o seu exemplo mais paradigmático. Faremos uma comparação com crimes próximos do crime de abuso de confiança fiscal de modo a podermos compreender o

[1] Vide, Lacerda, Hugo (2009), *O Crime de Fraude Fiscal – Estudo e Reflexão*, Porto: Almeida & Leitão.

[2] Vide, Lacerda, Hugo (2011), *Os Crimes Contra a Segurança Social*, Porto: Faculdade de Direito da Universidade do Porto, Centro de Investigação Jurídico Económica.

[3] Vide, Lacerda, Hugo (2021), *Códigos Anotados & Comentados – Justiça Tributária, LGT–CPPT–RGIT–RCPITA–RAT–LPFA*, Porto: Lexit Editora.

[4] Vide, Cortês, António (2010), *Jurisprudência dos Princípios – Ensaio sobre os Fundamentos da Decisão Jurisdicional*, Lisboa: Universidade Católica Editora, pág. 11.

que os distingue, não apenas em relação ao crime de abuso de confiança contra a segurança social previsto no Regime Geral das Infrações Tributárias, mas igualmente de crimes estabelecidos no Código Penal, casos do crime de infidelidade (artigo 224.º), do crime de violação da obrigação de alimentos (artigo 250.º) e do crime de abuso de confiança (artigo 205.º).

Procuraremos indagar se atualmente este crime justifica a dignidade penal e, deste modo, a intervenção do Direito Penal. Desde a sua introdução no ordenamento jurídico este ilícito tem sido alvo, pelo seu impacto na vida dos cidadãos e do próprio Estado, de inúmeras alterações, algumas vezes no sentido de criminalizar e agravar a penalização da conduta do agente e em outras vezes no sentido de as descriminalizar e despenalizar.

O objetivo da investigação é, por isso, o de refletir e contribuir para o debate, propondo soluções para as inúmeras interrogações, quer da jurisprudência, quer dos práticos, assim como dos contribuintes e com as quais somos confrontados no âmbito do crime de abuso de confiança fiscal.

2. Metodologia e Sequência da Investigação

Do ponto de vista da metodologia[5], este estudo é realizado através do método normativo, com a análise e estudo das decisões dos Tribunais e, de igual modo, através de um esforço exaustivo de identificação das posições doutrinais sobre o tema.

No Capítulo I apresentamos uma perspetiva histórico-legislativa das infrações tributárias no nosso ordenamento jurídico até ao atual Regime Geral das Infrações Tributárias[6] e no qual se encontra previsto e punido no artigo 105.º deste diploma, o crime de abuso de confiança fiscal. Esta análise irá permitir-nos verificar as constantes alterações legislativas, sem um critério pré-definido e mutável, nomeadamente ao nível da sanção. Consideramos, por outro lado, que, para se compreender o crime, se exige ter uma correta perspetiva da infração tributária, razão pela qual, seguidamente, a contextualizaremos no plano normativo e no processual.

[5] Segundo Castanheira Neves «à metodologia jurídica compete reflectir criticamente o método da judicativo-decisória realização do direito». – Vide, *Metodologia Jurídica – Problemas fundamentais,* Boletim da Faculdade de Direito da Universidade de Coimbra, Coimbra: Coimbra Editora, 1993, pág. 17.

[6] Sempre que ao longo deste estudo não se indicar diploma, referimo-nos ao Regime Geral das Infrações Tributárias, aprovado pela Lei n.º 15/2001, de 5 de junho, com as alterações introduzidas pela Lei n.º 7/2021, de 26 de fevereiro.

O Capítulo II inicia-se com uma abordagem histórica às fases fundamentais que alteraram e moldaram, significativamente, o crime de abuso de confiança fiscal. No seguimento do que antecede, na secção I, entramos no estudo do crime, analisando o tipo legal, a ilicitude, a culpa, as formas especiais e a sanção que o compõem. Colocamos várias interrogações, seja em relação à figura do substituto tributário e ao caráter unilateral do dever que lhe é imposto, seja relativamente às condições objetivas de punibilidade: desde o momento da consumação do crime, à notificação exigida pela norma, até às questões associadas à (im)possibilidade da aplicação do direito de necessidade, do conflito de deveres ou do estado de necessidade desculpante, entre outras.

Como um dos nossos principais objetivos é a resolução dos problemas controversos que têm na prática judiciária o seu melhor exemplo, pretendemos, na secção II, contribuir para a alteração dessa práxis, optando por abordar três temáticas específicas: a suspensão provisória do processo, a prescrição, o processo de adesão e as vantagens patrimoniais.

Estas matérias têm em comum a análise da conduta processual do Ministério Público e as contradições que ocorrem pelas posições assumidas por parte deste órgão, com consequências na aplicação do direito pelo julgador. Entre essas questões analisaremos se será juridicamente aceitável que o Ministério Público tenha legitimidade para requerer, em processo penal e pela prática do crime de abuso de confiança fiscal, pedido de indemnização civil, uma vez que o Tribunal comum terá forçosamente que decidir sobre matéria fiscal, competência atribuída ao Tribunal Fiscal[7].

Neste capítulo, igualmente em secção autónoma, efetuamos uma comparação entre o crime de abuso de confiança fiscal e vários crimes, por nós especificamente selecionados, de modo a ficarmos habilitados a responder a três questões: qual a razão para que o crime de abuso de confiança fiscal não seja incluído no Código Penal? A especialização do crime de abuso de confiança fiscal não coloca em causa a eficiência e a tempestividade que são exigidas às decisões judiciais? Mantém o crime de abuso de confiança fiscal a sua identidade original após lhe ter sido retirado o seu elemento matriz?

[7] Matérias refletidas a partir do pensamento dos Professores LOBO MOUTINHO e DAMIÃO DA CUNHA. – Vide, MOUTINHO, José Lobo (2013), *Processo penal tributário e processo penal comum – questões fundamentais, in* AAVV, *Curso de Especialização – Temas de Direito Fiscal Penal,* Lisboa: Centro de Estudos Judiciários e CUNHA, José Manuel Damião da (2016), *Sobre a Adesão em Processo Penal, in* AAVV, *Liber Amicorum Manuel Simas Santos,* Lisboa: Rei dos Livros.

No último capítulo deste estudo, retiramos as consequências das várias respostas às interrogações até aqui realizadas. Abordamos a dignidade penal e a carência de tutela penal; se existe uma diferenciação entre o ilícito criminal e o contraordenacional de não entrega da prestação tributária. Colocamos a hipótese de podermos ter atualmente, ao invés de um crime de abuso de confiança fiscal, um crime de desobediência fiscal ou se será de se optar por um regime autónomo. No caso de existir uma alteração ao paradigma inicial da construção dogmática do crime, apresentamos propostas concretas ao modo como observamos a criminalização da conduta espelhada no crime de abuso de confiança fiscal, aditando ao ordenamento jurídico a figura da "ressocialização fiscal". Tomamos, ainda, como imperativa a aplicação do princípio da solidariedade ao Direito Penal Tributário, muito mais de cariz eminentemente social e fiscal.

3. Primeira Aproximação ao Objetivo da Investigação

Não se desconhece a existência de uma certa resistência dos cidadãos no cumprimento das suas obrigações tributárias, por observarem que o Estado não cumpre as suas funções em áreas como a saúde, a educação ou a justiça. Independentemente dessa incapacidade, por vezes demonstrada por parte do Estado em cumprir as suas funções, existe um dever fundamental da parte dos cidadãos em cooperar, sendo que o meio utilizado para o seu cumprimento é realizado através do pagamento de impostos. O dever fundamental de pagar impostos[8] é a contrapartida para podermos ter uma sociedade que corresponda aos anseios dos cidadãos. Mas será este dever de pagar impostos superior a outros deveres igualmente relevantes, como por exemplo o de pagar salários, em qualquer circunstância? O legislador tem vindo a agravar as sanções por violação de obrigações tributárias, pela necessidade mais premente de o Estado corresponder às expectativas dos cidadãos contribuintes. Pelo contrário, vem retirando, no caso do crime de abuso de confiança fiscal, elementos que concediam ao crime, conforme refletiremos, a sua identidade e a respetiva dignidade penal.

O nosso objetivo é compreender qual o papel do atual crime de abuso de confiança fiscal no nosso regime jurídico e apresentar propostas, as quais

[8] O Estado Fiscal baseia-se e concretiza-se no dever fundamental de pagar impostos. – Vide, Nabais, José Casalta (2015), *O Dever Fundamental de Pagar Impostos – Contributo para a compreensão constitucional do estado Fiscal contemporâneo*, 4.ª Reimpressão, Coimbra: Almedina, pág. 223.

terão como objetivo o plano teórico, mas nunca esquecendo que o direito, sem prejuízo da sua autonomia valorativa (e precisamente em nome dela), deve estar impregnado de vida real[9], na medida em que não pode desconhecer as realidades do universo prático a que se aplica.

Nas palavras de Castanheira Neves,

> *(...) o direito, antes que pressuposto, é ele próprio o objectivo e a tarefa que a interpretação jurídica se propõe, uma vez que só resolvendo (decidindo judicativamente) aqueles problemas, ele afinal se obtém. Nestes termos e para interpretação jurídica, o direito não é objecto a conhecer, e sim problema a resolver (...)*[10].

É, por isso, esta a reflexão que propomos.

[9] Vide, Cortês, António (2013), *Para uma Metodologia Jurídica Integral, in* RDJ – *Estudos dedicados ao Professor Doutor Nuno José Espinosa Gomes da Silva*, Volume Especial, pág. 61.

[10] Vide, *O Actual problema metodológico da interpretação Jurídica – Volume I*, Coimbra: Coimbra Editora, 2011, págs. 63 e 64.

CAPÍTULO I
ALUSÃO À HISTORICIDADE POLÍTICO-JURÍDICA DAS INFRAÇÕES FISCAIS

1. Um Direito Penal Especial(íssimo)

O Direito Penal especial é o setor do direito que mais discussão tem gerado na doutrina e na jurisprudência, quer por força das constantes alterações legislativas que tem suscitado, quer pelo impacto que tem sobre a organização da vida em sociedade, em particular, no plano da justiça fiscal.

Acontece, porém, que o facto de ser intitulado de especial não deixa de ser contraditório ou descontextualizado à atual realidade processual.

É certo que não desconhecemos a razão de existir uma designação diferente entre o Direito Penal comum e o especial, isto apesar de ambos convergirem na tutela de valores e bens jurídicos essenciais para a vida em comunidade[11]. Esta distinção é efetuada tendo por base valores constitucionais. No Direito Penal de justiça, ou comum, protegem-se os bens jurídicos pessoais ligados aos direitos, liberdades e garantias fundamentais; e no

[11] Adiantamos a definição de Direito Penal especial recorrendo às palavras de João da Costa Andrade, segundo o qual, «reside no facto de [ele]ser reduto agregador de um conjunto de normas que assumem um caráter claramente punitivo e cuja positivização se materializa em legislação extravagante». – Vide, «O erro sobre a proibição e a problemática da legitimação em Direito Penal (elemento diferenciador entre o Direito Penal Económico e o Direito Penal de Justiça)», *in* AAVV, *Temas de Direito Penal Económico*, Coimbra: Coimbra Editora, 2005, pág. 17.

Direito Penal especial, protegem-se os valores de natureza socioeconómica[12]. Os tipos de bens jurídicos, no entanto, têm dignidade penal, pela proteção constitucional[13] que lhes é consagrada.

Todavia, se até determinado momento histórico[14] concordaríamos com a justeza daquela distinção, a verdade é que, na atualidade, a realidade prática nos conduz a uma conclusão diversa, visto que não existirá, objetivamente, e na visão dos contribuintes, razão para essa diferenciação.

Repare-se que a legislação em vigor coloca o Direito Penal especial, num patamar cada vez mais *especialíssimo*, quer por razões de índole económica, quer pelo cada vez maior número de ilícitos cometidos, na prática, fora do âmbito do denominado Direito Penal comum.

Neste aspeto, o Direito Penal especial, não só pela força que o domínio económico exerce junto da comunidade, mas também pela sua importância na resolução dos problemas de índole social, apresenta uma matriz flexível, ao nível da resposta o que lhe permite fazer face às exigências que são determinadas por cada contexto específico. É que, ao contrário do Direito Penal comum, no Direito Penal especial a necessidade de proibir determinado comportamento, que geralmente afeta a ordem económica, serve o bem jurídico como um *posterius* e não um *prius*[15]. Digamos que o relevante para o Direito Penal Tributário, enquanto direito especial, é obedecer aos princípios constitucionais e às «categorias dogmáticas do Direito Penal comum que conformam o sistema penal português»[16].

Na verdade, através do Regime Geral das Infrações Tributárias, o legislador conjugou os crimes fiscais, os crimes contra a segurança social bem como as respetivas contraordenações tributárias e, neste contexto, é nosso entendimento que nada obsta a que as questões referentes aos crimes fiscais, aos crimes contra a segurança social, bem como a sua respetiva matéria

[12] Vide, Dias, Jorge de Figueiredo (1981), *Para uma dogmática do direito penal secundário*, RLJ, n.º 3718, pág. 11 e Monte, Mário Ferreira (2007), *Da Legitimação do Direito Penal Tributário em Particular os Paradigmáticos Casos de Facturas Falsas*, Coimbra: Coimbra Editora, págs. 92 e 93.

[13] Vide, Cunha, Maria da Conceição Ferreira da (1995), *Constituição e Crime – uma perspectiva da criminalização e da descriminalização*, Porto: Universidade Católica Editora, pág. 289.

[14] Vide, Costa, José de Faria (1992), *O Perigo em Direito Penal*, Coimbra: Coimbra Editora, pág. 365.

[15] Vide, Monte, Mário Ferreira (2007), *Da Legitimação (...)*, op. cit., págs. 141 e 142.

[16] Vide, Silva, Germano Marques da (2018), *Direito Penal Tributário*, 2.ª Edição revista e ampliada, Coimbra: Almedina, pág. 13.

contraordenacional, não pudessem, num primeiro patamar, estar insertas no Código Penal e no Regime Geral das Contraordenações[17/18/19].

No entanto, é importante ter em atenção o facto de que a investigação criminal, assim como os processos com maior interesse para a opinião pública, têm vindo a versar sobre matérias elencadas em crimes tributários[20]. Sabemos que as transformações das sociedades tendem a ocorrer, consoante os seus ciclos económicos atravessem uma era de prosperidade ou de recessão[21], e que, não obstante a "génese" dos ilícitos criminais de índole fiscal serem provectos no nosso ordenamento jurídico, estes têm vindo a ser alvo de constantes alterações, consoante os *"ventos que sopram"* no campo político-económico[22/23].

Porém surge a questão: a existência de um número bastante superior de processos em Tribunal pela prática de crimes de abuso de confiança fiscal e de fraude fiscal, em comparação com outros crimes fiscais, poderá ser

[17] Cf. Decreto-Lei n.º 433/82, de 27 de outubro, com as alterações introduzidas pela Lei n.º 109/2001, de 24 de dezembro.

[18] Isabel Marques da Silva, assim como a jurisprudência dominante à data da entrada em vigor do Regime Jurídico das Infrações Fiscais Não Aduaneiras, defendiam que o «direito fiscal penal é direito especial relativamente ao direito penal comum». – Vide, *Responsabilidade Fiscal Penal Cumulativa – Das Sociedade e dos seus Administradores e Representantes*, Lisboa: Universidade Católica Editora, 2000, pág. 37, nota de rodapé 62.

[19] Em conferência realizada, em 15 de janeiro de 2016, no Centro de Estudos Judiciários, Glória Teixeira defendeu não fazer sentido a tipificação dos crimes tributários no Regime Geral das Infrações Tributárias, uma vez que estes deveriam estar inseridos, mesmo que em secção especial, no Código Penal. – *Intervenção disponível em https://educast.fccn.pt/vod/clips/drtq0mm2v/flash.html.*

[20] Relembrem-se, a título de exemplo, os mediáticos processos denominados de *"Face Oculta"*, *"Operação Furacão"* ou, ainda, de *"Operação Marquês"*, no qual a matéria relativa a crimes fiscais é abordada, e refletida, pela comunidade (jurídica e não jurídica).

[21] Sobre esta matéria. – Vide, Domingues, Sérgio (2010), *Os Ciclos económicos e a Teoria das Cinco Transformações*, Gradiva e Samuelson, Paul A. / Nordhaus, William D. (2005), *Economia*, 18.ª Edição, Lisboa: Mcgraw-Hill, pág. 373.

[22] Vide, Andrade, Manuel da Costa (2002), «O abuso de confiança fiscal e a insustentável leveza (de um acórdão) do Tribunal», *in* AAVV, *Direito Penal Económico e Europeu: Textos Doutrinários, Volume III*, Coimbra: Coimbra Editora.

[23] Como escreve Alcindo dos Reis: «a cria legislativa insere-se em planos mais vastos do capitalismo monopolista, quer na forma de capitalismo monopolista de Estado quer na forma imperialista hoje chamado capitalismo global». – Vide, *O Crime de Abuso de Confiança Fiscal ou a razão de Estado contra a razão da verdade*, Lisboa: Vida Económica, 2003, págs. 25 e 26.

justificada somente por questões de índole económica ou poderá decorrer de razões culturais, por não ter sido essa prática socialmente censurada[24/25]?

A sensação de impunidade e de falta de censurabilidade por parte da comunidade evoluiu de uma forma que, no passado, pareceria ser difícil de prever; de um sentimento generalizado de impunidade quanto à fuga caminhou-se no sentido da condenação do ponto de vista jurídico-social[26/27].

A cobrança de tributos esteve sempre presente na história da Humanidade[28], uma vez que a evolução e a sustentação dos próprios Estados,

[24] Em nota de apresentação ao livro o *"Crime de Abuso de Confiança Fiscal – Problemas do Actual Direito Penal Tributário"*, Germano Marques da Silva refere que «o grande número de processos nos tribunais não pode ser explicado por razões conjunturais ou pelas crises endémicas da economia portuguesa, mas essencialmente, ao que julgo, por razões culturais». – Vide, Marques, Paulo (2010), *Crime de Abuso de Confiança Fiscal – Problemas do Actual Direito Penal Tributário*, 2.ª Edição, Coimbra: Coimbra Editora, pág. 9.

[25] Em relação ao número de processos judiciais relativos a crimes tributários, vide nota de rodapé, 922.

[26] Para Freitas Pereira, «certos impostos são irritantes, enquanto outros, que até podem proporcionar uma receita fiscal equivalente, são anestesiantes. É evidente que o contribuinte pode reagir através da fuga a impostos que lhe suscitam uma reação psicológica especialmente adversa, designadamente por serem percepcionados como especialmente injustos». – Vide, *Fiscalidade*, 6.ª Edição, Lisboa: Almedina, 2018, pág. 542.

[27] Segundo Frederico Costa Pinto «tem-se alterado significativamente a percepção social sobre a evasão fiscal: de atividade socialmente tolerada e por vezes legitimada por uma espécie de consideração popular pela inteligência e capacidade de evitar a tributação estadual, a evasão fiscal passou a ser vista na sua real danosidade sócio-económica e enquanto fonte de injustiça e desigualdade». – Vide, *Crimes Tributários – Portugal*, Lisboa: Faculdade de Direito da Universidade Nova de Lisboa, pág. 2.

Para Susana Aires de Sousa «tem-se hoje por longínquo o tempo em que a fuga aos deveres fiscais era considerada ética e moralmente neutra». – Vide, *A natureza jurídica da infração fiscal no direito português: oscilando entre crime e contraordenação – Contraordenações Tributárias*, Lisboa: Centro de Estudos Judiciários, 2016, pág. 73.

[28] O nome "tributo" tem a sua génese nas oferendas que eram dadas aos Deuses. Numa fase inicial, o tributo, era de caráter voluntário, passando a ter com a formação das primeiras civilizações caráter obrigatório. Na civilização Grega, com a criação de modelos democráticos, códigos legais, instituições jurídicas e, principalmente, a introdução do conceito de *"Cidade-Estado"*, entramos numa nova fase de arrecadação de impostos. Para além da cobrança de impostos aos seus cidadãos eram exigidos aos comerciantes estrangeiros que negociavam na região, igualmente, esse pagamento. Esta política "fiscal" foi mantida pelos Romanos, nomeadamente na tributação aos estrangeiros e aos povos sob o seu domínio, como forma de financiar Roma e manter a máquina de guerra.

Na Idade Média uma das grandes modificações decorre no facto de o pagamento dos tributos poder ser efetuado através de produtos em espécie. O benefício retirado com o paga-

assim como a necessidade de criar normas de conduta, obrigou à sua criação e consequente manutenção. Contudo, tal prática nunca assumiu um caráter estático; muito pelo contrário, ela foi sempre sendo alterada de acordo com as singularidades histórico-culturais de cada momento político e socioeconómico.

Sucede, porém, mesmo tendo em conta esse seu caráter não estático, o imposto[29] foi, e continua a ser, um fator crucial enquanto motor da evolução social, chegando mesmo a ser considerado, no presente, como um exer-

mento passaria por conceder ao servo proteção do seu senhor feudal. Em face dos abusos decorrentes da excessiva liquidação de imposto, em Inglaterra, surge a *Magna Charta.* No que aos tributos concerne, este documento, de grande importância histórica, introduz a primeira limitação legal ao poder dos reis na aplicação e cobrança de impostos.
No Renascimento a liquidação de impostos, nomeadamente nas transações comerciais, foi essencial no financiamento das grandes viagens. Generaliza-se a cobrança de tributos em moeda e não mais em mercadorias, como ocorrera ao longo de toda a Idade Média.
O tributo/imposto esteve sempre presente, mantendo-se como fator essencial na transformação da sociedade. Relembre-se a Revolução Francesa de 1789 ou a independência dos Estados Unidos da América que teve como uma das principais causas, os pesados impostos que a coroa britânica cobrava sobre as colónias e, com o início na *Magna Charta,* afirma o princípio da legalidade da intervenção penal.
Sobre esta matéria para maior aprofundamento. – Vide, Ardant, Gabriel (1972), *Histoire de l'Impôt,* Livre II, Paris: Fayard.

[29] O imposto é um conceito bastante difícil de definir, como podemos aferir pelas inúmeras definições dos mais variados autores. – Vide, Costa, José Manuel M. Cardoso da (1970), *Curso de Direito Fiscal,* Coimbra: Almedina, pág. 4; Xavier, Alberto (1981), *Manual de Direito Fiscal I,* Lisboa: Livraria Petrony, pág. 42; Teixeira, António Braz (1990), *Princípios de Direito Fiscal,* Coimbra: Almedina, pág. 35; Campos, Diogo Leite de / Campos, Mónica Horta Neves Leite de (2003), *Direito Tributário,* 2.ª Edição, Coimbra: Almedina, pág. 97; Sanches, Saldanha (2007), *Manual de Direito Fiscal,* 3.ª Edição, Coimbra: Coimbra Editora, pág. 9; Fernandes, Ricardo Sá (2010), *O Imposto – Uma Reflexão Conceptual, em Estudos em Homenagem ao Professor Doutor Paulo de Pitta e Cunha – Volume II* (coord. Jorge Miranda, António Menezes Cordeiro, Eduardo Paz Ferreira, José Duarte Nogueira), Coimbra: Almedina, págs.733-745; Silva, Suzana Tavares da (2013), *Direito Fiscal –Teoria Geral,* Coimbra: Imprensa da Universidade de Coimbra, pág. 23; Sousa, Domingos Pereira de (2013), *Direito Fiscal e Processo Tributário,* Coimbra: Coimbra Editora, pág. 37; Carlos, Américo Fernando Brás (2016), *Impostos-Teoria Geral,* 5.ª Edição, Coimbra: Almedina, págs. 37 e 38; Machado, Jónatas E.M. / Costa, Paulo Nogueira da (2018), *Manual de Direito Fiscal – Perspetiva Multinível,* Coimbra: Almedina, pág. 13; Vasques, Sérgio (2018), *Direito Fiscal,* 2.ª Edição, Coimbra: Almedina, pág. 208; Pires, Manuel / Pires, Rita Calçada (2018), *Direito Fiscal,* 5.ª Edição, Coimbra: Almedina, pág. 38; Teixeira, Glória (2019), *Manual de Direito Fiscal,* Coimbra: Almedina, 5.ª Edição, Reimpressão, pág. 32; Nabais, José Casalta (2015), *O Dever Fundamental de Pagar Impostos (...),* op. cit., págs. 223 a 226 e *Direito Fiscal,* Coimbra: Almedina, 11.ª Edição,

cício decisivo nessa evolução, nomeadamente quando aplicado através de mecanismos de auto-tributação.

De um ponto de vista da análise histórica, não restam dúvidas de que as políticas fiscais e a forma como estas são executadas têm, e tiveram, o poder de influenciar o destino de várias civilizações[30] e nas quais a tributação tem sido um barómetro confiável da ordem social, não existindo, aliás, nenhum outro que averigue o estado de uma nação ou analise o seu sistema tributário com igual ou superior grau de fiabilidade. Qualquer sociedade pode ser mais corretamente avaliada quando sabemos quem paga impostos, a razão pela qual os paga e a forma como estes são liquidados.

2019, pág. 34; Dourado, Ana Paula (2019), *Direito Fiscal,* 4.ª Edição, Coimbra: Almedina, pág. 46.

Aderimos à definição de imposto proposta por Freitas Pereira: «Imposto é uma prestação pecuniária, coactiva, unilateral, a título definitivo, sem carácter de sanção, devida ao Estado ou outros entes públicos com vista à realização de fins públicos». – Vide, *Fiscalidade (...),* op. cit., 2018, pág. 17.

No ordenamento jurídico Espanhol, o artigo 2.º da *Ley General Tributaria,* define imposto como sendo «os impostos cobrados sem contraprestação, cujo facto gerador é constituído por, actos ou factos que demonstram a capacidade económica do contribuinte». – Vide, Martin Queralt, Juan (1996), *Curso de Derecho Financeiro y Tributário,* 7.ª Edição, Madrid: Editorial Tecnos.

Para Pérez Royo, esta definição normativa é infeliz, uma vez que deixa de fora outros fatores, igualmente importantes, como a obrigação legal, independentemente da capacidade económica. – Vide, *Derecho Financiero Y Tributário Parte General,* 28.ª Edição, Madrid: Editorial Civitas, 2018, pág. 107.

Em França, a definição de imposto é efetuada considerando a repartição do esforço individual de cada contribuinte para o orçamento. Entende-se que «o imposto é o processo de repartição/distribuição da carga fiscal às pessoas de acordo com as suas capacidades contributivas». – Vide, Trotabas, Louis / Cotteret, Jean Marie (1996), *Droit Fiscal,* 8.ª Edição, Paris: Précis Dalloz, pág. 10.

Para os Belgas Marc Dassesse e Pascal Minne «actualmente, os impostos tornaram-se também num instrumento para a redistribuição de rendimentos e um instrumento para a prática de intervencionismo económico por parte do Estado». – Vide, *Droit Fiscal – Principes Généraux et Impôts Sur Les Revenus,* Bruxelles, 1996, págs. 5 e 6.

Em Itália, Pasquale Russo (2009), em *Manuale di Diritto Tributario,* Giuffrè Editore, pág. 13.

30 Vide, Adams, Charles (1999), *For Good and Evil. The Impact of Taxes on the Course of Civilization,* 2.ª Edição, Nova Iorque: Madison Books.

Charles Adams refere, como exemplos decorrentes de más políticas fiscais, as quedas dos Impérios Romano e Espanhol e, no inverso, o sucesso do império Grego.

Susana Aires de Sousa, em conferência realizada no dia 15 de janeiro de 2016, no Centro de Estudos Judiciários, dá como exemplo a queda do regime Nazi.

Se, tal como constatamos, a história da cobrança de tributos tem acompanhado a história da civilização, a verdade é que todo esse percurso se fez acompanhar por um sentimento constante de desconforto. Isto porque, na generalidade, a comunidade sempre se rebelou contra o pagamento de qualquer tipo de imposto, e, no caso de tal pagamento ser um imperativo categórico inultrapassável, sempre procurou todas as formas plausíveis de evitar efetuá-lo. Apesar de tudo, cremos que na atualidade, se tal sentimento de desconforto não desapareceu, a verdade é que existe, indubitavelmente, uma maior consciencialização do direito de poder exigir a correta aplicação desses impostos, o que por si só, é claro, não evita que se mantenham comportamentos desviantes de evasão fiscal.

Não obstante as questões referentes às violações das obrigações fiscais, ou se preferirmos da entrega de tributo, terem estado permanentemente presentes na evolução das sociedades, pelas razões supra elencadas, este incumprimento tem evoluído para um sancionamento de natureza administrativa e/ou penal[31]. Acontece que o não pagamento de imposto não é sinónimo da prática de uma infração tributária, nem o facto de não ser devido nenhum imposto é igualmente sinónimo da sua inexistência[32]. O Direito Fiscal abrange um grupo de normas, que em caso de incumprimento, implica responsabilização penal ou contraordenacional sem perder a sua natureza tributária, existindo, por isso, estreitas relações entres os dois ramos de direito.

É o que sucede não apenas em relação à teoria da infração fiscal, na qual valem, na sua generalidade, as conclusões da doutrina criminal, como em relação a alguns institutos individualizados, aos quais o próprio legislador fiscal adotou a solução na lei penal ou expressamente remeteu para as suas soluções[33].

O sistema jurídico português nunca olhou para estas matérias de uma forma que ultrapassasse a repreensão administrativa do agente infrator.

[31] Cf. Secção I deste capítulo.

[32] O que constitui a infração é a violação de deveres tributários que impossibilitam ou dificultam o seu apuramento ou a regular liquidação à Autoridade Tributária. – Vide Silva, Isabel Marques da (2018), *Regime Geral das Infrações Tributárias – Cadernos IDEFF, n.º 5 –* Reimpressão da 3.ª Edição, Coimbra: Almedina, pág. 58 e Martinez, Pedro (2003), *Direito Fiscal,* Reimpressão da 10.ª Edição, Coimbra: Almedina, pág. 332.

[33] Vide, Teixeira, António Braz (1990), *Princípios de Direito Fiscal – Vol. I,* 3.ª Edição, Coimbra: Almedina, pág. 31.

Ao contrário do que ocorria, por exemplo, em países anglo-saxónicos, Portugal apenas em tempo recente começou a incluir na sua legislação penal penas de prisão para quem praticasse ilícitos desta ordem[34/35].

Em regra, durante muitos anos, a violação de normas fiscais, a consequente fuga ao fisco e a sua não sanção, era aceite como uma qualidade reveladora de uma superior capacidade cognitiva do agente em relação à restante comunidade. Se na realidade, atualmente, este papel é socialmente censurado, certo é que este comportamento foi sendo adquirido[36], ao longo dos anos, decorrente da forma como a impunidade legislativa com os ilícitos desta natureza eram tratados pelo legislador português.

Por fim, o próprio critério de mera distinção entre as áreas do direito – fiscal, económico, ambiental, entre outras –, não deixa de ter uma mera função identificativa[37]. Se concordamos com a sua especial complexidade, discordamos do papel secundário que é atribuído ao direito especial no ordenamento jurídico penal, nomeadamente, por força do caminho legislativo que vem sendo traçado e da mensagem que, erradamente, por vezes transmite de inferioridade em relação aos crimes estabelecidos no Código Penal.

[34] No estudo *A Fraude Fiscal e o Princípio da Transparência*, disponível na CTF, n.º 422, 2008, pág. 26, nota de rodapé 3, Glória Teixeira dá como exemplos o caso inglês Jacques Parry (ed.) *Arlidge and Parry on Fraud*, 3rd Edition, Sweet & Maxwell, 2007, págs. 407 e ss e o caso norte-americano, Camilla Watson (2006), *Tax Procedure and Tax Fraud*, Thomson Wet.

[35] A título de exemplo, o crime de fraude fiscal p.e.p. no artigo 103.º do Regime Geral das Infrações Tributárias.

[36] Em 1992, Sutherland introduziu a *"Teoria da Associação Diferencial"* onde defende que o comportamento criminoso é apreendido como qualquer outro comportamento normativo. É o nosso entendimento em relação ao caso português, pelos anos de "convivência" social e legislativa em que perdurou um elevado grau de impunidade e de aceitação social na fuga aos impostos.

Sobre a teoria da associação diferencial vejam-se Sutherland, Edwin H. / Cressey / Donald R. / Luckenbill, David F. (1992), *Principles of Criminology*, Lanham: General Hall e Cruz, José N. / Guedes, Inês (2013), *Infrações Económicas e Financeiras: Aplicação da Teoria da Associação Diferencial de Sutherland*, em *Infrações Económicas e Financeiras: Estudos de Criminologia e Direito* (coord. José Neves Cruz, Carla Cardoso, André Lamas Leite e Rita Faria), Coimbra: Coimbra Editora, págs. 91-103.

[37] Vide, Costa, José de Faria (2017), *Direito Penal*, Lisboa: Imprensa Nacional, pág. 32.

2. A Lei n.º 12, de 13 de dezembro de 1844

No que concerne às infrações tributárias, a entrada em vigor da Lei n.º 12, de 13 de dezembro de 1844, representou um verdadeiro marco legislativo na evolução do pensamento das questões penais-fiscais[38/39].

Uma das inovações desta Lei decorria do facto de prever sanções específicas para quem defraudasse a Fazenda Nacional, não permitindo assim a cumulação da sanção da lei comum e a da prevista no predito diploma, a saber, pena de multa, dando assim a entender, como defende Eduardo Correia, que o legislador teve a intenção de substituir as penas previstas nas Ordenações (pena corporal e de degredo) para o crime de simulação, quando de índole fiscal[40/41].

Existiu ainda uma tentativa de clarificar e autonomizar a lei penal fiscal em relação à lei penal comum, na medida da pena, motivo pelo qual foi introduzido o princípio da especialidade das sanções fiscais penais em face da lei penal comum[42].

[38] Cf. Lei publicada no Diário do Governo n.º 295, de 1844.

[39] Susana Aires de Sousa refere-se a esta Lei como um marco fundamental na afirmação do princípio da especialidade das sanções fiscais porquanto este diploma teria por objetivo principal a criação de um imposto sobre a transmissão da propriedade «por título de doação, nomeação, legado, sucessão testamentária, ou legitima, universal, ou singular, ou por outro qualquer título gratuito», estabelecendo, nos artigos 18.º a 20.º, sanções para os comportamentos que tivessem por finalidade prejudicar os interesses patrimoniais da Fazenda Nacional. – Vide, *A infração fiscal (e a sua natureza) no direito português: breve percurso histórico*, Boletim de Ciências Económicas Vol. 53, Faculdade de Direito da Universidade de Coimbra, 2010, pág. 40.

[40] Vide, «Os artigos 10.º do Decreto-Lei n.º 27 153 e 4.º, n.º 1, do Decreto-Lei n.º 28 221», *in* AAVV, *Direito Penal Económico e Europeu: Textos Doutrinários, Volume II*, Coimbra: Coimbra Editora, 1999, pág. 18.

[41] Ao substituir a pena corporal e a de degredo – até ali previstas pelas Ordenações – pela de multa, nomeadamente na simulação fiscal, deixou de se poder acumular a aplicação da lei comum em vigor e as multas previstas na Lei n.º 12, de 13 de dezembro de 1844.

[42] A dualidade existente nas sanções fiscais «entre o seu caráter criminal e contraordenacional, engloba uma aplicação efetuada por entidade judiciária no primeiro e administrativa no segundo». – Vide, Gomes, Nuno Sá (2000), *Evasão Fiscal, Infração Fiscal e Processo Penal*, Lisboa: Rei dos Livros, pág. 83.

3. O Código Penal de 1886 no âmbito das Infrações Fiscais

3.1. As Infrações Fiscais Aduaneiras

O Código Penal de 1886 introduziu a criminalização de infrações fiscais de origem aduaneira, em concreto o crime de contrabando (artigo 279.º) e o crime de descaminho (artigo 280.º), não considerando, uma vez mais, as infrações fiscais não aduaneiras, à exceção da simulação em relação a um terceiro ou ao Estado (artigo 455.º)[43]. Comprova-se, assim, que as relações aduaneiras continuaram a merecer uma maior atenção por parte do legislador, seguramente por força da sua relevância do ponto de vista comercial, face à legislação fiscal em vigor que, nesta fase, continuava bastante arcaica.

Ora, o Direito Aduaneiro tem por objeto a disciplina da circulação internacional de mercadorias, recorrendo, para o efeito, à previsão de um conjunto de normas e procedimentos de natureza vária, aplicáveis à entrada e saída de mercadorias do território aduaneiro de um determinado Estado, ou de um conjunto de Estados devidamente organizados numa união aduaneira[44].

Na verdade, o momento histórico-político do final do séc. XIX obrigava a uma maior fiscalização e prevenção nas infrações aduaneiras. Todavia, o artigo 281.º do citado código remetia o seu tratamento para legislação especial aduaneira. Neste sentido, entendemos ter sido clara a intenção do legislador fiscal em pretender autonomizar o Direito Penal Fiscal e o Direito Penal comum, conclusão que alicerçamos, aliás, pela predita remissão e pela entrada em vigor, em 1894, do diploma de Contencioso Aduaneiro[45].

Posteriormente, com as alterações introduzidas ao Contencioso Aduaneiro, pelo Decreto-Lei n.º 31 664, de 22 de novembro de 1941, foi absolutamente percetível a intenção de clarificar, especializar e separar responsabilidades de índole fiscal de natureza criminal e civil[46].

[43] Vide, *Código Penal Portuguez Projecto da Comissão, Tomo II,* Lisboa: Imprensa Nacional, 1861, pág.163.

[44] Sobre a delimitação jurídica do direito aduaneiro, vide, entre outros, PEREIRA, Tânia Carvalhais (2016), *O Contencioso Aduaneiro,* disponível na coleção *Direito Fiscal Internacional e Europeu e Contencioso Aduaneiro,* Lisboa: Centro de Estudos Judiciários, Junho, págs. 17-41 e LYONS, Timothy (2018), *EU Customs Law,* 3.ª Edição, Oxford: EU Law Library.

[45] Cf. Decreto n.º 2, de 27 de setembro de 1894, disponível na Coleção Oficial de Legislação Portuguesa (ano de 1894), Lisboa: Imprensa Nacional, 1895.

[46] Vide, SOUSA, Susana Aires de (2010), *A infração fiscal (e a sua natureza) no direito português: breve percurso histórico,* Boletim de Ciências Económicas – Vol. 53, Faculdade de Direito da Universidade de Coimbra, pág. 43.

Esta lei, na lição de Braz Teixeira, foi fundamental na

> *(...) progressiva aproximação dos princípios e das regras próprias do direito penal comum, bem como do acolhimento, no essencial, da teoria geral da infração criminal (...)*[47].

E é ainda nesta lei que, pela primeira vez e de uma forma aberta, é afirmado que na «consciência pública os delitos fiscais» são aceites de forma benevolente e que essa "consciência pública" é um «mal que precisa de ser combatido»[48].

3.2. As Infrações Fiscais Não Aduaneiras

Esta aparente pouca atenção, por parte do legislador, às infrações fiscais não aduaneiras teve o seu momento de viragem no período do Estado Novo[49/50], alavancado pelas caraterísticas que estavam intrinsecamente ligadas a este regime político, nomeadamente na ideia de *"Pátria"*, um dos três pilares essenciais no regime, e ao qual o legislador, para todas as infrações que lesassem o Estado/Pátria, estabelecia um grau de censura maior em comparação com outras infrações.

Centrando a nossa atenção nas infrações fiscais, em 1936 é publicado o Decreto-Lei n.º 27 153, de 31 de outubro e pouco mais de um ano, em 24 de novembro de 1937, o Decreto-Lei n.º 28 221. Estes diplomas vieram a ter

[47] Vide, *Direito Fiscal*, Lisboa: AAFDL, 1982, pág. 11.

[48] Vide, preâmbulo do citado Decreto-Lei n.º 31 664, de 22 de novembro de 1941.

[49] Não nos podemos esquecer que o Estado Novo era uma adoção, mais progressiva, do modelo italiano de Mussolini, com a construção de uma nova ordem política, económica, social e cultural assente num Estado forte e autoritário. Com a entrada em vigor da Constituição de 1933, que revogou a de 1911, Salazar cria um Estado autoritário, antiparlamentar e antidemocrático em que os lemas eram *"Tudo pela Nação, nada contra a Nação"* e *"Deus, Pátria, Família"*.

[50] A primeira tentativa de reforma fiscal é realizada em 1922, poucos anos após a implantação da República Portuguesa e do fim da primeira Grande Guerra, na qual Portugal teve uma intervenção ativa. Esta reforma teve um intuito de modernizar todo o sistema fiscal que, à data, era bastante primário.
Sobre a Reforma fiscal de 1922. – Vide, Caetano, Marcello (1964), *A Reforma Fiscal*, RCJAP, Ano XCVI, Lisboa, Azevedo, Maria Eduarda (2010), *As Reformas Fiscais Portuguesas do Século XX*, CTF, n.º 425, pág. 19 e Pires, Manuel / Pires, Rita Calçada (2018), *Direito Fiscal, (...)*, op. cit. pág. 341.

uma importância histórica na agitação e discussões jurídicas que, mais tarde, influenciariam a reforma fiscal de 1958/1965[51].

Sucintamente, ambos os decretos, deixavam aberta a porta, na interpretação de Maria Eduarda Azevedo, para que a

> *(...) própria lei penal fiscal recorresse às penas de direito comum para garantir os seus interesses, uma vez que a violação daquelas obrigações eram, em alguns casos, sancionadas pelo legislador com pena de prisão por referência à pena do crime comum de burla, a aplicar pelos tribunais comuns (...)*[52].

No entanto, a verdade é que o princípio da especialidade das sanções fiscais estava assegurado: não obstante as pertinentes observações de Eduardo Correia[53] e o constante recurso às penas previstas no Direito Penal comum.

Entretanto a necessidade de garantia do acréscimo de receita fiscal tornou-se uma questão crucial com o eclodir da luta armada nos territórios ultramarinos, que passou a absorver uma parte significativa das disponibilidades do erário público[54]. Contudo, o País encontrava-se numa situação de esgotamento do sistema fiscal, o qual era resultado não apenas das dificuldades na obtenção de receita suficiente, mas acima de tudo era o sintoma do isolamento cada vez maior do Estado Português em relação ao resto da comunidade internacional. Todo este contexto, como não podia deixar de ser, agravou a já frágil situação socioeconómica que se vivia no País e contribuiu definitivamente para a necessidade de desenvolver um novo modelo de tributação.

4. A Reforma Fiscal de 1958/1965

Pese embora tenha introduzido uma alteração significativa no espetro fiscal referente a outros impostos, nomeadamente sobre o rendimento[55], a verdade é que esta reforma manteve a estrutura e as categorias fiscais já existentes,

[51] Para um maior aprofundamento sobre a Reforma Fiscal de 1958/1965. – Vide, Azevedo, Maria Eduarda (2011), *As Reformas Fiscais Portuguesas do Século XX – Um Enfoque Analítico,* Lisboa: Lusíada Direito, n.ºs 8/9, págs. 174–183.

[52] *Ibidem,* pág. 46.

[53] Vide, Correia, Eduardo (1999), *Os artigos 10.º (...),* op. cit., pág. 19.

[54] Vide, Catarino, João Ricardo (1999), *Para uma Teoria Política do Tributo,* CTF, n.º 184, Lisboa, pág. 304.

[55] Vide, Pires, Manuel / Pires, Rita Calçada (2018), *Direito Fiscal,(...)* op. cit., pág. 343.

focando a sua preocupação no aperfeiçoamento dos métodos de determinação da matéria coletável, que passaram a nortear-se pelo princípio da tributação do rendimento real efetivo[56].

Dada a dificuldade de instituir esquemas sofisticados de tributação pessoal, face ao insuficiente nível de desenvolvimento do País, o legislador fiscal de 1963 não deixou de formular a sua previsão através de um gradual recuo nos impostos tributados.

Porém, no final da década de 60, a evolução do regime fiscal português foi assinalada pela introdução de modificações no regime dos diferentes impostos, que, não fazendo justiça à conceção da reforma como processo em permanente evolução, se traduziram no retrocesso das conceções que haviam servido de base à modificação das estruturas fiscais e, assim, vieram a dificultar, ou retardar, a passagem às categorias fiscais antevistas, como expressão de um estádio mais evoluído da fiscalidade portuguesa[57].

Note-se, no entanto, que esta reforma não criou um diploma genérico sobre as infrações fiscais, tendo optado por introduzir, nos diversos códigos fiscais em vigor, um capítulo relativo a penalidades. Este passo foi essencial no caminho para a implementação de um sistema fiscal sólido, com reflexos para a economia, e, no campo sancionatório, com a inclusão, nos vários códigos fiscais, de sanções a adotar perante cada caso específico.

A pena de multa era a sanção principal, com a particularidade de não poder ser convertida em prisão, não obstante haver a remissão para as normas do Direito Penal[58]. Esta pouca atenção por parte do legislador, que não revogou os Decreto-Lei n.ºs 27 153 e 28 221, conduziu a um conflito de normas. É que, ao não terem sido revogados estes diplomas, mantinham-se tipificadas, criminalmente, infrações que já não o eram, o que deu azo a distintas posições na doutrina e na jurisprudência, todas elas tentando deslindar qual a verdadeira natureza jurídica das transgressões fiscais.

[56] Paulo de Pitta e Cunha defendeu, em Conferência organizada pela Associação Fiscal Portuguesa e do Instituto de Direito Económico, Financeiro e Fiscal da Faculdade de Direito da Universidade de Lisboa, que faltou, nesta reforma, a passagem à tributação unitária. – Vide, *As grandes linhas da reforma fiscal de 1988–89* em *15 anos da Reforma Fiscal de 1988/89 – Jornadas de Homenagem ao Professor Doutor Pitta e Cunha,* Coimbra: Almedina, 2005, págs. 19-26.

[57] Vide, Cunha, Paulo de Pitta e (1980), *A Reforma Fiscal Portuguesa dos Anos 80,* ROA, págs. 692, 693 e 700.

[58] Vide Sousa, Susana Aires de, (2010), *A infração fiscal (...),* op. cit., pág. 43.

Tal como ocorre nos dias de hoje, em que as decisões dos Tribunais de primeira instância se adequam às proferidas pelos Tribunais superiores, e mais concretamente pelo Supremo Tribunal de Justiça, também naquele período a solução passou por os Tribunais da Relação e de primeira instância seguirem a posição assumida pelo Supremo Tribunal de Justiça, o qual defendia a manutenção da punição quer dos crimes de falsificação previstos naqueles decretos-lei, como dos crimes comuns previstos no Código Penal, com o consequente concurso real de infrações, quer criminais, quer fiscais, de natureza transgressional.

Deste ponto de vista, e como entende NUNO SÁ DE GOMES, a reforma fiscal não pretendeu revogar os crimes de

> *(...) falsificação fiscal de escrita, e afastar os crimes comuns de simulação, de falsificação de documentos, uso de documentos falsos e de abuso de confiança, punindo estes factos como simples transgressões fiscais sancionadas com meras multas não convertíveis em prisão, pelo que o único sentido da Reforma Fiscal seria o de acumular as penas criminais com as fiscais (...)*[59].

No entanto, a doutrina defendia que, com a entrada em vigor da nova reforma fiscal, todos esses crimes haviam sido revogados, destacando-se, nesta fase, o penalista EDUARDO CORREIA e o fiscalista TEIXEIRA RIBEIRO[60]. Segundo estes professores, a reforma teve o objetivo claro de rever o sistema fiscal puro, bem como o seu sistema sancionatório a nível penal.

Ora, dadas todas as distorções a que o regime fiscal foi sendo objeto, nomeadamente resultantes da reforma dos anos 60, bem como a implementação de medidas destinadas a repor a coerência do sistema e a assegurar-lhe condições mínimas de aceitação, tornou-se ponto assente a ideia de ser necessária e indispensável a feitura de uma nova reforma.

5. O Decreto-Lei n.º 619/76, de 27 de julho

Após o período do Estado Novo, e já em pleno período pós-revolucionário, a necessidade de regulamentar e dar um sentido, prático e efetivo, ao combate contra a evasão e fraude fiscal conduziu à introdução do Decreto-Lei

[59] Vide, *Evasão Fiscal, Infracção Fiscal e Processo Penal Fiscal,* Lisboa: Rei dos Livros, 2000, pág. 90.

[60] Curiosamente, ao invés do que ocorria com os Tribunais comuns, os Tribunais tributários, independentemente da hierarquia, eram do entendimento que a reforma fiscal havia revogado aqueles crimes.

n.º 619/76, de 27 de julho, onde surgem criminalizadas as mais graves infrações tributárias.

Assim, nos casos de viciação, falsificação, destruição e abuso de confiança, foram previstas penas de prisão (até 12 meses) e não apenas as de multa. Esta lei veio também operar uma unificação das infrações tributárias – as quais se encontravam, até essa data, vertidas nos vários capítulos especiais sobre penalidades, nos diplomas específicos de cada imposto –, reintroduzindo assim o sistema de crimes e transgressões fiscais anterior à reforma fiscal de 1963[61].

Aliás, relembre-se que em 1936 o nosso ordenamento jurídico previu pela primeira vez a pena de prisão para algumas infrações fiscais[62]; todavia, como temos vindo a verificar, ao longo dos anos subsequentes, a pena não privativa da liberdade continuava a ser a regra e não a exceção, razão pela qual a grande novidade deste diploma foi prever a punição com pena privativa da liberdade pela prática de determinadas infrações fiscais[63].

Ao recuperar a possibilidade da aplicação de pena de prisão a crimes fiscais mais gravosos – mantendo, para as simples, o regime em vigor –, o Decreto-Lei n.º 619/76, de 27 de julho, gerou um debate na doutrina, no qual, entre outros tópicos, se discutia a conformidade deste diploma com a Constituição, chegando mesmo a defender-se que o mesmo já havia sido revogado de forma tácita[64].

Para além do exposto, este Decreto-Lei procurava ainda resolver alguns problemas debatidos na doutrina e na jurisprudência, como por exemplo saber se as transgressões fiscais, introduzidas pela reforma de 58/65, haviam revogado os crimes tributários previstos pelo legislador até àquela

[61] Vide, Antunes, Francisco Vaz (2006), *Estudos de Direito Fiscal – A Evasão Fiscal e o Crime de Fraude Fiscal no Sistema Legal Português*, Coimbra: Almedina, págs. 135 e 136.

[62] Caso das infrações fiscais de falsificação ou viciação da escrita, prevista no Decreto-Lei n.º 27 153, de 31 de outubro de 1936 e no Decreto-Lei n.º 28 221, de 24 de novembro de 1937.

[63] A mais importante novidade ocorre com a punição de pena de prisão dos «gestores que tiverem praticado ou sancionado o ato de que resultou a infração» fiscal e do «técnico de contas que tiver praticado o ato ou facto punível» quando o sujeito passivo seja pessoa coletiva. Era o início da responsabilidade por atuação em nome e no interesse de outrem. – Vide, Silva, Germano Marques da (2018), *Direito Penal Tributário*, 2.ª Edição revista e ampliada, Lisboa: Universidade Católica Editora, pág. 21.

[64] Vide, Silva, Isabel Marques da (2018), *Regime Geral das Infrações Tributárias(...)*, op. cit., pág. 24.

altura e os crimes comuns, quando fossem apenas violados interesses da Fazenda Pública.

Nas pertinentes palavras de Susana Aires de Sousa «o legislador quis, através deste diploma, combater com eficácia a evasão e fraude fiscal e considerou essencial a criminalização de infrações tributárias mais graves. A vontade legislativa foi a de criar verdadeiros crimes fiscais ao lado de transgressões fiscais»[65]. Todavia, os tribunais não aplicariam tais normas, sendo mesmo classificados os até ali crimes fiscais, como meras transgressões[66].

Contudo, o debate estava reacendido e o seu desenvolvimento levou a que o legislador, em 1984, deixasse cair, de novo, a pena de prisão[67].

6. A Reforma Fiscal de 1988 /1989

A adesão de Portugal à Comunidade Económica Europeia, obrigou ao despertar de uma mentalidade distinta daquela que fora a vigente até aí. E foi precisamente essa alteração de mentalidade que permitiu que o obsoleto desenho fiscal do País sofresse uma profunda alteração, dando início a uma nova era[68]. Por isso, não será certamente excessivo considerar que a reforma fiscal de 88-89 representou uma viragem histórica na fiscalidade portuguesa, com repercussões diretas no âmbito do Direito Penal Tributário.

A introdução e adoção de um novo modelo de tributação unitária em sede de rendimento, terá sido, porventura, o seu elemento mais inovador[69].

[65] Vide, *Os Crime Fiscais,* Coimbra: Almedina, 2021, págs. 59 e 60.

[66] Com a entrada em vigor deste Decreto-Lei n.º 619/76, a evasão e fraude fiscais passavam a ser considerados comportamentos gravemente lesivos de bens jurídicos os quais, pela sua relevância comunitária, adquiriam dignidade penal. – Vide, Silva, Germano Marques da (2018), *Direito Penal Tributário (...),* op. cit., pág. 22.

[67] A doutrina dividiu-se nas razões apontadas para a revogação deste diploma. Entre outras, foram apresentadas justificações como o desuso, a substituição do sistema, (cf. Circular n.º 37/83, de 22 de agosto, da Direção Geral das Contribuições e Impostos) ou, como defendeu Germano Marques da Silva, pelo «período conturbado em que então estava mergulhada a sociedade portuguesa». – Vide, *Crimes Fiscais e Aplicação de Penas Privativas de Liberdade – Crimes Fiscais e Direito Penal,* Fundação Mário Soares e Fórum Social – Jornadas Fiscais – 30 de outubro de 1997.

[68] Um dos exemplos prende-se com a tributação de rendimentos através de um imposto único e progressivo sobre o rendimento global. Conceção adotada, há vários anos, em regimes fiscais como os da Bélgica (década de sessenta), Itália ou Espanha (década de setenta).

[69] A reforma fiscal de 1988-1989 criou a "*Contribuição Autárquica*", atual imposto municipal sobre os imóveis. Imposto patrimonial que tinha (e mantém) por objetivo o financiamento do poder local.

A tributação do rendimento, principal elemento desta reforma, aliada aos objetivos de equidade, eficiência e simplicidade, bem como do aumento de receita fiscal, para além de determinar o acolhimento do sistema de tributação unitária, ditaram ainda o estabelecimento de uma maior aproximação ao conceito de rendimento-acréscimo, uma noção mais compreensiva que inclui, na base de incidência do imposto, todo o aumento do poder aquisitivo[70].

Os objetivos da reforma motivaram a que fosse prestado um novo olhar sobre as infrações fiscais.

7. O Regime Jurídico das Infrações Fiscais Aduaneiras

Com a entrada em vigor da Lei n.º 89/89, de 11 de setembro, passou a existir legislação em matéria de infrações fiscais, a nível aduaneiro e não aduaneiro[71]. Em relação ao Regime Jurídico das Infrações Fiscais Aduaneiras, aplicavam-se as normas previstas no Decreto-Lei n.º 376-A/89, de 25 de outubro. Este diploma legislava não apenas sobre contraordenações, mas também sobre crimes aduaneiros, como eram exemplos o contrabando, a frustração de créditos aduaneiros, ou mesmo a recetação de mercadorias objeto de infração fiscal aduaneira.

Porém, um sinal claro das dificuldades e exigências vivenciadas neste período verificou-se quando, menos de um ano após a publicação do referido diploma, foram introduzidas alterações substanciais ao Regime Jurídico das Infrações Fiscais Aduaneiras, com a publicação do Decreto-Lei n.º 255/90, de 7 de agosto, através das quais foi efetuada uma tentativa de aproximação dos regimes jurídicos das infrações fiscais aduaneiras e não aduaneiras, bem como homogeneizar as molduras penais previstas no Código Penal.

Em relação às penas acessórias, alargava-se o elenco estabelecido para os crimes, tendo em conta o facto de este tipo de sanções, individualizáveis, serem entendidas como um ganho – numa maior garantia de eficácia repressiva e inibitória –, em relação às meras penas de caráter pecuniário.

[70] Vide, Cunha, Paulo de Pitta e, *As Grandes Linhas da Reforma Fiscal de 1988-89, (...)*, op. cit. pág. 20.

[71] Sobressai a preocupação do legislador na criação de um corpo de normas sistematizado do direito punitivo.

8. O Regime Jurídico das Infrações Fiscais Não Aduaneiras

O Decreto-Lei n.º 20-A/90, de 15 de janeiro, intitulado de Regime Jurídico das Infrações Fiscais Não Aduaneiras foi também um marco no Direito Penal Tributário[72]. Para além de substituir o Decreto-Lei n.º 619/76, de 27 de julho, este diploma reintroduziu a pena de prisão para todas as infrações fiscais que constituíssem crime e nas situações em que a pena de multa não fosse cumprida, poderia a mesma ser convertida em pena privativa de liberdade.

Neste diploma foram reunidas todas as normas relativas a crimes e contraordenações fiscais, devidamente estruturadas segundo uma visão bipartida entre o que é um ilícito criminal e o que é um mero ilícito de mera ordenação social, reaproximando a infração criminal fiscal do ilícito comum de direito penal[73/74]. Porém, este regime jurídico aplicava-se somente às violações das normas reguladoras dos impostos não aduaneiros, qualquer que fosse o seu *nomen juris* ou a sua natureza, salvo quando a lei ordenasse a sua aplicação a prestações tributárias de outra natureza e, ainda, às violações das normas relativas aos benefícios fiscais[75].

Sucede que, ao contrário do que se poderia depreender, por força do artigo 1.º deste regime jurídico, o qual preceituava que o Regime Jurídico das Infrações Fiscais Não Aduaneiras se aplicava às normas reguladoras de impostos e demais prestações tributárias, este regime não foi unificado com o Regime Jurídico das Infrações Fiscais Aduaneiras, quando era precisamente esse um dos seus principais objetivos, isto é, o de reunir, num único diploma, todas as normas relativas a crimes e contraordenações fiscais.

[72] Para Figueiredo Dias e Costa Andrade este diploma realiza a primeira «codificação» do direito penal tributário português. – Vide, «O Crime de Fraude Fiscal no novo Direito Penal Tributário português (Considerações sobre a Factualidade Típica e o Concurso de Infracções)», *in* AAVV, *Direito Penal Económico e Europeu: Textos Doutrinários, Volume II,* Coimbra: Coimbra Editora, 1999, pág. 411.

[73] Vide, Sousa, Susana de Aires de (2021), *Os crimes (...),* op. cit., pág. 61.

[74] Augusto Silva Dias tem uma posição bastante crítica para com este diploma, salientando que «o regime de punição seguido, único aliás no Direito Penal português, produz objetivamente uma estigmatização dos crimes fiscais não aduaneiros como delitos de cavalheiros». – Vide, «O novo Direito penal fiscal não aduaneiro (Decreto lei n.º 20-A/90, de 15 de janeiro). Considerações dogmáticas e político criminais», *in* AAVV, *Direito Penal Económico e Europeu, Volume II – Problemas Especiais,* Coimbra: Coimbra Editora, 1999, pág. 258.

[75] Vide, Gomes, Nuno Sá de (2000), *Evasão (...),* op. cit., pág. 179.

É verdade que o hiato temporal entre a entrada em vigor destes regimes/diplomas pode remeter-nos para a ideia do legislador ter pretendido a correção e abrangência global de uma matéria que, ainda nos dias de hoje, se pensa de forma unitária. Contudo, e acompanhando a posição defendida por Isabel Marques da Silva, a entrada em vigor do Regime Jurídico das Infrações Fiscais Não Aduaneiras não revogou, tacitamente, o Regime Jurídico das Infrações Fiscais Aduaneiras[76].

Apesar do sucedido, é nosso entender que foi realizado um avanço no sentido de lentamente deixar de se diferenciar entre o ilícito penal de natureza fiscal e o de natureza comum[77].

Posteriormente, o Decreto-Lei n.º 394/93, de 24 de novembro, introduziu uma série de modificações no Regime Jurídico das Infrações Fiscais Não Aduaneiras, no sentido de uma maior objetivação para com os crimes fiscais, bem como a necessária atualização perante os novos desafios, decorrentes de ilícitos como o de fraude e de evasão fiscal. É precisamente nesse sentido que aparecem ali tipificadas, por exemplo, a previsão, a título principal, da pena de prisão até cinco anos, detendo o julgador o poder discricionário de optar pela aplicação de medida privativa ou não da liberdade, tendo como princípio base a recuperação do infrator e a repressão do crime[78]. Todas estas alterações demonstram uma procura no sentido de autono-

[76] No estudo sobre o Regime Geral das Infrações Tributárias, Isabel Marques da Silva defende que, ao contrário do que se pudesse depreender, o Regime Jurídico das Infrações Fiscais Não Aduaneiras não revogou o Regime Jurídico das Infrações Fiscais Aduaneiras porquanto «i. em parte alguma se descortinam indícios que permitam sustentar de ter sido intenção do legislador abranger no âmbito de material de aplicação do RJIFNA as infrações às normas que regulam prestações tributarias aduaneiras (...) o RJIFNA aponta claramente no sentido de se restringir às infrações e normas reguladoras de impostos e prestações tributarias não incluídas no âmbito de aplicação do RJIFA; ii. Foram por duas vezes introduzidas alterações ao RJIFA, o que não faria qualquer sentido se este diploma se encontrasse revogado; iii. A vigência simultânea, em domínios materiais de aplicação diferenciados, dos dois regimes de infrações fiscais, pressuposto em que veio a assentar a ideia de unificação desses regimes». – Vide, *Regime Geral das Infrações Tributárias, (...)*, op. cit., 2016, págs. 29 e 30.

[77] Confrontando o papel do Direito Penal Tributário com o do Direito Penal comum, Cavaleiro de Ferreira, defende que a entrada do Regime Jurídico das Infrações Fiscais Não Aduaneiras criou uma autonomia legislativa dos "delitos fiscais", o que revela as suas particularidades, não obstante terem que estar subordinadas aos princípios gerais do Direito Penal comum. – Vide, *Lições de Direito Penal, Parte Geral – I – A Lei Penal e a Teoria do Crime no Código Penal de 1982*, Reimpressão da 4.ª Edição de 1992, Coimbra: Almedina, 2010, pág. 132.

[78] Sobre esta matéria, cf. preâmbulo do referido diploma.

mizar o Direito Penal Tributário fora do Direito Penal clássico; procura que motivou o renovar do debate e a apresentação de propostas para uma legitimação do discurso criminalizador desta área do direito.

Dois anos volvidos, o diploma supra referido é uma vez mais alterado, agora devido à inclusão das infrações cometidas contra a Segurança Social no Regime Jurídico das Infrações Fiscais Não Aduaneiras. Observamos deste modo que, pese embora toda a sua importância, tanto o Regime Jurídico das Infrações Fiscais Aduaneiras como o Regime Jurídico das Infrações Fiscais Não Aduaneiras, se mostram desadequados em face das constantes transformações socioeconómicas, jurídico-fiscais e penais que urgiam não só a nível de política interna como externa[79].

A própria Comunidade Europeia, neste aspeto, mostra-se empenhada em desenvolver e promover os mecanismos necessários ao combate contra a fraude e evasão fiscais aduaneiras[80]. Por sua vez, o Governo pretendia também harmonizar os sistemas sancionatórios, nomeadamente o Regime Jurídico das Infrações Fiscais Aduaneiras e o Regime Jurídico das Infrações Fiscais Não Aduaneiras. Para o efeito, foi criado um grupo de trabalho específico, de cujo labor resultou a Lei Geral Tributária, a qual viria a entrar em vigor com o Decreto-Lei n.º 398/98, de 17 de dezembro, e onde foi introduzido um título especifico referente às infrações tributárias – tudo com o objetivo da unificação das infrações fiscais aduaneiras e não aduaneiras.

Com muita estranheza, esta nova atualização não fez referência a uma estrutura bipartida do regime das infrações tributárias (Lei Geral Tributária e legislação autónoma). Contudo, continuavam a viver-se anos de enorme descoordenação e notória confusão com a existência de variadíssima legislação a ser aprovada, a qual, boa parte das vezes, apresentava um grande antagonismo face ao que se havia preceituado na Lei Geral Tributária e, nomeadamente, no Regime Jurídico das Infrações Fiscais Não Aduaneiras[81].

[79] Vide, TEIXEIRA, Glória (2008), *A Fraude Fiscal e o Princípio da Transparência*, op. cit., págs. 27 a 34.

[80] Neste sentido poderá consultar-se a decisão da Comissão de 23-02-94 que institui um comité consultivo para a coordenação da luta contra a fraude – 94/140 CE, JO L n.º 61 de 04-03-94; Parecer do Comité Económico e Social sobre *"A luta contra a fraude fiscal no mercado único"* – 2000/C268/12, JOC n.º 268 de 19-09-2000.

[81] Vide, SOUSA, Susana Aires (2010), *A infração fiscal (e a sua natureza) no direito português: breve percurso histórico, (...)*, op. cit. pág. 55.

9. O Regime Geral das Infrações Tributárias

Na sequência do trabalho iniciado em 1997 e de modo a poder fazer face aos desafios que o País enfrentava – enquanto membro de uma Comunidade Económica Europeia que exigia uma revisão profunda no sistema fiscal e, nomeadamente, do caderno legal de combate a evasão e fraude fiscal –, foi aprovado pela Lei n.º 15/2001, de 5 de junho, o Regime Geral das Infrações Tributárias, que revoga o Regime Jurídico das Infrações Fiscais Não Aduaneiras, o Regime Jurídico das Infrações Fiscais Aduaneiras e o título V da Lei Geral Tributária[82].

Este Regime Geral das Infrações Tributárias tentou uniformizar num único diploma todos os crimes e contraordenações aduaneiras e não aduaneiras, suscetíveis de serem sancionados[83], afastando-se ao mesmo tempo da inclusão, no Código Penal, dos crimes de índole fiscal[84]. No entanto, os processos judiciais decorrente da prática de crime fiscais, quando chegavam finalmente à fase de julgamento, "obrigavam" o julgador a efetuar uma interpretação jurídica que exigia uma especialização de alguma profundidade do ponto de vista do Direito Fiscal. Porque não existe especialização, compreensiva e invariavelmente, a fundamentação das decisões judiciais relativamente à matéria referente aos conceitos previstos no âmbito fiscal, acaba por ser condicionada.

Do seu antecessor, este diploma manteve a pena de prisão, dividiu as infrações tributárias em crimes tributários e as contraordenações tributárias, subdividindo, no primeiro caso, os crimes tributários em comuns, aduaneiros, fiscais e contra a Segurança Social. É ainda estabelecida uma

[82] Não foram revogados, quer o artigo 58.º do Regime Jurídico das Infrações Fiscais Não Aduaneiras, quer o Capítulo IV, sob a epígrafe *"divisão da multa e da coima"*, no Regime Jurídico das Infrações Fiscais Aduaneiras.

[83] Sobre o trabalho preparatório ao diploma, Germano Marques da Silva afirma ter colocado «como condição, a unificação dos dois regimes de infracções (aduaneiras e não aduaneiras), mais a legislação avulsa sobre impostos especiais sobre o consumo, num diploma só». – Vide, *Notas sobre o Regime Geral das Infracções Tributárias, in* Direito e Justiça, Volume XV, Tomo 2, Lisboa: Universidade Católica Portuguesa, 2001, pág. 60.

[84] No direito Alemão as incriminações de natureza criminal existentes no nosso Regime Geral das Infrações Tributárias estão fora do Código Penal. Ao invés, no direito Espanhol, os crimes fiscais estão elencados no Código Penal Espanhol. – Vide, Sousa, Susana Aires de (2013), «Os crimes fiscais na Alemanha e em Portugal: entre semelhanças e diferenças», *in* AAVV, *Direito Penal. Fundamentos Dogmáticos e Político-criminais. Estudos em Homenagem ao Prof. Doutor Peter Hünerfeld,* Coimbra: Almedina, pág. 1112.

divisão entre o Direito Penal Tributário, o relativo à Segurança Social e o direito contraordenacional tributário[85], denotando assim a clara intenção do legislador em diferenciar os ilícitos penais fiscais dos da Segurança Social e, estes, dos ilícitos de mera ordenação-social.

Do ponto de vista da sua aplicação, este regime destina-se às infrações das normas reguladoras das prestações tributárias, nelas se integrando os impostos, incluindo os direitos aduaneiros e direitos niveladores agrícolas, as taxas e demais tributos fiscais ou parafiscais, cuja cobrança caiba à administração tributária ou à administração da Segurança Social, conforme definido na atual alínea a) do artigo 11.º do Regime Geral das Infrações Tributárias. Aplica-se, igualmente, à generalidade das normas sobre regimes aduaneiros e fiscais, às normas reguladoras das contribuições e prestações, relativas ao sistema de Solidariedade e Segurança Social, que possuam um caráter criminal.

Um outro aspeto da maior relevância, consequência da entrada em vigor deste regime, decorre da forma como o legislador pretendeu aproximá-lo ao sistema penal comum, nomeadamente, reduzindo para o efeito as especialidades do processo penal tributário, o que lhe conferiu uma natureza de caráter geral, passando por isso a ser lhe subsidiariamente aplicado o processo penal comum[86] – exceto nos casos previstos em legislação especial.

No que concerne, de modo particular, ao crime de abuso de confiança fiscal, com a introdução do Regime Geral das Infrações Tributárias, foram operadas profundas alterações em relação ao revogado artigo 24.º do Regime Jurídico das Infrações Fiscais Não Aduaneiras, sendo a eliminação do elemento objetivo apropriação – passando a bastar a não entrega –, aquela que colheu maior relevância[87].

Relativamente ao elemento da *apropriação,* como abordaremos mais adiante, o entendimento de ser suficiente a mera omissão[88] reflete o pensamento e a evolução legislativa do Direito Penal económico naquele mo-

[85] Vide, Catarino, João Ricardo / Victorino, Nuno (2012), *Infrações Tributárias – Anotações ao Regime Geral,* 3.ª Edição, Coimbra: Coimbra Editora, pág. 65.

[86] Vide, Silva, Germano Marques da (2018), *Direito Penal Tributário, (...),* op. cit., págs. 23 e 148.

[87] Cf. artigo 24.º do Regime Jurídico das Infrações Fiscais Não Aduaneiras e, na sua 1.ª versão, artigo 105.º do Regime Geral das Infrações Tributárias.

[88] Vide, Antunes, Paulo José Rodrigues (2002), *Infrações Tributárias e seu Processo – Regime Geral de 2001/2002, Anotado,* Coimbra: Almedina, pág. 129.

mento temporal[89]. Esta omissão não deixa de ser um contraponto com as situações previstas no artigo 10.º do Código Penal sobre a *comissão por ação e por omissão,* as quais eram antagónicas em relação à norma do crime de abuso de confiança fiscal, previsto e punido no artigo 105.º do Regime Geral das Infrações Tributárias.

A evolução deste regime jurídico e a redobrada atenção a que foi sujeito por parte do legislador, são sinónimos de que, do ponto de vista teórico, a norma não se encontrava a cumprir as exigências a que a aplicação prática sempre obriga[90].

[89] Para maior aprofundamento da comissão por ação e por omissão, sugerem-se, Cunha, José Damião da (2003), «Algumas Reflexões Críticas sobre a Omissão Imprópria no Sistema Penal Português», *in* AAVV, *Liber Discipulorum para Jorge de Figueiredo Dias,* Coimbra: Coimbra Editora, págs. 481-539; Garcia, M. Miguez / Rio, J. M. Castela (2014), *Código Penal Parte Geral e Especial com Notas e Comentários,* Coimbra: Almedina, págs. 76-89; Santos, Manuel Simas / Henriques, Manuel Leal (2014), *Código Penal – Anotado, Art.º 1.º ao 69.º,* Vol. I, 4.ª Edição, Lisboa: Rei dos Livros, págs. 178-189.

[90] Desde a sua entrada em vigor, o Regime Geral das Infrações Tributárias, já foi alvo de 39 alterações até ao momento em que apresentamos este estudo, o que demonstra as fragilidades e incertezas que o legislador mantém sobre este regime.

SECÇÃO I
A INFRAÇÃO TRIBUTÁRIA

1. Breve Contextualização

O Estado, através do imposto e da pressão sobre a poupança fiscal, faz nascer no contribuinte, por força das dificuldades que este último atravessa, a "tentação" por comportamentos *contra legem,* os quais, preenchendo determinados pressupostos, subsumem-se a normas, que originam a responsabilidade de infração. A ação, ou omissão de uma conduta devida pelo contribuinte/agente, que viole uma norma ou tipo legal de crime, onde a lei arrolou bens jurídicos a proteger [91], desde que tal omissão[92] ou tal conduta seja voluntária e consciente, podendo ou não compreender um resultado, será o passo essencial para o direito sancionatório poder atuar.

Sobre a natureza jurídica da infração fiscal não existem dúvidas, uma vez que a mesma vem expressa no artigo 2.º, n.º 1, do Regime Geral das Infrações Tributárias, que *"infração tributária"* é todo o facto típico, ilícito e culposo que tenha sido declarado punível por lei tributária anterior.

[91] Vide, Sousa, Jorge Lopes de / Santos, Manuel Simas (2010), *Regime Geral das Infrações Tributárias,* 4.ª Edição, Lisboa: Áreas Editora, pág. 36.

[92] Relembram-se os ensinamentos de Jescheck, para quem é imperativo um conceito de ação corelacionado com os demais elementos que compõem a infração, mesmo quando se possa admitir que só no tipo, na ilicitude e na vontade do agente, cujo comportamento deu causa, possam ser aludidas as caraterísticas inerentes à infração (tributária). – Vide, *Tratado de Derecho Penal, Parte General,* tradução de Miguel Olmedo Cardenete, 5.ª Edição corrigida e ampliada, Granada: Editorial Comares, 2002, pág. 291.

Ora, a partir da leitura deste artigo conclui-se, de imediato, que a qualificação como infração está dependente do preenchimento do tipo legal punível e previsto em legislação tributária, não resultando, por isso, dúvidas sobre o que pode ser tipificado como facto ilícito e lícito, assim como que ações/omissões são merecedoras de punição decorrente da violação de normas de caráter tributário. Inelutavelmente, o agente só preencherá os requisitos da infração fiscal, independentemente da sua ação ou omissão, se estiverem preenchidos os elementos objetivos e subjetivos da norma violada, elementos esses que variam consoante a própria norma e o comportamento do agente na prática da infração[93].

A infração fiscal traduz a violação de normas legais que impõem obrigações fiscais, de natureza declarativa ou principal, que o contribuinte conhece e que decorrem diretamente do seu enquadramento fiscal e/ou do tipo de atividade económica por si exercida, obrigações das quais dependerá a sua caraterização como sujeito passivo da relação jurídica tributária ou de certo tipo de obrigado tributário. Daí que este tipo de infração constitua um facto culposo, uma vez que o responsável pelo cumprimento da obrigação tributária tem conhecimento da mesma, aplicando-se-lhe por isso o princípio jurídico *ignorantia juris neminem excusat* – a ignorância da lei não escusa ninguém –, não obstante as causas de exclusão da culpa que possam ser invocadas e aplicadas.

O juízo de culpa pode ser representado por uma atitude dolosa ou por uma atitude negligente. E é desta caraterização do comportamento do contribuinte que a ação ilícita e culposa praticada pelo contribuinte consubstancia um crime ou, ao invés, uma contraordenação.

Quanto ao último elemento do conceito de infração fiscal, isto é, a circunstância do facto típico, ilícito e culposo ter de ser declarado punível por lei anterior, a ilicitude do comportamento do contribuinte é aferida em função do ordenamento jurídico vigente à data da ação ou omissão do obrigado tributário.

[93] A título de exemplo: a não entrega da participação de Imposto do Selo no prazo legal, dará origem à prática de uma infração (contraordenação). A não entrega ao Estado de IVA da quantia, por exemplo, de €25.000,00 – após preenchidos alguns dos pressupostos a que a lei alude –, poderá originar a prática de uma infração qualificada como crime.

2. A Sanção Tributária

Existem numerosas obrigações diretamente impostas ao sujeito passivo ou a terceiros por força da legislação tributária. O cumprimento efetivo de todas essas obrigações é garantido, como acontece em outros sectores do sistema jurídico, através do cominatório de sanções de vários tipos, pretendendo-se assim impedir a transgressão da legislação tributária e punir o agente da conduta ilícita. Acontece, porém, que essa previsão de sanções não é a única consequência desfavorável ao agente que infringe uma provisão tributária[94].

Atribuindo importância ao traço comum, representado pela incidência desfavorável ao agente a quem são imputadas responsabilidades, acontece por vezes ser o caso de se enquadrar na categoria de sanções em sentido amplo, isto é, sanções tanto de caráter criminal como contraordenacional e, nestas situações, o n.º 3 do artigo 2.º do Regime Geral das Infrações Tributárias esclarece que numa situação de concurso, em que simultaneamente a norma violada preveja ambas as sanções o agente é punido a título de crime, «sem prejuízo da aplicação das sanções acessórias previstas para a contraordenação»[95], desde que a lei expressamente preveja a sua aplicação.

No entanto, e mesmo sem esquecermos aqui a relatividade de cada classificação, reforçamos ser mais útil adotarmos o termo "sanção" exclusivamente em referência àquelas limitações da esfera (patrimonial ou pessoal) do infrator, uma vez que foi precisamente em torno dessas conceções que, durante bastante tempo, se mantiveram um conjunto de regras e princípios (de direito punitivo), que garantiam a autonomia do ponto de vista que melhor explica a criação de categorias jurídicas.

Ora, são precisamente as sanções tributárias, em sentido estrito, que pretendemos abordar, mas não sem primeiramente sublinharmos a importância especial que assumem no Direito Penal Tributário.

Em matéria fiscal, muito mais do que em outros ramos do direito, a pena tem um papel fundamental para assegurar a devida observância dos pre-

94 É por exemplo a situação de um incumprimento de uma obrigação referente a dívida tributária, através do pagamento dos juros de mora que lhe estão relacionados ou, a não realização de um ato específico dentro do prazo estabelecido pela lei tributária.

95 O artigo 2.º, n.º 3 do Regime Geral das Infrações Tributárias é uma "cópia", quase, fidedigna do artigo 20.º do Regime Geral das Contraordenações, o que reforça a posição de uma possível unificação das contraordenações previstas no Regime Geral das Infrações Tributárias no Regime Geral das Contraordenações.

ceitos impostos pela legislação fiscal. Digamos que se trata de uma forma de sancionar a prática do ilícito, não propriamente pela ilegalidade, e/ou pela sua descoberta, mas sim pela eficácia dissuasora das suas sanções, cujas sanções pecuniárias aplicadas são proporcionais ao imposto não pago[96]. Ainda assim, um conjunto de fatores históricos e culturais, agregados a uma ideia de branda impunidade, manteve durante bastante tempo na consciência coletiva a ideia de que a prática deste tipo de ilícito representava um mal menor, sendo, por isso, facilmente aceite (para não dizermos "elogiado") na esfera social. Porém, com a reintrodução de penas privativas da liberdade e de outras sanções o fenómeno da evasão fiscal tem sido paulatinamente contido, razão pela qual, cremos, ter sido essencial a valorização dos "ilícitos fiscais" em relação aos "ilícitos comuns".

3. A Natureza da Infração Fiscal

Partindo do direito positivo, a doutrina tem vindo a procurar determinar a natureza das violações dos comandos contidos nas normas tributárias, para as quais o legislador previu uma sanção, bem como a natureza e fins destas mesmas sanções; no entanto, estão longe de serem concordantes, ou uniformes, as conclusões quanto à sua conceção, conforme abordaremos nos pontos seguintes.

Tem por isso enorme relevância proceder-se à distinção entre o que é Direito Penal e o que é Direito Administrativo, nomeadamente em relação à vertente tributária; e maior relevância assume, se atendermos ao debate e à evolução do pensamento jurídico, onde inicialmente se pretendia encontrar um critério único para a distinção entre ambos os ilícitos[97].

Posto isto, a natureza do ilícito tributário é qualificado como ilícito administrativo (contraordenações tributárias), como ilícito penal (crimes tributários) ou congregando ambos os ilícitos (dualista)[98].

[96] Não existe obrigação, em caso de condenação, da pena prever o pagamento do imposto. Um exemplo prático ocorre na proposta de suspensão provisória do processo em que a(s) injunção(ões) proposta(s) não tem, obrigatoriamente, que prever o pagamento do imposto em falta. - Vide, SILVA, Germano Marques da (2018), *Direito Penal Tributário, (...)*, op. cit., pág. 155 e, do nosso estudo, Capítulo II, Secção II, ponto 1.

[97] Vide, CORREIA, Eduardo (2016), *Direito Criminal - Vol. I (...)*, op. cit., pág. 24.

[98] MÁRIO MONTE é perentório na distinção que faz entre ambos os ilícitos do ponto de vista sancionatório, colocando o foco na seguinte diferenciação: «se dizemos crimes fiscais, falamos de direito penal tributário; se falamos de outras infrações, referimo-nos ao direito admi-

Ainda, dentro do pensamento de GOLDSCHMIDT, citando-se EDUARDO CORREIA:

> *(...) quando o Estado recorre a sanções para a realização dos seus fins, os delitos que daí resultam serão criminais, ou simplesmente administrativos, consoante esses fins sejam a realização de valores de justiça ou, apenas, a propulsão do bem estar e progresso sociais (...)*[99].

3.1. O Ilícito Administrativo no Âmbito da Infração Tributária

A corrente doutrinária que concebe a infração tributária como revestindo natureza administrativa parte do princípio de que existe uma diferença ontológica e estrutural entre o ilícito criminal e o ilícito administrativo, encontrando-se essa diferença patente nos diversos tipos de bens ou valores que cada um deles atingiria, nos diferentes modos de ofensa a esses valores e na diversidade de regimes jurídicos, tanto substantivo como processual, a que estariam sujeitos.

Sendo isto certo, entenda-se para quem acompanhava esta linha doutrinária, então o ilícito fiscal preenchia os requisitos essenciais que definem o ilícito administrativo, pois era desprovido de todo o seu conteúdo ético, o qual se traduzia na mera violação de prestações ou deveres, pelo que a ocultação e a fraude por parte do contribuinte não seriam merecedoras de qualquer reprovação de natureza moral.

Assim sendo, seria precisamente esse caráter eticamente indiferente que explicaria, por um lado, que as penas fiscais fossem exclusivamente pecuniárias e não privativas da liberdade, e, por outro, que essas penas não visassem somente coagir o contribuinte ao cumprimento do dever violado, mas apresentassem também um "momento fiscal", ou seja, se destinassem a ressarcir o Estado, através da coima[100] aplicada, das receitas que indevidamente não recebeu por força do comportamento ilícito do agente. Porém, o afastamento de certas infrações tributárias nas regras essenciais do Direito Penal, por prescindir ou limitar a exigência do elemento subjetivo, bastando-

nistrativo sancionador ou direito das contra-ordenações». – Vide, *Da Legitimação (...)*, op. cit., 2007, págs. 78 e 79, nota de rodapé 129.

[99] Vide, *Direito Criminal – Vol. I, (...)*, op. cit., 2016, pág. 26.

[100] Um comportamento que não possua dignidade punitiva deve constituir-se como contraordenação, sancionada através de coima. – Vide, DIAS, Jorge de Figueiredo (2001), *Temas Básicos da Doutrina Penal – Sobre os Fundamentos da Doutrina Penal Sobre a Doutrina Geral do Crime*, Coimbra: Coimbra Editora, pág. 143.

-se com a simples materialidade do facto, ou com uma presunção geral de culpa, consagra a responsabilidade das pessoas coletivas e conduz, de igual modo, à consagração da solidariedade no pagamento das coimas (excluindo a conversão do incumprimento do pagamento em pena privativa de liberdade), ao atribuir à administração a competência para conhecer das infrações e aplicar as correspondentes sanções.

Contudo, como refere Mário Monte, Direito Administrativo (sancionador) e Direito Penal Administrativo não são o mesmo[101]. Defende este autor, com quem concordamos, que ao diferenciar os ilícitos administrativos dos ilícitos penais, o legislador define aquilo que pretende descriminalizar e criminalizar[102]. Porém, ao definir todas as violações das normas tributárias, enquanto ilícito administrativo ou penal, através das penalidades criminais e das transgressões que são substanciadas em administrações ilícitas, sobressai imediatamente o facto de a sanção ser o critério diferenciador entre aquelas duas categorias de ilícitos.

Embora reconhecendo que este critério distintivo, semelhante ao codificado no Código Penal, é o único que assume relevância positiva para a classificação do ilícito, enquanto administrativo ou penal, podemos questionar se será possível elaborar uma noção absolutamente clara destas duas categorias, a qual se revele capaz de orientar o legislador no recondicionamento de ilícitos de mera ordenação-social à área de crimes. No entanto, dadas as numerosas violações atualmente contempladas pelas leis tributárias, não parece ser possível enumerar esta ou aquela peculiaridade como elemento ontologicamente caraterizador das violações pertencentes a cada uma das categorias; já, pelo contrário, cremos que seria fácil destacar uma série de violações que militem a favor da substancial homogeneidade qualitativa destes dois tipos de ilícito[103].

[101] Vide, *Da Legitimação (...)*, op. cit., 2007, pág. 70 e nota 88.

[102] *Ibidem*, pág. 70.

[103] Este critério, como cremos estar hoje bem definido, esteve longe de ser encontrado se atendermos às palavras de Eliana Gersão: «A questão do ilícito criminal administrativo como domínio ontologicamente distinto do ilícito criminal de justiça tem sido objecto de viva discussão doutrinária e encontra-se bem longe de estar resolvida. Até hoje (...) não foi possível encontrar um critério indiscutível, a partir do qual possa ser feita a distinção entre os dois ilícitos». – Vide, «Revisão do Sistema Jurídico Relativo à Infração Fiscal», *in* AAVV, *Direito Penal Económico e Europeu: Textos Doutrinários – Volume II – Problemas Especiais*, Coimbra: Coimbra Editora, 1999, pág. 87.

Perante o exposto, parece inevitável notar que a distinção entre os dois tipos de ilícitos é feita pelo legislador não tanto em relação ao tipo de interesse protegido, mas sim à gravidade do ataque. Quem defende a infração fiscal como ilícito administrativo, excluí a aplicação de sanção de pena privativa da liberdade[104].

3.2. O Ilícito Criminal no âmbito da Infração Tributária

Um conjunto organizado de regras, que visem a obtenção de um sistema tributário efetivo e justo, dificilmente pode passar sem o uso de sanções criminais que previnam as respetivas violações (prevenção geral por meio de intimidação). Na verdade, são precisamente essas sanções que, na maior parte das vezes, transmitem à comunidade o significado particular do dever contributivo (prevenção geral para fortalecimento da consciência jurídica).

Esse dever contributivo tornou-se, entretanto, tão importante que é hoje considerado um dever constitucional, de modo que a ameaça da sanção penal, que está prevista nesta matéria, se deve considerar fundamentada com base em diretrizes que permitem identificar os bens jurídicos suscetíveis de proteção constitucional e de proteção da lei criminal. Todavia, isto pressuporia a introdução de uma orientação doutrinal global, consolidada e aceite ao nível do "planeamento" político-criminal, que considerasse não só inadequado, mas até mesmo censurável sob o perfil constitucional, as ofensas aos deveres abrangidas pela infração penal, atribuindo-se assim o papel de última *ratio* ao instrumento repressivo criminal.

Porém, deste modo, coloca-se imediatamente a questão de saber que critérios se devem escolher para categorizar um ilícito como criminal ou simplesmente como ilícito administrativo. Quer dizer, coloca-se a questão de saber que critérios devem ser estabelecidos para categorizar o Direito

Eduardo Correia discorda deste ponto, por a distinção entre os dois tipos de ilícito se efetuar da seguinte forma: enquanto no ilícito criminal é necessária a imputação de «um juízo pessoal de censura ao agente», no ilícito administrativo «basta-se a produção do evento proibido, sem que seja necessário o elemento ético-jurídico da censura». – Vide, *Direito Criminal – Vol. I (...)*, op. cit., 2016, pág. 29.

[104] Vide, Sousa, Susana Aires (2021), *Os crimes (...)*, op. cit., pág. 213, autora que apresenta como exemplo os casos de Cardoso da Costa [Vide, Costa, José Manuel M. Cardoso da (1972), *Curso de Direito Fiscal*, op. cit., pág. 108] e Martins Eusébio [Vide, Eusébio, Domingos Martins (1963), *Subsídios para uma teoria da infração fiscal*, CTF, n.º 55, pág. 123] os quais, nas décadas de 60 e 70, defendiam o caráter unicamente administrativo da infração fiscal.

Penal comum: será suficiente a violação de uma norma para que possa ser tipificada como crime, independentemente da sua gravidade[105], ou pelo contrário, será de exigir elementos para a violação da norma poder ser tipificada como ilícito criminal[106].

Embora a uniformização de soluções fiscais a nível europeu e a sua respetiva criminalização se encontre profundamente marcada por princípios éticos e de justiça social, tal como as normas de Direito Penal Tributário vêm acolhendo, em medida crescente, os princípios da teoria geral da infração, como teoria da decisão penal[107], a verdade é que a tipificação das infrações fiscais continua a assentar na exigência de um facto típico, ilícito, culposo e punível, procedendo-se à graduação em função da culpa do agente.

No campo das sanções encontramos, contudo, uma diferença entre os ilícitos criminais e os ilícitos administrativos, uma vez que, no caso dos primeiros, falamos de uma pena com a consequência, jurídica e social, que tal classificação acarreta; apesar de, em ambos os casos, representarem, na prática, um dano perante o Estado, resultado da violação do princípio da legalidade, realizada pelas condutas dos cidadãos contribuintes[108].

Em diferentes períodos, a experiência jurídica demonstra uma contínua oscilação e interseção entre três critérios:

i. o tipo de obrigação tributária violada;
ii. o tipo de conduta do infrator;
iii. o quantum do imposto;

Por exemplo, com base no primeiro critério, a violação das obrigações "instrumentais" para o fluxo de pagamento na mera cobrança; pertencendo ao campo da ofensa criminal a obrigação do pagamento do imposto da "principal" ou "substancial". De acordo com o segundo critério, a conduta não fraudulenta seria enquadrada na infração administrativa e a fraudulenta na área criminal e, por fim, em virtude do terceiro critério, a evasão

[105] Vide, MARTINEZ, Pedro Soares (2003), *Direito Fiscal*, op. cit., págs. 316 e 317.

[106] Vide, GERSÃO, Eliana (1976), *Revisão do Sistema Jurídico(...)*, op. cit., pág. 93.

[107] Vide, PALMA, Maria Fernanda (2018), *Direito Penal – Parte Geral, A teoria geral da infração como teoria da decisão penal*, 3.ª Edição Reimpressão, Lisboa: AAFDL Editora.

[108] Princípio constitucional da legalidade da sanção na qual só a lei é competente para definir crimes e as suas medidas de segurança através das penas, nos termos do consagrado no artigo 23.º, n.º 3 da Constituição da República Portuguesa.

não superior a um determinado limite quantitativo constituiria uma infração administrativa e acima desse limite uma infração criminal.

Em relação à história mais recente da legislação tributária, observa-se que o sistema fiscal abandonou a distinção entre infração administrativa e criminal, assente exclusivamente no critério da conduta ser fraudulenta ou não-fraudulenta, passando a aditar um critério assente no *quantum* da evasão fiscal. Contudo, uma vez escolhido o critério de criminalização das infrações tributárias, deparamo-nos com o problema adicional da técnica de construção do preceito referente às penalidades tributárias.

A opção legislativa é certamente influenciada pelos critérios que devem ser considerados para a seleção e descrição concreta da conduta proibida. Podemos afirmar que as alternativas propostas são essencialmente três:

i. a construção por mera referência ao preceito contido na disposição tributária, a qual consiste em mudar completamente o preceito da lei fiscal, de modo que a lei tributária é limitada, quase exclusivamente, para prever a sanção, numa espécie de disposição penal em "branco";
ii. a construção parcial, que consiste em apenas descrever, parcialmente, o preceito adiando para a sua determinação de modo completo as obrigações estabelecidas em uma única ou mais normas tributárias;
iii. a construção autónoma, consistindo em ditar o preceito (e a sanção) na sua totalidade, sem qualquer referência (explícita) às obrigações previstas na lei tributária;

A evolução da lei tributária, nos diferentes sistemas jurídicos, mostra-nos exemplos de todos estes três tipos de opções do legislador, tanto em leis especiais (mais numerosas) como no próprio Código Penal (menos numerosas). E não obstante entendermos que a técnica de construção, preferencialmente, deva ser, a autónoma, é necessário sublinhar que, seja através da disciplina tributária ou seja da penal, se devem interpretar os limites na aplicabilidade prática referente a cada situação.

3.3. A Autonomia e Pluralidade do Ilícito Fiscal

3.3.1. *A Doutrina Autonomista*

Por força do debate em torno desta dicotomia do ilícito fiscal, enquanto administrativo ou criminal, surgiu na doutrina quem se recusasse a integrar a infração tributária quer na categoria do ilícito administrativo, quer na do ilícito criminal[109]. Esta posição da autonomia implicava que o Direito Penal Tributário se autonomizasse, de igual modo, em relação ao Direito Penal comum, nomeadamente em relação aos seus princípios e à valoração jurídica que lhe está intrinsecamente subjacente[110]. Para o efeito, esta recusa resultava da ideia de que o ilícito fiscal encerraria uma individualidade própria, sendo essa individualidade a razão e a explicação pela qual o regime normativo fiscal não coincidia com o do Direito Penal comum, nem com o estabelecido para o ilícito de natureza administrativa.

Porém, conforme se referiu, aquando da distinção do Direito Penal comum face ao direito especial,– a qual, recorde-se, decorria essencialmente de valores constitucionais fundamentais, não obstante ambas protegerem bens e valores jurídicos constitucionalmente consagrados –, também agora nos cabe reconhecer, aqui, que defendemos a fusão das infrações tributárias no Direito Penal, pelo menos no que respeita às infrações tipificadas como crimes e no regime geral das contraordenações com idêntica natureza contraordenacional. É que a criação de uma especialização para um Direito Penal Tributário, ou, como alerta MÁRIO MONTE, para um Direito Tributário sancionatório[111], o qual ainda procura o seu lugar próprio, provocaria uma verdadeira revolução, indesejada entenda-se, nos bens protegidos, na função e na finalidade das incriminações de índole fiscal.

O que possa aparentar ser uma contradição ao que supra afirmámos, não deve ser confundido com o desejo de aperfeiçoar um regime teórico coincidente com aquilo que é a sua realidade prática, nomeadamente, a nível processual.

3.3.2. *A Doutrina Pluralista*

Os defensores da doutrina pluralista não circunscrevem a infração fiscal nem ao Direito Penal comum, nem ao Direito Administrativo sanciona-

[109] Entre nós destacaríamos NUNO SÁ GOMES que defende a especialidade completa do Direito Penal Tributário em face do Direito Penal comum. Veja-se, ainda, com idêntica posição, MORAIS, Luís Domingues da Silva (1993), *Incriminação de Infrações Fiscais Não Aduaneiras*, Lisboa: Edições Cosmos, pág. 35.

[110] É pertinente a observação partilhada por MÁRIO MONTE na qual «uma tal autonomia dogmática, absoluta, pode levar a soluções de certa forma estranhas ao próprio direito penal, sendo legítimo questionar se é ainda de intervenção penal que se falaria». – Vide, *Da Legitimação, (...)*, op. cit., 2007, pág. 79.

[111] *Ibidem*, pág. 79, nota de rodapé 129.

dor, negando-lhe a autonomia, no sentido de poder constituir um conjunto unitário de infrações[112]. Com esta tomada de posição, a doutrina pluralista coloca em relevo a peculiaridade das infrações com características heterogéneas, de tal forma que, para si, não existiriam infrações tributárias autónomas no autêntico sentido do termo, mas apenas tipos legais civis, administrativos ou penais, associadas ao fenómeno tributário.

Ao negar a existência de uma nova categoria de infrações, reafirmando assim as já existentes, esta doutrina estabelece, fundamentalmente, que a classificação das infrações deve surgir a partir dos interesses em questão, no momento da sua realização. Deste modo, cremos ser notório que o grande mérito desta posição é o de evidenciar o facto de as infrações tributárias, ao não serem todas da mesma natureza, pressuporem um redobrado cuidado na sua classificação, em particular no sentido de não se ceder à tentação de autonomizá-las ao ponto de não se reconhecer uma relação de codeterminação entre tais infrações e determinados ramos do direito, como são os casos dos Direitos Penal, Administrativo e, inclusive, Civil.

Contudo, não nos parece que se possa negar a existência de infrações tributárias de tipo diverso, na medida em que, mesmo que nelas se possam manifestar diversos aspetos, tal não significa que não possamos revelar um elemento comum e caraterizador, como por exemplo o facto de se fundarem em relações jurídico-fiscais e assim afetarem interesses de natureza fiscal.

4. O Ilícito Fiscal e a Natureza Meramente Sancionatória do Direito Penal

Dado não se suscitarem dúvidas, sobre a qualificação dos ilícitos fiscais e das restantes infrações tributárias punidas com pena de prisão como ilícitos criminais, entre nós, o debate acerca da natureza do ilícito fiscal circunscreveu-se aos casos de violação de deveres fiscais, punidos com sanções pecuniárias, a que a lei expressamente denomina de "coima". Ora, parte da doutrina atribuía a estas sanções uma natureza contraordenacional e, por isso, integrava-as na categoria do ilícito administrativo (equiparando-as inicialmente à contravenção e, posteriormente, à contraordenação); por sua vez, uma outra parte da doutrina acabava por qualificar estas *"transgressões"* como verdadeiras infrações criminais[113].

[112] Vide, Martinez, Pedro Soares (2003), *Direito Fiscal, (...)*, pág. 320.

[113] Vide, Santos, José Beleza dos (1936), *Algumas questões sobre o crime de descaminho*, RLJ, Ano 69, n.ºs 2567 a 2570, págs. 98 e 99.

Aceitando-se esta distinção entre os dois tipos de ilícitos, assente no conteúdo ético que revestem e na natureza dos valores que são atingidos, excluir-se-á, desde logo, a existência de um terceiro tipo de ilícito que não seja criminal nem administrativo. Relevante será, analisada a natureza do ilícito, a integração da infração fiscal no regime normativo que ela contenha (criminal ou administrativo). Contudo, ao distinguir-se no ilícito fiscal, para efeito sancionatório, entre o meramente criminal e o meramente administrativo, acabou por surgir uma dúvida relativa às penas de multa, isto é, surgiu a dúvida de saber se estas poderiam, ou não, ser convertidas em prisão[114], com necessárias consequências a nível da aplicação do direito por parte do julgador.

Sucede, no entanto, que a doutrina passou a repudiar o uso de penas privativas da liberdade no âmbito das infrações fiscais, entendendo que o Estado não podia atuar perante ilícitos "menores", do mesmo modo que um Estado repressivo atua perante ilícitos consubstanciadores da violação de direitos fundamentais e de dignidade penal consagrada.

Sendo certo que se pretendeu afastar a possível aplicação de penas privativas da liberdade, excluindo situações meramente pontuais[115], uma vez que as «sanções fiscais seriam antes especiais relativamente às sanções criminais»[116], a verdade é que a constante flutuação da legislação em vigor conduzia a situações em que a classificação das infrações tributárias tanto poderia passar por um mero ilícito administrativo, ou ilícito criminal, como poderia até consubstanciar-se na *fusão* de ambos[117]. Esta situação levou a que fosse defendida a criação de um código próprio e a independência do Direito Penal Fiscal punitivo face ao Direito Penal comum, mas, deste modo, as infrações fiscais mais não seriam que a omissão de um dever para com a sociedade, representativa de uma falta de consideração social.

Não obstante o que vem de ser exposto, as infrações fiscais mantiveram sempre uma ligação premente com os princípios de Direito Penal. E mesmo o facto de a aplicação de multas ser a regra nos casos de prática de infrações

[114] Vide, Rosa, Manuel Cortes (1999), «Natureza Jurídica das Penas Fiscais», *in* AAVV, *Direito Penal Económico e Europeu–Problemas Especiais, Volume II*, Coimbra: Coimbra Editora, pág. 16.

[115] Vide, Correia, Eduardo (1999), *Os artigos (...) op. cit.*, pág. 31.

[116] Neste sentido Nuno Lumbrales, a quem pertence a citação: «reconhecia-se que a natureza ética da infracção, por ser semelhante à do ilícito criminal, determinaria a impossibilidade de aplicação cumulativa, pelo mesmo facto, de ambos os tipos de sanção, sob pena de violação do princípio *ne bis in idem*». – Vide, *Sobre o Conceito Material de Contra-Ordenação*, Lisboa: Universidade Católica Editora, 2006, pág. 67.

[117] Vide, Eusébio, Domingos Martins (1963), *Subsídios para uma Teoria (...)*, op. cit.

tributárias, a verdade é que nada disso desvirtua a ideia de se poder ter *"o melhor de dois mundos"*, isto é, o retorno financeiro de que o Estado se viu privado pela prática da infração, e a aplicação, nos casos de maior gravidade, de uma pena que vá ao encontro das considerações de prevenção geral e especial[118]. Assim, as violações das normas tributárias sancionadas com pena de prisão, ou multa, revestiriam a natureza de ilícitos criminais, tendo em conta a vincada preocupação de justiça social que subjazia ao sistema fiscal; preocupação que legitimava a aplicação de uma pena privativa de liberdade.

Conclui-se que, em face da nossa lei, é possível uma visão unitária da infração fiscal como ilícito criminal que decorrerá no recurso ao regime consagrado no Código Penal, desde que não incompatível com lei tributária extravagante, e, numa vertente administrativa, por força do princípio da subsidiariedade, para as infrações tidas como *"menos graves"*[119/120].

Se a ideia de autonomia do preceito penal em geral é atualmente predominante, não podemos negar que há uma dependência estrita entre os casos incriminadores e os complexos de provisões tributárias que regem os diversos impostos, sendo a proteção penal preordenada para garantir o cumprimento exato e pontual das obrigações tributárias. Essa dependência estrita levanta, no entanto, a questão de saber se o objeto de proteção criminal será constituído por todos os impostos resultantes das disposições em vigor, ou por impostos devidos por força do princípio da capacidade contributiva[121].

[118] Citando-se Manuel Rosa: «só em casos excecionais o legislador estabelece de modo expresso a pena de prisão. Ora, se é certo que esse facto pode ser justificado, pela menor gravidade das infrações fiscais, também não deixa de ser perfeitamente possível explicá-lo pelo especialíssimo interesse pecuniário que o Estado tem ao sancionar estas infracções. Por outro lado, não é rigorosamente exacto que as infrações fiscais sejam sempre menos graves do que as infrações comuns, punidas de modo expresso com a pena de prisão. Este interesse pecuniário do Estado na percepção das quantias devidas a título de multa fiscal é de tal modo forte que o legislador não hesita por vezes em declarar solidariamente responsáveis com o infrator outras pessoas que podem ter procedido sem dolo nem negligência. Mas é ao punir a evasão fiscal que o legislador revela de modo mais explícito a relevância deste "momento fiscal" da multa"». – Vide, *Natureza Jurídica (...)*, op. cit., 1999, pág. 13.

[119] Princípio segundo o qual a intervenção do Direito Penal é a ultima *ratio*, só tendo legitimamente lugar quando a intervenção dos demais setores normativos da ordem jurídica se afigurar ineficaz na proteção dos valores ou bens jurídicos, conforme decorre do consagrado pelo artigo 18.º da Constituição da República Portuguesa.

[120] Vide, Lumbrales, Nuno B. M. (2006), *Sobre o Conceito (...)*, op. cit., pág. 67.

[121] Vide, Costa, José M. Cardoso da (2014), *O princípio da capacidade contributiva no constitucionalismo português e na jurisprudência do Tribunal Constitucional*, Boletim de Ciências Económicas, Vol. LVII –Tomo I, págs. 1159-1186.

Esta questão, por sua vez, poderá subdividir-se em outras duas, nomeadamente: (1) qual o significado que os termos e os institutos tributários assumem no caso penal, quando assentam nas presunções da legislação tributária para fins criminais?; (2) qual a distinção a realizar se estivermos perante presunções legais de características meramente probatórias ou presunções legais absolutas, para a formação do caso substancial penal?

Em relação à primeira questão, a regulamentação e os institutos tributários protegidos não podem deter, para fins penais, o mesmo valor que possuem para efeitos fiscais, porquanto consistem em esquemas argumentativos que devem ser analisados critica e judicialmente de modo divergente.

Já no que concerne à segunda questão, quando em si mesma considerada, mantém-se dúvidas fundadas de inconstitucionalidade, quando utilizada para determinar a tributação a um facto gerador (sem a exigência de eficácia), sob pena de não poder ser relacionada e, portanto, ser relevante no plano processual para efeitos de incriminação e posterior relevância no plano processual probatório, ao contrário do substantivo.

Parece-nos ser esta a solução que melhor se harmoniza com o princípio geral e a função do Direito Penal, a saber, a proteção de bens jurídicos concretos, devidamente assumidos na dimensão que constitucionalmente possuem.

5. A Incriminação

No que diz respeito à relação e aos aspetos fundamentais que caraterizam o conjunto das disposições individuais incriminatórias, faremos as observações que se seguem.

Em primeiro lugar, a proteção penal é limitada apenas a certos setores da tributação e não os afeta, como a lógica desejaria, indiscriminadamente. As sanções penais, em sentido estrito, são de facto bastante relevantes no domínio dos impostos diretos e em determinados impostos indiretos, nomeadamente o IVA[122].

Em segundo lugar, no que se refere à estrutura objetiva, enquanto os setores que visam fiscalizar os impostos diretos estão essencialmente centrados na exigência de conter a evasão fiscal, os setores relativos aos impostos

[122] Compreende-se que, conforme abordaremos numa fase subsequente do nosso estudo, os impostos que possam ser sujeitos a retenção (por exemplo os casos do IRS e IRC) ou ao direito a dedução (caso do IVA) têm uma maior tendência para serem sujeitos à violação das obrigações tributárias.

indiretos são construídos sobre a premissa da evasão ou num significado sintomático de fuga à sua tributação.

Do ponto de vista das sanções, é de salientar que enquanto no domínio dos impostos diretos são exclusivamente aplicadas penas privativas de liberdade e/ou de multa, noutras situações, o legislador contemplou, em casos especiais, penas exclusivamente pecuniárias e proporcionais ao *quantum* de imposto evadido.

Não pretendemos afirmar que as sanções penais são apenas relevantes no contexto dos impostos diretos e em determinados impostos indiretos, nomeadamente no IVA, até porque se atendermos a ilícitos criminais devidamente tipificados no nosso ordenamento jurídico, como são exemplos os crimes de fraude fiscal – o qual abrange a simulação com o objetivo de diminuir a arrecadação de impostos – ou de burla tributária, compreenderíamos que abrangem todo o tipo de impostos.

Esta circunstância destaca uma política de sanções consistente e consciente numa perspetiva meramente de perigo ou de dano[123].

[123] Para Germano Marques da Silva «não pode haver ilícito penal se falta a lesão do bem jurídico protegido ou não exista sequer a possibilidade de que uma ofensa, sob a forma de perigo, se verificaria como consequência da ação ou omissão». – Vide, *Direito Penal Tributário,(...)*, op. cit., 2018, pág. 62.

SECÇÃO II
OS ELEMENTOS ESTRUTURANTES DA INFRAÇÃO TRIBUTÁRIA

1. O Facto Ilícito (Ilicitude e Tipicidade da Infração Tributária)

A infração tributária é uma ação humana, realizada voluntariamente por um agente, a qual produz um determinado resultado a que a lei atribui relevância e efeitos jurídicos[124]. No entanto, para que a conduta do agente se subsuma a uma infração tributária, é imprescindível que tenha sido lesado um bem ou interesse legalmente protegido cuja violação preveja uma determinada sanção. Dito por outras palavras, para que determinado comportamento – comissivo ou omissivo – constitua uma infração tributária é imperativo que se configure como um ato tipicamente ilícito.

A ilicitude ou a antijuricidade – seja por se traduzir no incumprimento da obrigação de imposto, seja por consistir na violação de um dever fiscal acessório –, consubstancia em si a contradição entre o comportamento e a norma jurídica violada, entre a obrigação e o interesse financeiro do Estado e/ou dos outros entes públicos que sejam titulares do direito de crédito tributário[125].

Por sua vez, a tipicidade, elemento da ilicitude, está delimitada às violações dos deveres estabelecidos e previstos nas normas, por respeito ao princípio da legalidade. De tal modo que apenas as condutas que se conformem com a descrição contida no preceito penal fiscal e que reúnam todos os

[124] Com a entrada em vigor do Regime Geral das Infrações Tributárias, o conceito de infração tributária deixou de efetuar a distinção entre as infrações aduaneiras e não aduaneiras.

[125] Vide, Gomes, Nuno Sá de (2000), *Evasão Fiscal, Infracção Fiscal (...)*, op. cit., pág. 101.

elementos da previsão normativa, a que essa mesma norma, ou outra, faz corresponder uma sanção penal fiscal, podem constituir um ilícito tributário com relevância no domínio penal fiscal[126], assim como para efeitos da sua qualificação do facto e da sua imputação ao agente que violou o princípio da legalidade da norma[127].

Assim a ilicitude decorre de uma ação de desvalor, desaprovada pela ordem jurídica, negação de certos valores[128] sendo esta ação quem expressa a qualidade ofensiva do comportamento, ao invés da tipicidade que dá forma à proibição do comportamento[129].

Para além das descrições contidas no preceito penal fiscal, o apuramento da ilicitude das condutas obriga ainda a que se realize a análise do elemento material e objetivo da infração, isto é, a própria conduta, ou ação, do agente. Esta, para efeitos de análise, é divisível em diversos subelementos: (I) a *conduta* (em ação e omissão); (II) a *tipicidade*; (III) a *ilicitude*; e (IV) a *culpabilidade*, ou seja, por força do resultado a que conduz a relação subjetiva entre o facto típico e o seu agente e a que seguidamente, nos dedicaremos.

2. A Ação e Omissão da Conduta – A importância do *Locus* e *Tempus Delicti*

A conduta pode manifestar-se por ação ou omissão. A ação é «o facto positivo, a atuação», que conduz à «produção do evento». A omissão é a «abstenção de atuar, de não fazer ou deixar de fazer, podendo ser simples ou própria ou comissiva ou imprópria». Com a ação viola-se a norma jurídica, fazendo o que a lei proíbe; com a omissão viola-se a norma jurídica, não se obedecendo ao que a lei estabelece[130/131].

126 Vide, Jescheck, Hans Heinrich (2002), *Tratado de Derecho Penal, (...)*, op. cit., pág. 373 e Beleza, Teresa Pizarro (1998), *Direito Penal, Vol. II,* Lisboa: ADFL Editora, págs. 18, 19, 97 e 251.

127 Vide, Palma, Maria Fernanda (2018), *Direito Penal – Parte Geral, A teoria geral, (...)*, op. cit., pág. 89.

128 Vide, Correia, Eduardo (2016), *Direito Criminal – Vol. I, com a colaboração de Figueiredo Dias,* Coimbra: Almedina, pág. 273

129 Vide, Costa, Jorge de Faria (2017), *Direito Penal,* Lisboa: Imprensa Nacional, pág. 282.

130 Vide, Sousa, Jorge Lopes de / Santos, Manuel Simas (2010), *Regime Geral das Infrações Tributárias – Anotado,* 4.ª Edição, Lisboa: Áreas Editora, págs. 37 e 38.

131 Existe a necessidade de concretizar a expressão *evento,* socorrendo-nos, por isso, aos ensinamentos de Cavaleiro de Ferreira o qual ensina dever: «(...) distinguir o evento jurídico do evento material. Evento jurídico é a lesão ou perigo de lesão do bem jurídico tutelado

A conduta do agente ou do titular do órgão a quem é imputado o comportamento tanto pode consubstanciar-se numa ação contrária à lei como numa omissão do comportamento que a norma tributária lhe impunha. No primeiro caso, o ilícito diz-se comissivo porque consiste na prática de um ato que a lei proíbe, como acontecerá, por exemplo, quando o contribuinte realiza um contrato simulado com o objetivo de ficar isento do pagamento de determinado montante de imposto[132]. No segundo, a infração será omissiva e traduz-se no facto de o agente deixar de cumprir, ou cumprir imperfeita, incompleta ou incorretamente, qualquer dever que a lei fiscal lhe impõe[133].

Quando a infração é o resultado de uma ação, a determinação do tempo e lugar em que foi praticada é simples de efetuar; quando é omissiva, consistindo no incumprimento de um dever que a lei impõe, podem levantar-se dúvidas sobre o tempo e o lugar da infração[134]. A este respeito, e no que concerne especificamente ao lugar da prática das infrações omissivas, o artigo 5.º do Regime Geral das Infrações Tributárias preceitua qual o lugar e momento da prática da infração tributária, ou seja, a infração considera-se

pela norma incriminadora; evento material é a modificação do mundo exterior, relativamente ao objecto material do crime. Em todos os crimes se verifica, como elemento essencial, o evento jurídico; o evento material só terá lugar nos crimes materiais ou de resultado». – Vide, *Lições de Direito Penal, Parte Geral (...)*, op. cit., 2010, pág. 138.

[132] Esta é a situação que, por exemplo, ocorre num contrato de compra e venda de um imóvel no qual vendedor e comprador declaram estar a realizar o negócio por um valor diferente do real, em regra inferior, ou idêntico ao valor patrimonial tributário – nos casos em que o valor de compra declarado é inferior ao valor patrimonial tributário o imposto a ser liquidado é sempre sobre o valor deste último – quando na realidade o negócio é efetuado por um preço bastante superior. O Estado fica lesado no pagamento dos impostos a tributar ao comprador, nomeadamente, em sede de IMT e IS, uma vez que será tributado pelo valor patrimonial do bem. Por outro lado, o vendedor não é tributado em sede de IRS/IRC (consoante o caso), por mais-valias, ou sendo-o, igualmente não o é pelo valor real do negócio. – Vide, entre outros, Morais, Rui Duarte (2016), *Sobre o IRS*, Reimpressão da 3.ª Edição de 2014, Coimbra: Almedina, págs.128 a 132; Pereira, Paula Rosado (2016), *Estudos sobre IRS: Rendimentos de Capitais e Mais Valias (N.º 2 da Coleção)*, Cadernos do IDEFF, Coimbra: Almedina, págs. 103, 111 a 113; Tavares, Tomás Cantista (2018), *IRC e Contabilidade – Da Realização ao Justo Valor*, Coimbra: Almedina, págs. 228, 229, 234 e 235, e, sobre o dever de pagamento em sede de IS. – Vide, Lacerda, Hugo (2021), *Códigos Anotados & Comentados – Tributação do Património – IMI, IMT, IS*, Porto: Lexit Editora, pág. 417.

[133] Casos da não entrega da declaração de IRS ou da declaração periódica de IVA.

[134] É decisivo determinar o momento em que a omissão ocorre para efeitos, por exemplo, de contagem do prazo de prescrição.

praticada no momento e no lugar em que a obrigação omitida deveria ter sido cumprida.

No que diz respeito ao tempo, o ilícito omissivo é praticado no momento em que, segundo a lei, o agente teria de cumprir o dever que violou e, no caso de este ter um prazo dentro do qual deveria ser realizado, na data em que o mesmo terminou.

De igual modo, quando se trata de pessoas coletivas a que a lei atribui ou reconhece capacidade tributária penal, a ação que lhes é normativamente imputada é similar à das pessoas singulares que são titulares dos seus órgãos e às quais cabe formar e exprimir a vontade da pessoa coletiva, agindo em seu nome e no seu interesse sobre as quais recaem deveres de vigilância e de controlo, nos termos do artigo 11.º do Código Penal[135/136] e, nomeadamente, do artigo 7.º do Regime Geral das Infrações Tributárias.

3. O Resultado

A ação em que consiste a conduta infratora tem como resultado imediato a violação de um dever imposto no interesse da tributação, podendo, em alguns casos, provocar uma alteração ou modificação objetiva, no domínio exterior e natural, à qual a ordem jurídico-fiscal atribua específica relevância.

Assim, quando o resultado da conduta do agente é o desrespeito da norma tributária, o não cumprimento de um dever ou a violação de um direito – como ocorrerá nas hipóteses de falta de entrega de uma declaração de rendimentos –, estamos perante um ilícito meramente formal. Pelo contrário, se a conduta do sujeito implica uma alteração da realidade material pré-existente, por exemplo quando o contribuinte altera documentos com relevância fiscal, estamos perante uma infração material.

Todavia, em qualquer dos casos, o resultado da conduta é um conceito normativo e não material, assumindo relevância jurídica, enquanto elemento

[135] Vide, Silva, Germano Marques (2009), *Responsabilidade Fiscal Penal Cumulativa das Sociedades e dos seus Administradores e Representantes*, Lisboa: Editorial Verbo, pág. 379.

[136] Para que possa ser imputada responsabilidade por omissão pelo não cumprimento do dever de agir, primeiramente pela pessoa coletiva e, seguidamente, pelos titulares dos órgãos de gestão e administração. – Vide, Marques, Paulo / Gonçalves, Pedro Correia / Marques, Rui (2017), *Responsabilidade Tributária e Penal dos Gestores, Advogados, Contabilistas e Auditores – Impostos, Crime e Castigo*, Coimbra: Almedina, pág. 161.

modificador de uma situação jurídica pré-existente. Porém, nos casos em que venha a consistir numa lesão efetiva de um direito, ou em algo que ponha em perigo o interesse financeiro do sujeito ativo da obrigação fiscal, é considerado um elemento da ação, integrando, nessa qualidade, o conceito de infração tributária[137].

Em face do que expusemos, e atendendo ao preceituado no artigo 10.º do Código Penal, os crimes puros de omissão são aqueles que a parte especial referencia expressamente a omissão como forma de integração típica e os crimes impuros de omissão são os que não se encontram especificamente descritos na lei como tais, tornando-se «indispensável o recurso à cláusula de equiparação contida no artigo 10.º. Sem prejuízo de poder asseverar-se que os crimes de omissão impuros são crimes de resultado, ao menos no sentido de crimes que afetam a situação de tranquilidade do bem jurídico protegido»[138].

A causalidade é uma das categorias de primordial relevância penal.[139] Quando a conduta do agente produz um resultado de natureza material torna-se necessário determinar se o evento é imputável à conduta do agente, isto é, se entre ambos existe uma relação de causa e efeito ou um nexo de causalidade. Para responder a este problema da causalidade, foram propostas diversas doutrinas, sendo, no entanto, duas aquelas que maior destaque e apoio obtiveram.

A primeira, denominada de *"teoria da equivalência das condições"*, ou da *"conditio sine qua non"*, parte da premissa de que a causa de um resultado é toda a condição sem a qual o evento não teria tido lugar[140].

Em oposição, a *"teoria da causalidade adequada"* sustenta que só se pode considerar causa de um determinado evento, aquela que se apresenta adequada a produzi-lo, como a omissão da ação adequada a evitá-lo. De acordo

[137] Vide, FERREIRA, Manuel Cavaleiro de (2010), *Lições de Direito Penal (...)*, op. cit., pág. 245.

[138] Vide, DIAS, Jorge de Figueiredo (2019), *Direito Penal, Parte Geral, (...)*, op. cit., pág.1067.

[139] Vide, SOUSA, Susana Aires de, «Causalidade e imputação: proposta de um modelo (o modelo da imputação causal de resultados criminalmente desvaliosos), *in* AAVV, *Estudos Comemorativos dos 20 anos da FDUP – Volume II*, Coimbra, Almedina, 2017, pág. 786.
Para um estudo mais desenvolvido sobre esta categoria jurídica, ainda da mesma autora, vide, *A Responsabilidade Criminal pelo Produto e o Topos Causal em Direito Penal – Contributo para uma protecção penal de interesses do consumidor*, Coimbra: Coimbra Editora, 2014.

[140] Vide, CARVALHO, Américo A. Taipa de (2016), *Direito Penal Parte Geral – Questões Fundamentais, Teoria Geral do Crime*, Porto: Universidade Católica Editora, pág. 309.

com tal critério, afirma-se a existência de nexo de causalidade quando, eliminando intelectualmente uma circunstância antecedente, o evento não teria lugar. Para esta teoria elabora-se um juízo de prognose, no sentido da previsão, no momento em que já ocorreu o resultado. A causa é, assim, a circunstância mais próxima ao evento, de acordo com um critério de razoabilidade. E para impor a alguém um certo resultado, não basta que o facto tenha sido condição do dano, é imperativo que o facto seja a causa adequada do dano, enquanto consequência normal, típica e provável[141]. Deste modo, vemos que não basta, portanto, a verificação do resultado no caso concreto. O resultado há-de ser previsível e de verificação normal, segundo as regras da experiência comum aplicadas às circunstâncias concretas da situação. Só assim será possível concluir pela existência de nexo de causalidade, de acordo com a teoria da causalidade adequada.

O critério geral da teoria da adequação reside na valoração jurídica da ilicitude, não de todas as condições, mas apenas daquelas que, segundo as máximas da experiência, são idóneas para produzir o resultado. Consequências imprevisíveis, anómalas ou de verificação rara serão assim juridicamente irrelevantes; porém, são várias as dificuldades com que se depara a teoria da adequação[142].

À semelhança do que sucede nos crimes materiais de lesão, o destacamento do evento é uma exigência normativa no âmbito dos crimes fiscais, dos crimes de perigo e dos crimes de dano. A imputação objetiva deve obedecer assim a regras comuns às que vigoram nos crimes materiais de dano, onde são aplicáveis, pelo menos, os critérios restritivos da causalidade

[141] Vide, Ac. do Supremo Tribunal de Justiça, de 15 de dezembro de 2011, processo n.º 549/08.7PVLSB.S1, disponível em www.dgsi.pt.

[142] O nexo de adequação tem de ser aferido segundo um juízo de prognose póstuma, o que significa que o julgador se deve deslocar mentalmente para o momento em que foi praticada a conduta e ponderar, enquanto observador objetivo, se dadas as regras empíricas, a ação praticada teria como consequência a produção do evento. Para além disso, devem ser atendidos os especiais conhecimentos que o agente efetivamente detinha, apesar de a generalidade das pessoas deles não dispor. Tendo em conta a teoria da adequação, a atuação de terceiro que se integre no processo causal desencadeado pelo agente só não excluirá a imputação se aparecer como imprevisível e provável. – Vide, CARVALHO, Américo A. Taipa de (2016), *Direito Penal Parte Geral (...)*, op. cit., págs. 318 e 319.

adequada[143/144]. Afigura-se-nos, por isso, dever ser também esta a teoria seguida relativamente ao ilícito tributário[145].

[143] Vide, PEREIRA, Rui Carlos (1995), *O Dolo de Perigo – Contribuição para a Dogmática da Imputação Subjetiva nos Crimes de Perigo Concreto*, Lisboa: Lex Edições Jurídicas, pág. 97.

[144] Contudo FARIA COSTA afirma que por «mais maleabilidade ou elasticidade que se empreste à causalidade adequada, dificilmente esta permite que se consiga estabelecer um juízo de causação entre a ação e, por exemplo, um resultado de perigo. O perigo deve ou tem de ser objectivamente imputado ao agente. Todavia, o perigo não é um estádio que pertença ao mundo do ser causal. O perigo é intencional e estruturalmente uma categoria normativa, sem que com isso perca a qualidade de se poder apreender de maneira objectivável. Nesta perspectiva, por conseguinte, o perigo não é tanto causado pelo agente, antes o perigo é "obra" intencionada do agente, não se concretiza, como acontece no dano/violação, em uma alteração do real verdadeiro, configura antes uma situação com um pequeno, quantas vezes pequeníssimo arco de tempo». – Vide, *Direito Penal,(...)*, op. cit., 2017, pág. 250.

[145] *Ibidem*, pág. 252 e, do mesmo autor, *O Perigo em Direito Penal*, Coimbra: Coimbra Editora, 1992, pág. 506.

CAPÍTULO II
O CRIME DE ABUSO DE CONFIANÇA FISCAL

Considerações introdutórias sobre as especificidades do crime de Abuso de Confiança Fiscal

Tal como referido anteriormente, as caraterísticas subjacentes às previsões incriminatórias divergem consoante o sector de tributação. No entanto, iremos limitar o estudo ao crime de abuso de confiança fiscal, um dos mais recorrentes na prática quotidiana e por essa razão merecedor de uma atenção mais exigente da nossa parte.

No panorama das infrações fiscais relativas aos impostos indiretos, o IVA ocupa uma posição de destaque nas infrações praticadas por facto relacionado com este imposto. Por uma dupla razão, interligada: em primeiro lugar, porque diz respeito a impostos que sobrecarregam, indiscriminadamente, todos os cidadãos e, em segundo lugar, pela sua vertente de aplicação diária[146].

Na exposição dos casos incriminatórios individuais, seguiu-se o critério adotado pela lei, ficando assim concatenados dentro das infrações relacio-

[146] O IVA visa tributar todo o consumo em bens materiais e serviços, abrangendo na sua incidência todas as fases do circuito económico, desde a produção ao retalho. Porém, a base tributável é limitada ao valor acrescentado em cada fase. – Vide, PALMA, Clotilde Celorico (2014), *Código do IVA e RITI – Notas e* Comentários *(coord. e org. Clotilde Celorico Palma e António Carlos dos Santos)*, Coimbra: Almedina, págs. 38 e 39, comentário 1 e PREÂMBULO do CIVA, aprovado pelo Decreto-Lei n.º 394-B/84, de 26 de dezembro e, ainda, VASQUES, Sérgio (2020), *O Imposto Sobre o Valor Acrescentado,* Coimbra: Almedina, págs. 18 e 19.

nadas com a apresentação e entrega de declaração que, por exigência explícita ou implícita, ocorre nos impostos relativos ao rendimento, como são os casos do IRS e IRC. Já no que diz respeito às questões gerais de responsabilidade criminal, quer a jurisprudência, quer a doutrina, nos casos referentes a pessoas coletivas e conforme decorre da lei, é o de chamar a sociedade a responder, através do seu representante legal e/ou do seu gerente/administrador de direito ou de facto, o que afeta, claro está, a pessoa singular que pratica o ilícito.

Neste contexto, somos da opinião que, no âmbito societário/fiscal, se deve distinguir a questão criminal da questão administrativa, uma vez que relevante, para essa distinção, é o poder de representação em relação ao poder de gestão. Por outro lado, a solução deve ser desligada de qualquer esquema presuntivo e deve ser considerada responsável unicamente a pessoa (ou pessoas) que realmente tenham realizado/praticado a ação que viola a norma legal.

Por sua vez, os crimes fiscais devem ser distinguidos conforme a conduta típica seja caracterizada, ou não, de fraude à lei, o que implica a necessidade de identificar as conotações que a conduta deve conter para se definir como fraudulenta.

Para além do exposto, é ainda prioritário compreendermos, de modo particular, o crime de abuso de confiança fiscal, ilícito sobre o qual nos propomos refletir; por isso, iniciamos o estudo pela sua génese e a evolução legislativa operada até ao presente.

O crime de abuso de confiança fiscal é um dos crimes que mais alterações legislativas, mais decisões divergentes na jurisprudência provocou e, por força disso, tem merecido bastante debate por parte da doutrina[147]. Historicamente, o crime de abuso de confiança passou, em nosso entendimento, por seis fases fundamentais que o alteraram ou moldaram e às quais faremos, seguidamente, uma breve referência[148].

i. A primeira fase ocorreu com a génese do Regime Jurídico das Infrações Fiscais Não Aduaneiras, consagrado pelo Decreto-Lei n.º 20-A/90, de 15 de janeiro, no qual encontramos, no artigo 24.º, alguns elementos

[147] Vide, Silva, Germano Marques da (2018), *Direito Penal Tributário (...)*, op. cit., pág. 239.

[148] Costa Andrade refere-se a 3 etapas fundamentais no crime de abuso de confiança fiscal. – Vide, *O abuso de confiança fiscal (...)*, op. cit., 2009, pág. 230.

previstos no atual crime de abuso de confiança fiscal[149]. Na sua versão original, a sua «tipicidade objectiva centrava-se» na não entrega total, ou parcial, da prestação tributária ao fisco[150]. Esta norma abrangia a apropriação total, ou parcial, de prestação tributária que o agente, ou substituto tributário, deduzisse nos termos legalmente previstos, e cuja dedução estivesse abrangida pela obrigatoriedade de entrega ao credor tributário.

Assim, o tipo objetivo da infração do artigo 24.º «esgotava-se na mera não entrega (total ou parcial)» dos valores recebidos ou deduzidos pelo substituto tributário, e o tipo subjetivo exigia, para além do dolo-do-tipo, a intenção de um resultado, o qual não assume autonomia em relação ao dolo[151].

Em estudo sobre a introdução do Regime Jurídico das Infrações Fiscais Não Aduaneiras, Augusto Silva Dias refere que a distinção entre o crime e a contraordenação pela falta de entrega da prestação tributária prevista no artigo 29.º do diploma[152]

[149] O artigo 24.º do Regime Jurídico das Infrações Fiscais Não Aduaneiras estabelecia:
«1– Quem, com intenção de obter para si ou para outrem vantagem patrimonial indevida, e estando legalmente obrigado a entregar ao credor tributário a prestação tributária que nos termos da lei deduziu, não efectuar tal entrega total ou parcialmente será punido com pena de multa até 1000 dias;
2– Para os efeitos do disposto no número anterior, considera-se também prestação tributária a que foi deduzida por conta daquela, bem como aquela que, tendo sido recebida, haja obrigação legal de a liquidar, nos casos em que a lei o preveja;
3– É aplicável o disposto no número anterior ainda que a prestação deduzida tenha natureza parafiscal e desde que possa ser entregue autonomamente;
4– Se no caso previsto nos números anteriores a entrega não efectuada for inferior a 50000$, a pena será a de multa até 180 dias, e se for superior a 1000.000$, a pena não será inferior a 700 dias de multa;
5– Para instauração do procedimento criminal pelos factos previstos nos números anteriores é necessário que tenham decorrido 90 dias sobre o termo do prazo legal de entrega da prestação;
6– Se a obrigação da entrega da prestação for de natureza periódica, haverá tantos crimes quanto os períodos a que respeita tal obrigação».

[150] Vide, Dias, Augusto Silva (1999), «Crimes e contra-ordenações fiscais», *in* AAVV, *Direito Penal Económico e Europeu: Textos doutrinários, Volume II – Problemas Especiais,* Coimbra: Coimbra Editora, pág. 461.

[151] Vide, Andrade, Manuel da Costa (2009), *O abuso de confiança fiscal (...),* op. cit., págs. 230 e 231 e Dias, Jorge de Figueiredo (2019), *Direito Penal, Parte Geral, Tomo I, (...),* op. cit., pág. 407.

[152] Estabelece o artigo 29.º, n.º 1: «À não entrega, total ou parcial, por período até 90 dias, ao credor tributário da prestação tributária deduzida nos termos da lei será aplicável coima variável entre o valor da prestação em falta e o dobro da mesma (...)».

(...) está em que naquele o não pagamento é acompanhado de atos que exteriorizam e indiciam a intenção de obter uma vantagem patrimonial indevida, ao passo que nesta última o autor atrasa, por período até noventa dias, a entrega da prestação, violando dolosa ou negligentemente o dever de observar o prazo estabelecido (...)[153].

ii. A entrada em vigor do Decreto-Lei n.º 394/93, de 24 de novembro, que procedeu a uma profunda alteração ao texto do artigo 24.º do Regime Jurídico das Infrações Fiscais Não Aduaneiras, deu início a uma segunda etapa neste, tumultuoso, caminho legislativo[154]. Agora, o crime de abuso de confiança fiscal só ocorre se, para além da não entrega da prestação tributária, o substituto tributário[155] se apropriar dos montantes retidos. O elemento da *apropriação* passa assim a ser requisito do preenchimento do abuso de confiança fiscal enquanto ilícito criminal.

Esta nova redação aproximava o crime de abuso de confiança fiscal ao de abuso de confiança comum, p.e.p. no Código Penal, em que os bens jurídicos *sacrificados* são a propriedade e a confiança[156]. Para além disso, procedeu ainda a uma distinção e a uma autonomização entre os ilícitos criminais e contraordenacionais, definindo o legislador que se está perante um crime (de abuso de confiança fiscal) quando exista a lesão dos bens jurídicos da propriedade e da confiança, conferindo-lhe assim a necessária dignidade penal e a sanção correspondente. Destarte, para a consumação do crime de abuso de confiança fiscal, não bastava apenas o comportamento omissivo do agente, traduzido na não entrega da referida prestação, era ainda necessário que a apropriação fosse consciente.

Em relação ao ilícito contraordenacional, a omissão na *falta de entrega* após o prazo legal, independentemente da apropriação, era suficiente para definir a separação entre este ilícito administrativo e o criminal[157].

[153] Vide, «O novo Direito Penal Fiscal Não Aduaneiro (Decreto-Lei n.º 20-A/90, de 15 de Janeiro)», *in* AAVV, *Direito Penal Económico e Europeu, Volume II – Problemas Especiais*, Coimbra: Coimbra Editora, 1999, pág. 276.

[154] O artigo 24.º passa a conter a seguinte redação: «(...) quem se apropriar, total ou parcialmente, de prestação tributária deduzida nos termos da lei e que estava obrigado a entregar ao credor tributário será punido (...)».

[155] Sobre a figura do substituto tributário, cf. Secção I, ponto 2.2.3., deste Capítulo.

[156] Vide, Andrade, Manuel da Costa (2009), *O abuso de confiança fiscal (...)*, op. cit., pág. 231 e Silva, Germano Marques da (2018), *Direito Penal Tributário (...)*, op. cit., pág. 239.

[157] Vide, Andrade, Manuel da Costa (2009), *O abuso de confiança fiscal (...)*, op. cit., pág. 233.

iii. Um terceiro momento de transformação acontece no ano de 2001, com a entrada em vigor do Regime Geral das Infrações Tributárias no nosso ordenamento jurídico. A Lei n.º 15/2001, de 5 de junho veio operar uma verdadeira revolução, ao unificar as infrações aduaneiras e não aduaneiras num único diploma, revogando o Regime Jurídico das Infrações Fiscais Aduaneiras e o Regime Jurídico das Infrações Fiscais Não Aduaneiras[158].

Relativamente ao crime de abuso de confiança fiscal, este encontra-se preceituado no artigo 105.º, onde a palavra *fiscal* se exclui da terminologia do ilícito penal[159]. Todas as alterações que foram introduzidas, foram-na no sentido de adotar o caminho traçado pela jurisprudência para a qual a não entrega da prestação, no prazo legalmente preceituado, da prestação que deduziu/cobrou em substituição do Estado[160].

Assim, tínhamos como elemento do tipo, no artigo 105.º do Regime Geral das Infrações Tributárias, a não entrega ao credor tributário da prestação

[158] Vide, LUMBRALES, Nuno B. M. (2003), *O abuso de confiança fiscal no regime geral das infrações tributárias*, Fiscalidade, n.ºs 13/14, janeiro/abril, pág. 86.

[159] O artigo 105.º do Regime Geral das Infrações Tributárias na sua primeira versão tinha a seguinte redação:
«1– Quem não entregar à administração tributária, total ou parcialmente, prestação tributária deduzida nos termos da lei e que estava legalmente obrigado a entregar é punido com pena de prisão até três anos ou multa até 360 dias;
2– Para os efeitos do disposto no número anterior, considera-se também prestação tributária a que foi deduzida por conta daquela, bem como aquela que, tendo sido recebida, haja obrigação legal de a liquidar, nos casos em que a lei o preveja;
3– É aplicável o disposto no número anterior ainda que a prestação deduzida tenha natureza parafiscal e desde que possa ser entregue autonomamente;
4– Os factos descritos nos números anteriores só são puníveis se tiverem decorrido mais de 90 dias sobre o termo do prazo legal de entrega da prestação;
5– Nos casos previstos nos números anteriores, quando a entrega não efectuada for superior a (euro) 50000, a pena é a de prisão de um a cinco anos e de multa de 240 a 1200 dias para as pessoas colectivas;
6– Se o valor da prestação a que se referem os números anteriores não exceder (euro) 1000, a responsabilidade criminal extingue-se pelo pagamento da prestação, juros respectivos e valor mínimo da coima aplicável pela falta de entrega da prestação no prazo legal, até 30 dias após a notificação para o efeito pela administração tributária;
7– Para efeitos do disposto nos números anteriores, os valores a considerar são os que, nos termos da legislação aplicável, devam constar de cada declaração a apresentar à administração tributária;».

[160] ISABEL MARQUES DA SILVA refere-se à alteração do texto da norma como propositada e com o intuito de clarificar as posições que se vinham a debater, nomeadamente, na jurisprudência. – Vide, SILVA, Isabel Marques da (2018), *Regime Geral (...)*, op. cit., pág. 226.

tributária deduzida/cobrada a título definitivo. A condição objetiva de punibilidade é a exigência do decurso do prazo de 90 dias, sobre o termo do prazo legal de entrega da prestação. O crime passa a esgotar-se na mera não entrega das prestações, só podendo ser punível, no entanto, após decorrido o prazo de 90 dias.

Por fim, o dolo, como elemento subjetivo do tipo, constitui-se pela consciente retenção e não entrega das ditas prestações, deduzidas ou recebidas de terceiros mesmo conhecendo a obrigação legal de proceder à sua liquidação[161].

iv. Este preceito foi entretanto objeto de alteração com a entrada em vigor da Lei n.º 53-A/2006, de 29 de dezembro, a qual procedeu à alteração do n.º 4 do artigo 105.º do Regime Geral das Infrações Tributárias. Ora, o n.º 4 deste artigo define as condições objetivas de punibilidade e tem uma enorme relevância na medida em que estabelece os pressupostos exigíveis para que o comportamento do agente possa ser punível. Com a entrada em vigor desta nova Lei, para além do anterior prazo legal máximo, de 90 dias, para o substituto tributário proceder à entrega da prestação, passou a ser igualmente requisito de punibilidade a «prestação comunicada à administração tributária, através da correspondente declaração, não ser paga, acrescida de juros respetivos e do valor da coima aplicável, no prazo de 30 dias após a notificação para o efeito»[162].

Esta alteração legislativa *"descriminaliza"* as condutas de quem, na qualidade de substituto tributário, não tenha procedido à entrega dos montantes deduzidos/cobrados, dentro do prazo legal, ao credor tributário; mais, com esta alteração passa a caber ao credor tributário a obrigatoriedade de ter que proceder à notificação do agente no prazo de 30 dias.

Ao contrário do que sucedia, a não entrega nos 90 dias previstos na alínea a) do n.º 4 do artigo 105.º do Regime Geral das Infrações Tributárias

Para Costa Andrade este diploma é «a certeza que esta mudança terá sido deliberadamente assumida e querida pelo legislador». – Vide, *O abuso de confiança fiscal (...)*, op. cit., 1999, pág. 234.

[161] Vide, Antunes, Paulo José Rodrigues (2004), *Infrações Tributárias e seu Processo – Regime Geral Anotado – Actualizado segundo as Alterações Orçamentais de 2003/2004*, 2.ª Edição, Coimbra: Almedina, pág. 161.

[162] Cf. Alínea b), do n.º 4, do artigo 105.º do Regime Geral das Infrações Tributárias na redação que lhe foi dada pela Lei n.º 53-A/2006.

deixa de configurar um ilícito de índole criminal, para passar a ser apenas contraordenacional. Somente com a notificação a realizar pela Autoridade Tributária, e ultrapassado o predito prazo de 30 dias, o agora segundo requisito de punibilidade se considera preenchido[163].

Esta condição objetiva será uma das questões que pretendemos aprofundar, nomeadamente na vertente de saber se perante a hipótese de a Autoridade Tributária não proceder à notificação do agente responsável pela entrega dos valores retidos e não entregues, o ilícito praticado poder ser incutido na esfera contraordenacional, uma vez que ainda não existe, por falta deste novo requisito de punibilidade, a necessária dignidade penal para poder ser sancionado como um ilícito criminal, ou se esta condição não tem relevância para efeitos de definição da natureza do ilícito[164].

Independentemente do bom fundamento que possa existir por detrás da alteração legislativa implementada, não podemos deixar de salientar aqui alguns pontos. Em primeiro lugar, o facto de ter sido aditado um novo pressuposto/requisito para a punibilidade da violação da norma; em segundo lugar, o facto de ter existido uma aproximação ao crime comum de desobediência (artigo 348.º do Código Penal) e um afastamento em face ao crime de abuso de confiança (artigo 205.º do Código Penal), conduzindo assim a uma desvalorização legal do ilícito; e, por fim, o facto de esta alteração legislativa ter resultado num retrocesso (assim o entendemos) face ao longo caminho entretanto preconizado para efeito de qualificação desta infração tributária como ilícito criminal ou de mera ordenação social[165].

Esta alteração criou ainda alguns problemas de interpretação, a que, entretanto, Taipa de Carvalho deu resposta[166], nomeadamente em matéria de aplicabilidade, retroatividade e sucessão de leis[167].

[163] Taipa de Carvalho refere-se a um pressuposto ou condição de punibilidade criminal da conduta omissiva. – Vide, *O crime de abuso de confiança fiscal–As consequências jurídico-penais da alteração introduzida pela Lei n.º 53-A/2006, de 29 de Dezembro,* Coimbra: Coimbra Editora, 2007, pág. 21.

[164] Vide, Andrade, Manuel da / Sousa, Susana Aires de (2009), «As metamorfoses e desventuras de um crime (abuso de confiança fiscal) irrequieto», *in* AAVV, *Direito Penal Económico e Europeu: Textos Doutrinários, Volume III*, Coimbra: Coimbra Editora, pág. 332.

[165] *Ibidem*, págs. 321 a 335.

[166] Vide, *O crime de abuso de confiança fiscal (...)*, op. cit., 2007, pág. 21.

[167] Defendemos que o objetivo desta alteração legislativa visou exclusivamente o recebimento das receitas tributárias em falta, independentemente dos princípios de Direito Constitucional, Penal, Contraordenacional ou Fiscal que se devem ter por acautelados.

v. A Lei n.º 64-A/2008, de 31 de dezembro, introduziu um novo elemento típico no artigo 105.º do Regime Geral das Infrações Tributárias, a saber, o do limite ao valor mínimo para a penalização do crime de abuso de confiança fiscal; limite esse que, no entanto, não é previsto para o crime de

Ademais, não é novidade este tipo de comportamento por parte do legislador, o qual, neste caso concreto, e em benefício do Estado, colocou o substituto tributário [Vide, Feio, Diogo (2001), *A Substituição Fiscal (...)*, op. cit., pág. 32.] como o sujeito passivo da relação fiscal e responsável tributário – sem o dever ser (é empossado nessa posição jurídica) –, como (mais) um (mero) cobrador de impostos, utilizando, para o efeito, o Direito Penal para os casos de violação desta "relação de confiança e obrigação".
Entendemos, por isso, ter sido esta alteração legal efetuada com a intenção de introduzir uma condição objetiva de punibilidade, na medida em que se alude a uma circunstância em relação direta com o facto ilícito que é igualmente um elemento essencial ao tipo de ilícito e à culpa. Segundo os ensinamentos de Figueiredo Dias «pode acontecer que por falta de uma condição de punibilidade, se revela o facto como um todo, na sua unidade, na sua imagem global, não atinge os limiares mínimos da exigência preventiva de punição, em suma da sua dignidade penal». [Vide, *Direito Penal, Parte Geral, (...)*, op. cit., 2019, pág. 787].
O que o legislador não acautelou foram as consequências desta sua decisão. Assim, este diploma, aditou ao artigo 105.º do Regime Geral das Infrações Tributárias mais uma condição objetiva de punibilidade. Não nos parece aceitável atendendo que esta alteração não foi realizada para facultar um regime mais favorável para o agente do facto. No sentido de Taipa de Carvalho «uma lei que acrescente uma condição objetiva de punibilidade é uma lei despenalizadora (e não uma lei penal apenas com um regime mais favorável). Pelo contrário se a lei retira uma condição objetiva de punibilidade é uma lei penalizadora». [Vide, *O crime de abuso de confiança fiscal (...)*, op. cit., 2007, pág. 35.]
Para Frederico Costa Pinto, «a criação ou modificação dos elementos quantitativos do tipo referentes ao tributo devido, que (na melhor doutrina) têm gerado casos de descriminalização direta sempre que as leis novas aumentam esses valores como liminar mínimo da intervenção penal e o aditamento de condições objectivas de punibilidade (como notificações da administração tributária e prazos de pagamento acrescentados aos tipos legais em vigor) e que, embora pressupondo uma continuidade do ilícito, acabam por criar um efeito despenalizador quanto às condições de intervenção penal». [Vide, *Crimes (...)*, op. cit., pág. 9.]
A intenção do legislador não visou, exclusivamente, conceder uma última oportunidade ao agente para evitar a sua punição, por força da sua conduta omissiva. É pelo menos essa a nossa convicção. As razões do legislador foram de índole puramente economicista: a diminuição do número de processos judiciais e a obtenção das receitas em falta, de modo mais célere e eficiente, através de um mecanismo repressor e criminalizador.
Este apontamento, embora atualmente sem utilidade prática, é ainda assim fulcral para a compreensão do pensamento, à época, do legislador, e representa, sem dúvida, mais um aspeto que ajuda a reforçar a posição que vimos expondo e que nos guiará à conclusão final deste estudo.

abuso de confiança contra a Segurança Social. Esta alteração, preceituada no artigo 113.º da Lei n.º 64-A/2008, de 31 de dezembro, circunscreveu-se à introdução de um limite ao valor da prestação tributária considerada, passando a exigir que só as condutas que lesassem o Estado em valor superior a €7.500 mereceriam a tutela penal[168]. Ora, por força deste limite, é inquestionável que deixaram de ser punidas criminalmente as condutas em que o valor da prestação tributária não excede €7.500. Esta aproximação do crime de abuso de confiança fiscal ao de fraude fiscal[169], com a introdução, na norma, de um valor mínimo para haver a punibilidade da infração a título de crime, não deixa de ser curiosa, por ser demonstrativa da recondução a uma "fusão" ao crime de fraude fiscal.

Esta alteração legislativa abriu o debate sobre se este valor mínimo estipulado se aplicaria também ao crime de abuso de confiança contra a Segurança Social, considerando que a norma deste crime, previsto e punido pelo artigo 107.º do Regime Geral das Infrações Tributárias, remete para o artigo 105.º do mesmo diploma, referente ao abuso de confiança fiscal.

A divergência doutrinal[170]e jurisprudencial acerca desta questão "forçou" o Supremo Tribunal de Justiça a pronunciar-se em Acórdão de fixação de jurisprudência, decidindo que

> *(...) a exigência do montante mínimo de (euro) 7.500, de que o n.º 1 do artigo 105.º do RGIT faz depender o preenchimento do tipo legal de crime de abuso de*

[168] O artigo 113.º da Lei n.º 64-A/2008, de 31 de dezembro, procedeu, igualmente, à revogação do n.º 6 do artigo 105.º do Regime Geral das Infrações Tributárias.

[169] Glória Teixeira, em Conferência realizada em 15 de janeiro de 2016, no Centro de Estudos Judiciários, defendeu que o crime de abuso de confiança fiscal deveria ser reconduzido ao crime de fraude fiscal.

[170] Sobre esta questão destacaríamos a posição de Isabel Marques da Silva que, previamente, havia defendido que «os tipos legais de crimes contra a segurança social [são] construídos em larga medida através de remissão para os seus homónimos fiscais». Posição que interpretamos como de defesa para a aplicação daquele valor limite, preceituado para o crime de abuso de confiança fiscal e, de igual forma, para o crime de abuso de confiança contra a segurança social. – Vide, *Regime Geral das Infrações Tributárias (...)*, op. cit., 2018, págs. 198 e 199. Em sentido oposto veja-se o estudo de Cruz Bucho, no qual o autor conclui que: «o limite de €7.500,00 do crime de abuso de confiança fiscal é também aplicável ao crime de abuso de confiança contra a Segurança Social constituiria um factor de grave desequilíbrio na unidade do sistema, pondo em causa, nas palavras de Baptista Machado, a coerência intrínseca do ordenamento». – Vide, *A Lei do OE 2009 e o crime de abuso de confiança contra a Segurança Social*, Tribunal da Relação de Guimarães, 14 de abril de 2009.

confiança fiscal, não tem lugar em relação ao crime de abuso de confiança contra a segurança social, previsto no artigo 107.º, do mesmo diploma (...)[171].

vi. Por último, entramos na fase em que o Supremo Tribunal de Justiça veio a dar uma atenção maior ao IVA, em particular, nas hipóteses em que o agente é legalmente obrigado a efetuar a liquidação deste imposto, sem que no entanto o tenha efetivamente recebido[172] ou em sede de IRS, ao efetuar a retenção na fonte. Nesse conspecto, colocava-se a questão de saber qual era a consequência que o respetivo incumprimento, nomeadamente do ponto de vista criminal e contraordenacional, acarretaria para o obrigado legal.

O Supremo Tribunal Administrativo, em matéria contraordenacional, defendia que

> *(...) não tendo havido recebimento do imposto anterior à entrega à administração tributária da declaração periódica está afastada a possibilidade de preenchimento da hipótese do art. 114.º, n.º 2, do RGIT (que se reporta à conduta prevista no n.º 1 do mesmo artigo) (...)*[173].

Assim, seguindo a jurisprudência uma interpretação restritiva em matéria contraordenacional, comparativamente à prática de ilícito que preenchesse o tipo criminal, não podia o julgador ter uma interpretação mais

[171] Vide, Ac. do Supremo Tribunal de Justiça, de Uniformização e Fixação de Jurisprudência, n.º 8/2010, de 23 de setembro, publicado no Diário da República, 1.ª Série, n.º 186 de 23 de setembro, págs. 4129-4248.

[172] O IVA tem uma predominância em relação aos demais tributos por fazer parte do dia a dia dos cidadãos. À exceção das situações previstas no CIVA que isentam as operações da tributação deste imposto, em regra, tal não ocorre. Inicia-se, deste modo, um recebimento do valor deduzido/pago a título de IVA, cuja entrega compete ao contribuinte, na qualidade de sujeito tributário, nos prazos e pressupostos aceites naquele código e consoante o regime fiscal em que se encontre. Este imposto é devido, logo que liquidado, isto é, logo que a transação que se encontre sujeita ao imposto se efetive e se realize. (cf. artigos 16.º, 22.º, 26.º, 36.º e 40.º do CIVA)

O IVA tem como sujeitos passivos as pessoas singulares ou coletivas que, com caráter de habitualidade, exerçam transações de produtos em geral, tendo como objetivo tributar todo o consumo em bens materiais e serviços. Trata-se de um imposto de autolançamento/autoliquidação, por o mesmo ser da responsabilidade do próprio contribuinte, na qualidade de substituto tributário.

[173] Vide, Ac. do Supremo Tribunal Administrativo, de 10 de dezembro de 2008, processo n.º 0579/08, disponível em www.dgsi.pt.

ampla, razão pela qual se exigia a demonstração do recebimento por parte do substituto tributário; e só deste modo, teria este a obrigatoriedade de o entregar à Autoridade Tributária.

A Constituição da República Portuguesa consagra, no seu artigo 103.º, n.º 1, que «o sistema fiscal visa a satisfação das necessidades financeiras do Estado e outras entidades públicas e uma repartição justa dos rendimentos e da riqueza»[174]. Acompanhando a nossa Constituição, o raciocínio natural seria o de considerar que o sujeito passivo tem o dever de entregar o montante de imposto apurado juntamente com as declarações periódicas relativas às operações efetuadas no exercício da sua atividade. Mas, se assim fosse, cairíamos numa situação de interpretação "cega" da letra da lei, em que o incumprimento, cumpridas as condições de punibilidade dos prazos e o montante mínimo a que alude a norma, preencheria o tipo legal do crime.

Sucede porém que, no caso específico do IVA, o tipo exige que o sujeito passivo tenha recebido a prestação tributária que tem a obrigação legal de liquidar, o que significa ter recebido dos seus clientes as quantias faturadas pela transmissão de bens/prestação de serviços, o que inclui o valor respeitante a imposto[175].

Com efeito o Supremo Tribunal de Justiça fixou jurisprudência no sentido de o efetivo recebimento da prestação tributária deduzida é elemento constitutivo do tipo de ilícito, sempre que

> *(...) a omissão de entrega total ou parcial, à administração tributária de prestação tributária de valor superior a EUR 7.500 relativa a quantias derivadas do Imposto sobre o Valor Acrescentado em relação às quais haja obrigação de liquidação, e que tenham sido liquidadas, só integra o tipo legal do crime de abuso de confiança fiscal, previsto no artigo 105 n.º 1 e 2 do RGIT, se o agente as tiver, efetivamente, recebido (...)*[176].

O acórdão não se refere à questão da apropriação, mas à questão da necessidade de prévia dedução de quantias não entregues e uma vez que receber não significa apropriar-se esta é a questão a decidir. Na verdade, de

[174] Vide, Canotilho, J. J. Gomes / Moreira, Vital (2006), *Constituição da República Portuguesa Anotada – Volume I, (...)*, op. cit., págs. 1088 e 1089.

[175] Vide, Silva, Germano Marques da (2018), *Direito Penal Tributário (...)*, op. cit., pág. 241, nota de rodapé n.º 1.

[176] Vide, Ac. do Supremo Tribunal de Justiça, de Fixação e Uniformização de Jurisprudência, n.º 8/2015, de 2 de junho, publicado no Diário da República, 1.ª Série, n.º 106, págs. 3502–3512.

igual forma, o acórdão faz expressa referência a diversas prestações tributárias cuja omissão de entrega releva no crime de abuso de confiança fiscal como é exemplo a retenção na fonte em sede de IRS.

Em nossa opinião esta decisão apenas peca por tardia, em face das situações de injustiça, entretanto criadas, no plano criminal e contraordenacional, com nefastas consequências a nível económico e a nível da justiça material.

SECÇÃO I
O CRIME DE ABUSO DE CONFIANÇA FISCAL

1. O Bem Jurídico

O Direito Penal visa a proteção de bens jurídicos fundamentais, os quais se consideram essenciais à subsistência da sociedade como espaço de desenvolvimento máximo, em condições de igualdade da pessoa. Se para JAKOBS o Direito Penal não protege bens jurídicos, mas antes a vigência da norma e a pena é a eliminação do facto correspondente à lesão da norma; para ROXIN a pena contribui para a reafirmação da norma, mas não é o seu único fim. A pena serve, em última instância, a proteção de bens jurídicos, carecendo de sentido na ausência deste fim[177]. Este penalista alerta para o facto de a exigência de lesão, ou colocação em perigo de um bem jurídico, não constituir «o único princípio de limitação da punição».

Além disso, a proteção de bens jurídicos não é um exclusivo do Direito Penal. Os outros ramos de direito protegem, de igual modo, bens jurídicos e, em obediência ao princípio da subsidiariedade[178], o qual confere consistência à criminalização de comportamentos, o Direito Penal só deve intervir quando a tutela conferida pelos outros ramos do direito não for suficientemente eficaz para acautelar a manutenção desses bens considerados vitais ou fundamentais à existência do próprio Estado e da comunidade[179]. É este

[177] Vide, ROXIN, Claus (2013), *O conceito de bem jurídico como padrão crítico da norma penal posto à prova*, RPCC, Ano 23, n.º 1, Coimbra: Coimbra Editora, págs. 10 e 11.

[178] *Ibidem*, pág. 25.

[179] Sobre o princípio da subsidiariedade – Vide, Acórdãos do Tribunal da Relação de Coimbra, processos n.ºs 36/03.3GCTCS.C1, de 11 de março de 2009 e 586/05.3TAACB-C1, de 24 de junho de 2009, disponíveis em www.dgsi.pt.

caráter subsidiário do Direito Penal que o coloca no patamar de ultima *"ratio"* do direito devendo, por isso, no âmbito das «incriminações fiscais»[180], saber se esses interesses quando violados merecem a intervenção do sistema penal, em harmonia quer com o princípio da fragmentariedade quer com o princípio da proporcionalidade[181].

Daí que a imposição de um critério material, que não puramente formal, de legitimação do Direito Penal emerge, desde logo, do artigo 18.º, n.º 2, da Constituição da República Portuguesa, do qual também se pode retirar que os bens dignos de tutela penal terão obrigatoriamente de se fundar em valores constitucionalmente protegidos[182/183] e só através desta garantia, e salvaguarda constitucional, é que os bens jurídicos alcançam a necessária dignidade penal.

Como ensina Figueiredo Dias:

> *(...) a realidade do crime [...] não resulta apenas do seu conceito, ainda que material, mas depende também da construção social daquela realidade; ele é em parte produto da sua definição social, operada em último termo pelas instâncias formais (legislador, polícia, ministério público, juiz) e mesmo informais (família, escolas, igrejas, clubes, vizinho) de controlo social. Numa palavra: a realidade do crime não deriva exclusivamente da qualidade "ontológica" ou "ôntica" de certos comportamentos, mas da combinação de determinadas qualidades materiais do comportamento com o processo de reacção social àquele, conducente à estigmatização dos agentes respectivos como criminosos ou delinquentes (...)*[184].

[180] Vide, Sousa, Susana Aires de (2021), *Os crimes (...)*, op. cit., pág. 250.

[181] O Direito Penal apenas deverá intervir quando a sua tutela se revele eficaz na proteção dos bens jurídicos lesados, uma vez que, apoiando-nos na analogia de Georg Jellinek: «não se abatem pardais, disparando canhões». – Vide, Jellinek, Georg, *Teoría General del Estado, Apud* Bonavides, Paulo (2018), Direito Constitucional, 33.ª Edição, São Paulo: Editora Malheiros, pág. 366.

[182] Os valores protegidos pelas normas penais não podem, em circunstância alguma, defraudar o sentido da Lei Fundamental. – Vide, Miranda, Jorge / Medeiros, Rui (2005), *Constituição Portuguesa Anotada – Tomo I*, Coimbra: Coimbra Editora, pág. 162.

[183] No mesmo sentido, Costa Andrade refere que, constitucionalmente, a doutrina faz derivar o princípio do bem jurídico «como uma das implicações materiais do estado de direito e da homenagem que este tem que prestar à dignidade do Homem, à liberdade e à tolerância». – Vide, «A nova lei dos crimes contra a economia (Dec. lei n.º 28/84, de 20 de Janeiro)», *in* AAVV, *Direito Penal Económico e Europeu, Volume I – Problemas Gerais*, Coimbra: Coimbra Editora, 1998, pág. 397.

[184] Vide, *Direito Penal, Parte Geral, (...)*, op. cit., 2019, pág. 152.

Conclui-se que o bem jurídico – sem esquecer que é o legislador quem decide quais os bens a proteger e quais as consequências da sua violação – é protegido tendo em atenção a realidade social[185] e, no âmbito da proteção de bens jurídico-fiscais, essa realidade é determinante para o papel que o legislador atribui à intervenção do Direito Penal na violação dos bens jurídicos protegidos nas normas fiscais.

O bem jurídico é, ainda segundo FIGUEIREDO DIAS,

> *(...) a expressão de um interesse, da pessoa ou da comunidade, na manutenção ou integridade de um certo estado, objecto ou bem em si mesmo socialmente relevante e por isso juridicamente reconhecido como valioso (...)*[186].

Neste sentido, o bem jurídico penal protegido pelos crimes fiscais é a obtenção das receitas fiscais, mas, em nosso entendimento, também a confiança, o que nos coloca a questão de inexistindo apropriação não haja ofensa do bem. Dada esta definição, alguns autores defendem, todavia, a ideia de que no bem jurídico fiscal se encerram outros interesses que não apenas os da tutela do erário público e do interesse do Estado. Entre esses outros interesses encontrar-se-iam, por exemplo, o da tutela dos deveres de cooperação do substituto tributário, e/ou do contribuinte para com o credor tributário[187]. No entanto, na opinião de outros penalistas[188], estamos apenas perante a violação do património fiscal do Estado.

É nosso entendimento que por "bem jurídico" violado no crime de abuso de confiança fiscal se deve entender única e exclusivamente o património fiscal do Estado, na medida em que o substituto tributário se encontra numa situação de imposição legal, por conta do Estado; proteção do «património tributário do Estado»[189], por via quer da obtenção das preditas receitas, quer pelo cumprimento por parte do(s) contribuinte(s) dos deveres de colaboração e cooperação que legalmente lhes são impostos pela legislação tributária. Em suma, no crime de abuso de confiança fiscal, o bem jurídico

[185] Vide, SOUSA, Susana Aires de (2021), *Os crimes (...)*, op. cit., pág. 252.

[186] Vide, *Direito Penal, Parte Geral, (...)*, op. cit., 2019, pág. 130.

[187] Vide, LUMBRALES, Nuno B. M. (2003), *O abuso de confiança fiscal (...)*, op. cit., pág. 97 e SILVA, Isabel Marques da (2018), *Regime Geral (...)*, op. cit., págs. 59 e 228.

[188] Casos de GERMANO MARQUES DA SILVA e AUGUSTO SILVA DIAS. – Vide, *Direito Penal Tributário (...)*, op. cit., 2018, pág. 240 e *O novo Direito penal (...)*, op. cit., 1999, pág. 275.

[189] *Ibidem*, pág. 121.

tutelado consiste no interesse patrimonial do Estado em obter as receitas tributárias que o Estado deixou de receber.

Algumas posições doutrinárias defendiam, no entanto, que o critério da tutela do bem jurídico não teria relevância, pelo facto de estarmos perante um crime *irrequieto*[190], isto é, um crime de natureza artificial com características comuns à generalidade das infrações tributárias[191]. Defendiam estes autores que, ao contrário do que ocorria nos crimes tipificados no Direito Penal clássico, no âmbito do Direito Penal Tributário não se conseguem apreender «um ou vários bens jurídicos com contornos definidos, os quais pudessem funcionar como "constituens" da estrutura do ilícito e assim o vinculassem a uma certa direção de tutela»[192]. Neste sentido, FIGUEIREDO DIAS e COSTA ANDRADE defendiam igualmente que só a partir da ação proibitiva praticada pelo agente se tornaria possível identificar o bem jurídico violado[193/194].

Para SUSANA AIRES DE SOUSA, cujo entendimento acompanhamos, o bem jurídico penalmente protegido pelos crimes fiscais, tem de pré-existir e presidir materialmente à incriminação fiscal, de forma a poder cumprir o seu desiderato[195]. E seguindo idêntica linha de raciocínio jurídico, também a incriminação prevista no artigo 105.º do Regime Geral das Infrações Tributárias – a obtenção das receitas recebidas ou retidas pelo substituto de imposto enquanto bem jurídico do Estado – tem que ser prévia, não apenas pela relevância e identificação direcionada na tutela de um bem comunitário, um bem jurídico coletivo, mas também pela relevância constitucional inerente à arrecadação e função dos impostos.

[190] Título, astuciosamente, dado por COSTA ANDRADE e SUSANA AIRES DE SOUSA ao estudo, "*As metamorfoses e desventuras de um crime (abuso de confiança fiscal) irrequieto (...)*".

[191] Vide, DIAS, Augusto Silva (1999), *O novo Direito penal (...)*, pág. 263 e ANDRADE, Manuel da Costa (1998), *A nova lei (...)*, op. cit., pág. 404.

[192] Vide, DIAS, Augusto Silva (1999), *O novo Direito penal (...)*, pág. 263.

[193] Vide, *O Crime de Fraude Fiscal (...)*, op. cit., 1999, pág. 418.

[194] Em linha com a posição defendida por aqueles autores, MÁRIO MONTE, na sua reflexão sobre a reparação penal, afirma que o «bem jurídico é concebido como um *posterius* relativamente ao tipo». – Vide, *Da reparação penal (...)*, op. cit., 2003, pág. 145.

[195] Vide, *Os crimes (...)*, op. cit., 2021, págs. 256.

Como se conclui, o bem jurídico tutelado é a proteção do Estado, do erário público[196/197] e a criminalização da conduta não apresenta outra finalidade que não seja a de impedir e prevenir o desvio de créditos tributários, punindo o agente que, violando a específica relação de confiança, não procede à entrega, à Administração Fiscal, das quantias que recebeu.

2. A Substituição Tributária

2.1. Conceito e considerações gerais

A substituição tributária verifica-se quando a lei exige a pessoa diferente que se substitua no cumprimento da totalidade ou parcialidade das obrigações fiscais, ocupando o seu lugar na qualidade de sujeito passivo da relação jurídica tributária[198]. Assim, pode ser exigido o pagamento da prestação a um sujeito sem que se possa estabelecer qualquer presunção de benefício auferido quanto ao mesmo.

A substituição tributária permite exigir a entrega da prestação a pessoas que não o contribuinte e às quais não se pode estabelecer qualquer presunção de benefício auferido[199]. Desta forma, a relação de substituição tributária envolve três sujeitos[200]:

i. O Estado na qualidade de *credor tributário;*
ii. O contribuinte direto com capacidade contributiva, na qualidade de *devedor originário* ou *substituído;*

[196] Referimo-nos à proteção do património fiscal. – Vide, Lomba, Pedro / Macedo, Joaquim Shearman (2007), *Crime de Abuso de Confiança Fiscal no Novo Regime Geral das Infracções Tributárias,* ROA, Ano 67, III, dezembro, págs. 1212 e 1213 e Silva, Germano Marques da (2018), *Direito Penal Tributário – Sobre as responsabilidades (...),* op. cit., pág. 243.

[197] Para Nuno Sá Gomes esta posição é excessiva, na medida em que existem outros crimes não fiscais que, de igual modo, ofendem o património público fiscal. – Vide, «O princípio «non bis in idem» face à criminalização das infracções fiscais não aduaneiras», *in* AAVV, *Estudos em Homenagem à Dra. Maria de Lourdes Órfão de Matos Correia e Vale,* Cadernos de Ciência e Técnica Fiscal, n.º 171, 1995, pág. 475.

[198] Vide, Xavier, Alberto (1981), *Manual de Direito Fiscal (...),* op. cit., pág. 407.

[199] Vide, Martinez, Pedro Soares (2003), *Direito Fiscal (...),* op. cit., pág. 230.

[200] Segundo o Tribunal Constitucional: «i) o substituto tributário é alguém que não preenche os pressupostos de uma obrigação tributária; ii) não obstante, a lei faz recair sobre essa pessoa tal obrigação; iii) a obrigação recai sobre ela na qualidade de devedor principal». – Vide, Ac. do Tribunal Constitucional n.º 231/2016, de 6 de junho de 2016, disponível em www. tribunalconstitucional.pt/tc/acordaos.

iii. O obrigado à entrega, o qual é colocado perante o credor tributário como devedor de colaboração e substituindo o devedor originário, na qualidade de *substituto tributário*;

Sob pena de incorrer em responsabilidade tributária (original ou subsidiária), o substituto tributário tem o dever de descontar a importância entregue ao devedor e a entregar nos cofres do Estado. Poderá, então, exercer contra aqueles o direito de regresso para reaver o que por si foi despendido[201]. Na substituição tributária, ocorre a entrega do imposto ao credor por parte do substituto e não pela parte que pratica ou beneficia da ocorrência do facto tributário. A qualidade de substituto é determinada por norma específica, consoante o caso, e a forma de entrega de imposto devido pelo contribuinte é, idem, definida por lei. Contudo, na maior parte dos casos, o mecanismo pelo qual a entrega é efetivada é designado por retenção na fonte[202].

Concluindo, a interposição do terceiro no quadro da relação jurídica tributária terá, na prática e como obrigação, o papel de «deduzir parcelas do rendimento pago ou posto à disposição do sujeito passivo, para depois fazer a sua entrega à Administração Fiscal»[203].

2.2. Os Tipos de Substituição Tributária

A substituição tributária pode ser total ou parcial, sendo necessário proceder à sua distinção, uma vez que entre ambas existem diferenças. Este ins-

[201] A possibilidade da existência de direito de regresso, levou à distinção entre o devedor em sentido formal (substituto) do devedor em sentido substancial (substituído). – Vide, Leitão, João Menezes Correia (1997), «A Substituição e a Responsabilidade Fiscal no Direito Português», CTF, n.º 388, págs. 136 e 137.

[202] Para Vítor Faveiro, o legislador fiscal «cria, para determinadas situações, regras especiais que a pessoa do sujeito passivo da norma de incidência pessoal é substituída em parte da sua situação jurídica e da ação que dele depende por *outrem*, normalmente um terceiro que, não sendo titular ou sujeito das realidades de facto contempladas nos tipos de incidência real, nem titular da capacidade contributiva a que o imposto respeita, tem acidental e indiretamente, certo elo de conexão com tais realidades, que impele o legislador a aproveitar essa conexão para impor a tal pessoa, certo *dever de cooperação* que, em alguns casos chega a criar situações aparentes, mas erradas, de substituição tributária subjectiva» – (caso da retenção na fonte). – Vide, *O Estatuto do Contribuinte – A pessoa do contribuinte no Estado Social de Direito*, Coimbra: Coimbra Editora, 2002, pág. 561.

[203] Vide, Silva, Suzana Tavares (2013), *Direito Fiscal, Teoria Geral*, Coimbra: Imprensa da Universidade de Coimbra, pág.132.

tituto da retenção, na relação com a substituição tributária, tem vindo a ser assumido pela doutrina como possuindo esta dupla natureza de substituição total e de substituição parcial[204]. A distinção entre ambas tem como critério a existência de obrigação, pelo substituído, de pagamento de imposto, na generalidade das obrigações tributárias e respetivos deveres acessórios, ou apenas em parte dessas obrigações e deveres.

2.2.1. *A Substituição Total*

A substituição total corresponde aos casos em que o substituto assume a qualidade de sujeito passivo principal na relação tributária, assumindo o cumprimento de todos os vínculos obrigacionais que constituem a relação jurídico-fiscal[205/206].

Os exemplos mais comuns de retenção a título definitivo ocorrem, no caso das pessoas singulares, no âmbito do cumprimento da obrigação de imposto através das designadas taxas liberatórias[207], nos termos do previsto pelo artigo 71.º do CIRS[208] ou no caso das pessoas coletivas, em sede de retenção na fonte, nos termos do previsto no n.º 3 do artigo 94.º do CIRC[209].

Reforça-se que na retenção na fonte a título definitivo compete ao substituto assumir a obrigação do cumprimento de todas as obrigações do substituído, ficando este liberado do cumprimento das mesmas, à exceção do caso de não pagamento, em que o substituído pode ser chamado a título de responsável subsidiário. Deste modo, a lei coloca a cargo do substituto o cumprimento da generalidade dos deveres tributários, interessando-se pelo

[204] Vide, Sousa, Susana Aires de (2021), *Os crimes (...)*, op. cit., págs. 115 e 116.

[205] Vide, Pereira, Manuel Henrique de Freitas (2018), *Fiscalidade (...)*, op. cit., pág. 311.

[206] Na substituição total o «substituto assume o pagamento do imposto e todos os deveres acessórios», assumindo o pagamento de todos os impostos e deveres que lhe estão associados. – Vide, Feio, Diogo (2001), *A Substituição Fiscal (...)*, op. cit., pág. 105.

[207] Denominam-se de taxas liberatórias porque libertam das obrigações de declaração, de englobamento e pagamento pelo contribuinte, a obrigação de imposto, a qual se considera cumprida com a retenção na fonte efetuada pela entidade pagadora.
Estão sujeitos a taxas liberatórias, por exemplo, os juros de depósitos bancários, os rendimentos realizados em território nacional por contribuintes com domicílio fiscal no estrangeiro, os lucros decorrentes de participações sociais e de jogos.

[208] Vide, Azevedo, Patrícia Anjos (2017), «Comentário ao art. 71.º do CIRS», *in* AAVV, *Códigos Anotados e Comentados – CIRS*, Porto: Lexit Editora, págs. 194 e 195.

[209] Vide, Amorim, José de Campos / Azevedo, Patrícia Anjos (2019), *Códigos Anotados e Comentados – CIRC*, Porto: Lexit Editora, pág. 333.

substituído – o verdadeiro titular da capacidade contributiva onerada pelo imposto – somente no caso de não ter sido efetuada a retenção legalmente devida e, mesmo nestes casos, apenas a título subsidiário, como resulta da norma do artigo 28.º da Lei Geral Tributária[210].

2.2.2. *A Substituição Parcial*

A substituição parcial, por sua vez, ocorre sempre que a retenção na fonte tenha a natureza de pagamento por conta do imposto devido a final[211]. A situação mais evidente será a da retenção na fonte relativa aos rendimentos de trabalho dependente das pessoas singulares, por parte das entidades patronais[212]. Nestes casos, o sujeito passivo (substituído) não se encontra eximido nem da apresentação da declaração anual de rendimentos, nem do pagamento de imposto que eventualmente venha a ser devido em sede de liquidação de IRS a efetuar pela Administração Tributária, nem da obrigação em cumprir os deveres acessórios da relação fiscal[213].

Nesta hipótese, a retenção na fonte é realizada num momento em que o montante do imposto a pagar ainda não se encontra definido, assumindo natureza provisória e por conta do montante final a pagar. Assim, a retenção

[210] Sobre o regime da responsabilidade prevista pelo artigo 28.º da Lei Geral Tributária – cf. ponto 2.5. desta secção.

[211] A substituição parcial distingue-se na extensão dos deveres tributários que o substituto assume.

[212] No seu estudo sobre os crimes fiscais, Susana Aires de Sousa refere que uma parte da doutrina [casos de Ana Paula Dourado em *Substituição e responsabilidade tributária,* CTF, n.º 391, 1998 ou Nuno Sá Gomes, *Evasão Fiscal (...),* op. cit., 2000, pág. 262] defendia neste tipo de situações uma substituição imprópria, a qual mantinha relevância no campo penal. Concluindo que a «ilustração do tipo pressupõe um reenvio para as normas fiscais que contemplam os casos de substituição tributária, seja ela própria ou imprópria». – Vide, *Os crimes(...),* op. cit., 2021, pág. 116.

Entendemos como relevante o reconhecimento que, no plano infracional, o legislador quis acautelar através de um regime sancionatório no plano tributário e penal – no âmbito desta relação de confiança –, em particular, as condutas violadoras dos interesses do património do Estado, conforme ocorre no crime de abuso de confiança fiscal.

[213] Para Casalta Nabais estamos perante «um pagamento por conta realizado por terceiro». – Vide, *Direito Fiscal,* op. cit., 2019, pág. 263.

Diogo Feio questiona, tendo por base a caraterística da substituição parcial de "obrigação de imposto", se estaremos perante uma verdadeira substituição tributária ou, se pelo contrário, uma substituição em sentido próprio. – Vide, *A Substituição Fiscal (...),* op. cit., pág. 102.

Com opinião divergente, Freitas Pereira, reforça a categoria de substituição tributária, em respeito pelo princípio da legalidade. – Vide, *Fiscalidade (...),* op. cit., 2018, pág. 311.

na fonte não dispensa o acerto final de contas entre o contribuinte e o Estado, após a competente liquidação do montante de imposto a pagar a final, ao qual é deduzido o montante já entregue por sua conta[214].

Neste tipo de casos, conclui-se que as retenções na fonte, como os pagamentos por conta, pertencem à classe dos pagamentos antecipados, os quais são feitos por conta do imposto devido a final, correspondendo por isso a atos provisórios[215]. Igualmente se conclui pela fragilidade na qualificação da natureza dos pagamentos, porquanto o pagamento não será definitivo até ao momento em que o montante em dívida se torne uma obrigação certa, exigível e líquida, sob pena de se efetuar um(a) pagamento/ liquidação indevido(a) o que apenas ocorre com a liquidação a final do imposto devido.

Daí que a distinção a fazer seja a de que na substituição total há retenção na fonte com caráter definitivo após se tornar a obrigação certa, exigível e liquida e há cumprimento de todas as obrigações fiscais, inclusive as acessórias. Na substituição parcial, a retenção na fonte terá um caráter diferente podendo ser definitiva – relembrem-se o caso das taxas liberatórias –, só que o substituto não cumpre todas as obrigações fiscais do substituído[216].

2.2.3. *O Substituto Tributário*

O substituto tributário assume-se como parte fulcral na relação jurídica fiscal entre o credor e o devedor originário, uma vez que é sobre ele que existe a obrigação de entrega do montante de imposto ao credor e é a única parte a poder praticar factos que preencham os pressupostos de punibilidade do crime de abuso de confiança fiscal[217].

[214] O exemplo mais comum ocorre nas retenções realizadas aos rendimentos com o trabalho dependente em sede de IRS ou quando o contribuinte obtém rendimentos inseríveis em várias categorias. – Vide Morais, Rui Duarte (2016), *Sobre o IRS, (...)*, op. cit., págs.193–196.

[215] Vide, Pires, José Maria Fernandes (coord.) / Bulcão, Gonçalo / Vidal, José Ramos / Menezes, Maria João (2015), *Lei Geral Tributária (...)*, op. cit., pág. 399.

[216] Vide, Nabais, J. Casalta (2019), *Direito Fiscal*, op. cit., págs. 266 e 267.

[217] Neste sentido, «o substituto é, assim, sujeito passivo por determinação da lei, como devedor em nome próprio, ainda que em atenção ao pressuposto de facto do imposto respeitante ao contribuinte, que é o titular da capacidade contributiva. O legislador obriga um sujeito a realizar determinadas prestações que constituem o objeto de uma obrigação tributária a cargo de outro sujeito passivo, o que preenche os pressupostos do facto tributário. É o facto tributário realizado por uma pessoa, substituído, que dá origem à obrigação. O preenchimento de outro pressuposto de facto leva a que o substituto esteja obrigado ao cumprimento da obrigação». – Vide, Campos, Diogo Leite de / Rodrigues, Benjamim Silva / Sousa, Jorge

No crime de abuso de confiança fiscal não está apenas em causa o desfalque nas contas da Fazenda Pública provocado pela não entrega do imposto, mas de igual modo o desvalor do ato associado à mesma. Ora, o montante de imposto não entregue, e nessa medida, não cobrado, apenas volta a ter relevância no âmbito do processo executivo. Alerta-se, de modo a não se transmitir entendimento errado, que cremos não ser sujeito ativo da relação jurídica a Administração Tributária, uma vez que esta apenas atua como o órgão executivo do credor do imposto. Sujeito ativo da relação jurídica tributária é o credor do imposto, ou seja, o Estado[218]. Por outro lado, o sujeito passivo[219], seja como contribuinte direto, substituído ou responsável, está vinculado, nos termos da lei, ao cumprimento da prestação[220].

Mas podem a substituição tributária e a consequente retenção ocorrer em todas as situações de índole fiscal?

A resposta é negativa. A substituição tributária apenas ocorre quando a lei a obrigue[221]. Não se encontra no livre arbítrio do sujeito optar por atuar enquanto substituto tributário. A lei investe-o naquela qualidade com as inerentes obrigações a que se encontra adstrito, nomeadamente na entrega/devolução do imposto recebido/deduzido.

Lopes de (2012), *Lei Geral Tributária Comentada e Anotada*, 4.ª Edição, Lisboa: Encontro da Escrita Editora, págs. 204 e 205.
Comungamos da posição de Soares Martinez e Ana Paula Dourado, para quem não existem diferenças entre as três categorias (contribuinte, devedor e sujeito passivo). – Vide, Martinez, Pedro Soares (2003), *Direito Fiscal (...)*, op. cit., pág. 228 e Dourado, Ana Paula (1998), *Substituição e Responsabilidade Tributária*, op. cit., pág. 36.

[218] Este critério não é unânime entre a doutrina, casos de Braz Teixeira [Vide, *Princípios de Direito Fiscal (...)*, op. cit., 1990, pág. 188], Alberto Xavier [Vide, *Manual de Direito Fiscal (...)*, op. cit., 1974, pág. 305] ou Casalta Nabais [Vide, *O Dever Fundamental de Pagar Impostos (...)*, op. cit., 2015, págs. 275 e 276.] atribuindo à Administração Fiscal uma posição de intervenção na relação jurídica tributária.

[219] O sujeito passivo da relação tributária, de acordo com o previsto no n.º 3 do artigo 18.º da Lei Geral Tributária, «é a pessoa singular ou colectiva, o património ou a organização de facto ou de direito que, nos termos da lei, está vinculada ao cumprimento da prestação tributária, seja como contribuinte directo, substituto ou responsável».

[220] Cf. Artigo 18.º, n.º 3 da Lei Geral Tributária.

[221] O instituto da substituição tributária desempenha um papel preponderante no cumprimento da obrigação tributária. É através dele que se aproxima no tempo «o momento da cobrança do imposto do momento da produção do facto gerador, e essa proximidade é fundamental na eficácia da cobrança». – Vide, Pires, José Maria Fernandes (coord.) / Bulcão, Gonçalo / Vidal, José Ramos / Menezes, Maria João (2015), *Lei Geral Tributária – comentada e anotada*, Coimbra: Almedina, pág. 177.

Assim quem sofre a perda patrimonial com a substituição é o contribuinte, ou seja, o substituído, na medida em que é na esfera dele que se verifica a manifestação de capacidade contributiva que espoleta o facto tributário que origina a obrigação de pagamento de imposto e as demais obrigações, cujo cumprimento é feito pelo substituto.

Ora, o substituto tributário atua imbuído de confiança, depositada em si tanto pelo Estado como pelo substituído[222]. Com efeito, a não entrega é um elemento objetivo do tipo do crime de abuso de confiança fiscal. Aceitando existir, no âmbito da tutela do crime de abuso de confiança fiscal, a promoção de valores de colaboração, transparência e verdade fiscal do contribuinte para com a Administração Tributária[223], a posição do substituto tributário tem de ser centrada na *confiança*, e o incumprimento da obrigação de entrega é um elemento do tipo, ainda que sem o elemento subjetivo do dolo na conduta faltosa e, por isso, não podendo ser punido[224].

A figura do substituto pode ser variável, dependendo da qualidade que lhe atribuamos e independentemente da similaridade da sua raiz etimológica. No Direito Civil, por exemplo, o *substituto* é a pessoa que realiza o cumprimento da obrigação, em vez do respetivo devedor[225]. No plano do Direito Tributário, a figura do substituto tributário obedece às implicações teórico-práticas que o instituto da substituição tributária acarreta.

2.3. As Espécies de Substituição Tributária

2.3.1. *A Substituição Tributária por meio da Retenção na Fonte*

A técnica jurídica mediante a qual a substituição tributária se efetiva é a retenção na fonte[226]. Neste instituto encontram-se, em regra, cumulados dois deveres: o dever de reter e o dever de entregar[227].

[222] Eliana Gersão, por exemplo, tem o bem jurídico centralizado na confiança da Administração Fiscal e na falta de colaboração com essa mesma Administração. – Vide, *Revisão do Sistema Jurídico (...)*, op. cit., 1999, pág. 97.

[223] Vide, Albuquerque, Paulo Pinto / Branco, José (org.) (2011), *Comentário das Leis Penais Extravagantes – Volume 2*, Lisboa: Universidade Católica Editora, pág. 467.

[224] Vide, Sousa, Susana Aires de (2021), *Os crimes (...)*, op. cit., pág. 120.

[225] Se a obrigação for fungível o seu cumprimento pode ser realizado por terceiro, sendo este o regime-regra preceituado no artigo 767.º do Código Civil. No cumprimento, a substituição do devedor pode ocorrer por sua iniciativa ou ser, espontaneamente, efetuada por terceiro.

[226] A situação mais comum de substituição tributária é «incontornavelmente a que decorre no âmbito da relação contratual estabelecida entre a entidade patronal e o trabalhador por

Este instrumento jurídico de direito público, no âmbito do Direito Fiscal[228], é efetivado, segundo o n.º 2 do artigo 20.º da Lei Geral Tributária, «através do mecanismo da retenção na fonte do imposto devido»[229]. Através da dedução nos rendimentos pagos ou postos à disposição do seu titular pelo substituto tributário que constitui a retenção na fonte (artigo 34.º da Lei Geral Tributária), é facilitada a cobrança do imposto[230], acautelado o recebimento das receitas tributárias no Estado em relação ao devedor originário, diminuindo-lhe os esforços fiscais e, em particular, reduzida a evasão fiscal[231]. A entidade obrigada à retenção é responsável pelas importâncias retidas e não entregues nos cofres do Estado, ficando o substituído desonerado de qualquer responsabilidade no seu pagamento, caso o substituto cumpra a sua obrigação, conforme preceituado no artigo 28.º, n.º 1 da citada Lei Geral Tributária. Nesta medida, a retenção na fonte surge como um «fenómeno financeiro» decorrente do «fenómeno jurídico» do instituto da substituição tributária[232], o que congrega um sistema fiscal de maior comodidade e segurança para o Estado e, também, de maior «anestesia fiscal»[233/234].

conta de outrem (Categoria A-IRS). Vale aqui a regra estabelecida no artigo 98.º do CIRS, no sentido em que: «nos casos previstos nos artigo 99.º a 101.º e noutros estabelecidos na lei, a entidade devedora dos rendimentos sujeitos a retenção na fonte, as entidades registadoras ou depositárias, consoante o caso, são obrigadas, no ato de pagamento, do vencimento, ainda que presumido, na sua colocação à disposição, da sua liquidação ou do apuramento do respetivo quantitativo, consoante os casos, a deduzir-lhes as importâncias correspondentes à aplicação das taxas neles previstas por conta do imposto respeitante ao ano em que esses atos ocorrem». – Vide, Decisão Arbitral do CAAD, processo n.º 118/2015-T, de 30 de outubro de 2015, disponível em www.caad.org.pt.

227 Estes dois deveres são de natureza, objeto e com efeitos diversos entre si. – Vide, Faveiro, Vítor (2002), *O Estatuto do Contribuinte (...)*, op. cit., pág. 562.

228 Vide, Feio, Diogo (2001), *A Substituição Fiscal (...)*, op. cit., págs. 78 e 79.

229 A retenção na fonte surge, pela primeira vez, no início do séc. XIX, no Reino Unido, com a introdução do imposto sobre o rendimento denominado de *«stoppage at source»*, sendo, posteriormente, adotado por outros ordenamentos jurídicos após o fim da segunda Grande Guerra Mundial através do sistema conhecido por *«Pay-as-you-earn»*. – Vide, Dourado, Ana Paula (1998), *Substituição e Responsabilidade Tributária*, Lisboa: CTF n.º 391, pág. 39.

230 Vide, Ribeiro, José Joaquim Teixeira (1991), *Lições de Finanças Públicas*, 4.ª Edição, revista e atualizada, Coimbra: Coimbra Editora, pág. 317.

231 Vide, Dourado, Ana Paula (1998), *Substituição e Responsabilidade Tributária*, op. cit., pág. 40 e Morais, Rui Duarte (2016), *Sobre o IRS, (...)*, op. cit., pág.190.

232 Vide, Xavier, Alberto (1981), *Manual de Direito Fiscal (...)*, op. cit., pág. 411.

233 Vide, Morais, Rui Duarte (2016), *Sobre o IRS, (...)*, op. cit., pág. 190.

234 Vide, Ac. do Supremo Tribunal Administrativo, de 18 de junho de 2008, processo n.º 213/08, disponível em www.dgsi.pt.

A substituição tributária por meio da retenção na fonte do rendimento tem como fim garantir, de modo seguro, a cobrança do imposto e, simultaneamente, aproximar a ocorrência do facto tributário de entrega do imposto. A retenção do rendimento pelo devedor vai servir para o pagamento de uma parte da dívida fiscal originada pela perceção do rendimento do seu credor, se for um pagamento por conta de uma obrigação fiscal futura (como sucede nas retenções feitas sobre rendimentos do trabalho), ou da sua totalidade (como sucede no caso de retenções feitas, a título definitivo, através da aplicação das taxas liberatórias que oneram os rendimentos de capitais)[235].

Não obstante o n.º 2 do artigo 20.º da Lei Geral Tributária se referir ao «mecanismo da retenção na fonte», tal não significa que apenas possa ocorrer substituição tributária existindo retenção na fonte[236]. As entregas pecuniárias realizadas por dedução nos rendimentos pagos ou postos à disposição do titular pelo substituído tributário constituem «retenção na fonte»[237].

Na verdade, é possível haver retenção na fonte sem substituição tributária e substituição tributária sem que se verifique retenção na fonte[238/239/240].

[235] Vide, Sanches, J. L. Saldanha (2007), *Manual de Direito Fiscal, (...)*, op. cit., pág. 269.

[236] O exemplo mais comum de retenção na fonte ocorre em sede de IRS, nas quais as entidades devedoras de rendimentos de trabalho dependente, nos termos do n.º 1, do artigo 99.º, do CIRS, estão «obrigadas a reter o imposto no momento do seu pagamento ou colocação à disposição dos respetivos titulares».
Situação menos comum ocorre em sede de IRC, no qual, conforme preceituado no n.º 1, do artigo 94.º, são objeto de retenção na fonte as situações elencadas no n.º 1 deste artigo. Neste caso as retenções na fonte têm a natureza de imposto por conta, exceto nas situações presentes no n.º 3, as quais têm carater definitivo.

[237] Vide, Marques, Paulo (2014), «A responsabilidade tributária e sancionatória da entidade empregadora pela falta de entrega das retenções na fonte de IRS e das contribuições para a Segurança Social dos trabalhadores», *in* AAVV, *Para Jorge Leite – Escritos Jurídicos, II*, Coimbra: Coimbra Editora, pág. 302.

[238] Freitas Pereira dá como exemplo o revogado Código do Imposto de Mais-Valias, publicado em 1965: «imposto de mais-valias relativamente a ganhos realizados por incorporação de reservas no capital das sociedades, em que o sujeito passivo era o sócio mas o imposto era exigido à sociedade, que depois exercia o direito de regresso correspondente». – Vide, *Fiscalidade (...)*, op. cit., 2018, pág. 311, nota de rodapé 489.

[239] Ao contrário da doutrina dominante, Sérgio Vasques, por exemplo, defende a possibilidade – não obstante o artigo 28.º da Lei Geral Tributária pressupor que apenas há substituição tributária nos casos de retenção na fonte –, da existência de substituição tributária sem retenção na fonte. – Vide, *Direito Fiscal*, op. cit., 2018, págs. 394 a 398.
Ainda sobre esta matéria. – Vide, Rocha, Joaquim Freitas da / Silva, Hugo Flores da (2017), *Teoria Geral da Relação Jurídica Tributária*, Coimbra: Almedina, pág. 86.

Nestas situações, o credor é o substituto e o substituído o contribuinte. O substituto, por imposição legal, encontra-se obrigado a cobrar ao substituído o imposto – que é devido ao Estado –, e, posteriormente, proceder à entrega desse imposto ao Estado[241]. A substituição sem retenção divide-se entre a *«obrigação de cobrança»* e a *«obrigação de entrega»*[242].

As principais caraterísticas a reter, relativamente à retenção na fonte são o facto de o contribuinte não desaparecer da relação jurídica fiscal, bem como a circunstância de quem tem o dever de entregar o montante de imposto devido por aquele ser quem efetuou a retenção[243].

2.3.2. *A Retenção na Fonte e o Pagamento por Conta*

Relativamente à retenção na fonte esta é uma técnica que consiste em atribuir a certas entidades a capacidade de arrecadação de imposto que subsequentemente será entregue ao Estado[244]. Esta obrigação é cumprida por um terceiro, o qual assume na relação fiscal «uma atitude passiva por parte do futuro contribuinte»[245].

O n.º 2 do artigo 20.º da Lei Geral Tributária preceitua que «a substituição tributária efetivada através do mecanismo da retenção na fonte do imposto devido» e, como observámos, a retenção na fonte encontra-se interligada com a substituição tributária, na medida em que a prestação é exigida ao substituto através da retenção do imposto do substituído.

O artigo 33.º da Lei Geral Tributária é o ponto de partida para analisarmos a figura do pagamento por conta, disciplinada pelo CIRS e pelas portarias referentes às respetivas taxas de retenção[246/247] que se aplicam aos

240 A título de exemplo atente-se para o pagamento de Imposto do Selo ou de IMT, numa escritura de compra venda em que não seja liquidado imposto por parte do notário.

241 Os casos de substituição sem retenção, encontram-se, em regra, presente nas taxas e nas contribuições, por exemplo, no modelo de financiamento do serviço público de radiodifusão e televisão, regulamentado na Lei n.º 30/2003, de 22 de agosto, ou numa taxa municipal de direitos de passagem. – Vide, Dourado, Ana Paula (2019), *Direito Fiscal, (...)*, op. cit., pág. 93.

242 Vide, Vasques, Sérgio (2018), *Direito Fiscal*, op. cit., pág. 395.

243 Vide, Feio, Diogo (2001), *A Substituição Fiscal (...)*, op. cit., págs. 110 e 111.

244 Vide, Teixeira, Glória (2019), *Manual de Direito Fiscal*, op. cit., pág. 71.

245 Vide, Feio, Diogo (2001), *A Substituição Fiscal (...)*, op. cit., pág. 125.

246 Figura fiscal diferente do pagamento por conta é a do pagamento especial por conta, prevista no artigo 106.º do CIRC. O pagamento especial por conta incide sobre entidades residentes ou não residentes com estabelecimento estável em território português que exerçam a título principal uma atividade comercial, industrial ou agrícola, ficando excluídas

impostos sobre o rendimento: IRS para pessoas singulares titulares dos rendimentos da categoria B (artigo 102.º CIRS) e IRC para pessoas coletivas (artigo 104.º CIRC). Considerando que o IRS e IRC são impostos periódicos, na medida em que assentam num facto tributário de caráter duradouro (por contraposição aos impostos de obrigação única que têm por base um facto instantâneo), a obrigação tributária constitui-se no termo do ano fiscal, apresentando, deste modo, uma natureza periódica.

Nos pagamentos por conta, é o próprio contribuinte que coopera na recolha do imposto ocupando a posição de colaborador da Administração Fiscal. A título de exemplo, atente-se aos pagamentos por conta em sede de IRS – esta antecipação de imposto por conta ocorre nos impostos sobre o rendimento nos sujeitos passivos enquadrados na categoria B (artigo 102.º do CIRS) –, os quais têm natureza de entrega/pagamento antecipado do imposto por parte do sujeito passivo. Assim, tal como na retenção na fonte, também os pagamentos por conta são do interesse do Estado pela sua natureza de antecipação no recebimento do imposto. O valor liquidado tem como referência os rendimentos declarados no penúltimo ano fiscal e estes pagamentos serão considerados para efeitos de apuramento da coleta relativamente à declaração de rendimentos do ano das entregas realizadas *por conta*[248/249].

deste pagamento especial as sociedades de transparência fiscal, os sujeitos passivos isentos nos termos dos artigos 9.º e 10.º do CIRC, os sujeitos passivos que se encontrem com processos no âmbito do CIRE, os sujeitos passivos que tenham cessado a atividade para efeitos de IVA, bem como os sujeitos passivos a que seja aplicado o regime simplificado de determinação de matéria coletável. – Vide, Amorim, José de Campos / Azevedo, Patrícia Anjos (2019), *Códigos Anotados e Comentados – CIRC*, (...), pág. 354.
Uma breve nota para esclarecer que as sociedades de transferência fiscal estão excluídas deste pagamento especial por não serem tributadas em IRC. Por exemplo, em relação às sociedades sujeitas a tributação por força do lucro consolidado é devido pagamento especial por conta de cada uma das sociedades dominadas, não obstante a liquidação/pagamento ser efetuado sobre a sociedade dominante.

[247] Sobre os pagamentos especiais por conta, nomeadamente decorrente no regime especial de tributação de grupos de sociedade e o Decreto-lei n.º 41/2016, de 1 de agosto, vejam-se Marques, Paulo / Sarmento, Joaquim Miranda / Marques, Rui (2017), «Os pagamentos especiais por conta no Grupo de Sociedades», in *IRC – Problemas Actuais*, Lisboa: AAFDL, págs. 119 a 125.

[248] O montante global dos pagamentos por conta corresponde a 76,5% do valor que lhe serve de referência – a liquidação de IRS do penúltimo ano –, e é entregue em três prestações mensais de idêntico valor. A Administração Tributária procede ao cálculo do valor dos pagamentos por conta a serem efetuados, notificando o sujeito passivo da sua liquidação. – Vide, Morais, Rui Duarte (2016), *Sobre o IRS, (...)*, op. cit., pág. 197.

2.4. A Responsabilidade Tributária

Referimos alguns conceitos corelacionados com a responsabilidade tributária, razão pela qual entendemos ser importante procedermos a uma sucinta reflexão, nomeadamente sobre os vários tipos de responsabilidade no âmbito fiscal.

A regulação da responsabilidade tributária está sujeita ao princípio constitucional da legalidade tributária, nos termos do artigo 103.º, n.º 2, da Constituição da República Portuguesa e do artigo 8.º da Lei Geral Tributária, enquanto princípio orientador da atividade tributária do Estado[250]. Esta responsabilidade abrange, em primeira linha, os sujeitos passivos (artigo 18.º da Lei Geral Tributária) da relação jurídica tributária, não obstante a lei, em nosso entendimento, ser pouco esclarecedora na definição que apresenta de «responsável tributário»[251], na medida em que sujeitos passivos de imposto não são apenas os devedores principais, mas, de igual modo, os substitutos e os contribuintes[252].

O responsável tributário é o sujeito passivo obrigado, por determinação legal, ao pagamento do imposto, cujos pressupostos tributários se verificam relativamente a um devedor originário desse mesmo imposto. Há responsabilidade tributária nos termos do artigo 22.º da Lei Geral Tributária quando são violados os deveres legais fiscais por parte do sujeito passivo a quem é exigido, o pagamento de dívidas tributárias de outra pessoa ou entidade, após o incumprimento deste»[253].

[249] Esta obrigatoriedade pode ser cessada sempre que os sujeitos passivos atestem, pelos elementos fiscais que disponham, que os montantes das retenções efetuadas, assim como os pagamentos por conta eventualmente já realizados do ano fiscal em curso, sejam iguais ou superiores ao imposto total que previsivelmente será devido.
Nada impede, igualmente, ao sujeito passivo, nos termos do artigo 102.º, n.º 5 do CIRS, notificado da nota de liquidação, que venha a requerer ao Serviço de Finanças, a faculdade de proceder ao pagamento de apenas parte desse valor, em face dos rendimentos obtidos e das retenções efetuadas no ano em curso serem inferiores ao do penúltimo ano, assim como, por a diferença entre o imposto total que julga ser devido e o pagamento efetuado, exceder o imposto total previsivelmente a ser devido, em caso de pagamento do montante notificado.

[250] Vide, Pires, José Maria Fernandes (coord.) / Bulcão, Gonçalo / Vidal, José Ramos / Menezes, Maria João (2015), *Lei Geral Tributária (...)*, op. cit., pág. 77.

[251] Vide, Dourado, Ana Paula (1998), *Substituição e Responsabilidade Tributária*, op. cit., pág. 48.

[252] Para Sérgio Vasques o «responsável constitui umas das três categorias menores de sujeitos passivos reconhecida pela LGT». – Vide, *Direito Fiscal*, op. cit., 2018, pág. 403.

[253] Vide, Rocha, Joaquim Freitas da / Silva, Hugo Flores da (2017), *Teoria Geral (...)* op. cit., pág. 94.

A responsabilidade tributária caracteriza-se pela acessoriedade, na medida em que depende da existência de uma relação tributária obrigacional principal[254] e encontra-se limitada, em linha com o Direito Civil, ao património do responsável[255]. Conforme dispõe o n.º 2 do citado artigo 22.º da Lei Geral Tributária, a responsabilidade tributária «pode abranger solidária ou subsidiariamente outras pessoas» para além dos sujeitos passivos originários. Temos, por isso, dois tipos de responsabilidade tributária: a *solidária* e a *subsidiária*.[256]

2.4.1. *A Responsabilidade Solidária*

A responsabilidade solidária ocorre quando a Administração Tributária, em caso de incumprimento da obrigação fiscal, junta «ao património do incumpridor o património do responsável, sem [ser preciso] esgotar o primeiro»[257] como garantia do cumprimento da mesma. Acontece que o n.º 2 do artigo 21.º da Lei Geral Tributária, apresenta-nos um desses casos, ao preceituar que os sócios ou membros de uma sociedade de responsabilidade ilimitada ou de outras entidades sujeitas ao mesmo regime, em situação de liquidação, são solidariamente responsáveis «com aquelas e entre si, pelos impostos em dívida».[258]

[254] Vide, Martinez, Pedro Soares (2003), *Direito Fiscal (...)*, op. cit., pág. 251.

[255] Pense-se na situação em que a pessoa coletiva, responsável pelo pagamento do imposto, não o efetua por não dispor nem de meios económicos, nem de património. O Estado, através da Administração Fiscal, irá requerer – apenas em fase de execução fiscal –, a reversão da dívida contra o responsável subsidiário.

[256] Vide, Nabais, José Casalta (2019), *Direito Fiscal*, op. cit., pág. 268.

[257] Vide, Rocha, Joaquim Freitas da / Silva, Hugo Flores da (2017), *Teoria Geral (...)* op. cit., pág. 94.

[258] Referenciado o artigo 21.º o qual tem como epígrafe *"solidariedade passiva"*, este conceito merece-nos uma nota, na medida em que o mesmo não se confunde com o da responsabilidade solidária. A responsabilidade solidária é o resultado do incumprimento do sujeito passivo de imposto enquanto que a solidariedade tributária pressupõe que vários sujeitos passivos se encontrem no âmbito de uma mesma relação jurídico tributária. A este respeito, Soares Martinez, sobre a diferenciação de ambos os conceitos, esclarece que «nos casos de solidariedade tributária, quem realiza a prestação é também devedor originário, embora em relação a uma quota-parte dessa prestação que, em consequência do regime de solidariedade, não é dividida. Nos casos de responsabilidade solidária, quem realiza a prestação tributária não é, de modo algum, seu devedor originário, nem pela totalidade nem por parte dela». – Vide, *Direito Fiscal (...)*, op. cit., 2003, pág. 245.
O exemplo mais comum de solidariedade tributária é a opção de tributação conjunta, em sede de IRS, por parte do agregado familiar. Nos termos do artigo 13.º, n.º 3 do CIRS os

Um outro exemplo de responsabilidade solidária encontra-se previsto no artigo 27.º da Lei Geral Tributária, relativamente aos não residentes em território português sem estabelecimento estável, em relação aos quais os gestores de bens ou direitos dos mesmos são solidariamente responsáveis pelo pagamento de todas as contribuições e impostos do não residente relativos ao exercício do seu cargo.

No âmbito do Imposto do Selo, no artigo 42.º do diploma que o regula, encontramos um caso bastante recorrente no comércio jurídico: a outorga de escrituras, autenticação, reconhecimento ou certificação de documentos, realizada por parte de pessoas ou entidades legalmente habilitadas ou que tenham intervenção, em regra notários e advogados, responsabiliza-os solidariamente com o sujeito passivo do pagamento do imposto.

O Supremo Tribunal Administrativo decidiu existirem

> *(...) liquidações de tributos por substituição [sem retenção] que têm um campo de utilização privilegiado desde logo nas taxas devidas pela prestação de serviços públicos. E, nestas situações as regras da LGT relativas a responsabilidade em caso de substituição tributária não se podem aplicar aos casos de substituição sem retenção (...)*[259].

A análise a este aresto responde à questão de saber se o normativo do artigo 28.º da Lei Geral Tributária – responsabilidade em caso de substituição tributária –, é aplicável aos casos de substituição sem retenção. O acórdão decide que numa situação de falta de entrega do imposto de selo por parte da sociedade substituída, por erro do substituto notário, a única solução materialmente correta é a de responsabilizar o substituído pelo tributo, desonerando o substituto de qualquer responsabilidade, desde que este tenha empregue na tarefa da cobrança a diligência que dele se deve esperar.

cônjuges ou unidos de facto podem optar pela tributação conjunta. Em caso de dívidas de IRS são ambos responsáveis, mas vigora o regime previsto no n.º 1, do artigo 21.º da Lei Geral Tributária da solidariedade tributária [passiva]. A Administração Fiscal pode exigir a cada um dos cônjuges o pagamento do imposto em falta, ficando o cônjuge "cumpridor" com direito de regresso sobre o cônjuge "incumpridor", por aplicação subsidiária do artigo 524.º do Código Civil.
Sobre a vertente civilista do direito de regresso. – Vide, Afonso, Ana (2018), «Anotação ao artigo 524.º do Código Civil, *in* AAVV, *Comentário ao Código Civil – Direito das Obrigações – Das Obrigações em Geral,* coord. José Brandão Proença, Lisboa: Universidade Católica Editora, págs. 449 a 451.

[259] Vide, Ac. do Supremo Tribunal Administrativo, de 25 de março de 2015, processo n.º 01080/13, disponível em www.dgsi.pt.

Acompanhamos este entendimento pelas seguintes razões: em primeiro lugar, é o próprio texto da Lei Geral Tributária, no n.º 4, do artigo 22.º que impõe como exceção a responsabilidade solidária e, como regra, a responsabilidade subsidiária. Em segundo lugar, como verificámos, a substituição tributária regulamentada na Lei Geral Tributária é a referente aos impostos sobre o rendimento, ou seja, com retenção na fonte. Por fim, por respeito ao princípio da legalidade tributária previsto no artigo 8.º do mesmo diploma, encontrando-se submetidas a este princípio a incidência, a liquidação, a cobrança dos tributos e a regulamentação das figuras da substituição[260].

Na responsabilidade solidária existe um denominador comum: um incumpridor da obrigação de pagamento e um terceiro incumpridor dos seus deveres legais, o qual está legalmente obrigado ao pagamento do imposto em falta[261]. É aqui que se conjuga a responsabilidade solidária com o chamamento efetuado a «título solidário»[262].

Igualmente no âmbito do crime tributário poderá haver responsabilidade solidária nos termos do artigo 8.º, n.ºs 4 e 6 do Regime Geral das Infrações Tributárias. Este regime é diferente do previsto pelo n.º 1, deste artigo. Na verdade, a norma pretende referir-se de que as pessoas que dirigem alguém a cometer o crime são solidariamente responsáveis com o agente ou quem determinaram a cometer esse ilícito criminal, e não a situação inversa. Ou seja, a sociedade comercial é solidariamente responsável com o gerente que pratica o crime. Os agentes do crime respondem solidariamente, nos termos dos n.ºs 4 e 6 do artigo 8.º do Regime Geral das Infrações Tributárias, pelo pagamento das multas ou coimas aplicadas resultantes das consequências jurídicas decorrentes da prática do crime tributário e se estes agentes forem administradores ou representantes do ente coletivo[263].

[260] Em idêntico sentido, Sérgio Vasques, reforçando esta posição com o princípio da igualdade tributária, pelo qual se deve excluir a responsabilidade que «dela resulte uma redistribuição materialmente infundada dos encargos tributários». – Vide, *Direito Fiscal*, op. cit., 2018, pág. 397.

[261] Mantemos contudo algumas reservas que assim o seja, principalmente no caso em que um sócio de uma sociedade comercial de responsabilidade ilimitada seja responsabilizado pelas dívidas desta. A sociedade é incumpridora da obrigação de pagamento. O sócio é responsável solidário ou terceiro? E se é um terceiro (e à luz da lei mantemos idênticas reservas que o seja), incumpre algum dever legal?

[262] Vide, Rocha, Joaquim Freitas da / Silva, Hugo Flores da (2017), *Teoria Geral (...)* op. cit., pág. 99.

[263] Vide, Silva, Germano Marques da (2010), «Sobre a Responsabilidade Civil Emergente de Crime Tributário e outras Questões Pertinentes», *in* AAVV, *Estudos em Homenagem ao Pro-*

2.4.2. *A Responsabilidade Subsidiária*

O incumprimento da substituição tributária pelo substituto, pode dar origem a responsabilidade subsidiária, ou seja, a responsabilidade por dívidas de outrem, nos termos do n.º 4, do artigo 22.º da Lei Geral Tributária[264]. Sempre que a legislação tributária não estabeleça uma responsabilidade solidária entre os sujeitos passivos, a responsabilidade é subsidiária[265]. A responsabilidade subsidiária surge em fase de processo de execução fiscal, após o devedor principal ter incumprido no pagamento do imposto e ter sido ultrapassado o prazo para o pagamento voluntário dessa obrigação. Assim a responsabilidade subsidiária tem como fundamento o «não pagamento da dívida por parte do devedor originário devido a culpa do administrador, ou por ter sido por culpa sua que o património do ente coletivo se tornou insuficiente para o pagamento ou simplesmente por a falta de pagamento atempado lhe ser imputável».[266] Esta somente se pode efetivar através do mecanismo da reversão da dívida tributária. A reversão é uma técnica tributária na qual se opera, pelo chamamento, uma modificação subjetiva da instância, com o objetivo de o revertido ocupar a posição de sujeito passivo da relação jurídica tributária, sem que seja o seu devedor originário, aplicando-se esta técnica apenas na execução fiscal[267].

O responsável subsidiário é, por isso, um terceiro, no qual se encontrem reunidos os «pressupostos do facto tributário»[268]. Segundo o artigo 159.º do Código de Procedimento e de Processo Tribuário, «no caso de substituição tributária e na falta ou insuficiência de bens do devedor, a execução reverterá contra os responsáveis subsidiários», ou seja, só podem ser chamados à

fessor Doutor Paulo de Pitta e Cunha – Volume II, (coord. Jorge Miranda, António Menezes Cordeiro, Eduardo Paz Ferreira e José Duarte Nogueira), Coimbra: Almedina, pág. 194 e 196.

[264] Vide, Pereira, Manuel Henrique de Freitas (2018), *Fiscalidade (...)*, op. cit., pág. 315.

[265] Vide, Dourado, Ana Paula (2019), *Direito Fiscal, (...)*, op. cit., pág. 94.

[266] Vide, Silva, Germano Marques da (2010), «Sobre a Responsabilidade Civil Emergente de Crime Tributário (...)», op. cit., pág. 194.

[267] Pela sua natureza de responsabilização e imputação de um pagamento de uma divida tributária de outrem a um terceiro, a reversão, tem de definir e delimitar, os seus limites, sob pena de virem a ser violados direitos fundamentais dos particulares cuja reversão se requer. – Vide, Nabais, José Casalta (2015), *O Dever Fundamental de Pagar Impostos (...)*, op. cit., págs. 488 e 489.

[268] Vide, Pires, José Maria Fernandes (coord.) / Bulcão, Gonçalo / Vidal, José Ramos / Menezes, Maria João (2015), *Lei Geral Tributária (...)*, op. cit., pág. 199.

execução se inexistirem bens penhoráveis do sujeito passivo e insuficiência de património para poder pagar ao credor tributário, igualmente, nos termos do n.º 2, do artigo 153.º deste Código.

Com efeito, para ser operada a reversão, é indispensável que não existam bens suscetíveis de penhora do sujeito passivo originário e dos responsáveis solidários, razão pela qual o recurso ao seu património apenas é admissível de modo subsidiário[269]. Este requisito obriga a que a Administração Fiscal, pelo caráter excecional e subsidiário, nos termos do disposto no n.º 4 do artigo 23.º da Lei Geral Tributária, proceda à audição do responsável subsidiário[270]. Os responsáveis subsidiários gozam do benefício de excussão (parte final do n.º 2 do artigo 23.º da Lei Geral Tributária), o qual se traduz no «direito do responsável subsidiário de se opor a que a execução dos seus bens se efectue enquanto não forem penhorados e vendidos todos os bens do devedor principal»[271]. É fundamental a proteção dos princípios constitucionalmente consagrados da justiça, capacidade contributiva, igualdade e proporcionalidade.

Note-se, porém, que a completa excussão dos bens do devedor originário não tem que ser prévia ao ato de reversão, na previsão do n.º 3 do referido artigo 23.º, pois esta norma dispõe que «caso no momento da reversão, não seja possível determinar a suficiência dos bens penhorados por não estar definido com precisão o montante a pagar pelo responsável subsidiário, o processo de execução fica suspenso desde o termo do prazo de oposição até à completa excussão do património do executado, sem prejuízo de adopção das medidas cautelares adequadas nos termos da lei».

O texto legal não faz depender a reversão da prévia excussão dos bens do devedor originário, mas da inexistência ou da fundada insuficiência de tais bens, que se apura nos termos da alínea b), do artigo 153.º do Código de Procedimento e de Processo Tributário. Concluindo-se, então, pela

[269] Vide, ROCHA, Joaquim Freitas da / SILVA, Hugo Flores da (2017), *Teoria Geral (...)* op. cit., pág. 101.

[270] O responsável subsidiário dispõe de todos os meios de defesa regulamentados no Código de Procedimento e de Processo Tributário. Numa fase inicial, o exercício de direito de audição prévia, prevista no artigo 60.º da Lei Geral Tributária, à decisão de reversão e, posteriormente, entendendo terem sido violados alguns dos seus direitos, através de oposição à execução fiscal, tendo por base os fundamentos elencados no artigo 204.º do Código de Procedimento e de Processo Tributário.

[271] Vide, Ac. do Supremo Tribunal Administrativo, de 12 de outubro de 2016, processo n.º 0287/16, disponível em www.dgsi.pt.

«fundada insuficiência» de bens penhoráveis do devedor originário, pode ser decidida a reversão, embora a possibilidade de cobrança da dívida através dos bens do responsável subsidiário esteja, como alertámos, dependente da prévia excussão dos bens do devedor originário[272].

Todavia, em caso de substituição tributária, a LGT consagra um regime especial de responsabilidade, a qual pode ser originária ou subsidiária.

2.4.3. *As Consequências da Substituição – O Art. 28.º da LGT*

Apesar de não ser o titular da capacidade contributiva revelada pelo facto tributário, o substituto pode ser responsabilizado pelo pagamento da dívida tributária do substituído se violar os deveres a que se encontra adstrito: o dever de efetuar a retenção e o dever de entrega do imposto. Estes podem ser incumpridos separada ou conjuntamente[273]. Com efeito, «a pessoa singular ou colectiva, o património ou a organização de facto ou de direito que, nos termos da lei, está vinculado ao cumprimento da prestação tributária, seja como contribuinte directo, substituto ou responsável» – o sujeito passivo –, é o responsável pelo cumprimento da obrigação tributária. Esta responsabilidade será exercida perante «a entidade de direito público titular do direito de exigir o cumprimento das obrigações tributárias, quer directamente quer através de representante», nos termos do artigo 18.º da Lei Geral Tributária. Ou seja, o sujeito ativo na relação tem legitimidade para exigir o cumprimento das obrigações tributárias do substituto, se preenchidos os pressupostos para tal.

No artigo 28.º da Lei Geral Tributária encontramos três formas de regular a responsabilidade tributária, consoante estejamos perante retenção por conta ou retenção a título definitivo. Assim, no caso de retenção por conta do imposto devido a final, teremos de distinguir entre a violação do dever de efetuar a retenção na fonte e a violação do dever de entrega do imposto retido. Se o tributo não for retido, cabe ao substituído a obrigação originária de pagar o montante de imposto que deveria tê-lo sido e não o foi. Por sua vez, o substituto incorre em responsabilidade subsidiária se o património do substituído for insuficiente ou inexistente para o pagamento do imposto em dívida. Neste caso, por aplicação do artigo 23.º, n.º 2 da Lei

[272] Vide, Ac. do Supremo Tribunal Administrativo, de 12 de junho de 2014, processo n.º 07634/14, disponível em www.dgsi.pt.

[273] Vide, Dourado, Ana Paula (2019), *Direito Fiscal, (...)*, op. cit., pág. 96.

Geral Tributária, o substituto será responsável subsidiário por violação do dever de retenção, naturalmente, após ser acionado o mecanismo da reversão de execução, previsto no artigo 153.º, n.º 2 do Código de Procedimento e Processo Tributário.

Na situação do substituto ter cumprido o seu dever de retenção, mas não ter procedido à sua entrega, estamos perante uma responsabilidade objetiva do substituto tributário, uma vez que ao proceder à retenção de montante devido ao credor tributário, não existe, do ponto de vista da responsabilidade tributária, qualquer justificação para a aplicação desse montante a outros fins, como por exemplo, o pagamento a credores no âmbito das suas relações comerciais.

Caso a retenção na fonte apresente carater definitivo e o imposto não tenha sido retido é da responsabilidade originária do substituto o pagamento do mesmo, ao que acrescem os juros compensatórios. O substituído será responsabilizado subsidiariamente pelo cumprimento da obrigação tributária de pagamento, também a efetivar pelo supracitado mecanismo de reversão de execução[274].

Importa realçar que em todas estas situações existe a possibilidade de impugnação judicial dos atos de liquidação praticados pelos próprios contribuintes, das retenções na fonte levadas a cabo pelos substitutos fiscais e dos pagamentos realizados pelo contribuinte por conta do imposto a pagar, conforme preceituado nos artigos 131.º a 133.º do Código de Procedimento e Processo Tributário[275].

Com pertinência para o objeto do nosso estudo, estamos diante da prática de um crime de abuso de confiança fiscal por parte do substituto se, uma vez realizada a retenção na fonte, este não proceda à entrega do imposto ao Estado. Subsidiariamente praticará factos subsumíveis a uma contraordenação tributária, nos termos do artigo 114.º do Regime Geral das Infrações Tributárias, se o valor da prestação tributária deduzida e não entregue for inferior a €7.500, preenchidos que estejam os demais pressupostos legais previstos na norma[276].

[274] *Ibidem*, pág. 97.

[275] Vide, Nabais, José Casalta (2005), «A Impugnação Administrativa no Direito Fiscal», *in Por um Estado Fiscal Suportável – Estudos de Direito Fiscal*, Coimbra: Almedina, pág. 526.

[276] Vide, Pires, José Maria Fernandes (coord.) / Bulcão, Gonçalo / Vidal, José Ramos / Menezes, Maria João (2015), *Lei Geral Tributária (...)*, op. cit., pág. 260, nota 5.

2.4.4. *A Responsabilidade Funcional do Art. 24.º da LGT*

Diferente do que tratámos até agora é o caso da responsabilidade do artigo 24.º da Lei Geral Tributária, a qual é referente à responsabilidade dos administradores, diretores, gerentes ou responsáveis de pessoas coletivas, ou seja, responsabilidade decorrente das dívidas dos entes coletivos[277].

Como teremos oportunidade de abordar[278], no âmbito das pessoas coletivas, pela sua própria singularidade legal, a sua gestão/administração, consoante o seu tipo, tem obrigatoriamente que ter constituído uma gerência (caso das sociedades em nome coletivo, por quotas ou em comandita) ou uma administração (caso das sociedades anónimas ou em comandita por ações), assim como ter um técnico oficial de contas ou um revisor oficial de contas para a emissão de certificação legal. Por isso, ser a responsabilidade dos administradores consequência da sua atuação funcional no exercício do cargo e não um resultado do «facto ilícito próprio gerador da dívida de imposto»[279].

Assim, no caso de a pessoa coletiva não possuir meios económicos nem património para pagar uma dívida fiscal, como igualmente já abordámos, quem tem a responsabilidade subsidiária de a suportar – pela técnica da reversão –, são aqueles que têm a responsabilidade da sua gestão/administração. Contendo, deste modo, uma dupla função: a da responsabilização e a de prevenção, uma vez que, segundo Sérgio Vasques:

> *(...) pela relação que há entre as suas funções, o cumprimento das obrigações tributárias das empresas e a preservação do património empresarial capaz de as satisfazer. O que se pretende prevenir com esta regra, afinal, é que os gestores sucumbam à tentação de sacrificar o cumprimento das obrigações tributárias das empresas em benefício de obrigações de natureza diversa com que as empresas se confrontem ou que descuidem a gestão do património da empresa em termos tais que torne inviável o pagamento dos tributos públicos que sobre ela impendem (...)*[280].

A norma do artigo 24.º da Lei Geral Tributária diferencia, igualmente, duas situações para efeitos de responsabilidade:

[277] Vide, Silva, Germano Marques da (2010), «Sobre a Responsabilidade Civil Emergente de Crime Tributário (...)», op. cit., pág. 194.

[278] Cf. ponto 10, deste capítulo.

[279] *Ibidem*, pág. 195.

[280] Vide, *Direito Fiscal*, op. cit., 2018, págs. 405.

i) a primeira, preceituada na alínea a), para os casos respeitantes a impostos cujo facto constitutivo tenha ocorrido durante o período de exercício do cargo do gestor ou o prazo legal de pagamento ou entrega tenha terminado depois deste;
ii) a segunda, prevista na alínea b), para os casos respeitantes a dívidas tributárias cujo pagamento ou entrega termine durante o exercício do responsável pela gestão da pessoa coletiva.

Em relação à alínea a), a responsabilidade do gerente, quando o facto constitutivo se tenha verificado no período de exercício do seu cargo ou o prazo legal de pagamento ou a entrega tenha terminado depois deste, «quando tenha sido por culpa sua que o património da empresa ou ente fiscalmente equiparado se tornou insuficiente para a satisfação da dívida», só pode ser exercida após a Administração Tributária provar que, pela atuação do gerente, o património da pessoa coletiva devedora se dissipou[281]. Imagine-se a hipótese de um gestor que se encontre em funções no ano de 2016, cessando-as no final do ano de 2017 e posteriormente, em maio de 2018, se constatar a falta de pagamento de IRC referente ao ano de 2016.

Na alínea b) verifica-se uma inversão do ónus da prova, ou seja, nesta situação, compete ao responsável pela gestão da sociedade do período a que diga respeito o imposto em falta, a prova de não ter atuado com culpa na falta do pagamento por parte da pessoa coletiva[282]. Por outras palavras, o gerente tem de fazer prova de um facto negativo[283] pelo que a Administração Tributária está dispensada da prova do que invoca e imputa. O gestor não tem de provar, no âmbito da norma do artigo 24.º, o desempenho do cargo com excelência. O que aqui se trata é de aferir se cumpriu com os deveres tributários e se tinha competência legal ou factual para os cumprir[284].

[281] Vide, Valdez, Vasco (2019), «A Constituição e as normas fiscais. *(...)*, op. cit., pág. 193.

[282] Esta presunção de culpa sobre quem exerce funções de administração decorre dos deveres preceituados no artigo 32.º da Lei Geral Tributária. – Vide, Pereira, Manuel Henrique de Freitas (2018), *Fiscalidade (...)*, op. cit., pág. 318.

[283] Citando-se Teixeira Ribeiro «(...) se era difícil à Fazenda Pública fazer a prova positiva da culpa, ainda é mais difícil aos administradores ou gerentes fazerem a sua prova negativa». – Vide, «Anotação ao Acórdão de 28 de novembro de 1990», Revista de Legislação e de Jurisprudência, n.º 3815, Coimbra, 1992, pág. 50.

[284] Neste sentido Ana Paula Dourado refere-se a uma culpa funcional. – Vide, *Direito Fiscal*, op. cit., 2019, pág. 99.

É nosso entendimento, na linha de SÉRGIO VASQUES[285], ser o término do prazo para pagamento o critério essencial para aferir o responsável, sendo irrelevante o momento em que se gera a obrigação tributária, podendo até vir a verificar-se mesmo antes de iniciado o período em que o gestor exerce funções. Esta situação sucede, por exemplo, na entrega do pagamento do IVA que deveria ser realizado num determinado prazo legal.

No âmbito da responsabilidade tributária, inclusive penal, a questão do efetivo exercício da gestão de facto é sempre um dos pressupostos essenciais para a responsabilização. A jurisprudência do Supremo Tribunal Administrativo[286] é unânime na necessidade do exercício efetivo das funções por parte dos administradores ou gerentes para a sua responsabilização subsidiária. Não é suficiente a consulta à certidão permanente da sociedade e a verificação de quem vigora como gerente da pessoa coletiva; exige-se o exercício efetivo dos poderes e não apenas a aparência do exercício das funções. O administrador ou gerente tem que deter o poder de controlar e determinar as opções económicas e de gestão da sociedade e, de igual modo, efetuar o cumprimento das obrigações fiscais. A distinção entre o denominado gerente de direito e o gerente de facto reside no poder subjacente à realização dos atos praticados em nome da sociedade. Enquanto o gerente de direito, ao praticar atos de gerência, efetua-os com os poderes que a lei lhe concede; o gerente de facto[287], sem os poderes legais, exerce o exercício das funções necessárias à estabilidade e cumprimento dos objetivos essenciais e finais da sociedade[288].

RUY DE ALBUQUERQUE e MENEZES CORDEIRO alertam para o facto de, na culpa funcional, ter de se atender à existência de erro desculpável, estado de necessidade ou outra situação que exclua a culpa. – Vide, «Da Responsabilidade fiscal subsidiária: a imputação aos gestores das dívidas das empresas à previdência e o art. 16.º do Código de Processo das contribuições e Impostos», CTF, 1986, págs. 171-172.

[285] Vide, *Direito Fiscal*, op. cit., 2018, pág. 406.

[286] Vide, Acórdãos do Supremo Tribunal Administrativo, de 11 de março de 2009, processo n.º 0709/08; de 17 de abril de 2013, processo n.º 01191/12; de 12 de fevereiro de 2015, processo n.º 01860/13,, todos disponíveis em www.dgsi.pt.

[287] Para uma caraterização e melhor compreensão da figura da responsabilidade do "gerente de facto", numa perspetiva societária. – Vide, RIBEIRO, Maria de Fátima (2009), *A Tutela dos Credores da Sociedade por Quotas e a "Desconsideração da Personalidade Jurídica"*, Coimbra: Almedina, págs. 473 a 476.

[288] No gerente de direito é comum o "empréstimo" do nome a um filho (gerente de direito) em favor do pai (gerente de facto). O filho não tem qualquer intervenção na administração da sociedade, não dando instruções, nem realizando encomendas ou pagamentos. No entanto,

Em suma: admite-se a responsabilidade subsidiária pela dívida tributária, nos termos do disposto no artigo 24.º da Lei Geral Tributária e a responsabilidade subsidiária pelas sanções resultantes da prática de infrações tributárias, nos termos previstos para o regime de responsabilidade civil pelas multas e coimas do artigo 8.º do Regime Geral das Infrações Tributárias.

O n.º 2 do artigo 24.º prevê a possibilidade de responsabilizar subsidiariamente outras pessoas, nos mesmos termos do que os administradores, gerentes ou diretores, no caso os membros dos Conselhos Fiscais e dos Revisores Oficiais de Contas, desde que fique demonstrada, por parte da Administração Tributária, a violação dos deveres tributários das sociedades cuja infração decorreu do incumprimento das suas obrigações de fiscalização.

Por seu turno, o n.º 3 do artigo 24.º disciplina a possibilidade dessa responsabilidade ser alargada aos Técnicos Oficiais de Contas (contabilistas certificados), caso se apure a violação dos seus deveres enquanto técnicos[289/290]. Esta violação de deveres, para além da responsabilidade subsidiária, poderá dar origem a responsabilidade disciplinar, atenta a violação do Estatuto da Ordem dos Contabilistas Certificados e do Código Deontológico dos Contabilistas Certificados, assim como originar responsabilidade criminal e contraordenacional à luz do Regime Geral das Infrações Tributárias[291]. No entanto, a responsabilidade subsidiária a aplicar a estes técnicos deverá ser interpretada e precedida de um ónus especialmente agravado de fundamentação por parte da Administração Tributária[292]. Por este motivo, este tipo de substituição não se confunde com o objeto principal da nossa dissertação.

assina e comunica as obrigações fiscais, mas por iniciativa e ordem do seu pai, o qual dispõe da gestão efetiva da sociedade.

[289] É o caso de um Técnico Oficial de Contas certificar documentos contabilísticos e/ou fiscais dos quais tinha conhecimento da existência de irregularidades. – Vide, VALDEZ, Vasco (2019), «A Constituição e as normas fiscais (...), op. cit., pág. 194.

[290] A este respeito FREITAS PEREIRA dá-nos como exemplo a «administração fiscal conseguir provar que o técnico de contas conhecia determinada situação e a omitiu nas declarações financeiras ou fiscais, por si assinadas, com a intenção de não ser pago o imposto que era devido, além da responsabilidade pela multa ou coima que for aplicada pela prática de infracção fiscal, pode ser responsabilizado subsidiariamente pelo pagamento daquele imposto». – Vide, *Fiscalidade (...)*, op. cit., 2018, pág. 319.

[291] Vide, PIRES, José Maria Fernandes (coord.) / BULCÃO, Gonçalo / VIDAL, José Ramos / MENEZES, Maria João (2015), *Lei Geral Tributária (...)*, op. cit., pág. 227.

[292] Vide, MACHADO, Jónatas (2007), *A responsabilidade subsidiária dos TOC's (Algumas considerações constitucionais a propósito do art. 24.º/3 da LGT)*, Fiscalidade n.º 30, Lisboa: Instituto Superior de Gestão, abril-junho, pág. 12.

2.5. Distinção de Figuras Afins

Seguidamente caraterizaremos algumas figuras jurídicas sem relevância para efeitos penais, em particular no crime de abuso de confiança fiscal, mas que, contudo, tendem a originar alguma confusão, razão pela qual entendemos por pertinente a sua distinção.

2.5.1. *A Repercussão Fiscal*

Diferentemente da figura da substituição tributária encontramos a figura da repercussão fiscal. O fenómeno da repercussão consiste na transferência, total ou parcial, do encargo tributário para pessoa diferente do contribuinte (de direito), na qual a lei estabelece como sendo o devedor tributário. Da distinção entre as duas figuras decorre, desde logo e da própria lei, um critério: o de determinar quem é o contribuinte ao qual o imposto é exigível.

Importa, deste modo, distinguir entre *contribuinte de direito* e *contribuinte de facto*, pela relevância na compreensão e as razões na diferenciação entre a repercussão e a substituição[293]. O contribuinte de direito é o sujeito passivo da relação jurídica tributária – o substituído – por força da lei pela prática do facto tributário[294]. O contribuinte de facto é o sujeito que suporta, em termos económicos, o imposto. Contudo, não é sujeito passivo na relação jurídica tributária, porquanto a alínea a), do n.º 4, do artigo 18.º da Lei Geral Tributária dispõe não ser sujeito passivo quem «suporte encargo do imposto por repercussão legal», ou seja, o terceiro sobre quem é repercutido o pagamento do imposto[295/296].

[293] Sobre a definição da repercussão fiscal vejam-se, entre outros, ANTUNES, Bruno Botelho (2008), *Da Repercussão Fiscal no IVA*, Coimbra: Almedina, pág. 43 e VASQUES, Sérgio (2018), *Direito Fiscal*, op. cit., pág. 395.

[294] Vide, PEREIRA, Manuel Henrique de Freitas (2018), *Fiscalidade (...)*, op. cit., pág. 311.

[295] É unanime, na jurisprudência, a diferenciação entre contribuinte de direito e contribuinte de facto. Veja-se, a título de exemplo, a posição do Supremo Tribunal de Justiça sobre esta matéria: «Enquanto responsável fiscal chamado a pagá-lo (contribuinte de direito), é-o também pela falta da sua oportuna liquidação e cobrança a quem efectivamente o desembolsa (ou seja, ao contribuinte de facto). Como o imposto de selo, o IVA é, na verdade, um imposto cobrado por uns, mas posto a cargo e suportado economicamente por outros; *(...)* são estes últimos que vêm na realidade a ser os contribuintes *(...)* são eles os devedores principais e originários desse tributo, e, assim, o seu sujeito passivo propriamente dito». – Vide, Ac. do Supremo Tribunal de Justiça, de 22 de abril de 2004, processo n.º 04B837, disponível em www.dgsi.pt.

Ao contrário da substituição tributária, na qual existe uma relação triangular (credor tributário, substituto e substituído), na repercussão a relação ocorre «entre dois sujeitos privados, com o afastamento do sujeito activo da relação jurídica tributária»[297]. O repercutido não tem relação jurídico-tributária com o sujeito passivo contribuinte e, considerando ser a repercussão depreendida como uma mera relação – como se afirmou, entre dois particulares –, este não é sujeito nessa relação. Estamos perante a repercussão fiscal do imposto sempre que o sujeito diretamente determinado pela lei para o pagar, não é verdadeiramente o titular da riqueza a tributar, mas apenas um sujeito sobre quem é mais fácil executar a cobrança[298]. Sucede, ainda, em caso de conflito sobre quem é responsável por falta de imposto liquidado, a pessoa que figura como sujeito passivo, ao invés do repercutido, é quem tem de assumir o encargo desse imposto[299].

Os impostos indiretos, nomeadamente o IVA e o Imposto do Selo, são os exemplos perfeitos de situações de repercussão fiscal[300]. No IVA, aquele que tem a «obrigação de liquidar o imposto e de o entregar aos cofres do

[296] O repercutido do tributo não é o sujeito passivo do imposto e, sendo a obrigação do repercutido uma obrigação legal, ainda assim está na disposição do sujeito passivo repercutir, ou não, o imposto na esfera jurídica daquele no âmbito de uma relação jurídica privada em que se admitiria a figura da renúncia contratual. – Vide, Campos, Diogo Leite de / Rodrigues, Benjamim Silva / Sousa, Jorge Lopes de (2012), *Lei Geral Tributária Comentada e Anotada*, 4.ª Edição, Lisboa: Encontro da Escrita Editora, págs. 188 e 189.

[297] Vide, Feio, Diogo (2001), *A Substituição Fiscal (...)*, op. cit., pág. 105.

[298] Vide, Ac. do Tribunal Central Administrativo do Sul, de 30 de abril de 2013, processo n.º 04457/11, disponível em www.dgsi.pt.

[299] Ensina Ana Paula Dourado que apenas o «fenómeno da repercussão tributária implica um conceito diferente, o conceito de contribuinte de facto, o qual é um conceito não jurídico, porque extrapola a relação jurídico tributária e não atribui direitos nem deveres (...). Todavia, o nosso art. 18.º, n.º 4, a), depois de afirmar que não é sujeito passivo quem suporte o encargo do imposto por repercussão legal, atribui-lhe direito de reclamação, recurso, impugnação ou de pedido de pronúncia arbitral nos termos das leis tributárias [sic] (Lei n.º 55-A/2010, de 31 de Dezembro). Ou seja, reconhece legitimidade processual ativa ao consumidor final ou adquirente dos serviços para reclamar administrativamente ou impugnar judicialmente o ato tributário (...) a repercussão legal implica que quem a suporta é sujeito passivo (repercussão legal é a que existe no IVA), e só a repercussão fática, não prevista na lei, é que não atribui legitimidade procedimental e processual a quem suporte o encargo do imposto». – Vide, *Direito Fiscal, (...)*, op. cit., 2019, pág.91.

[300] Apesar do «campo preferencial» da repercussão serem os impostos indiretos, os impostos diretos podem ser sujeitos a repercussão. Esta é a razão principal pela qual Diogo Feio entende que a repercussão não pode ser um critério para os distinguir. – *Ibidem*, pág. 101.

Estado, é o agente económico que transmite os bens ou presta os serviços (à exceção do caso de inversão do sujeito passivo – *reverse charge*[301])»[302]. Em relação ao Imposto do Selo, não se pode afirmar que a prestação tributária é exigida a pessoa diferente do contribuinte, dado que o contribuinte é o sujeito passivo do imposto, de acordo com as normas de incidência subjetiva, não existindo, deste modo, substituição tributária[303]. É o Código do Imposto do Selo, nos artigos 2.º (incidência subjetiva) e 3.º (encargos do imposto), que distingue o sujeito passivo do imposto daquele que suporta efetivamente o respetivo encargo[304].

2.5.2. *O Direito de Regresso na Substituição e Repercussão Fiscal*

Através da substituição tributária, a lei concede ao substituto o direito de regresso[305] sobre o substituído. Este direito de regresso realiza-se, nos casos usuais de retenção na fonte, através da dedução às importâncias que o substituto deve ao substituído e, por isso, é normalmente prévio ao pagamento ao Estado pelo substituto das importâncias retidas[306]. Contudo nada obsta a que esse direito de regresso ocorra numa fase posterior, nomeadamente nas situações em que existe substituição sem retenção na fonte.

[301] O *"reverse charge"* refere-se a transações intracomunitárias da União Europeia em que o IVA é registado pelo comprador em vez do vendedor, transferindo-lhe essa responsabilidade. Aplica-se nas transações que ocorrem entre empresas de dois Países diferentes da União Europeia. Em transações típicas dentro de um País, é da responsabilidade do vendedor registar o IVA nas vendas. O objetivo é o de simplificar o processamento de transações, obtendo, ambas as partes, benefícios fiscais refletidos no custo final de toda a operação.

[302] Vide, Pires, José Maria Fernandes (coord.) / Bulcão, Gonçalo / Vidal, José Ramos / Menezes, Maria João (2015), *Lei Geral Tributária (...)*, op. cit., pág. 153, nota 23.

[303] Vide, Decisão Arbitral do CAAD, processo n.º 756/2016-T, de 7 de dezembro de 2017, disponível em www.caad.org.pt.

[304] Utilizemos o exemplo de Vasco Valdez para os impostos repercutidos em matéria de IVA: «Somos todos nós, quando compramos algo, que na realidade suportamos o IVA. É sobre nós que se repercute esse imposto mas o sujeito passivo fica a montante». – Vide, «A Constituição e as normas fiscais. Noção de imposto e taxa. A relação jurídica tributária», *in* AAVV, *Lições de Fiscalidade*, 6.ª Edição revista e atualizada, Coimbra: Almedina, 2019, pág. 190.

[305] Para melhor aprofundamento de situações práticas em que se discute a aplicação deste direito de índole fiscal, sugerem-se a consulta das Decisões Arbitrais do CAAD, processos n.ºs 476/205-T, de 30 de junho de 2016 e 377/2014-T, de 22 de maio de 2017, ambos disponíveis em www.caad.org.pt.

[306] Vide, Pereira, Manuel Henrique de Freitas (2018), *Fiscalidade (...)*, op. cit., pág. 313.

Na repercussão, o substituto é o sujeito passivo da relação jurídica tributária, ao contrário do repercutido. Este facto inviabiliza, por falta de legitimidade e de objeto na relação jurídica, a possibilidade de almejar a existência de um direito de regresso. Tal falta de legitimidade decorre por não ser o repercutido, como se referiu, sujeito passivo uma vez que é este quem suporta o imposto[307].

Um dos melhores exemplos do fenómeno da repercussão ocorre no imposto do selo[308], – igualmente nos impostos sobre o consumo –, o qual compreende na «transferência do imposto que legalmente incide sobre um sujeito passivo, para outrem com que este tem relações económicas»[309]. No imposto do selo, por exemplo, as pessoas elencadas no diploma que o disciplina, «não obstante suportarem, por repercussão, o encargo do imposto, não têm a qualidade de sujeitos passivos, não estando, consequentemente, sujeitas a qualquer obrigação de natureza fiscal»[310]. Igualmente no IVA, o imposto é suportado por quem não é sujeito passivo na relação jurídico tributária e, neste sentido, se no IVA o imposto incide sobre o consumidor final, apesar de lhe ser imposta a carga tributária que resulta do próprio imposto, de igual modo fica exonerado das obrigações que resultem do imposto[311].

Pelos motivos expostos, o fenómeno da repercussão fiscal não configura um fenómeno de substituição e, nessa medida, não tem relevância para efeitos de responsabilidade criminal.

2.6. A Responsabilidade do Substituto – Aspetos Finais

Aqui chegados, é tempo de voltarmos a recentrar o nosso pensamento no substituto tributário e nas consequências de índole penal que os comportamentos que viemos a referenciar podem originar. Em sede de responsabi-

[307] Cf. nota de rodapé 304.

[308] Vide, Pires, José Maria (2018), *Lições de Impostos sobre o Património e do Selo*, 3.ª Edição, Coimbra: Almedina, pág. 453.

[309] Vide, Carlos, Américo Brás (2016), *Impostos – Teoria Geral*, 5.ª Edição, Coimbra: Almedina, pág. 264.

[310] Vide, Mateus, J. Silvério / Freitas, L. Corvelo (2005), *Os Impostos Sobre o Património Imobiliário. O Imposto do Selo*, Lisboa: Engifisco, pág. 557.

[311] Vide, Cunha, Patrícia Noiret (2004), *Imposto Sobre o Valor Acrescentado – Anotações ao Código do Imposto Sobre o Valor Acrescentado e ao Regime do IVA nas Transacções Intracomunitárias*, Coimbra: Coimbra Editora, págs. 83 e 84.

lidade do substituto tributário é essencial que se diferenciem dois tipos de responsabilidade: a tributária e a criminal.

Note-se, no entanto, que a existência de responsabilidade tributária não implica que ocorra igualmente a criminal. Para esta última estar presente, é decisivo encontrarem-se preenchidos os elementos objetivos e subjetivos do tipo do crime. A este respeito, avançamos, a não entrega ao Estado de quantia devida por força da violação do preceito poderá, nos termos do atual artigo 114.º do Regime Geral das Infrações Tributárias, dar lugar a uma contraordenação fiscal, ou seja, a consubstanciar a prática de um ilícito de mera ordenação social.

Diz-se existir responsabilidade tributária quando o substituto tributário, por força da lei, não entrega as quantias que reteve/recebeu do substituído ao credor tributário Estado[312]. A não entrega ao Estado por parte do substituto, dos valores que lhe foram entregues pelo substituído, representa o momento em que a responsabilidade do substituto tributário tem início.

Sucede, porém, que mesmo que o substituído não efetue a entrega ao Estado do valor retido, o substituído jamais será chamado ao pagamento desse valor. Nos casos em que a retenção na fonte seja efetuada a título de pagamento por conta, o substituído passa a ser imediatamente credor do Estado pelo respetivo montante, podendo deduzi-lo, mesmo sem que tenha em algum momento realizado essa entrega ao Estado, como um crédito de imposto na liquidação final.

Existem, contudo, exceções nas quais o substituído assume a responsabilidade pelo imposto em falta, nomeadamente nos casos em que não tenha sido realizada a retenção na fonte. É o caso, por exemplo, das substituições parciais, a título de pagamento por conta do imposto devido a final, em que o substituído, por força de o substituto não ter efetuado a retenção, é subsidiariamente responsabilizado na parte da retenção que deveria ter sido efetuada.

Assim, e em caso de processo de execução fiscal, a Autoridade Tributária pode, nos casos previstos na lei, efetuar a reversão da dívida. Todavia, na hipótese de a retenção na fonte ser efetuada como substituição total, a responsabilidade do substituído é subsidiária e limitada à diferença entre o montante que deveria ter sido deduzido e aquele que efetivamente

[312] Vide, Rocha, Joaquim Freitas da / Silva, Hugo Flores da (2017), *Teoria Geral (...)* op. cit., pág. 94.

foi deduzido pelo substituto, sendo neste caso o substituto o responsável pela dívida[313].

Neste sentido, relevante para a nossa reflexão é o problema da incriminação da conduta, isto é, o problema de saber se, do ponto de vista da violação efetuada, esta configura ou não responsabilidade criminal. Sendo feita a retenção na fonte pelo substituto, mas faltando a entrega do imposto ao Estado, tal facto não consubstancia de imediato um crime de abuso de confiança fiscal, p.e.p. pelo artigo 105.º do Regime Geral das Infrações Tributárias, pelo menos enquanto os requisitos de punibilidade não estiverem preenchidos[314]. Não ignoramos a posição unânime, quanto ao preenchimento dos requisitos de punibilidade, isto é, existir crime e desvalor de ação do agente, mas não lhe poder ser punível. Reforçamos que em nosso entendimento, teremos apenas preenchidos os pressupostos a que a norma do artigo 114.º, n.ºs 1 e 2 alude, isto é, teremos uma contraordenação por falta de entrega/cumprimento da prestação tributária[315].

No Direito Civil, nomeadamente no contrato de depósito, o depositário é o sujeito que guarda o bem, a quem compete restitui-lo quando termina o prazo ou, na falta de estipulação dele, quando lhe for exigido pelo depositante[316]. Por sua vez, no Direito Fiscal, a figura do substituto tributário é similar à do fiel depositário – não se olvidando, claro está, a imposição legal, a que este último se encontra obrigado por imperativo legal, e o primeiro por se autoimpor a essa obrigação, por força do princípio da liberdade contratual

[313] Vide, Pires, José Maria Fernandes (coord.) / Bulcão, Gonçalo/Vidal, José Ramos / Menezes, Maria João (2015), *Lei Geral Tributária (...)*, op. cit., pág. 259.

[314] A condenação do agente pela prática de crime fiscal ou contraordenação, representa também culpa para efeitos de responsabilidade tributária. – Vide, Dourado, Ana Paula (2019), *Direito Fiscal*, op. cit., pág. 101.

[315] Vide, Marques, Paulo / Gonçalves, Pedro Correia / Marques, Rui (2017), *Responsabilidade Tributária (...)*, op. cit., pág. 151.

[316] Sobre o instituto jurídico do contrato de depósito em Direito Civil propõem-se, para um estudo mais aprofundado: Lima, Pires de / Varela, Antunes (1997), *Código Civil Anotado – Volume II*, 4.ª Edição revista e atualizada, Coimbra: Coimbra Editora, págs. 832–863; Antunes, João Tiago (2007), *Do Contrato de Depósito Escrow*, Coimbra: Almedina, págs. 17–42; González, José Alberto (2014), *Código Civil Anotado – Volume III – Contratos em Especial*, Lisboa: Quid Juris, págs. 387–401; Almeida, Carlos Ferreira de (2016), *Contratos II*, 4.ª Edição, Coimbra: Almedina, págs. 173–175; Prata, Ana (coord.) / Farrajota, Joana (2017), *Código Civil anotado – Volume I*, Coimbra: Almedina, págs. 1466–1483; Cordeiro, António Menezes (2018), *Tratado de Direito Civil XII – Contratos em Especial (2.ª parte)*, Coimbra: Almedina, págs. 743–762.

–, quer pelos deveres de confiança que ambos assumem, quer pelo princípio da confiança que, unilateralmente, o Estado atribui ao substituto[317].

Sucede, porém, que as prestações tributárias liquidadas e entregues, nomeadamente em sede de IVA, investem o agente na posição de *fiel depositário* da prestação tributária, o que em última análise pode resultar na quebra de confiança em que radica o desvalor da ação.

Em suma, no crime de abuso de confiança fiscal, as situações de substituição tributária convertem o substituto num fiel depositário das quantias deduzidas, assumindo-se este como um intermediário no processo de arrecadação da receita e constituindo-se na obrigação de a entregar ao seu destinatário. Não o fazendo, viola assim a confiança que lhe foi legalmente depositada/imposta.

Como analisámos, os crimes tributários, em especial o de abuso de confiança fiscal, visam proteger o erário público[318]. No entanto, entende-se que a utilização das receitas tributárias em proveito próprio, encetadas pelo agente, não lesa de imediato o interesse jurídico que a norma visa acautelar; tal só ocorre se existir fruição a título doloso, ou seja, com intenção de enriquecimento próprio ou alheio[319]. Já nas situações em que inexiste o recebimento do imposto e, por isso, a prestação tributária não chegou a ser recebida, não se operou a correspondente retenção e, igualmente, inexistiu a violação dos deveres da confiança depositados pelo Estado, donde se conclui que o comportamento e a conduta do substituto não podem merecer censura.

3. O Preenchimento dos Elementos do Tipo Legal Objetivo

Não existe discussão em relação aos elementos que constituem objetivamente o tipo do crime de abuso de confiança fiscal, nomeadamente o da omissão da entrega à Autoridade Tributária, por parte do agente, enquanto substituto tributário, da prestação tributária deduzida nos termos da lei, da prestação deduzida por conta daquela prestação tributária, ou da que, tendo recebido, tenha a obrigação legal de liquidar[320].

[317] Vide, MARQUES, Paulo (2010), *Crime de Abuso de Confiança Fiscal, Problemas do actual Direito Penal Tributário*, Coimbra: Coimbra Editora, pág. 44.

[318] Vide, PINTO, Frederico de Lacerda da Costa, *Crimes (...)*, op. cit., pág. 6.

[319] Vide, DIAS, Augusto Silva (1999), *O novo Direito (...)*, op. cit., pág. 276.

[320] Vide, Ac. do Tribunal da Relação de Coimbra, de 15 de novembro de 2017, processo n.º 160/15.6IDLRA.C1, disponível em www.dgsi.pt.

É, pois, inequívoca a importância da *conduta* do agente, após a *apropriação*, para o preenchimento do tipo.

3.1. A Conduta

O crime de abuso de confiança fiscal é um crime omissivo puro, isto é, um crime de mera inatividade em que, numa primeira fase, a omissão integradora do ilícito é antecedida de uma ação lícita de dedução/retenção, mas que, num segundo momento, com a não entrega a que o agente estava obrigado perante a Administração Tributária, se operacionaliza como uma ação/omissão tipicamente ilícita[321]. Deste modo, trata-se de um crime puramente omissivo, porque tipicamente se basta pela não entrega[322].

Ora, o comportamento omissivo é assim o elemento central no crime de abuso de confiança fiscal, uma vez que não exige a apropriação como um elemento essencial para preencher o tipo do crime, bastando, para o efeito, a omissão que se verifica em relação à prestação tributária deduzida e a que o substituto se encontrava legalmente obrigado a entregar ao Estado. Por outro lado, poder-se-ia considerar no preceito da lei que a confiança pode constituir um elemento objetivo para preenchimento do tipo no crime de abuso de confiança fiscal, aliás, é esse, o nosso entendimento[323],

[321] O abuso de confiança «tem uma dupla conduta bifásica, uma primeira fase de atuação perfeitamente lícita – a dedução/retenção/recebimento – que funciona como seu pressuposto, uma outra, traduzida numa omissão». – Vide, RODRIGUES, Benjamim Silva (2018), *Direito das Contra-Ordenações*, Lisboa: Rei dos Livros, pág. 405.

[322] Vide, LUMBRALES, Nuno B. M. (2003), *O Abuso de Confiança (...)*, op. cit., pág. 86; SOUSA, Susana Aires de (2006), *Os crimes fiscais (...)*, op. cit., pág. 123; SILVA, Isabel Marques da (2010), *Regime Geral (...)*, pág. 228; ANDRADE, Manuel da Costa, *O abuso de confiança fiscal (...)*, op. cit., pág. 230; CATARINO, João Ricardo / VICTORINO, Nuno (2012), *Infracções Tributárias(...)*, op. cit., pág. 825; SOUSA, Jorge Lopes de / SANTOS, Manuel Simas (2010), *Regime Geral (...)*, op. cit., pág. 719.

[323] AUGUSTO SILVA DIAS defende que a violação da confiança, legalmente atribuída ao substituto pela administração tributária, é «elemento essencial do desvalor da ação da conduta incriminadora». Não obstante, conforme pertinentemente observa SUSANA AIRES DE SOUSA, tal posição era assumida no âmbito do Regime Jurídico das Infrações Fiscais Não Aduaneiras. – Vide, DIAS, Augusto Silva (1999), *Os crime de fraude fiscal e de abuso de confiança fiscal. Alguns aspectos dogmáticos e político criminais*, CTF, n.º 394, pág. 65 *Apud* SOUSA, Susana Aires de (2006), *Os crimes fiscais (...)*, op. cit., pág. 127, nota de rodapé 243.

Na verdade, o teor atual da norma não coloca a confiança como um elemento objetivo. Aliás, o caminho que vem sendo realizado é o da descriminalização, em face de uma confiança unilateralmente imposta.

não obstante, por exemplo, o empregador não poder, por mútuo acordo com o trabalhador, deixar de reter o imposto sobre o rendimento deste para efeitos de IRS, porquanto a responsabilidade fiscal continua a ser sua.

Posto isto, e em modo de resumo, os elementos que preenchem o tipo são: a não entrega, por parte do substituto tributário, da prestação a que legalmente estava obrigado a deduzir/entregar, nos termos legais, ao credor tributário, ou que, tendo-a recebido/deduzido, tinha a obrigação de liquidar, desde que de valor superior a €7.500, e a omissão, total ou parcialmente, da sua entrega.

3.2. A Apropriação: Elemento (des)Necessário ao Preenchimento do Tipo?

Definimos a conduta do crime em apreço como omissiva pela omissão de entrega, e concluímos que o agente da infração é o obrigado legal à dedução/recebimento do imposto que, nos termos da lei fiscal, não proceda à sua entrega. Dúvidas não subsistirão de que a intenção do legislador foi, inicialmente, responsabilizar e criminalizar as situações de incumprimento da obrigação, inerente à substituição tributária, com a finalidade de proteger o património público. Não obstante, cremos que o legislador tem vindo a ter uma posição de inconstância, demonstrativa de insegurança, sobre se deve incluir, ou não, a apropriação como um elemento a considerar para efeitos de preenchimento do tipo.

Relembre-se que, na sua génese, o artigo 24.º do Regime Jurídico das Infrações Fiscais Não Aduaneiras não exigia o elemento apropriação. Com a alteração formulada ao diploma e a introdução da expressão *"Quem se apropriar (...)"* passou a consagrar-se a exigência da apropriação como elemento do tipo. Porém, o artigo 105.º do Regime Geral das Infrações Tributárias excluiu, entretanto, da sua redação aquela expressão, passando a bastar-se pela sua não entrega[324]. Atualmente a apropriação voltou a ser um elemento essencial se recordarmos o acórdão de uniformização de jurisprudência[325] no qual o Supremo Tribunal de Justiça decidiu que as quantias em relação às quais haja obrigação de liquidação/retenção, e que tenham sido liquidadas/retidas, só integram o crime de abuso de confiança fiscal se o agente as tiver, efetivamente, recebido.

[324] Vide, LUMBRALES, Nuno B. M. (2003), *O abuso de confiança fiscal (...)*, op. cit., pág. 86.

[325] Vide, Ac. do Supremo Tribunal de Justiça, de Uniformização e Fixação de Jurisprudência, n.º 8/2015, disponível em Diário da República, 1.ª Série, n.º 106, de 2 de junho de 2015.

Daqui decorre imediatamente uma aproximação do crime de abuso de confiança de índole fiscal em face do crime de abuso de confiança comum[326], na medida em que se entende que, ao contrário do que sucedia, é necessária a apropriação. Contudo, a redação ao artigo 105.º do Regime Geral das Infrações Tributárias mantém a sua exclusão, bastando a não entrega, total ou parcialmente, da prestação a que o substituto tributário estava legalmente obrigado a entregar à Administração Tributária.

O objeto de previsão específica do crime de abuso de confiança fiscal está contido nos n.ºs 1, 2 e 3 do artigo 105.º, local onde se definem os elementos do crime – os quais são meras "extensões" do conceito de prestação tributária, reproduzindo na íntegra o texto dos n.ºs 2 e 3 do originário artigo 24.º do Regime Jurídico das Infrações Fiscais Não Aduaneiras[327] –, e tratando-se estes de deduções, então não são extensíveis ao crime homónimo da Segurança Social, em que a prestação tem sempre a mesma natureza.

Vemos assim que a apropriação, como elemento do tipo legal de crime, poderá ser interpretada no sentido de não ser exigida. Não obstante, é esse elemento que torna configurável a hipótese da prática do crime de abuso de confiança fiscal através de uma conduta comissiva, designadamente quando o agente, ao realizar determinadas despesas, se coloca dolosamente numa situação em que lhe passa a ser impossível satisfazer, atempadamente, o crédito tributário.

Sobre este assunto, no entanto, é nossa convicção de que esse elemento, o da apropriação, é essencial e condição de exigibilidade para efeitos de preenchimento do tipo[328]. E assim o entendemos, porquanto a norma do artigo 105.º deve ser interpretada no sentido de que o agente (substituto) comete o crime se não entregar, à Autoridade Tributária, aquilo que recebeu ("se apropriou") ou deduziu ("se apropriou"). Verificamos, deste modo, ser a apropriação um elemento essencial, a qual só foi retirada da letra da lei para facilitar a consumação do crime. Caso contrário, assuma-se que o elemento apropriação não é elemento, mas, de igual modo, conclua-

[326] Sobre o crime de abuso de confiança, Cf. capítulo II, Secção III, § 4.

[327] Cf. notas de rodapé 149 e 154.

[328] Posição ao encontro da assumida por Susana Aires de Sousa, na qual a autora entende que «o que retira à conduta de abuso de confiança fiscal um caráter axiologicamente indiferente é a apropriação de quantias deduzidas, diminuindo por essa via as receitas fiscais e lesando consequentemente o objeto de tutela da norma». – Vide, *Os crimes(...)*, op. cit., 2021, pág. 267.

-se que a lesão não é suficientemente grave para ser merecedora de dignidade penal.

Analisamos, criticamente, por isso, a opção do legislador em alterar, por razões de política fiscal, e não de política criminal[329] uma norma que se pretende (des)criminalizadora.

3.3. O Iva e os Demais Impostos Sujeitos a Dedução/Retenção

Por força das sucessivas alterações legislativas, colocam-se alguns problemas ao julgador quanto à interpretação e à aplicação da norma, de tal modo que a interpretação da norma acaba por depender da jurisprudência existente (a qual se socorre previamente da doutrina) para a melhor aplicação do direito. Por esse motivo, o Supremo Tribunal de Justiça tem vindo a ser chamado a pronunciar-se sobre várias matérias referentes a este ilícito criminal, sendo que, no que concerne à apropriação, fê-lo de forma mais corrente no IVA, em relação à sua (não) entrega[330]. Na verdade, este acórdão uniformizador de jurisprudência não se refere à questão da apropriação, mas à questão da necessidade de prévia dedução de quantias não entregues, uma vez que receber não significa apropriar-se, sendo, por isso, esta a questão.

Considerando somente o imposto em análise, na medida em que o acórdão efetua referências expressas às diversas prestações tributárias cuja omissão de entrega releva no crime de abuso de confiança fiscal, como é exemplo a retenção na fonte em sede de IRS, cremos que o passo dado de

[329] Discordamos de NUNO LUMBRALES, no sentido de a eliminação da apropriação por parte do legislador decorrer de razões de política criminal «nomeadamente em razão do diminuto número de condenações obtidas pelos tribunais pela prática de crimes económicos em geral, e fiscais em particular». – Vide, *O abuso de confiança fiscal (...)*, op. cit., 2003, pág. 88.
A nossa posição fundamenta-se, primeiramente, no facto de o legislador não poder estar subjacente à feitura de uma norma com o objetivo da condenação final do agente/arguido, mas no respeito e salvaguarda da ordem e ética social dos princípios que merecem tutela penal e, em segundo lugar, por, igualmente, entendermos que desta forma o Direito Penal não seria mais do que um instrumento utilizado com o exclusivo objetivo da obtenção da receita tributária em falta.

[330] Para o Supremo Tribunal de Justiça «não se vislumbra qual o valor jurídico violado e qual a conduta ilícita merecedora de tutela penal daquele que não entrega ao Estado aquilo que também não recebeu». – Vide, Ac. do Supremo Tribunal de Justiça, de Uniformização e Fixação de Jurisprudência, n.º 8/2015, disponível em Diário da República, 1.ª Série, n.º 106, de 2 de junho de 2015, pág. 3509.

discutir, igualmente, a exigência de apropriação no IVA foi esclarecedor isto porque não existindo na norma entendimento no sentido de consagrar subdivisões entre impostos relativamente aos elementos do tipo no crime, o julgador veio reforçar a posição daqueles que defendem a apropriação como um elemento essencial para a existência de crime, não obstante esse elemento não se encontrar presente na letra do artigo 105.º do Regime Geral das Infrações Tributárias.

Não descuramos o facto de o valor do imposto ser muito relevante para efeitos de punibilidade, sendo certo que uma coisa é o preenchimento do tipo e outra os pressupostos necessários para a punição. Assim, concordamos com a posição do Supremo Tribunal de Justiça em relação ao IVA, mas ao mesmo tempo questionamos sobre qual é a diferença, por exemplo, em relação à retenção de IRS para efeitos salariais do trabalhador[331]? Se só for efetuada uma parte do pagamento dos salários aos trabalhadores, considera-se retida a parte equivalente a cada um deles? Existe apropriação ou entender-se-á encontrarmo-nos em situação idêntica à preconizada para o IVA[332]?

A propósito destas questões a nossa posição é de dois caminhos poderem ser delineados. Por um lado, um entendimento segundo o qual se interprete a solução, em sede de imposto a reter/entregar, idêntica à formulada pelo Supremo Tribunal de Justiça, em relação ao IVA. No tocante aos requisitos de punibilidade que a lei exige, teria assim de se aferir, nomeadamente, se existiu ou não apropriação por parte do substituto, através da retenção/dedução de imposto pertencente ao Estado e, em caso negativo, a desvalorização da conduta para efeitos penais. Se, porém, se entender pela desnecessidade em saber se existiu ou não efetiva retenção/dedução de imposto a entregar, então um outro entendimento se pode perfilar, passando a colocar-se a solução do problema em sede de causa de justificação da ilicitude.

[331] Vide, Antunes, Paulo José Rodrigues (2004), *Infrações Tributárias e seu Processo, (...)*, op. cit., pág. 162.

[332] Mário Monte, na linha de Augusto Silva Dias, respondia assertivamente a esta questão. O primeiro autor sustentava que por não ter sido efetuada a retenção, não se havia estabelecido a relação de confiança e a retenção da quantia, inexistindo crime. – Vide, *Da Legitimação (...)*, op. cit., 2007, pág. 282.
Para o segundo autor só existirá crime se a retenção tiver sido precedida de retenção dolosa. – Vide, *Crimes e contra-ordenações (...)*, op. cit., 1999, pág. 462.

Do exposto, resulta que a primeira solução é a que melhor responderá às exigências jurídicas, e que, por isso, melhor irá ao encontro das preocupações, não só sociais e económicas, mas principalmente fiscais e criminais, da comunidade. Repare-se que não é nossa intenção defender o incumprimento do dever de pagar/entregar o imposto; o que se pretende defender, isso sim, é a desresponsabilização em sede penal das condutas – merecedoras de censura – por não serem suficientemente dignas em matéria penal. É que ao não se aceitar a apropriação como elemento essencial ao preenchimento do ilícito do artigo 105.º do Regime Geral das Infrações Tributárias, mas somente a não entrega, então o ilícito criminal passaria a ser semelhante à contraordenação, prevista no artigo 114.º do citado regime[333].

Convém, no entanto, e a este respeito, fazer uma breve explicação relativamente ao IVA. Este imposto – fora das situações de isenção[334] – é sempre devido a partir do momento em que é realizada uma venda, ou efetuada uma liquidação ou declaração. Por isso, o IVA, para efeitos fiscais, é devido logo que seja ultrapassado, nos termos do CIVA, o prazo para a sua entrega, desde que recebida a totalidade ou parte do imposto, nos termos da Lei n.º 82-B/2014, de 31 de dezembro[335].

Ora, relembrando que a responsabilidade tributária e a responsabilidade penal tributária têm consequências jurídicas de natureza diferente, o problema que agora se coloca em discussão não é o da existência da obrigação fiscal, que inequivocamente existirá com o recebimento, mas antes o problema de saber se esse facto pode ser interligado com o preenchimento do ilícito criminal[336]. É que mesmo que em tese fossem preenchidos os

[333] Vide, ANDRADE, Manuel da Costa (2009), *O abuso de confiança fiscal (...)*, op. cit., pág. 235.

[334] Cf. Capítulo III do CIVA.

[335] Esclarece-se ser apenas obrigação de entrega o IVA liquidado e que não foi objeto de dedução. – Vide, SILVA, Isabel Marques (2010), «*Nullum Crimen, Nulla Poma, Sine Lege Praevia*: A Inexistência de Infracção Tributária nos Casos de não Entrega de IVA não Recebido», *in* AAVV, *Estudos em Homenagem ao Professor Doutor Paulo de Pitta e Cunha – Volume II*, (coord. JORGE MIRANDA, ANTÓNIO MENEZES CORDEIRO, EDUARDO PAZ FERREIRA e JOSÉ DUARTE NOGUEIRA), Coimbra: Almedina, pág. 260.

[336] Recordemos os ensinamentos de GERMANO MARQUES DA SILVA para quem «o facto gerador da dívida de imposto existe independentemente da prática de qualquer crime: a obrigação tributária é autónoma relativamente responsabilidade penal pela prática de crime tributário e é geralmente proveniente da prática de facto ilícito, ainda que entre a dívida tributária e a responsabilidade pelo crime exista conexão». – Vide, *Direito Penal Tributário (...)*, op. cit., 2018, pág. 119.

requisitos que a citada Lei n.º 82-B prevê, a conduta do agente nunca poderia ser merecedora de tutela penal, uma vez que nenhum bem jurídico foi violado. Se o agente não recebeu/deduziu, então não pode entregar ao Estado aquilo que não tem, nem nunca lhe foi entregue. Uma posição contrária desta natureza violaria o princípio da culpa, uma vez que o substituto não poderia ter atuado de forma diferente, por não ter como praticar o facto por falta de objeto da ação[337]; – até porque este princípio «não vai buscar o seu fundamento axiológico a uma qualquer concepção retributiva da pena, antes sim ao princípio da inviolabilidade da dignidade pessoal»[338].

Acresce que, do ponto de vista da culpa, a sua verdadeira função reside «numa incondicional proibição de excesso. A função da culpa, deste modo inscrita na vertente liberal do Estado de Direito, é por outras palavras, a de estabelecer o máximo de pena ainda compatível com as exigências de preservação da dignidade da pessoa e de garantia do livre desenvolvimento da sua personalidade nos quadros de um Estado de Direito democrático. E a de, por esta via, constituir uma barreira intransponível ao intervencionismo punitivo estatal e um veto incondicional aos apetites abusivos que ele possa suscitar»[339]. Ao punir-se o agente sem que este se tenha apropriado de qualquer quantia ou não a tenha retida, estamos perante solução insustentável do ponto de vista de justiça social.

Foi, portanto, com agrado que, em 2015, tomámos conhecimento da decisão proferida pelo acórdão do Supremo Tribunal de Justiça[340], na qual se afirma que o substituto tributário só pratica o crime de abuso de confiança fiscal se tiver efetivamente recebido o montante da prestação ou se esta lhe tiver sido entregue (em sede de IVA). Sucede, pois, não ser esta uma questão despicienda se atendermos a que, na realidade, só com o elemento da apropriação se poderá preencher o elemento objetivo do crime. E a

[337] Vide, Correia, Eduardo (2016), *Direito Criminal, Vol. I, (...)*, op. cit., pág. 316.

[338] Vide, Dias, Jorge Figueiredo (2005), *Direito Penal Português – As Consequências (...)*, op. cit., pág. 73.

[339] Vide, Dias, Jorge de Figueiredo (2001), *Temas Básicos (...)*, op. cit., págs.109 e 110.

[340] Vide, Ac. do Supremo Tribunal de Justiça, de Uniformização e Fixação de Jurisprudência, n.º 8/2015, disponível em Diário da República, 1.ª Série, n.º 106, de 2 de junho de 2015, pág. 3511: «A omissão de entrega total ou parcial, à administração tributária de prestação tributária de valor superior a €7.500 relativa a quantias derivadas do Imposto sobre o Valor Acrescentado em relação às quais haja obrigação de liquidação, e que tenham sido liquidadas, só integra o tipo legal do crime de abuso de confiança fiscal, previsto no artigo 105 n.º 1 e 2 do RGIT, se o agente as tiver, efetivamente, recebido».

decisão do Supremo Tribunal de Justiça avança precisamente no sentido de pugnar a tese – por nós defendida em 2011 e mais recentemente em 2014[341] –, de que este ilícito se prende com questões socioeconómicas do Estado e não com razões de justiça penal. Ao proceder à descriminalização da conduta do ilícito, a decisão do legislador pretendeu certamente reforçar a dignidade do Direito Penal enquanto *ultima ratio* do direito. E se atendermos ao facto de que os Tribunais Tributários eram unânimes em considerar – por força do artigo 114.º, n.º 3 do Regime Geral das Infrações Tributárias, o qual dispõe que «tendo sido recebida, haja obrigação legal de liquidar» – a inexistência de infração contraordenacional, relativamente ao IVA, pela não entrega ao Estado, por parte do obrigado, nos casos em que este não recebeu os valores tributados, então esta decisão estranha-se somente por tardia[342].

4. A Punibilidade da Conduta

O Regime Geral das Infrações Tributárias estabelece, nas alíneas a) e b) do n.º 4 do artigo 105.º, duas condições objetivas de punibilidade decorrentes de dois prazos processuais[343]. Já o diploma que o antecedeu[344] previa, no n.º 6 do artigo 24.º, somente uma condição de procedibilidade para a admissão da ação penal, a qual só poderia ser exercida 90 dias após o termo do prazo legal para a entrega da prestação deduzida ou retida[345].

[341] Vide, LACERDA, Hugo (2014), *Projeto de Tese de Doutoramento,* Porto: Universidade Católica Portuguesa, pág. 29.

[342] Vide, Acórdãos do Supremo Tribunal Administrativo, de 30 de novembro de 2016, processo n.º 01290/15; de 02 de dezembro de 2009, processo n.º 0887/09 e de 28 de maio de 2008, processo n.º 0279/08, todos disponíveis em www.dgsi.pt.
Ainda a posição defendida, em 2008, por ISABEL MARQUES DA SILVA. – Vide, «*Nullum Crimen, Nulla Poma, Sine Lege Praevia*: (...), op. cit., 2010, págs. 257-266.

[343] O artigo 105.º, n.º 4, alíneas *a)* e *b),* do Regime Geral das Infrações Tributárias, dispõe que:
«4– Os factos descritos nos números anteriores só são puníveis se:
a) Tiverem decorrido mais de 90 dias sobre o termo do prazo legal de entrega da prestação;
b) A prestação comunicada à administração tributária através da correspondente declaração, não for paga, acrescida dos juros respectivos e do valor da coima aplicável, no prazo de 30 dias após notificação para o efeito.»

[344] Cf. Capítulo I, ponto 8.

[345] Vide, DIAS, Augusto Silva (1999), *Crimes e contra-ordenações (...),* op. cit., pág. 463 e LUMBRALES, Nuno B. M. (2003), *O abuso de confiança fiscal (...),* op. cit., pág. 93.

4.1. As Condições Objetivas de Punibilidade

Para melhor se compreender a nossa posição sobre o atual artigo 105.º referente ao crime de abuso de confiança fiscal e sobre o início do procedimento criminal, atentemos que as condições objetivas de punibilidade sempre foram alvo de discussão e debate na doutrina, verificando-se aí um vasto leque de posições, quase sempre divergentes, entre os diferentes penalistas. Somente a título de exemplo, repare-se que para ROXIN estas condições de punibilidade são «finalidades extrapenais com prioridade em relação à necessidade da pena»[346]; já para SANTIAGO MIR PUIG, as mesmas condições pertencem ao tipo penal, porque condicionam a sua objetiva relevância penal[347]; JESCHECK, por sua vez, defendia que aquelas condições se situam fora do ilícito e da culpa, mas dependendo da «punibilidade do facto» e da «possibilidade da participação»[348] delas; e, no pensamento de JAKOBS, em linha com outra doutrina alemã, elas não pertencem «ao tipo de injusto do mesmo modo que a descrição da acção»[349].

Fazendo uma resenha pela nossa doutrina, destacamos aqui as seguintes posições: segundo FIGUEIREDO DIAS[350/351], a punibilidade constitui uma categoria autónoma da infração criminal, a qual se deve juntar às categorias da ilicitude típica e da culpa. Na sua opinião, o tipo de ilícito e da culpa não esgota o conteúdo do sistema do facto penal e, por isso, torna-se indispensável completá-lo com uma outra categoria, que se poderá denominar de *punibilidade*, e a qual deverá ter por base a ideia de dignidade penal, de modo a dar resposta à questão de se saber qual a «política-criminal e a dog-

[346] Vide, ROXIN, Claus (1999), *Derecho Penal, Parte General, Tomo I, Fundamentos – La Estructura de La Teoría Del Delito*, Madrid: Civitas, pág. 967.

[347] Vide, *Derecho Penal – Parte General (Fundamentos y Teoría del Delito)*, 10.ª Edição, PPU Editora, 1996, pág. 144.

[348] Vide, *Tratado de Derecho Penal, Parte General*, 5.ª Edição corregida e ampliada, Granada: Editorial Comares, 2002, pág. 597.

[349] Vide, *Derecho Penal, Parte General, Fundamentos y Teoría de la Imputación*, 2.ª Edição, Madrid: Ediciones Jurídicas, 1997, pág. 408.

[350] Vide, *Direito Penal, Parte Geral (...)*, op. cit.,, 2019, págs. 784 e 785.

[351] FIGUEIREDO DIAS defende, ainda, que «o facto em que se verifica o tipo de ilícito e o tipo de culpa é, em princípio, também um facto digno de pena; mas pode acontecer que excepcionalmente o não seja se, por falta de uma condição de punibilidade, se revele que o facto como um todo, na sua unidade, na sua imagem global, não atinge os limiares mínimos da exigência preventiva de punição, em suma, da referida dignidade penal». – *Ibidem*, pág. 787.

mática que dentro da categoria da punibilidade atua e lhe oferece a unidade e a consistência»[352].

Taipa de Carvalho, em confronto com esta posição, refere que

> *(...) a punibilidade não é uma categoria geral do crime; simplesmente acontece que, em relação a determinados crimes, o legislador faz depender a sua punibilidade e, consequentemente, a responsabilidade penal do agente da verificação de determinadas circunstâncias adicionais à ilicitude típica da acção e à culpa do agente. A punibilidade depende 'somente' da ilicitude da conduta e da culpa do agente; há, porém, alguns crimes cuja punibilidade depende ainda da verificação de determinadas circunstâncias, que são designadas por 'pressupostos adicionais de punibilidade'. Pressupostos adicionais, que nada têm a ver com as condições objectivas de punibilidade da chamada 'Dignidade Penal', mas sim com a denominada "Necessidade Penal' (...)*[353].

Referindo-se, em concreto, ao n.º 4 do artigo 105.º, Susana Aires de Sousa destaca que aquele preceito «prevê um pressuposto de punibilidade que por razões de política criminal, retiram dignidade penal ao facto»[354] .

Por confronto com a posição de Figueiredo Dias, as condições objetivas da punibilidade são co-fundamentadoras da *«Dignidade Penal»*, sustentando Taipa de Carvalho serem dependentes da *«Necessidade Penal»*. Certo é, no entanto, que a conduta só é punível, e o agente só incorre em responsabilidade penal, no caso de se verificarem essas condições, as quais estão sempre relacionadas com os conceitos da dignidade e tutela penal.

O legislador, com a introdução destes pressupostos no crime de abuso de confiança fiscal, fez depender a respetiva punibilidade da verificação do

[352] Posição igualmente partilhada por Germano Marques da Silva, para quem as condições de punibilidade «são elementos suplementares do tipo legal, mas não se incluem nem no tipo de ilícito, caracterizando-se precisamente pela circunstância de serem exteriores. As condições de punibilidade são determinadas por razões de política criminal, entendendo o legislador que sem elas não se justifica a punibilidade do facto típico, ou pela ausência de dano efectivo ao insignificante interesse tutelado ou por outra razão de oportunidade e conveniência». – Vide, *Direito Penal Português – Teoria do Crime (...)*, op. cit., 2018, págs. 49 e 50. Na mesma linha de pensamento Teresa Beleza ensina que o «crime é uma acção típica, ilícita, culposa e punível (...). Quando se utiliza a expressão «punível» no fim desta definição, está-se a referir apenas aquilo a que vulgarmente se chamam meras condições de punibilidade». – Vide, *Direito Penal, 2.º Volume,* 2.ª Edição revista e atualizada, Lisboa: AAFDL Editora, 1998, pág. 27.

[353] Vide, *O crime de abuso de confiança fiscal (...)*, op. cit., 2007, págs. 33 e 34.

[354] Vide, *Os crimes (...)*, op. cit., 2021, pág. 125.

cumprimento de determinados prazos que são adicionais à ilicitude típica e à culpa do agente, para estarem preenchidas as condições para que à ação ilícita se associem sanções de índole penal.

4.2. A Condição de Punibilidade do decurso de 90 dias sobre o termo do prazo legal de entrega da Prestação

Quis o legislador, com a entrada em vigor do Regime Geral das Infrações Tributárias, manter como condição de punibilidade aquela que era uma condição de procedibilidade no Regime Jurídico das Infrações Fiscais Não Aduaneiras – o caso de os factos só poderem ser puníveis após decorridos mais de 90 (noventa) dias sobre o termo do prazo legal da entrega da prestação.

Tratando-se de uma condição objetiva de punibilidade, torna-se pois necessário saber qual o momento em que se inicia a contagem desse prazo. Porém, cremos não existirem dúvidas de que o prazo de 90 dias se conta a partir do último dia para o cumprimento/entrega da obrigação tributária. Atendendo a um exemplo prático, o obrigado legal que efetua trimestralmente a entrega do IVA (cf. artigo 41.º do CIVA), vê iniciado, no primeiro dia seguinte ao último dia a que diga respeito aquela entrega, a contagem dos 90 (noventa) dias. No decurso desse prazo, o agente não praticou qualquer ação ilícita de natureza criminal, ou seja, o ilícito deve ser até este momento classificado como contraordenacional[355].

Repare-se que este prazo não obriga a que exista uma comunicação por parte da Autoridade Tributária para o seu início, na medida em que o obrigado legal saberá (decorre dos seus deveres de substituto tributário) quais os prazos a respeitar no cumprimento das preditas obrigações.

Esta conclusão coloca outra questão, se atendermos ao preceituado no n.º 2, do artigo 5.º do Regime Geral das Infrações Tributárias – que se refere ao término do prazo para o cumprimento dos deveres tributários –, ou seja, pode esta norma ser interpretada no sentido literal, de modo a precisar o momento da consumação, atendendo que o que releva é sempre o tipo legal do crime[356/357]?

[355] Vide, CATARINO, João Ricardo / VICTORINO, Nuno (2012), *Infracções Tributárias (...)*, op. cit., pág. 825.

[356] Vide, CUNHA, José M. Damião da (2018), *Brevíssima anotação ao Acórdão n.º 2/2015 do Supremo Tribunal de Justiça*, RMP, n.º 156, Outubro-Dezembro, pág. 263.

[357] Os momentos em que são praticadas as contraordenações ou os crimes fiscais, são definidos por TAIPA DE CARVALHO através da seguinte explicação: «as contra-ordenações são praticadas (consideram-se praticadas) no momento em que termina o prazo legal de entrega da

Posto isto, e não obstante ser um pressuposto adicional de punibilidade o prazo é assim aditado ao ilícito, não certamente por razões de prevenção em face da sua gravidade, mas sim por razões de descriminalização/despenalização, o que considerando ser o bem jurídico do crime as receitas tributárias, está bom de ver que o objetivo é o de que esse prejuízo, de índole económico, seja, em 90 dias, sanado. No caso de não ser sanado, passa então a existir mora e a prática de uma contraordenação, mas, neste caso, os custos para o Estado, assim como para o substituto tributário, serão sempre mais vantajosos do que aqueles que resultariam do início de um processo de índole criminal.

Porém, note-se que se o agente entregar posteriormente a prestação, mesmo que depois de consumado o ilícito, ele impede, do ponto de vista criminal, a consumação material não compreendida no tipo. Até porque ocorre aí uma situação fiscal, uma vez que por força da declaração de atividade e da opção de regime, independentemente de ser pessoa singular ou coletiva, a Autoridade Tributária tem conhecimento do valor recebido, retido e/ou deduzido pelo substituto, mesmo sem que este proceda à sua entrega ou sem que a comunique, a título de exemplo, através de declaração em sede de imposto de IRS, IRC ou IVA.

4.3. A Condição de Punibilidade: Exigibilidade de Pagamento no Prazo de 30 dias Após a Notificação para o Efeito

Como verificámos, a alínea a) do n.º 4 do artigo 105.º dispõe que só são puníveis os factos após terem decorrido mais de 90 dias sobre o término do prazo legal de entrega da prestação, tendo sido posteriormente introduzida, com a Lei n.º 53-A/2006, de 29 de dezembro (diploma que, aliás, aprovou a Lei de Orçamento do Estado de 2007), uma nova condição na alínea b) da citada norma, a qual pode ser interpretada como uma nova condição objetiva de punibilidade ou, como entendemos, como o momento em que se determina a consumação do crime. Para além disso, este mesmo artigo, no então revogado n.º 6, dispunha que «se o valor da prestação (...) não exceder €2.000, a responsabilidade criminal extingue-se pelo pagamento da prestação, dos juros respetivos e do valor mínimo da coima aplicável pela

prestação (artigo 114.º/1); os crimes – no caso de prestações deduzidas e não comunicadas – são praticados (consideram-se praticados) no momento em que termina o prazo de 90 dias contado a partir do termo do prazo legal de entrega da prestação tributária (artigo 105.º/4-alínea a) *(...)*». – Vide, *O crime de abuso de confiança fiscal (...)*, op. cit., 2007, págs. 48 e 49.

falta de entrega da prestação no prazo legal, isto é, até 30 dias após a notificação, para o efeito, levada a cabo pela administração tributária».

Interpretava-se assim o n.º 4 como uma condição de punibilidade e o n.º 6 como uma causa de extinção da responsabilidade penal, através dos procedimentos referidos. Interpretação essa que ganhava ainda mais força quando se atentava ao facto de o artigo 95.º, da Lei n.º 53-A/2006, de 29 de dezembro, ter mantido, naquela data, o n.º 6, o qual era sem dúvida um reforço desta alínea b), residindo a grande diferença na nova condição de punibilidade que acrescia à preceituada na alínea a).

Assim, a punibilidade do facto só poderia ocorrer quando se verificassem, cumulativamente, dois pressupostos: (1) o decurso de mais de 90 dias sobre o termo do prazo legal de entrega da prestação[358], e (2) a falta de pagamento da prestação comunicada à Administração Tributária através da correspondente declaração não paga, acrescida dos juros respetivos e do valor da coima aplicável, após findo o prazo de 30 dias, contados a partir da notificação para o efeito.

Apesar do exposto, as alterações introduzidas na alínea b), dada a sua (pretensa) equivocidade, deixaram a jurisprudência de tal forma dividida que o Supremo Tribunal de Justiça acabou por proferir um acórdão uniformizador de jurisprudência[359], no qual veio a considerar que a condição de punibilidade «é aplicável aos factos ocorridos antes da sua entrada em vigor. Em consequência, e tendo sido cumprida a respectiva obrigação de declaração, deve o agente ser notificado nos termos e para os efeitos do referido normativo [alínea b) do n.º 4 do artigo 105.º do RGIT]»[360].

No relatório relativo ao Orçamento Geral do Estado, para o ano de 2007, foi ainda estabelecida uma dicotomia entre (1) as situações de falta de entrega da prestação tributária por incumprimento da obrigação de pagamento, ou por incumprimento da apresentação da declaração de imposto, e (2) as situações em que o imposto não é tempestivamente pago ou declarado.

[358] «A ilicitude típica só estará integralmente preenchida decorrido que esteja este prazo». – Vide, ANDRADE, Manuel da Costa / SOUSA, Susana Aires de (2009), *As metamorfoses (...)*, op. cit., pág. 324.

[359] Cf. notas de rodapé 356 e 357.

[360] TAIPA DE CARVALHO entende que esta exigência de notificação introduzida pela alínea b) do n.º 4, do artigo 105.º, «constitui um elemento integrante do tipo de ilícito (ou ilícito típico) do crime de abuso de confiança fiscal e não apenas uma condição objetiva de punibilidade». – Vide, *O crime de abuso de confiança fiscal (...)*, op. cit., 2007, pág. 40.

Esta introdução legislativa pretendeu diferenciar condutas, só que, como tem como ponto de partida o ilícito criminal, acabou por não o fazer, com o objetivo, em nosso entendimento, antagónico, de proceder à descriminalização de comportamentos pertencentes, em fase da alteração legislativa, ao direito de mera ordenação social. Ademais, parece-nos no mínimo estranho que um legislador, que pretende descriminalizar – dúvidas não temos que foi a sua intenção –, com o intuito do Estado ser ressarcido de modo mais célere e menos oneroso, do ponto de vista processual, não tenha, com a inclusão desta alínea b), efetuado uma modificação típica ao ilícito[361].

Chamando à colação a terminologia do Direito Civil, refira-se que o legislador introduziu com esta alínea b), como exigência, um incumprimento acrescido à mora em curso de 90 dias e um novo prazo de 30 dias, decorrente de *interpelação admonitória*, tal como ocorre no crime de violação de obrigação de alimentos[362].

Por último referir ter esta alínea como pressuposto da sua aplicação que a quantia deduzida tenha sido declarada à Autoridade Tributária, aplicando-se a notificação aqui prevista apenas a estes casos. Assim tem um âmbito de aplicação mais restrito[363], não abrangendo todas as condutas típicas de abuso de confiança fiscal.

[361] Discordamos da posição assumida pelo Supremo Tribunal de Justiça, no Ac. de Uniformização e Fixação de Jurisprudência n.º 6/2008, na seguinte parte: «não se vislumbra como se pode afirmar que a alteração legal em apreço significa uma modificação típica num sentido descriminalizador. Isto quando é certo que, na mesma modificação normativa, se deixam intocados os pilares do tipo legal (quais sejam o bem jurídico; o objecto da acção; o autor da acção/omissão e o resultado concreto) apenas se concretizando uma nova oportunidade que é dada ao arguido no sentido de evitar o desencadear do procedimento criminal». (nosso sublinhado)
A posição por nós assumida é fundamentada na escolha da expressão *«nova oportunidade»*. Ora, não estamos no âmbito da medida da pena, da ressocialização do agente do crime, mas sim, do paradigma inicial de definir um ilícito como pertencente à *ultima ratio* do direito, o Penal. O legislador quis, objetivamente, "perdoar" a responsabilidade criminal ao agente.

[362] Cf. Capítulo II, Secção III, §3.

[363] Casos em que o agente deduz as quantias, não entrega a declaração, assim como as quantias deduzidas. A título de exemplo vide, o acórdão do Tribunal da Relação de Coimbra, de 30 de outubro de 2013, processo n.º 322/11.5IDAVR.C1, disponível em www.dgsi.pt.

4.3.1. *A Consumação do Crime*

Será importante definir qual o momento em que o agente pratica o crime, uma vez que conforme se conclui a sua consumação não ocorre no dia posterior ao cumprimento legal da obrigação tributária.

O n.º 2 do artigo 5.º do Regime Geral das Infrações Tributárias dispõe que as «infrações tributárias omissivas consideram-se praticadas na data em que termina o prazo para o cumprimento do dever». Sendo assim, então não existe qualquer dificuldade em afirmar que o ilícito contraordenacional se consuma no dia seguinte à data do prazo legal para o cumprimento da obrigação.

Porém, é nosso entendimento que o crime não se consumou naquele momento, visto não se terem ali preenchido os elementos necessários a que a lei alude nas alíneas a) e b) do n.º 4 do artigo 105.º do Regime Geral das Infrações Tributárias[364]. Estando correta a nossa posição, então o crime, relativamente à omissão de entrega de prestação não comunicada pelo obrigado legal ou à omissão de entrega de prestação deduzida e comunicada, não se verifica no nonagésimo primeiro dia, mas sim no trigésimo primeiro dia, após a notificação remetida ao obrigado legal.

Em nosso entendimento o crime de abuso de confiança fiscal consuma-se com a verificação cumulativa das citadas alínea a) e alínea b), isto é decorrido que estejam 90 dias sobre o termo do prazo legal de entrega da prestação, mais 30 dias após a notificação para pagar a prestação tributária comunicada à Administração Tributária através da correspondente declaração. Sabemos existirem crimes de abuso de confiança fiscal consumados,

[364] Discordamos da posição de Isabel Marques da Silva para quem o «crime considera-se praticado na data em que termine o prazo para o cumprimento dos respectivos deveres tributários». – Vide, *Regime Geral das Infrações Tributárias (...)*, op. cit., 2018, págs. 229 e 230 e, ainda, de Germano Marques da Silva: «o crime fica consumado no momento em que o agente devia proceder à entrega da prestação (último dia do prazo), mas não é punível salvo depois de correrem 90 dias sobre o termo do prazo para a entrega». – Vide, Silva, *Direito Penal Tributário – Sobre as responsabilidades (...)*, op. cit., 2009, pág. 246.
O prazo para o cumprimento das suas obrigações (*deveres*) terminou com o prazo legal para a entrega da prestação, contudo, para existir responsabilidade criminal, é necessário que os pressupostos de punibilidade a que a norma no n.º 4 do artigo 105.º alude estejam cumpridos. A infração verificou-se, mas, o agente incorre em responsabilidade contraordenacional. Não faz sentido falarmos em crime se não estão verificados os demais elementos do tipo. Somente após o cumprimento dos referidos pressupostos pode, o comportamento do agente, incorrer em responsabilidade criminal.

julgados e punidos sem que tal notificação tenha de ter lugar. Na verdade, nos termos do previsto pelo artigo 5.º, n.º 2: *"As infrações tributárias omissivas consideram-se praticadas na data em que termine o prazo para o cumprimento dos respectivos deveres tributários"*, o que poderá, em face da nossa interpretação sobre a consumação do crime de abuso de confiança fiscal, contrariar esta norma. Na hipótese prática em que o notificado para entregar as quantias deduzidas e declaradas o agente entrega, nos 30 dias subsequentes à notificação, parte delas, sendo o remanescente inferior a €7.500,00 *(sete mil e quinhentos euros)* não haverá crime uma vez que este só se consuma no final dos 30 dias.

4.3.2. *A Notificação e as Questões que lhe estão Associadas*

A questão da notificação preceituada na alínea b) é essencial para a compreensão da norma em causa, uma vez que é a partir dela que se pode aferir sobre o momento da consumação do crime, bem como da sua descriminalização.

A. Competência e Legitimidade para Proceder à Notificação

O legislador deixou omisso o momento no qual se deverá proceder à notificação referente à alínea b), o que releva para efeitos de extinção da responsabilidade criminal, para o preenchimento dos elementos do tipo ou até para efeitos de contagem do prazo prescricional[365].

No entanto, o órgão competente e com legitimidade para proceder à notificação, segundo o Tribunal Constitucional,

> *(...) é a entidade titular do procedimento ou do processo (Administração, Ministério Público, Tribunal de Instrução Criminal ou Tribunal do Julgamento), consoante a fase em que ele se encontre quando surge a necessidade de proceder a essa notificação (...)*[366].

[365] Sobre o instituto da prescrição, cf. Secção II, ponto 2, do presente capítulo.

[366] O Tribunal Constitucional, invocando os artigos 202.º e 219.º da Constituição da República Portuguesa, define os Tribunais «como os órgãos de soberania com competência para administrar a justiça em nome do povo, incumbindo-lhes, nessa função, assegurar a defesa dos direitos e interesses legalmente protegidos dos cidadãos, reprimir a violação da legalidade democrática e dirimir os conflitos de interesses públicos e privados» e carateriza o Ministério Público como o «titular da acção penal, da verificação dos requisitos que o habilitem a tomar uma decisão de acusação ou de não acusação».

O legislador pretendeu que o processo se centrasse numa fase administrativa, sob a direção da Autoridade Tributária, e que através daquela notificação se evitasse o procedimento criminal e se obtivesse, de forma mais célere, as receitas tributárias não entregues. Por isso, em regra, a notificação é realizada pela Autoridade Tributária quando o processo se encontra sob a sua competência processual.

Estando sob investigação criminal, ou seja, em fase de inquérito, a competência e legitimidade para a notificação é da Autoridade Tributária e do Ministério Público.

Se, no entanto, o processo se encontrar em fase de instrução ou julgamento, somos do entendimento que, procedendo o Tribunal ou o Ministério Público à notificação, ocorrem duas situações. A primeira, a de que não estamos perante um meio de prova para a descoberta da verdade material, mas sim de uma condição de punibilidade que se encontra intrinsecamente associada ao preenchimento ou não do crime. A segunda, de que tal comportamento suspenderá o processo, e essa suspensão, para poder ter lugar, deverá respeitar as exigências do artigo 7.º do Código de Processo Penal

Assume, ainda, a posição de «similarmente, quando o juiz de instrução ou o juiz do julgamento determina idêntica notificação, ambos se limitam a praticar um acto instrumental necessário à comprovação da existência, ou não, de uma condição de punibilidade, que determinará a opção entre pronúncia ou não pronúncia e entre condenação ou absolvição (ou arquivamento). Isto é: em todas essas hipóteses, a determinação da notificação pelo Ministério Público ou por magistrados judiciais insere-se perfeitamente dentro das atribuições constitucionais dessas magistraturas (exercício da acção penal e administração da justiça, respectivamente), sem qualquer invasão da reserva da Administração, nem, consequentemente, com violação do princípio da separação de poderes». – Vide, Ac. do Tribunal Constitucional n.º 409/2008, de 31 de julho de 2008, disponível em www.tribunalconstitucional.pt/tc/acordaos.

Sucede, porém, ter esta posição, em relação à função jurisdicional atribuída, limites. Se através dessa função os juízes procedem à administração da justiça, os Tribunais têm a competência para administrar a «justiça em nome do povo», de onde se destacam a defesa dos direitos e os interesses legalmente protegidos aos cidadãos. Aceitar uma posição desta magnitude, e como a defendida pelo Tribunal Constitucional, é esvaziar e diminuir a função constitucionalmente consagrada pelo artigo 219.º da Constituição da República Portuguesa a esta magistratura, integrada no Tribunal. A administração da justiça não pode pugnar pela «justicialização da justiça».

Sobre o conceito da função jurisdicional e as competências do Ministério Público. – Vide, Canotilho, J. J. Gomes / Moreira, Vital (2010), *Constituição da República Portuguesa Anotada – Volume II, artigos 108.º a 296.º*, 4.ª Edição revista, Coimbra: Coimbra Editora, págs. 506–511 e 601–607.

e do artigo 47.º, n.º 1 do Regime Geral das Infrações Tributárias, preceito no qual se afirma que o processo penal tributário se suspende até transitarem em julgado as decisões proferidas em sede de impugnação/oposição à execução fiscal dos factos que deram origem ao processo criminal, o que, *in casu*, não ocorre[367].

Defendemos, por isso, que essa notificação não pode ser realizada em qualquer fase ou momento do processo criminal – mesmo que não seja esse o entendimento do Tribunal Constitucional –, dado que tendo sido a acusação formulada, ou encontrando-se o processo na fase de audiência de discussão e julgamento, uma vez invocada a falta do preenchimento desta condição de punibilidade, não pode o Tribunal, oficiosamente, proceder a essa notificação.

Não aceitamos que o arguido possa, em processo judicial, ser prejudicado com o envio da notificação em causa após o início da fase de audiência de discussão e julgamento. Concordamos com Tiago Caiado Milheiro e Frederico Soares Vieira quando referem que não estamos perante uma qualquer alteração substancial ou não substancial dos factos[368], uma vez que a alteração tem que obedecer a uma premissa a saber, a de beneficiar o arguido ou, em último caso, a de ter que lhe ser dada a oportunidade para exercer, querendo, o direito ao contraditório[369]. Esta posição demonstra, pois, que a alteração, sempre que se revele em sentido favorável, é admissível, face à natureza da «impugnação judicial como nova instância sobre a matéria do facto», mas será inadmissível, quando em sentido desfavorável, não só pelo princípio da *"reformatio in pejus"*, mas também pelo facto, inequívoco, de o «Ministério Público não ter competência contra-ordenacional primária»[370].

367 Vide, Albuquerque, Paulo Pinto (2011), *Comentário do Código de Processo Penal à luz da Constituição da República e da Convenção Europeia dos Direitos do Homem,* 4.ª Edição atualizada, Lisboa: Universidade Católica Editora, pág. 71, nota 16.

368 Vide, *Do Erro sobre a Punibilidade,* Lisboa: Quid Juris, 2011, págs. 119 e 120.

369 Sobre a alteração substancial ou não substancial dos factos em fase de julgamento ou recurso. – Vide, Mira, Alberto António Moreira, «Alteração substancial, não substancial e da qualificação jurídica, na fase de julgamento, no tribunal de primeira instância e no tribunal da relação», *in* AAVV, *Estudos em Comemoração dos 100 anos do Tribunal da Relação de Coimbra,* Coimbra: Almedina, págs. 361–404.

370 Vide, Albuquerque, Paulo Pinto (2011), *Comentário do Regime Geral das Contra-Ordenações, à luz da Constituição da República e da Convenção Europeia dos Direitos do Homem,* Lisboa: Universidade Católica Editora, pág. 275, notas 12 e 13.

Contudo, discordamos destes autores no que diz respeito ao poder jurisdicional que o Tribunal se arroga deter para introduzir novos elementos que aperfeiçoem a acusação; é que, em nossa opinião, essa matéria, é da competência e legitimidade exclusiva do Ministério Público. Por isso, ao contrário do que é defendido pelos referidos autores, não se trata de uma mera irregularidade processual a que, oficiosamente, o Tribunal, nos termos do artigo 123.º do Código de Processo Penal, pretende reparar a falta de notificação; trata-se sim, é pelo menos esse o nosso entendimento, de uma violação ao princípio da separação de poderes. Como sabemos, o juiz do processo pode declarar oficiosamente irregularidades, só que esse conhecimento «não prevalece sobre o interesse do titular do direito protegido pela norma violada»[371].

A não verificação da mencionada condição objetiva de punibilidade, em relação à notificação, não é subsumível ao regime das irregularidades, na medida em que os factos, para poderem ser puníveis, pressupõem a verificação daquela condição. Os elementos do tipo devem estar preenchidos, e verificar-se em momento prévio à acusação, caso contrário não consubstanciam a prática de um ilícito penal.

Não pode o Tribunal substituir-se ao Ministério Público, nem à própria Autoridade Tributária, que tiveram várias oportunidades para cumprirem com a condição de punibilidade exigida na alínea b), do n.º 4 e, assim, consumar-se o crime.

Imaginemos o caso em que a Autoridade Tributária, após o inquérito administrativo, remeteu certidão para o Ministério Público para que este iniciasse o processo de inquérito criminal, olvidando, no entanto, a notificação ao agente da ação. O Ministério Público, quer com o recebimento do processo administrativo, e das diligências previamente realizadas pela Autoridade Tributária, quer com o processo de inquérito que, *in fine*, levou à formulação da acusação pública, pode comprovar se foi realizada a notificação ao agente a quem é imputada a prática do ilícito em discussão. Fará sentido, até do ponto de vista da estratégia de defesa do arguido, o Tribunal, em plena fase de julgamento, substituir-se a estas entidades e, deste modo, "aperfeiçoar" uma acusação que, fatalmente, se encontrava condenada ao insucesso, ao diligenciar pela notificação em falta ao arguido?

[371] Vide, Albuquerque, Paulo Pinto (2011), *Comentário do Código de Processo Penal (...)*, op. cit., pág. 327, nota 6.

Ao aceitar-se um procedimento desta natureza, é nosso entendimento que se consubstancia inevitavelmente uma violação do princípio da separação de poderes e neste sentido da função do julgador e do juiz de instrução enquanto juiz das liberdades[372]. O julgador somente tem que verificar se os elementos do crime estão ou não preenchidos, com a imparcialidade, isenção e distanciamento de que se encontra investido, e não o oposto, efetuando competências que, em primeira linha, pertencem à Autoridade Tributária e, posteriormente, ao Ministério Público.

Aliás, o Tribunal não tem competência para julgar o processo num âmbito estritamente criminal, porquanto até àquele momento o agente/arguido praticou somente uma infração contraordenacional tributária. Mais, a defesa e os direitos do arguido, em processo contraordenacional, assim como os princípios e normas processuais que regem a busca pela verdade material, como sabemos, divergem, por serem de caráter diferenciado em relação ao processo criminal[373]. A revogação do n.º 6 do artigo 105.º, que se referia especificamente à notificação a ser realizada pela Administração Tributária, não serve para atribuir a necessária competência e legitimidade ao Tribunal para que este possa proceder a essas notificações; razões pelas quais somos contra tal posição/comportamento processual[374].

B. Os Problemas decorrentes da Introdução da Al. b), do n.º 4, pela Lei n.º 53-A/2006, de 29 de Dezembro

Em face da posição defendida sobre a competência/legitimidade da notificação, a que alude a alínea b), discordamos que a notificação, nos casos acima mencionados, pudesse/possa ser realizada pelo Tribunal[375]. E não se pense que se trata aqui de uma questão de aplicar ou não uma lei mais favo-

[372] Sobre o conceito de *Juiz das Liberdades* e os princípios que caraterizam a sua função jurisdicional. – Vide, Mata-Mouros, Maria de Fátima (2011), *Juiz das Liberdades – Desconstrução de um Mito do Processo Penal,* Coimbra: Almedina, págs. 66–76.

[373] Vide, Dias, Augusto Silva (2018), *Direito das Contra-Ordenações,* Coimbra: Almedina, págs. 185–191.

[374] Para Taipa de Carvalho «não podem as condutas descriminalizadas/despenalizadas pela lei nova virem a ser recriminalizadas/repenalizadas por um ato posterior à sua descriminalização/despenalização, seja praticado pela Administração Tributária ou pelo Tribunal». – Vide, *O crime de abuso de confiança fiscal (...),* op. cit., 2007, pág. 56.

[375] Em idêntico sentido Costa Andrade e Susana Aires de Sousa. –Vide, *As metamorfoses e desventuras de um crime (abuso de confiança fiscal) irrequieto (...),* op. cit., 2009, págs. 332 e 335.

rável ao arguido, uma vez que, em última análise, a exigência da notificação extinguirá a responsabilidade criminal. Trata-se, isso sim, do facto de a notificação ser da exclusiva responsabilidade da Autoridade Tributária ou, em fase de inquérito, do Ministério Público, e de ela ter de ser diligenciada sempre em momento prévio à remessa dos autos a julgamento.

Mais, a falta de cuidado e atenção, por parte do legislador, fica espelhada no facto de com a introdução da nova condição de punibilidade, não ter acautelado as situações referentes aos processos que se encontravam a decorrer em fase de instrução, julgamento, recurso ou mesmo já transitados em julgado com condenações[376].

[376] Faremos aqui uma brevíssima nota sobre uma questão que teve bastante relevância aquando da introdução da Lei n.º 53–A/2006, de 29 de dezembro, considerando que, naquela data, existiam vários processos a aguardar decisões de recurso, sem que esta condição de punibilidade à data das decisões recorridas, tivesse presente no crime de abuso de confiança fiscal, aquando da decisão de condenação proferida pelo Tribunal de primeira instância e/ou de análise em fase de recurso. Salienta Roxin, «se no momento da condenação o legislador considera que uma conduta é menos merecedora de pena ou inclusivamente que não o é, em absoluto, de um ponto de vista político-criminal não teria o menor sentido, não obstante, punir de acordo com a concepção vigente no momento do facto, que, entretanto, foi superada». – Vide, *Derecho Penal, Parte General (...)*, op. cit., 1999, pág. 161.
Em consequência da alteração introduzida no artigo 105.º, n.º 4, com o aditamento da alínea b), colocava-se a questão da aplicação da lei penal no tempo, cuja solução teria de ser encontrada através dos princípios consagrados no artigo 29.º da Constituição da República Portuguesa. É que para que pudesse ocorrer esta nova condição objetiva de punibilidade, produzido por aquele aditamento, tornava-se, agora, indispensável a verificação do seu pressuposto, o qual, até ao momento da introdução da nova lei, não constava do crime, e com a sua introdução deixou de preencher os elementos exigíveis no crime, aplicando-se, por isso, o n.º 2 do artigo 2.º do Código Penal. Em Jescheck «a proibição da retroactividade, tal como a proibição da analogia, refere-se a todos os elementos que afectam o significado do facto como merecedor de pena, incluindo também as condições objectivas de punibilidade». – Vide, *Tratado de Derecho Penal, (...)*, op. cit., 2002, pág. 185.
Ao afastar-se a possibilidade do crime, pelo não preenchimento daquele requisito, anteriormente não exigido, e porque se se deixava de «reputar jurídico-penalmente relevante um comportamento, [então] não tem qualquer sentido político-criminal manter os efeitos de uma concepção ultrapassada» – Vide, Dias, Jorge de Figueiredo (2019), *Direito Penal (...)*, op. cit. págs. 234 e 235.
O legislador concluiu pela descriminalização dessas condutas, não tanto por força, diga-se, do artigo 29.º da Constituição da República Portuguesa, mas principalmente pelo artigo 2.º, n.º 2, parte final, do Código Penal.
Para constitucionalistas como Jorge Miranda e Rui Medeiros «da conjugação da proibição da retroactividade da lei penal mais favorável com a imposição da lei penal favorável, o

C. A Notificação das Pessoas Coletivas

Os artigos 6.º e 7.º do Regime Geral das Infrações Tributárias legislam, respetivamente, sobre as hipóteses de "censura" penal ou contraordenacional, e responsabilidade criminal e contraordenacional das pessoas coletivas[377/378], da qual não se poderá dissociar a das pessoas singulares que, enquanto suporte de órgão ou enquanto representante da pessoa coletiva, atuaram, em nome e no interesse da sociedade, na prática do ilícito[379].

Por força dessa qualidade de representantes da sociedade, enquanto administradores ou gerentes, consoante o tipo societário em causa, a notificação da alínea b) do n.º 4 do artigo 105.º deve ser realizada quer à sociedade, quer às pessoas singulares que possam figurar como arguidos. Destarte, são sempre realizadas duas notificações, uma para a sociedade e outra para o seu representante legal, porque ambas as vontades são autónomas em função da caraterística jurídica a que obedecem. O que, processualmente, para efeitos de defesa, obriga muitas das vezes à existência de dois tipos de atuação processual, uma vez que são constituídos arguidos: o ente coletivo e a pessoa singular que societariamente o represente.

D. A Notificação das Pessoas Coletivas ou Singulares em Situação de Insolvência

Em caso de insolvência, a notificação é realizada diretamente, no caso de pessoa coletiva, ao gerente/administrador da insolvente, no período a que diga respeita a omissão, ou então é realizada na própria pessoa singular que gere/administra diretamente a insolvente. No entanto, ao contrário da

princípio que rege a matéria da sucessão de leis penais é o princípio da aplicação da lei penal mais favorável». – Vide, *Constituição Portuguesa (...)*, op. cit., 2015, pág. 330, nota IX.
Taipa de Carvalho explicou, de forma pormenorizada, os problemas decorrentes da introdução desta nova condição de punibilidade, defendendo que «a lei nova tem de se aplicar, retroativamente, a todas as omissões de entrega das prestações tributárias comunicadas que, até 31 de Dezembro de 2006, já se tinham constituído em infração criminalmente punível, mesmo que já tenham sido objeto de condenação transitada em julgado». – Vide, *O crime de abuso de confiança fiscal (...)*, op. cit., 2007, págs. 56-60.

377 Vide, Sousa, Jorge Lopes de / Santos, Manuel Simas (2010), *Regime Geral (...)*, op. cit., págs. 73 e 76.

378 Sobre a responsabilidade das pessoas coletivas – Cf. Secção II, ponto 10, deste Capítulo.

379 Vide, Silva, Isabel Marques da (2018), *Regime Geral das Infrações Tributárias (...)*, op. cit., pág. 76.

posição assumida pela jurisprudência[380], é possível que essa notificação possa ser realizada ao administrador de insolvência nomeado para o processo.

Não deixa, no entanto, de ser curioso verificar que, no âmbito do Direito Penal, a jurisprudência não coloca quaisquer reservas ao facto de a notificação poder ser realizada pelo próprio Tribunal, independentemente da fase processual em que se encontre, mas, tratando-se do âmbito do Direito da Insolvência, aí colocam-se tantas ressalvas ao processualismo da notificação, das quais destacaríamos a representação do administrador unicamente para questões de índole patrimonial da insolvência, sob a proteção do artigo 83.º, n.º 4 do CIRE[381].

Acontece, contudo, que a dívida do incumprimento decorre de uma obrigação fiscal, em regra por incumprimento de uma prestação tributária que tem natureza patrimonial, razão pela qual pode ser reclamada no âmbito do processo de insolvência e cabe, dentro das competências do administrador de insolvência, a este reconhecer tal crédito fiscal, nos termos do artigo 129.º do CIRE.

Ora, se os poderes de gestão/administração forem, na sentença que declara a insolvência, transferidos para o administrador de insolvência, então temos sérias reservas de que a notificação possa ser realizada ao representante da sociedade, ou até mesmo ao seu responsável subsidiário, nos casos em que este se encontre de igual modo insolvente.

E esta hipótese tem relevância para efeitos criminais, uma vez que rececionada a notificação, nem a sociedade insolvente, nem o responsável subsidiário insolvente poderão proceder ao pagamento daquela dívida sem serem cumpridos os trâmites subsequentes do próprio processo de insolvência e se existirem vários arguidos, por serem vários gerentes/administradores ou vários os períodos de imposto em falta, entre si divergentes, o pagamento da notificação rececionada exclui a punibilidade e extingue a responsabilidade criminal, mas não a responsabilidade solidária num âmbito exclusivamente fiscal.

[380] Vide, Acórdãos do Tribunal da Relação de Coimbra, de 28 de setembro de 2011, processo n.º 123/09.0IDSTR.C1 e do Tribunal da Relação do Porto, de 22 de junho de 2011, processo n.º 17716/09.9TDPRT.P1, ambos disponíveis em www.dgsi.pt.

[381] Vide, Prata, Ana / Carvalho, Jorge Morais / Simões, Rui (2013), *Código da Insolvência e da Recuperação de Empresas, Anotado,* Coimbra: Almedina, pág. 236, nota 12.

E. Os Requisitos Formais da Notificação da Al. B), do N.º 4

A notificação da alínea b) deve ser realizada nos termos do preceituado no artigo 70.º do Regime Geral das Infrações Tributárias, o qual aplica subsidiariamente o Código de Procedimento e Processo Tributário, sendo a contagem realizada nos termos do Regime Geral das Contraordenações, por remissão da alínea b), do artigo 3 do Regime Geral das Infrações Tributárias.

O processualismo descrito obedece a uma notificação no âmbito de processo contraordenacional, e não no âmbito processual penal. Não obstante a observância das regras contidas no processo penal, nomeadamente do artigo 113.º do Código de Processo Penal, é necessária esta destrinça de regimes, pois não se trata de um ato processual penal, mas sim contraordenacional.

Em caso de não receção da notificação, a Autoridade Tributária poderá, em obediências às regras estipuladas em sede fiscal, nomeadamente dos artigos 19.º da Lei Geral Tributária e 191.º do Código de Procedimento e Processo Tributário, proceder à notificação para o domicilio fiscal do sujeito passivo, *in casu*, o substituto tributário[382].

No entanto, como defendemos anteriormente e agora relembramos, discordamos da posição que, encontrando-se o obrigado legal, na qualidade de arguido, presente em audiência de discussão e julgamento pela acusação da prática do ilícito de abuso de confiança fiscal, defende que o Tribunal pode proceder naquele momento à notificação em falta e prevista na norma que disciplina aquele ilícito; e discordamos não apenas pela falta de competência do Tribunal para a efetuar, mas também porque ao ser efetuada naquela fase processual, são retiradas e esvaziadas as garantias de defesa do arguido, nomeadamente na esfera da sua estratégia processual.

F. A Notificação da Coima

A norma em análise não define se na notificação a remeter ao(s) arguido(s) deverá constar o valor de imposto a pagar, com a descriminação do montante referente a coima, juros e custas processuais. Se o Tribunal não tem legitimidade para remeter, *per se,* qualquer notificação referente ao n.º 4 do artigo 105.º (essa competência pertence ao Ministério Público), então também não pode requerer à Administração Tributária que proceda ao cálculo

[382] Por força das disposições legais em vigor, em particular do n.º 2 do artigo 19.º da Lei Geral Tributária, as notificações podem ser remetidas pela Autoridade Tributária para a caixa postal eletrónica do sujeito passivo que, em alguns casos, é legalmente obrigatória.

e à emissão da guia de pagamento para liquidação das quantias em dívida, para que possa, ele, posteriormente, proceder à sua notificação.

Não obstante o nosso entendimento, atentemos na realidade prática e consideremos que se o Tribunal se comportar desta forma, em fase de audiência de discussão e julgamento, então tal levantará imediatamente um rol de questões:

(i) Quais os critérios, por que o Tribunal se deve reger, para a aplicação de um determinado valor na coima, em detrimento de quaisquer outros, se nos encontramos ainda em fase pré-decisória?
(ii) Se o processo estiver em fase de instrução e julgamento e, sendo requerido à Autoridade Tributária o cálculo da coima, é o Tribunal que comunica o montante a aplicar a título de coima, ou esse critério é definido pela própria Autoridade Tributária? Respondendo afirmativamente, à ultima questão, não existirá violação do princípio da legalidade?
(iii) Quais as garantias de defesa que são dadas ao arguido, caso este pretenda discutir, em sede de defesa, não a coima, mas os valores calculados a título de juros que sejam liquidados? Pode fazê-lo?
(vi) O processo mantém-se como criminal ou contraordenacional?

Estas questões conduzem à seguinte conclusão: a da inadmissibilidade legal da competência do Tribunal, por denegar o direito ao contraditório ao arguido, uma vez que, aceitando-se a posição dominante, o arguido não podia confrontar naquele momento os erros e as omissões que aquela liquidação possa conter.

No entanto, considera a jurisprudência[383] que o Tribunal pode notificar o arguido, contanto que nessa notificação apenas deva constar a alusão ao prazo de 30 dias para, este proceder, junto da Autoridade Tributária, ao pagamento da dívida.

Por sua vez, o Tribunal Constitucional decidiu pela não inconstitucionalidade da notificação, sempre que esta não indique o montante dos juros, a forma de cálculo, a omissão das taxas e o período do cálculo a que se referem,

[383] Vide, entre outros, Acórdãos do Supremo Tribunal de Justiça, de 21 de fevereiro de 2007, processo n.º 06P4097; do Tribunal da Relação de Guimarães de 18 de junho de 2007, processo n.º 983/07; e do Tribunal da Relação do Porto, de 24 de outubro de 2007, processo n.º 0713235, todos disponíveis em www.dgsi.pt.

assim como as normas legais que as fundamentam, na alínea b) do n.º 4, do artigo 105.º do Regime Geral das Infrações Tributárias[384].

Perante este contexto, bem se vê que o legislador não dá resposta às nossas questões, confirmando-se, por isso, a nossa convicção de que, por um lado, o objetivo é "perdoar" a responsabilidade criminal, e, por outro, utilizar o Direito Penal como meio de retaliação, ameaça e pressão em vista do cumprimento e recuperação das receitas tributárias.

Na hipótese de o arguido proceder ao pagamento dos valores constantes na notificação, o processo é arquivado, ou extinto. No entanto, sem o pagamento, e não tendo a Autoridade Tributária ou o Ministério Público procedido à notificação, no momento processual correto, idêntica decisão de arquivamento ou a extinção do processo criminal deveria ocorrer, pois todos os atos decorrentes da notificação diligenciada pelo Tribunal violam, não apenas o supra exposto, mas também o princípio da presunção da inocência, consagrado no artigo 32.º, n.º 2 da Constituição da República Portuguesa.

Não nos podemos esquecer, ainda assim, que todo este processualismo é impulsionado relativamente a um ilícito que, na verdade, ainda não ganhou a dimensão de ilícito criminal, motivo pelo qual defendemos que o processo criminal, se estiver em curso, deve ser suspenso, passando-se a aplicar os normativos previstos nos artigos 79.º, n.º 2 e 80.º do Regime Geral das Infrações Tributárias, por força do processo contraordenacional e em respeito pelo princípio da legalidade.

5. O Elemento Subjetivo

Do ponto de vista dos elementos subjetivos, ao invés do que se encontrava estipulado no Regime Jurídico das Infrações Fiscais Não Aduaneiras, – o seu artigo 24.º previa «quem, com intenção de obter para si ou para outrem vantagem patrimonial (...)» –, o crime de abuso de confiança fiscal no artigo 105.º do Regime Geral das Infrações Tributárias não faz referência expressa a qualquer dolo específico, abarcando qualquer das formas previstas no artigo 14.º do Código Penal[385/386].

[384] Vide, Ac. do Tribunal Constitucional n.º 151/2009, de 25 de março de 2009, disponível em www. tribunalconstitucional.pt/tc/acordaos.

[385] Vide, Silva, Germano Marques da (2018), *Direito Penal Tributário, (...)*, op. cit., pág. 242.

[386] Vide, Ac. do Tribunal da Relação de Guimarães, de 5 de junho de 2017, processo n.º 480/15.0T9PTLG1, disponível em www.dgsi.pt.

Para o preenchimento do tipo subjetivo, no que ao dolo diz respeito, torna-se necessário que o agente tenha previsto e atuado com a vontade de não entregar as prestações que sabia estar legalmente obrigado e que, não o fazendo, seria punido.

Neste sentido, o dolo encerra em si um elemento intelectual, ou cognoscitivo, o qual se circunscreve à representação do facto ilícito, por parte do agente, e à consciência de que esse facto é censurável, e um elemento volitivo, que se traduz na vontade de realização desse ilícito[387].

6. Causas de Justificação da Ilicitude e Exclusão da Culpa

As eventuais causas de justificação na infração tributária[388] têm aplicação, no Direito Penal Tributário, de acordo com os idênticos princípios e regras do Direito Penal comum. Assim, para que uma ação seja ilícita, ela tem de preencher os elementos objetivos e subjetivos a que corresponda o tipo a que se subsume a conduta proibida. Não se encontrando preenchidos esses mesmos elementos – e para tal bastará a falta de um deles –, o comportamento é atípico[389] ou há tentativa.

Existem igualmente situações em que a ilicitude criminal pode ser justificada por força de circunstâncias externas ao ilícito[390], nomeadamente, quando essas circunstâncias originam uma "colisão" de interesses entre si[391]. Veja-se o n.º 1, do artigo 31.º do Código Penal, o qual consagra o princípio da unidade da ordem jurídica, ao dispor que «o facto não é punível quando a sua ilicitude for excluída pela ordem jurídica considerada na sua totalidade»[392].

[387] Vide, SANTOS, Manuel Simas / HENRIQUES, Manuel Leal-, (2014), *Código Penal – Anotado, art.º 1.º ao 69.º, Vol. I*, 4.ª Edição, Lisboa: Rei dos Livros, págs. 220 e 221.

[388] Cf. Capítulo I, Secção I, ponto 3.

[389] No crime de abuso de confiança fiscal é a situação do agente que atua sem a intenção de se apropriar das receitas tributárias.

[390] Estas circunstâncias são exceções, à regra, que o tipo legal da ilicitude exprime. – Vide, CORREIA, Eduardo (2016), *Direito Criminal – Vol. II, (...)*, op. cit., págs. 3 e 4.

[391] Vide, GARCIA, M. Miguez (2012), *O Risco de Comer uma Sopa (...)*, op. cit. pág. 333.

[392] Este princípio tem na sua génese uma ideia de ponderação de valores, entre a conduta lícita por um ramo de direito e a valoração que não possa ser considerada, penalmente, ilícita. Sendo o Direito Penal a *ultima ratio*, seria incoerente que causas de justificação permitidas em outros direitos, nomeadamente no fiscal, fossem proibidas no Direito Penal. – Vide, COSTA, José de Faria (2017), *Direito Penal,(...)*, op. cit., págs. 301, 302 e 339.

Ao contrário do que ocorre com alguns dos crimes tipificados no Código Penal, algumas das causas mais frequentes de justificação, como por exemplo a legítima defesa, a obediência hierárquica ou o consentimento, não têm aplicação prática nos ilícitos fiscais e, por esse motivo, não as abordaremos.

No Direito Penal comum admite-se, em certas circunstâncias, uma ação que em condições normais seria reputada de ilícita, não venha a ser punida pela simples razão do facto ter sido praticado em circunstância que constitui uma causa de justificação[393], retirando deste modo, a sua ilicitude[394].

A causa de justificação tem por objetivo a proteção do interesse ou bem jurídico, a qual, conforme refere Germano Marques da Silva, não obstante continuar a ser um facto típico, deixa de ser ilícito[395].

Tais circunstâncias, denominadas causas de justificação ou de exclusão da ilicitude[396], são na nossa ordem jurídico-penal, várias, colocando o Código Penal no artigo 31.º, n.º 2, algumas hipóteses, como a legitima defesa, o direito de necessidade, o conflito de deveres, a obediência hierárquica e o consentimento do titular do interesse jurídico lesado. Entendemos que o direito de necessidade e o conflito de deveres são os que têm maior relevância para *justificar* a prática de um ilícito de ordem fiscal[397].

As causas de justificação procedem do ordenamento jurídico na sua globalidade, daí a desnecessidade de se encontrarem previamente estabelecidas no Código Penal, falando-se inclusivamente em causas de justificação supralegais. Se a conduta preenche todos os elementos objetivos e subjetivos, correspondentes à descrição normativa, será em princípio ilícita[398].

[393] Vide, Silva, Germano Marques da (2018), *Direito Penal Português – Teoria do Crime*, 2.ª Edição, Reimpressão, Lisboa: Universidade Católica Editora, págs. 150 e 151.

[394] Como ensina Figueiredo Dias: «uma acção relativamente à qual se verifique uma causa de justificação, em todas as suas exigências objectivas e subjectivas, constitui um facto lícito (...)». – Vide, *Direito Penal, Parte Geral, Tomo I, Questões Fundamentais, A Doutrina Geral do Crime*, Coimbra: Coimbra Editora, 2019, pág. 470.

[395] Vide, Silva, Germano Marques da (2018), *Direito Penal Português – Teoria do Crime*, (...), op. cit., págs. 153 e 155, assim como, Costa, José de Faria (2017), *Direito Penal, (...)*, op. cit. pág. 307.

[396] Para Taipa de Carvalho não existe «uma coincidência absoluta entre causas de justificação e causas de exclusão da ilicitude, não obstante serem tidas por equivalentes por, no geral, coincidirem».– Vide, *Direito Penal Parte Geral (...)*, op. cit., 2016, pág. 338.

[397] Vide, Bajo Fernández, Miguel / Bacigalupo, Silvina (2000), *Delitos contra la Hacienda Pública*, Madrid, Editorial Centros de Estudios Ramón Areces, pág. 84.

[398] Para Faria Costa «justificar é explicar as razões por que aconteceu um determinado facto ou por que se teve certa conduta». – Vide, Costa, José de Faria (1992), *O Perigo (...)*, op. cit., pág. 437.

Assim, a análise da verificação dos pressupostos que legitimem uma causa de justificação – a falta de desvalor do resultado assim como do desvalor de ação –,[399] é sempre efetuada após a verificação da existência do facto típico ou atípico[400/401].

O facto não é punível quando a sua ilicitude for excluída pela ordem jurídica[402]. Em determinados casos, cede perante outros valores, considerando a lei justificada a ação do agente, retirando-lhe, por esta via, o seu caráter ilícito.

Esta distinção é de fácil compreensão se nos socorrermos dos ensinamentos de Taipa de Carvalho:

> *(...) a distinção entre causas de justificação (causas de exclusão da ilicitude) e causas de desculpa (causas de exclusão da culpa) pressupõe, lógica e dogmaticamente, a distinção entre ilicitude e culpa. O juízo de ilicitude ou de justificação tem por objeto o facto humano em si mesmo considerado, enquanto juízo de culpa ou de desculpa tem por objeto o próprio agente do facto ilícito (...)*[403].

Neste sentido, uma determinada conduta pode encontrar-se proibida por uma norma legal e, essa ação ser justificada, não obstante o elemento típico se ter preenchido com determinado comportamento *contra legem.*

Sucede, porém, por força do princípio da unidade da ordem jurídica, previsto no artigo 31.º, n.º 1 do Código Penal, a *"unidade da ordem jurídica"*[404] não admite que um mesmo comportamento seja considerado lícito num e ilícito noutro ramo do direito. Facto do qual não é irrelevante o patamar de *"ultima ratio"*[405] no qual se encontra o ilícito penal em relação aos demais

[399] Vide, Costa, José de Faria (2017), *Direito Penal,(...)*, op. cit. pág. 307.

[400] Vide, Brandão, Nuno (2009), «O erro sobre os pressupostos das causas de justificação: um erro que pode excluir a ilicitude?», *in* AAVV, *Estudos em Homenagem ao Prof. Doutor Jorge de Figueiredo Dias – Volume II,* Coimbra: Coimbra Editora, pág. 173.

[401] Vide, Carvalho, Américo A. Taipa de (2016), *Direito Penal Parte Geral (...)*, op. cit., pág. 492.

[402] Vide, Garcia, M. Miguez (2012), O *Risco de Comer uma Sopa e Outros Casos de Direito Penal – Elementos da Parte Geral*, 2.ª Edição, Coimbra: Almedina, pág. 407.

[403] Vide, *Direito Penal Parte Geral, (...)*, op. cit., 2016, pág. 492.

[404] Vide, Silva, Germano Marques da (2018), *Direito Penal Português – Teoria do Crime,* (...), op. cit., pág. 161.

[405] Em relação à ilicitude penal, Costa Andrade conclui que o Direito Penal «enquanto tutela de ultima *ratio* dos bens jurídicos fundamentais, indispensáveis ao livre desenvolvimento ético do Homem e à subsistência e funcionamento duma comunidade jurídica e democraticamente organizada (...) assume-se intencionalmente fragmentário e descontínuo. O que converte a ilicitude penal numa expressão qualificada de ilicitude, extremando-a, pelo teor particularmente elevado das suas exigências face às demais manifestações de ilicitude a

ilícitos de natureza jurídica divergente, pela sua importância na tutela dos bens jurídicos fundamentais e indispensáveis à comunidade.

Clarificando o que se pretende transmitir, auxiliamo-nos da posição de EDUARDO CORREIA o qual defende um princípio da unidade da ordem jurídica formulado pela negativa – ideia acompanhada por FIGUEIREDO DIAS, abarcando o pensamento de MERKEL[406]:

> *(...) sempre que uma conduta é, através de uma disposição do direito, imposta ou considerada como autorizada ou permitida, está excluída sem mais a possibilidade de, ao mesmo tempo e com base num preceito penal, ser tida como antijurídica e punível (...)*[407].

Conclui-se, por isso, ser através do princípio da unidade da ordem jurídica que é reforçado o pensamento e a matriz que fundamenta as causas de justificação, ou seja, através dele vê-se reforçada a ideia que se lhe encontra subjacente de ponderação de valores[408].

Por último, importa atender que confrontados com uma situação de causa de justificação ou da exclusão da ilicitude, temos, uma vez mais acolhendo o pensamento de EDUARDO CORREIA, de concluir que a elas estão ligadas regras e princípios (carência de interesses e da ponderação de interesses), sendo imperativo a análise do caso concreto e da situação que porventura exclua a ilicitude, para permitir a conclusão que fundamente a justificação.

No crime de abuso de confiança fiscal, tem sido debatida, desde sempre, tanto na jurisprudência[409], como na doutrina[410], a possibilidade de aplicação do direito de necessidade ou do conflito de deveres, em que o agente invoca

antinormatividade». – Vide, *Sobre as Proibições em Processo Penal, Reimpressão,* Coimbra: Coimbra Editora, 2013, pág. 41.

406 Vide, *Direito Penal, Parte Geral, (...),* op. cit., 2019 pág. 454.

407 Vide, CORREIA, Eduardo (2016), *Direito Criminal – Vol. II, com a colaboração de Figueiredo Dias,* Reimpressão, Coimbra: Almedina, pág. 7.

408 Vide, COSTA, José de Faria (2017), *Direito Penal, (...),* op. cit. págs. 303 e 308.

409 Vide, Acórdãos do Tribunal da Relação do Porto, de 10 de janeiro de 2018, processo n.º 257/14.0IDAVR.P2 e do Tribunal da Relação de Coimbra, de 28 de março de 2012, processo n.º 1133/10.0IDLRA.C1, ambos disponíveis em www.dgsi.pt.

410 A título de exemplo, ISABEL MARQUES DA SILVA considera que a posição da jurisprudência, segundo a qual o dever de cumprimento dos deveres fiscais é superior ao dever de pagar os salários e de manter a empresa em laboração (liquidando, por exemplo, factores de produção), é correta. Negando, por isso, a aplicação das figuras do conflito de deveres, do direito de necessidade ou do estado de necessidade desculpante neste ilícito criminal. – Vide, *Regime Geral das Infrações Tributárias (...),* op. cit., 2018, págs. 172 e 173.

como motivo para a não entrega das receitas a necessidade de as ter utilizado para o pagamento dos salários dos seus trabalhadores, ou ainda como forma de evitar a insolvência da empresa[411].

É entendimento da jurisprudência que este incumprimento da prestação tributária, justificado pela impossibilidade do seu cumprimento, não é elemento constitutivo do tipo legal de abuso de confiança fiscal, pelo que deve ser discutido e resolvido no plano da justificação. No entanto, bem se vê que esta necessidade, alegada pelo agente, e o cumprimento das suas obrigações legais tributárias entram em colisão, tornando-se por isso decisivo compreender os bens e os valores que se encontram conflituantes.

Analisemos, pois, estas duas causas de justificação, o estado de necessidade justificante, ou direito de necessidade (cf. artigo 34.º do Código Penal), e o conflito de deveres (cf. artigo 36.º do Código Penal), para efeitos de eventual aplicabilidade no crime de abuso de confiança fiscal.

6.1. O Direito de Necessidade no Crime de Abuso de Confiança Fiscal

Em relação ao direito ou estado de necessidade justificante (artigo 34.º do Código Penal) – entramos no plano das causas de exclusão da ilicitude –, pressupõe-se a existência de uma situação de conflito entre dois bens jurídicos, no sentido de que só se pode salvar um, sacrificando-se o outro, e na situação em que um bem jurídico, em perigo, só pode ser salvo com a lesão de outro bem jurídico, para a ação ser justificada.

O direito de necessidade encontra-se constitucionalmente consagrado e fundamentado no princípio da solidariedade[412/413] e do interesse preponderante[414].

Para Susana Aires de Sousa não se pode falar de um autêntico conflito de deveres, mas antes de uma colisão de interessesa resolver por fia do estado de necessidade justificantes, por estarem em confronto um dever de ação e um dever geral de omissão (da não apropriação dos valores que são do Estado). – Vide, *Os crimes fiscais, (...)*, op. cit., 2021, pág. 123.
Mário Monte defende a existência de uma causa de justificação de conflito de deveres por força do teor do artigo 36.º do Código Penal. – Vide, *O abuso de confiança fiscal e contra a segurança social (...)*, op. cit., 2011, pág. 252.

[411] Vide, Lumbrales, Nuno B. M. (2003), *O Abuso de Confiança (...)*, op. cit., págs. 106 e 107 e Silva, Germano Marques da (2018), *Direito Penal Tributário (...)*, op. cit., págs. 62 e 63.

[412] Vide, Carvalho, Américo A. Taipa de (2016), *Direito Penal, Parte Geral, (...)*, op. cit., pág. 403.

[413] Vide, Canotilho, J. J. Gomes / Moreira, Vital (2006), *Constituição da República Portuguesa Anotada – Volume I, artigos 1.º a 107.º*, 4.ª Edição, Coimbra: Coimbra Editora, pág. 383.

[414] Faria Costa não defende o valor da solidariedade social como princípio do direito de necessidade na vertente justificante porquanto, segundo este penalista, o titular do bem –

Os interesses jurídicos não têm de ser bens jurídico penais. Aliás, se atendermos ao Código Civil, encontramos preceituado no artigo 339.º deste diploma a figura do estado de necessidade. Esta norma tem por base, de igual modo, os princípios da ponderação de interesses[415] e da utilização de um meio justo para alcançar um fim justo[416], admitindo-se, em situações específicas, o sacrifício de bens de terceiros com base no princípio da solidariedade que deve sempre existir entre os membros de uma comunidade[417]. Na vertente civil os direitos suscetíveis de serem lesados, por via do direito de necessidade, são de carater mais restrito em comparação com a vertente penal[418/419].

Assim, para que uma ação esteja justificada pelo direito de necessidade é necessário, segundo a norma, que o agente se confronte com uma situação de perigo atual para um interesse protegido do agente ou terceiro.

O primeiro pressuposto é, por isso, o perigo atual. Para se aferir se está perante uma situação de perigo iminente, o agente tem que se apoiar nas regras do conhecimento empírico[420], mas a sua remoção não poder ser adiada sob pena de não evitar o dano[421].

utilizando a situação jurídica da omissão de auxílio –, «não se encontra obrigado a suportar a agressão em virtude de uma qualquer solidariedade social». – Vide, *Direito Penal, (...)*, op. cit., 2017, págs. 322 e 323.

415 Um desses requisitos assenta no princípio do interesse preponderante, no sentido de ser excluída a ilicitude em casos de sacrifício de valores menores para salvar valores maiores, assim se estabelecendo a diferenciação relativamente ao estado de necessidade desculpante, previsto no artigo 35.º do Código Penal que analisaremos na abordagem às causas de exclusão da culpa.

416 Vide, Ferreira, Manuel Cavaleiro de (2010), *Lições de Direito Penal (...)*, op. cit., pág. 209.

417 Vide, Trigo, Maria da Graça (2014), «Comentário ao artigo 339.º do Código Civil», *in* AAVV, *Comentário ao Código Civil – Parte Geral*, Lisboa: Universidade Católica Editora, pág. 802, anotação 4.

418 Vide, Silva, Germano Marques da (2018), *Direito Penal Português – Teoria do Crime*, (...), op. cit., pág. 200.

419 No Código Civil de 1966, o estado de necessidade era uma causa de justificação num mesmo patamar, e com os mesmos pressupostos, dos que os previstos no Código Penal. Conforme pudemos verificar, hoje, essa realidade diverge, nomeadamente, na restrição a que se encontra esse direito sujeito no âmbito civil.

420 Germano Marques da Silva, esclarece que «uma conduta ou situação é perigosa quando, segundo as regras da experiência, cria uma forte probabilidade de produzir um resultado desvalioso (...) de vir a causar um dano». – *Ibidem*, pág. 197.

421 Entre nós, Cavaleiro Ferreira [Vide, *Lições de Direito Penal (...)*, op. cit., 2010, pág. 212], Faria Costa [Vide, *Direito Penal,(...)*, op. cit., 2017, pág. 324], Germano Marques da Silva

Outrossim a situação de necessidade não pode ter sido causada pelo agente titular do interesse protegido ou do bem que se pretenda salvaguardar, à exceção da ação visar a proteção do interesse de terceiro[422].

Assim, verifica-se que o direito de necessidade, como causa de exclusão da ilicitude, pressupõe a verificação cumulativa dos mencionados requisitos e, além do mais, tem de revelar que o facto praticado seja, conforme explanado, o meio adequado para afastar um perigo atual que ameace interesses juridicamente protegidos do agente ou de terceiro.

A norma do artigo 34.º dispõe, de igual forma, que o facto praticado tem que ser um meio necessário para afastar o perigo; desse meio fundamenta a possibilidade, ou não, da exclusão da ilicitude[423].

Como ensina CAVALEIRO FERREIRA

> *(...) o facto adequado é, primeiramente, um facto necessário, necessário porque não há, no caso concreto, qualquer meio ilícito de salvaguardar o interesse em perigo. Só pode considerar-se adequado o facto que era necessário. No conceito de facto adequado se inclui a característica da sua necessidade, que se revela na impossibilidade de recurso a meio licito, na impossibilidade de recurso a meio ilícito menos gravoso do que aquele que foi empregado, e na probabilidade da sua eficácia (...)*[424].

Contudo, relativamente ao meio utilizado pelo agente adequado a afastar o perigo, será exigível a interpretação de tal exigência como um elemento autónomo[425] ou de somente uma redundância[426], por essa exigibilidade se encontrar presente nos demais requisitos?

Em suma, a adequação como elemento autónomo que fundamenta a exclusão da ilicitude da conduta do agente exige que o meio utilizado seja adequado na prossecução do fim de remover a situação de perigo[427].

[Vide, *Direito Penal Português – Teoria do Crime, (...)*, op. cit., 2018, pág. 198] e FIGUEIREDO DIAS [Vide, *Direito Penal, Parte Geral, (...)*, op. cit., 2019, págs. 520 e 521].

422 A justificação só se deverá considerar afastada se a situação for «intencionalmente» provocada pelo agente. – Vide, DIAS, Jorge de Figueiredo (2019), *Direito Penal, Parte Geral, (...)*, op. cit., pág. 522.

423 Vide, COSTA, José de Faria (2017), *Direito Penal,(...)*, op. cit., pág. 326.

424 Vide, *Lições de Direito Penal (...)*, op. cit., 2010, págs. 216 e 217.

425 Defendendo o critério da adequação como elemento com significado autónomo. – Vide, COSTA, José de Faria (2017), *Direito Penal,(...)*, op. cit., pág. 325.

426 No sentido da redundância. – Vide, DIAS, Jorge de Figueiredo (2019), *Direito Penal, Parte Geral, (...)*, op. cit., pág. 538.

427 Para TAIPA DE CARVALHO a adequação do meio «desdobra-se em: idoneidade e menor danosidade». – Vide, *Direito Penal, Parte Geral, (...)*, op. cit., 2016, pág. 413.

A alínea b) do artigo 34.º consagra o princípio da ponderação de interesses, isto é, a determinação da superioridade do interesse a salvaguardar relativamente ao interesse sacrificado. É unânime na doutrina que para se determinar a superioridade de um interesse relativamente a outro[428] se terá que atender aos valores dos bens em confronto e à sua hierarquia jurídica[429/430].

Por seu turno, a alínea c) do artigo 34.º molda-se na descrita alínea b), ao exigir «ser razoável impor ao lesado o sacrifício do seu interesse em atenção à natureza ou ao valor do interesse ameaçado», aditando ao princípio da ponderação de interesses presente na norma, a exigência da ponderação ser realizada atendendo à natureza e ao valor dos interesses em conflito[431/432].

Por fim, no que respeita ao elemento subjetivo, o agente deve ter conhecimento da situação de conflito e a sua ação visar proteger e salvaguardar o interesse preponderante[433].

Não nos desviando da vertente tributária, dúvidas não existirão, por força do princípio da solidariedade e do preceito, quanto a casos em que este direito de necessidade como causa de justificação é utilizado pelo contri-

[428] Vide, SILVA, Germano Marques da (2018), *Direito Penal Português – Teoria do Crime, (...)*, op. cit., pág. 201.

[429] A hierarquização poderá ser encontrada nas molduras penais, não obstante ser este apenas um critério a ser utilizado, ao invés, nas palavras de FIGUEIREDO DIAS de «uma formula unitária para resolução do problema da ponderação». – Vide, *Direito Penal, Parte Geral, (...)*, op. cit., 2019, pág. 524.

[430] Não estamos perante um «confronto objectivo entre bens jurídicos». – Vide, PALMA, Maria Fernanda (1984), «O estado de necessidade justificante no Código Penal de 1982», *in* AAVV, *Estudos em Homenagem ao Prof. Doutor Eduardo Correia, III*, Coimbra: Boletim da Faculdade de Coimbra, págs. 205 e 206.

[431] Vide, FERREIRA, Manuel Cavaleiro de (2010), *Lições de Direito Penal (...)*, op. cit., pág. 221.

[432] Para FARIA DA COSTA o critério apresentado para a alínea c) é «complementar à da alínea b) do artigo 34.º do Código Penal; permite acrescentar à ponderação de interesses um critério substantivo que impede a mera ponderação objetiva». – Vide, *Direito Penal,(...)*, op. cit., 2017, pág. 328.
FERNANDA PALMA interpreta a opção do legislador, em atender à natureza ou valor dos bens sacrificados, como uma «restrição do estado de necessidade que ultrapassa a ponderação de interesses». – Vide, *Direito Penal – Parte Geral, A teoria geral, (...)*, op. cit., 2018, pág. 334.

433 Vide, DIAS, Jorge de Figueiredo (2019), *Direito Penal, Parte Geral, (...)*, op. cit., pág. 538; COSTA, José de Faria (2017), *Direito Penal,(...)*, op. cit., pág. 329; SILVA, Germano Marques da (2018), *Direito Penal Português – Teoria do Crime*, (...), op. cit., pág. 203.

buinte para sobrepor um seu interesse, em conflito com um interesse do Estado, o que tem repercussões a nível tributário e, igualmente, terá justificação a nível penal[434].

Os artigos 34.º e 35.º do Código Penal distinguem, de acordo com a teoria diferenciada, o estado de necessidade objetivo ou justificante do estado de necessidade subjetivo ou desculpante; segundo aquela teoria a principal diferença decorre de no primeiro o facto típico praticado pelo agente visar a salvaguarda de um bem jurídico (penalmente tutelado ou não e não necessariamente individual), próprio ou de terceiro, de maior valia do que o sacrificado enquanto, no segundo, além de os bens jurídicos em perigo serem necessariamente individuais, estes têm de ser de maior valor do que o sacrificado. É esta a razão pela qual o direito de necessidade assenta no princípio do interesse preponderante, no sentido de que se exclui a ilicitude em casos de sacrifício de valores menores para salvar valores maiores, assim se estabelecendo a diferenciação relativamente ao estado de necessidade desculpante, previsto no artigo 35.º.

A ponderação de interesses, conforme estipulado nas alíneas b) e c) do artigo 34.º do Código Penal, é um requisito essencial, no âmbito penal fiscal, pela ponderação de valores e pela razoabilidade de imposição de sacrifício[435]. Ora, os bens jurídicos protegidos pelo crime de abuso de confiança fiscal são as receitas tributárias[436], as quais em relação aos outros bens patrimoniais são, enquanto interesse coletivo, interesse manifestamente superior ao interesse individual. O artigo 34.º do Código Penal pressupõe a

[434] Sobre esta matéria e com mais aprofundamento, em relação ao crime de abuso de confiança fiscal, veja-se o Capítulo II, Secção I, ponto 6.1.

[435] Sublinha Cavaleiro de Ferreira que a importância da diferenciação a realizar entre a ponderação de direitos se define pelo critério da «superioridade de um interesse se verificar primeiramente em função da sua natureza, e sendo da mesma natureza em função do seu valor». – Vide, *Lições de Direito Penal, Parte Geral (...)*, op. cit., 2010, pág. 222.
Para Faria Costa, essencialmente, «o direito não pode exigir dos seus destinatários nada que seja de cumprimento impossível, pelo que, em estado de colisão inextrincável de deveres iguais, só pode ser exigido do agente que cumpra um deles, conferindo-lhe a ordem jurídica uma plena liberdade de escolha». – Vide, *Jornadas de Direito Criminal, (...)*, op. cit., 1983, pág. 63.

[436] Segundo Germano Marques da Silva, essas receitas tributárias e o regime penal tributário, visam para além das receitas «a salvaguarda da atividade financeira do Estado, condição do Estado social e democrático de direito, que é o nosso». – Vide, *Direito Penal Tributário (...)*, op. cit., 2018, pág. 64.

verificação cumulativa dos requisitos nele previstos[437], o meio ser adequado para afastar um perigo atual que ameace interesses juridicamente protegidos do agente ou de terceiro e a causa de exclusão da ilicitude tenha por «fundamento a maximização da protecção dos bens jurídicos mais importantes por meio de um sacrifício imposto com base na solidariedade entre os membros da comunidade»[438].

No direito de necessidade, o bem jurídico a salvaguardar tem de estar «objetivamente em perigo, porque só então se pode justificar que um dever de suportar a ação típica recaia sobre o atingido pela intervenção»[439] e, há-de tratar-se de um perigo atual.

Nos crimes tributários, em particular no crime de abuso de confiança fiscal, o direito de necessidade, enquanto causa de justificação[440], é considerado pela jurisprudência[441], como inaplicável, uma vez que estes crimes tutelam sempre um bem jurídico superior[442]. Para a doutrina[443] é também entendido que a natureza do bem jurídico tutelado pelo crime de abuso de confiança fiscal é superior aos interesses patrimoniais do contribuinte.

No exemplo mais comum, entre o pagamento de salários aos trabalhadores em detrimento do pagamento de impostos, questiona-se qual dos interesses é juridicamente superior. Para GERMANO MARQUES DA SILVA o

[437] Os requisitos exigíveis pelo artigo 34.º do Código Penal para prever a exclusão da ilicitude como meio adequado para afastar um perigo atual que ameace interesses juridicamente protegidos do agente ou de terceiro são: i.) Não ter sido voluntariamente criado pelo agente a situação de perigo, salvo tratando-se de proteger interesse de terceiro; ii.) Haver sensível superioridade do interesse a salvaguardar relativamente ao interesse sacrificado; iii.) Ser razoável impor ao lesado o sacrifício do seu interesse em atenção à natureza ou ao valor do interesse ameaçado.

[438] Vide, ALBUQUERQUE, Paulo Pinto (2015), *Comentário do Código Penal, (...)*, op. cit., pág. 249 ou, no mesmo sentido, DIAS, Jorge de Figueiredo (2019), *Direito Penal, Parte Geral, (...)*, op. cit., pág. 517.

[439] Vide, DIAS, Jorge de Figueiredo (2019), *Direito Penal, Parte Geral, (...)*, op. cit., pág. 488.

[440] Vide, GARCIA, M. Miguez (2012), O *Risco de Comer uma Sopa (...)*, op. cit., pág. 342.

[441] A título de exemplo, vejam-se os acórdãos do Tribunal da Relação de Évora, de 26 de abril de 2006, processo n.º 20/12.2IDSTR.E1 e do Tribunal da Relação de Lisboa, de 15 de março de 2016, processo número 1775/11.7IDLSB.L2-5, ambos disponíveis em www.dgsi.pt.

[442] Uma vez que os crimes tributários tutelam um bem jurídico superior, «colectivo ou supraindividual ao protegido pelo direito de necessidade e ainda porque não seria razoável impor o sacrifício daqueles interesses coletivos para satisfação de interesses particulares». – Vide, SILVA, Germano Marques da (2018), *Direito Penal (...)*, op. cit., pág. 64.

[443] Casos de GERMANO MARQUES DA SILVA [*Ibidem*, págs. 64 e 65] e NUNO LUMBRALES [*O abuso de confiança fiscal (...)*, op. cit., págs. 106-111].

que está em causa não é apenas o património do Estado, mas o «património destinado à realização do Estado fiscal social»[444], não obstante este interesse do Estado não se poder sobrepor a todo e a qualquer interesse. Assim e de modo a determinar qual o valor mais importante entre dois interesses, teremos que encontrar um critério para responder à questão, sendo unânime para a doutrina ponderar-se os valores em conflito[445]. É verdade que o preço a pagar por um Estado fiscal social obriga ao cumprimento do dever fundamental em colaborar, de um dever de solidariedade social, o qual corresponde à entrega do imposto – ao dever de pagar o imposto –, valor superior relativamente ao dever de pagar salários aos trabalhadores.

Relativamente ao apelo do direito de necessidade como causa de exclusão da ilicitude no crime de abuso de confiança fiscal tal não será de aceitar. No contrapeso entre os bens jurídicos em conflito, efetivamente, o cumprimento das obrigações tributárias quer pelo fim que representa, quer, principalmente, por força da lei, sobrepõe-se ao pagamento dos salários.

Assim, ao violar ilicitamente uma imposição para poder cumprir outra, o agente tem que optar, de entre ambas, pelo superior interesse em relação àquela que sacrifica, de modo a poder salvaguardá-la e ser considerada *"necessária"* à ação. Porém, caso se verifique que o direito sacrificado é superior ao interesse salvaguardado, a ilicitude não fica excluída.

Em face do que acabamos de referir, é nosso entendimento que fica colocada de parte a hipótese de o direito de necessidade poder ser fundamento, nestes casos, para exclusão da ilicitude; entendimento, aliás, similar àquele que é assumido na jurisprudência, onde, no que se refere aos crimes tributários, e mais concretamente à exclusão da ilicitude, a questão do conflito de deveres parece dominar todo o debate, como seguidamente verificaremos.

6.2. O Conflito De Deveres no Crime de Abuso de Confiança Fiscal

Interligado com o direito de necessidade, temos como causa de justificação o conflito de deveres, previsto pelo artigo 36.º do Código Penal[446]. Por força

[444] *Ibidem*, pág. 64.

[445] Vide, NABAIS, José Casalta (2015), *O Dever Fundamental de Pagar Impostos (...)*, op. cit., págs. 35 e 36.

[446] MIGUEZ GARCIA refere-se ao conflito de deveres como uma causa de exclusão regulada «com as roupagens de uma especialização do estado de necessidade justificante». – Vide, O *Risco de Comer (...)*, op. cit., 2012, pág. 129.

dos pressupostos e fundamentos específicos que o regulam, merece justamente tratamento autónomo[447].

Nos termos do n.º 1 do citado artigo, no conflito de deveres, dada a impossibilidade de cumprimento por parte do agente de um dos deveres, não se exige que o dever cumprido seja necessariamente de valor superior ao dever que deixou de se cumprir.

Assim, os pressupostos do conflito de deveres, e que o distinguem do direito de necessidade, são: o confronto entre deveres – e não diretamente entre interesses, bens ou valores –, e a possibilidade de existir igualdade de valores entre os deveres conflituantes, tendo como fundamento a inexigibilidade e a liberdade de evitar consequências danosas[448].

No conflito de deveres, na impossibilidade do cumprimento de ambos os deveres, o agente tem que cumprir um deles devendo optar pelo cumprimento do dever mais valioso[449/450].

Taipa de Carvalho ensina que os deveres em confronto têm de ser deveres jurídicos, não existindo justificação se entre dois deveres em conflito um for jurídico e o outro moral[451].

Para Faria Costa a norma do artigo 36.º do Código Penal

> *(...) só se dá quando inexoravelmente colidam dois deveres de ação e a problemática do facto a justificar ocorra no domínio da omissão penalmente relevante (...)*[452].

[447] Vide, Dias, Jorge de Figueiredo (2019), *Direito Penal, Parte Geral, (...)*, op. cit., pág. 547 e Vide, Costa, José de Faria (2017), *Direito Penal,(...)*, op. cit., pág. 335.

[448] Vide, Palma, Maria Fernanda (2018), *Direito Penal –Parte Geral, A teoria geral, (...)*, op. cit., págs. 340 e 341.

[449] Existem casos em que ambos os deveres em conflito são os mesmos. Um exemplo de fácil perceção, dado por Figueiredo Dias, é o do pai que vê dois filhos em risco de se afogarem e apenas pode salvar um deles. – Vide, *Direito Penal, Parte Geral, (...)*, op. cit., 2019, pág. 547.
Em relação ao fundamento do conflito de deveres, nomeadamente, conforme defende Figueiredo Dias, de que este repousa no mesmo fundamento justificador, Taipa de Carvalho apresenta uma posição ligeiramente divergente. Para este penalista «enquanto a justificação da ação lesiva do direito de necessidade se baseia no princípio da solidariedade, no conflito de deveres baseia-se na impossibilidade de cumprir os dois deveres de ação». – Vide, *Direito Penal, Parte Geral, (...)*, op. cit., 2016, pág. 413.

[450] Nas palavras de Conceição Cunha «o conflito de deveres pressupõe sempre situações de necessidade, enquanto estas poderão surgir à margem do conflito de deveres». – Vide, *Vida contra Vida – Conflitos existenciais e limites do Direito Penal*, Coimbra: Coimbra Editora, 2009, pág. 294.

[451] Vide, Carvalho, Américo A. Taipa de (2016), *Direito Penal, Parte Geral, (...)*, op. cit., pág. 425.

[452] Vide, *Jornadas de Direito Criminal*, Lisboa: Centro de Estudos Judiciários, 1983, pág. 63.

Por outro lado, quando essa colisão ocorra entre um dever de ação e um dever de omissão, já não nos encontramos perante um conflito de deveres, mas no âmbito do direito de necessidade[453].

O direito de necessidade constitui um poder, uma faculdade do agente, em agir. No conflito de deveres há a obrigação de agir. Daqui resulta que, naquela figura jurídica, o bem jurídico salvaguardado tem que ser sempre mais importante do que aquele que se sacrifica, enquanto no conflito de deveres verifica-se mesmo quando os deveres são iguais[454]. Ou seja, a questão não terá que ser abordada na superioridade dos «deveres ou interesses que os deveres se destinam a salvaguardar», uma vez que bastará a sua igualdade[455].

Esta causa de justificação é abundantemente alegada para justificar ações ou omissões no âmbito do crime de abuso de confiança fiscal, nomeadamente, pela hierarquização dos deveres que se encontram em conflito, no caso concreto, entre um dever contratual e um dever legal[456].

O conflito de deveres, previsto no artigo 36.º do Código Penal, preceitua não ser ilícito «o facto de quem, em caso de conflito no cumprimento de deveres jurídicos ou de ordens legítimas da autoridade, satisfizer dever ou ordem de valor igual ou superior ao do dever ou ordem que sacrificar». Assim, existe conflito de deveres sempre que o agente seja confrontado com a concorrência de deveres jurídicos ou ordens legítimas da autoridade e tenha de optar entre a que deve ou não sacrificar[457].

Esta figura é similar ao direito de necessidade no sentido da salvaguarda e ponderação dos valores ou interesses em causa. A grande diferença entre esta causa de justificação e o direito de necessidade, e na qual se fundamenta a sua autonomização, decorre do facto de no conflito de deveres os deveres em colisão serem de natureza diferente, em regra, um dever legal e outro contratual, sendo exigível que o agente opte pelo cumprimento de

[453] Vide, Dias, Jorge de Figueiredo (2019), *Direito Penal, Parte Geral, (...)*, págs. 547–551.

[454] Socorrendo-nos do exemplo referido na nota 449, Taipa de Carvalho, defendendo a posição de Roxin, ensina que mesmo perante deveres como o de salvar vidas, salvando-se apenas uma, a ação está justificada por força da «imponderabilidade da vida humana». – Vide, *Direito Penal, Parte Geral, (...)*, op. cit., 2016, pág. 432 e Roxin, Claus (1999), *Derecho Penal, Parte General (...)*, op. cit., pág. 729.

[455] Vide, Ferreira, Manuel Cavaleiro de (2010), *Lições de Direito Penal (...)*, op. cit., pág. 247.

[456] Cf. Capítulo II, secção I, ponto 6.2.

[457] Vide, Sousa, Jorge Lopes de / Santos, Manuel Simas (2010), *Regime Geral (...)*, op. cit., pág. 46, ponto 28.

um em detrimento do outro[458]. O agente atuará a coberto do conflito de deveres, se optar pelo cumprimento do dever mais valioso ou pelo menos de igual valor ao dever que preteriu[459].

O argumento mais invocado pelos agentes acusados da prática do crime de abuso de confiança fiscal, para afastar a punibilidade do crime, é a hierarquização do dever contratual do pagamento dos salários – considerado em patamar superior –, em relação ao dever legal da entrega do imposto retido em sede de IRS ou, até mesmo, decorrente de natureza fiscal diferente como é o caso do IVA. Não obstante existir a apropriação, por parte do agente, dessas quantias, a verdade é que esses montantes são aplicados no interesse de outro direito/dever constitucionalmente consagrado, pelo artigo 59.º, n.º 1, al. a) da Constituição da República Portuguesa, a saber, o direito à retribuição, o qual, *a contrario*, incute na entidade patronal o dever para o seu cumprimento/pagamento.

A doutrina, de um modo geral, está de acordo com a posição unânime da jurisprudência, segundo a qual o dever legal do cumprimento da entrega dos impostos é de valor superior ao dever de pagar salários, mesmo que isso elimine a única possibilidade de os trabalhadores poderem receber a sua retribuição salarial. Sendo certo que o fundamento para a justificação da exclusão da ilicitude decorre, em regra, por aplicação do direito de necessidade ou do conflito de deveres, a generalidade da doutrina[460] e da juris-

[458] Perante deveres iguais, o agente deve cumprir pelo menos um deles sob pena da prática de um comportamento ilícito. – Vide, Costa, José de Faria (2017), *Direito Penal,(...)*, op. cit., págs. 301 e 302 e Dias, Jorge de Figueiredo (2019), *Direito Penal, Parte Geral, (...)*, op. cit., págs. 548 e 549.

[459] Vide, Rocha, Lígia Noronha (2016), «O Conflito de Deveres como Causa de Justificação do Abuso de Confiança Fiscal? – Comentário ao Acórdão do Tribunal da Relação de Évora, Proc. 81/12.4IDEVR.E1 de 20-05-2014», *in* AAVV, Lisbon Law Review, 2016/2, LVII, Lisboa: Faculdade de Direito da Universidade de Lisboa, pág. 174.

[460] Isabel Marques da Silva e Germano Marques da Silva defendem a não aplicação desta causa de justificação em situações de pagamento dos salários a trabalhadores ou até a credores, por entenderem não ser possível ao contribuinte afastar os deveres que a lei lhe impõe mediante o incumprimento das suas obrigações fiscais. – Vide, Silva, Isabel Marques da (2018) *Regime Geral das Infrações Tributárias, (...)*, op. cit., pág. 171 e Silva, Germano Marques da (2018), *Direito Penal (...)*, op. cit., pág. 65.

Para Susana Aires de Sousa existe um dever de entregar imposto e há um conflito entre o dever de ação (pagar os salários) e um dever geral de omissão concretizado no dever de não se apropriar de quantias alheias.

prudência[461] tem entendido, de modo quase unânime, a improcedência das causas de exclusão de ilicitude, no caso do conflito de deveres, nas situações em que o obrigado legal opta por pagar os salários aos trabalhadores, ou por pagar aos seus credores, com as quantias retidas e/ou recebidas a título de IVA, de modo a que a sociedade da qual é gerente/administrador, por força das graves dificuldades económicas que enfrenta, possa continuar em atividade[462].

Não somos alheios à importância que o interesse tributário detém na realização e prossecução do interesse social, nomeadamente, de modo a poder responder às necessidades da comunidade. Igualmente não nos alheamos da relevância para o substituto em ser parte na discussão quando o interesse tributário se sobrepõe ao interesse social, razão pela qual o legislador consagrou princípios de participação e cooperação entre a Administração Fiscal e o sujeito passivo[463]. E, se o interesse social não se sobrepuser ao interesse tributário, o contrário também não ocorrerá. Todavia, poderão ocorrer circunstâncias em que os deveres em conflito justifiquem uma limitação do interesse tributário em prol do interesse social[464].

No caso de as receitas tributárias serem utilizadas para pagamentos a fornecedores ou a outros credores, com o fim de que a empresa se possa a manter em funcionamento, somos do entendimento que tal não legitima o reconhecimento de causa de justificação ou de exclusão da ilicitude.

[461] Vide, Acórdãos do Tribunal da Relação do Porto, de 10 de janeiro de 2018, processo n.º 257/14.0IDAVR.P2; do Tribunal da Relação de Lisboa, de 6 de julho de 2006, processo n.º 3372/2006-9; e do Tribunal da Relação de Lisboa, de 22 de setembro de 2004, processo n.º 4855/2004-3, todos disponíveis em www.dgsi.pt.

[462] Em sentido contrário, poderá «surgir a causa de justificação do conflito de deveres quando havendo por um lado, a obrigação de pagar os salários e por outra a obrigação de entregar as prestações retidas ao Fisco (...), com a comprovação da impossibilidade de cumprimento em simultâneo e pontual dos dois deveres jurídicos: que a empresa não consiga mensalmente rendimentos que lhe permitam suportar o pagamento dos salários e a retenção das prestações devidas ao fisco e, portanto, que possibilitem o cumprimento de todas as obrigações concorrentes». – Vide, Dias, Augusto Silva (1999), *Crimes e contra-ordenações (...)*, op. cit., pág. 463 e, ainda, Carvalho, Américo A. Taipa de (2016), *Direito Penal Parte Geral (...)*, op. cit., pág. 425.

[463] Vide, Sanches, J. L. Saldanha / Gama, João Taborda da (2006), «Audição – Participação – Fundamentação: A Co-responsabilização do sujeito passivo na decisão tributária», *in* AAVV, *Homenagem a José Guilherme Xavier de Basto*, Coimbra: Almedina, pág. 273.

[464] Vide, Rocha, Lígia Noronha (2016), «O Conflito de Deveres como Causa de Justificação, (...)», op. cit., pág. 177.

A aceitar-se tal legitimação estaria também a admitir-se que uma sociedade pudesse ser gerida com dinheiros públicos. Acresce que o conflito de deveres pressupõe que a violação ocorra em relação a direitos de outros, não podendo ser quaisquer direitos, nem o meio utilizado ter como fim a salvaguarda de um direito individual do próprio agente, *in casu,* a manutenção da atividade da sociedade[465].

Como verificámos, esta causa de justificação assenta numa ideia de ponderação de interesses, justificada pelo cumprimento de um dever jurídico superior em relação a outro de valor inferior[466]. Daí que, quando o obrigado legal utiliza essas quantias, do credor tributário, para satisfazer outras necessidades, em concreto, o pagamento dos salários, talvez se possa aceitar como justificada esta opção[467].

No entanto, também neste ponto pode existir um entendimento diferente, para tal, basta que se interprete a obrigação de entrega das receitas tributárias como penalmente tipificada pelos interesses sociais em causa e a obrigação de pagar a retribuição aos trabalhadores como meramente contratual[468]. Se assim se entender, então a entrega das receitas tributárias é manifestamente superior ao interesse do obrigado legal no pagamento das retribuições salariais aos seus trabalhadores.

Sabemos não ser uma situação anormal a decisão do agente proceder ao pagamento dos salários aos trabalhadores em detrimento da entrega das

[465] Vide, Ac. do Tribunal da Relação de Lisboa, de 6 de julho de 2006, processo n.º 3372/2006-9, disponível em www.dgsi.pt.

[466] Só há conflito de deveres quando colidem dois deveres: um de ação e um de omissão. – Vide, DIAS, Jorge de Figueiredo (2019), *Direito Penal, Parte Geral, (...),* op. cit., pág. 548.

[467] Neste sentido MÁRIO MONTE, para quem o dever de pagar salários é um dever positivo e cumpre-se à custa do sacrifício de um dever, também juridicamente positivo, o dever de efetuar a entrega das receitas tributárias. – Vide, «O abuso de confiança fiscal e contra a segurança social na emergência da crise económica,» *in* AAVV, *I Congresso de Direito Fiscal (coord. GLÓRIA TEIXEIRA),* Porto: Vida Económica, 2011, pág. 254.

[468] Para que o obrigado legal não tivesse grandes dificuldades em saber qual dos deveres cumprir, bastaria ter presente o artigo 1.º do Protocolo 4 adicional à CEDH, o qual dispõe que «ninguém pode ser privado da sua liberdade pela única razão de não poder cumprir uma obrigação contratual».

Porém, conforme se pronunciou o Tribunal Constitucional, através do Ac. n.º 312/2000, de 20 de junho, a obrigação da não entrega das receitas tributárias decorre da lei e não no âmbito de um contrato firmado em respeito pelo princípio da liberdade contratual entre dois entes singulares ou coletivos. Obrigação legal que quando não cumprida, dolosamente, merecerá a tutela e a intervenção penal.

receitas tributárias, por entender ser esta a única forma de assegurar os postos de trabalho e o mínimo de dignidade aos seus trabalhadores. No entanto, alguma doutrina[469] defende que ao agir deste modo o agente comete o crime de abuso de confiança fiscal, uma vez que este se encontra a cumprir as suas obrigações, designadamente salariais, mas à custa de um património que não lhe pertence, não entregando imposto.

Procederemos a uma diferenciação entre a utilização do montante relativo a imposto para pagamento de salários e para pagamento a credores, de modo a poder manter a solvibilidade da pessoa coletiva. Em ambas as situações a entidade patronal intervém na qualidade de fiel depositário ou cobrador do imposto, por interesse público[470]. É impensável, atendendo ao sistema fiscal atual, ser a própria Administração Tributária a efetuar as retenções na fonte do salário de cada trabalhador ou ser o contribuinte a proceder à entrega do IVA de todas as transações em que participasse e o imposto fosse devido.

Concordamos não se dever admitir a aplicação do conflito de deveres como causa de exclusão da ilicitude nos casos em que o substituto utiliza os montantes recebidos a título de imposto de IVA ou de retenção na fonte do salário de um trabalhador, para pagamento a credores, mesmo, por exemplo, na situação em que esse pagamento seja fundamental para a aquisição de matéria prima para que a sociedade possa manter a sua laboração. A obrigação de pagamento de despesas decorrentes da atividade societária é contratual, ao invés da obrigação da entrega do imposto legal, desde logo superior em relação à primeira[471]. Esta obrigação legal encontra-se num plano superior uma vez que o sistema fiscal prossegue, como fins, a repartição justa dos rendimentos e da riqueza, a diminuição das desigualdades, a igualdade dos cidadãos e a justiça social[472]. Justificar-se este incumpri-

[469] Vide, Lumbrales, Nuno (2003), *O Abuso de Confiança Fiscal (...)*, op. cit., pág. 112. Este autor, contudo, não deixa de chamar a atenção para o menor desvalor da ação da conduta de quem se socorre de receitas públicas para satisfazer créditos salariais, por contraponto a quem o faz simplesmente para enriquecer à custa do património alheio.

[470] Vide, Marques, Paulo (2014), «A responsabilidade tributária e sancionatória da entidade empregadora (...), op. cit., págs. 303 e 304.

[471] Vide, Ac. do Supremo Tribunal de Justiça, de 18 de junho de 2003, processo n.º 02P3723, disponível em www.dgsi.pt.

[472] Vide, Rodrigues, Anabela Miranda (1999), «Contributo para a fundamentação de um discurso punitivo em matéria penal fiscal», *In* AAVV, *Direito Penal Económico e Europeu: Problemas Especiais – Volume II*, Coimbra: Coimbra Editora, pág. 481.

mento no interesse exclusivo da pessoa coletiva, seria defender o autofinanciamento do substituto através dos impostos cuja titularidade pertence ao Estado, que se viria impedido de prosseguir os seus fins, que visam o bem comum. Acresce, ainda, que pactuando-se com um comportamento desta natureza teríamos uma concorrência desleal entre as sociedades cumpridoras e as incumpridoras[473], com repercussões catastróficas. Conhecendo-se o sistema societário – não obstante a existência de mecanismos de responsabilidade, como são exemplo os artigos 24.º da LGT, 72.º e ss do CSC e/ou 186.º e ss do CIRE –, existe um sentimento de desresponsabilização (atualmente bastante menor) a que os respetivos gerentes e administradores dos entes coletivos nutrem em relação ao sistema tributário, mas as receitas tributárias são imprescindíveis ao funcionamento do Estado, em todas as suas vertentes, de forma a este poder ser capaz de responder aos anseios da comunidade sob pena da falência do Estado Social.

Em relação ao pagamento dos salários aos trabalhadores em detrimento da entrega dos valores de imposto referente à retenção na fonte do salário podemos colocar várias questões cujas respostas nos podem indicar diferentes caminhos e, em alguns casos, menos consensuais. Com efeito, se a entidade patronal não realizar a retenção ao valor ilíquido da remuneração salarial do trabalhador, por ter entregue apenas o valor liquido a que aquele teria direito, independentemente do que possa constar da folha de recibo do trabalhador, não se preenche o tipo de ilícito. Se pelo contrário, efetuou a retenção e não entregou à Autoridade Tributária o montante dessa retenção, o fim da utilização desse dinheiro terá relevância para efeitos de aplicação de uma causa de exclusão da ilicitude[474].

Quanto à eventual justificação da não entrega dos montantes se prender com a opção pelo pagamento dos salários aos trabalhadores, a jurisprudência, tal como ocorre no direito de necessidade é unânime na sua exclusão[475],

[473] Vide, SILVA, Germano Marques da (2018), *Direito Penal (...)*, op. cit., pág. 65.

[474] Vide, SERRA, Teresa / AMORIM, Cláudia (2011), «Abuso de confiança fiscal, algumas reflexões a partir de um caso concreto», *in* AAVV, *Estudos em memória do Prof. Doutor J. L. Saldanha Sanches – Volume V*, Coimbra: Coimbra Editora, pág. 479.

[475] A título de exemplo, vejam-se os acórdãos do Tribunal da Relação de Guimarães, processo n.ºs 131/05-1, de 14 de março de 2005 e 285/11.7IDBRG.G1, de 4 de fevereiro de 2013; do Tribunal da Relação de Coimbra, processo n.º 1133/10.0IDLRA.C1, de 28 de março de 2012; do Tribunal da Relação de Évora, processos n.ºs 20/12.2IDSTR.E1, de 26 de abril de 2016 e 98/10.3IDSTB.E1, de 7 de junho de 2016; do Tribunal da Relação do Porto, processo n.º 6651/08.8TAVNG.P1, de 20 de junho de 2012, todos disponíveis em www.dgsi.pt.

em regra, por razões semelhantes: pelo conflito entre a obrigação legal (imposto) e a obrigação contratual (pagamento de salário), ou seja, entre o interesse de um todo (comunidade) e o interesse de um (pessoa coletiva e trabalhadores). A doutrina segue idêntico entendimento, destacando-se o argumento da existência de mecanismos legais, quer a nível laboral (podem requerer apoios assistencialistas e, em caso de insolvência, requerer igualmente o pagamento de parte dos créditos laborais que venham a ser reconhecidos, através do Fundo de Garantia Salarial), quer societário (podem recorrer ao Regime Extrajudicial de Recuperação de Empresas[476], ao Processo Especial de Revitalização[477] ou requerer judicialmente a sua própria Insolvência) para situações de grave crise económica das empresas[478].

Contudo, esta posição, em nosso entendimento, é injusta por não dar relevo a cada caso concreto e aos fundamentos que levaram o substituto a não proceder à entrega do imposto.

Socorremo-nos de Figueiredo Dias para podermos reforçar a nossa posição:

> *(...) no conflito de deveres o resultado da ponderação (igualdade dos deveres, superioridade ou inferioridade do dever cumprido) não deve resultar simplesmente da hierarquia dos bens jurídicos em colisão, mas da ponderação concreta dos interesses em conflito no quadro da situação global (...)*[479].

Não podemos desconhecer o facto de o nosso País ser constituído, na grande maioria, por pequenas e médias empresas, nas quais o pagamento do salário mínimo é a retribuição mensal de uma grande percentagem dos

[476] O Regime Extrajudicial de Recuperação de Empresas, previsto na Lei n.º 8/2018, de 2 de março, regula os termos e os efeitos das negociações e do acordo de reestruturação que seja alcançado entre um devedor e um ou mais dos seus credores, na medida em que os participantes manifestem, expressa e unanimemente, a vontade de submeter as negociações ou o acordo de reestruturação ao regime previsto neste regime legal.

[477] O processo especial de revitalização (PER) funciona como um processo pré-insolvencial (no sentido preventivo de uma potencial insolvência), cuja grande vantagem é a «possibilidade de o devedor obter um plano de recuperação sem ser declarado insolvente e através do qual se reserva aos credores um papel fundamental: o de "consentirem (pelo menos momentaneamente) no sacrifício dos seus direitos para viabilizarem o PER ou, então, manterem-se irredutíveis"». – Vide, Ac. do Tribunal da Relação de Coimbra, processo. n.º 2710/16.1T8VIS.C1, de 7 de março de 2017, disponível em www.dgsi.pt.

[478] Vide, Silva, Germano Marques da (2018), *Direito Penal (...)*, op. cit., pág. 65.

[479] Vide, *Direito Penal, Parte Geral, (...)*, op. cit., 2019, pág. 550.

seus trabalhadores[480]. Parece-nos evidente, olhando à realidade prática, que o não pagamento de salário numa situação desta natureza provoca uma situação de crise familiar e, seguramente, de perturbação emocional também para os responsáveis por esse pagamento, os seus administradores/gerentes. Felizmente não estamos sozinhos nesta nossa preocupação[481]. Defendemos, no passado, a posição[482], segundo a qual as dificuldades financeiras não podem ser impedimento à aplicação de causa de exclusão da ilicitude sem se refletir sobre o caso concreto e, encontrando-se em crise o pagamento dos salários aos trabalhadores e o princípio da dignidade humana destes e das suas famílias, será de se aceitar como causa de exclusão da ilicitude a não entrega do imposto. Para além de que, ao contrário do preceituado, o próprio Estado "obriga", maioritariamente, o trabalhador a um "*calvário*" penoso, com consequências nefastas do ponto de vista económico, social e familiar, pela lentidão no cumprimento da legislação em vigor, isto é, até o trabalhador poder beneficiar dos apoios que o próprio Estado lhe coloca ao dispor.

Compreendemos os argumentos para a exclusão do conflito de deveres nestas situações, atentos os bens jurídicos, o princípio da unidade da ordem jurídica, da ponderação dos interesses, a proteção da comunidade através do Estado que apenas subsiste através da receita proveniente dos impostos. Porém, a hierarquização deste dever e o pagamento do salário, do ponto de vista da jurisprudência, é realizado somente pela diferenciação entre o dever legal e o dever contratual, não obstante este último ser, como vimos, uma imposição da lei e da Constituição.

Na Constituição temos consagrado o princípio previsto no artigo 103.º referente à função do sistema fiscal e ao caráter legal do imposto e, na alínea a), do artigo 59.º, o direito do trabalhador «à retribuição do trabalho

[480] Em 2018, a percentagem de trabalhadores a receber o salário mínimo no setor da indústria, segundo a base de dados *pordata*, era de 22,1%. – Vide, www.pordata.pt.

[481] Vide, Pedro, Manuel José Miranda (2008), «Justificação do Facto e Exclusão da Culpa nos Crimes de Abuso de Confiança Fiscal e Contra a Segurança Social: O Estado da Questão na Doutrina e na Jurisprudência», *in* AAVV, *Colectânea de textos de Parte Especial do Direito Penal*, Lisboa: AAFDL, pág. 227; Rocha, Lígia Noronha (2016), «O Conflito de Deveres como Causa de Justificação, *(...)*, op. cit., pág. 189; Serra, Teresa / Amorim, Cláudia (2011), «Abuso de confiança fiscal, (...), op. cit., pág. 482.

[482] Vide, Lacerda, Hugo (2011), *Os Crimes Contra a Segurança Social*, Porto: Faculdade de Direito da Universidade do Porto, Centro de Investigação Jurídico Económica.

(...) de forma a garantir uma existência condigna». É estranho que se hierarquizem deveres e valores constitucionalmente consagrados, de modo a que o pagamento de imposto possa ser considerado superior em relação ao direito à retribuição[483]. Um outro critério decorrerá da dimensão individual dos bens jurídicos, não bastando a criminalização da não entrega de imposto, ao invés da "descriminalização" do não pagamento da retribuição por parte do empregador ao trabalhador.

Como ensina TAIPA DE CARVALHO

> *(...) tem de aceitar-se que pode haver um conflito entre um dever jurídico não penalmente tutelado e um dever jurídico-penal, em que aquele seja considerado de valor igual ou superior ao dever jurídico-penal. Disto resulta a conclusão de que pode o cumprimento de um dever não penal levar à exclusão da ilicitude do não cumprimento do dever jurídico-penal e, consequentemente, à justificação da conduta (omissão) tipificada criminalmente. Assim, não pode sem mais, negar-se a existência de um verdadeiro conflito de deveres, e a eventual exclusão da ilicitude penal, na hipótese em que o patrão, na impossibilidade de pagar os salários e os impostos, cumpre o dever jurídico-laboral em detrimento do dever jurídico-penal fiscal (...)*[484].

Por sua vez, MÁRIO MONTE, de forma igualmente assertiva, foca a questão de saber se na obrigação contratual decorrente do pagamento da retribuição aos trabalhadores, os deveres do contribuinte são exclusivamente seus ou de terceiros[485]. Ora, os interesses são coletivos porque estando em causa o pagamento de salários estes convergem forçosamente com o direito à dignidade da pessoa humana, em contra ponto com o dever fundamental de pagar em impostos[486], que visa a realização dos fins sociais a que o Estado se encontra constitucionalmente adstrito[487].

483 Vide, CAUPERS, João (1985), *Os Direitos Fundamentais dos Trabalhadores e a Constituição*, Coimbra: Almedina, pág. 170.

484 Vide, *Direito Penal Parte Geral (...)*, op. cit., 2016, pág. 427.

485 Vide, *O abuso de confiança fiscal (...)*, Porto: Vida Económica, 2011, pág. 254.

486 Vide, NABAIS, José Casalta (2015), *O Dever Fundamental de Pagar Impostos (...)*, op. cit., pág. 186.

487 Defendemos que o dever de pagar impostos é um dever fundamental, pelo fim comunitário a que se destina. A reflexão que propomos é a de saber, entre dois deveres essenciais, qual a forma de salvaguardar ambos, ou qual a razão da opção por um, sujeito a sanções criminais, em detrimento de outro, sujeito a sanções meramente civis.

Fundado na confiança ambas as obrigações e ambos os deveres, o princípio da coerência do sistema tributário e do dever de entregar impostos não estão em conflito? A resposta terá de ser positiva uma vez que, independentemente das posições que cada um assuma, sobre a exclusão da ilicitude supra explanada, a máquina fiscal encontra-se cada vez mais eficaz, tendo por único e exclusivo objetivo o de arrecadar e obter as receitas tributárias em falta[488].

Colocando-se esta questão numa visão teórico-prática[489]: em regra, o agente que, mesmo dolosamente, opta por efetuar o pagamento dos salários aos seus trabalhadores, demonstra com essa ação ter como maior preocupação o bem estar dos seus trabalhadores, honrar os compromissos contratualmente assumidos com aqueles, de modo que estes o possam igualmente fazer perante as suas famílias e terceiros.

Existe a obrigação, por via da relação contratual, de pagamento da retribuição. Dentro desse prisma, tem o empregador a obrigação de efetuar as retenções de imposto em sede de IRS. Porém, confrontado com a situação de só poder entregar ao trabalhador o montante líquido a que tem direito, pelo trabalho prestado, o empregador cumpre um dever positivo, mas não aquele dever positivo que, unilateralmente, e por força da lei, lhe é imposto pelo Estado.

Mas, coloquemos ainda uma nova hipótese: se o empregador optar por cumprir com a obrigação legal de entregar ao Estado as receitas tributárias de que este é credor, e, nesta medida, incumprir com a obrigação contratual, quais as consequências para o substituto e para o próprio Estado?

Para o substituto tributário não incorrerá em responsabilidade tributária e, por conseguinte, não existirá qualquer responsabilidade penal; existirá somente uma questão de responsabilidade contratual cujas consequências serão imputadas ao empregador em sede laboral ou, *in fine,* em sede de insolvência. Já o mesmo não acontece quando se trata do Estado, o qual, em

[488] Bastará, para merecer a intervenção penal, que estejamos perante um interesse preponderantemente público a acautelar? As consequências decorrentes do não pagamento de salários não configurarão, igualmente, um interesse preponderantemente público a acautelar? – Vide, Ac. Supremo Tribunal de Justiça, de 31 de maio de 2006, processo n.º 06P1294, disponível em www.dgsi.pt.

[489] Ensina Vaz Serra que as regras da experiência não são normas jurídicas, mas partes dessas normas porque estas as mandam, expressa ou tacitamente, ter em conta, pelo que a sua violação implica infração de lei substantiva. – Vide, *Revista de Legislação e Jurisprudência*, Ano 108, n.º 3554, 1975/1976, pág. 358.

vista à realização e prossecução dos fins sociais, terá, economicamente, uma *árdua tarefa*. Isto porque, numa primeira fase, o trabalhador, após a sociedade entrar em situação de insolvência, reclamará os seus créditos laborais,[490] os quais, após serem admitidos, serão graduados[491]. Receberá subsídio de desemprego e requererá, independentemente da insolvente ter ou não bens para ressarcir os seus credores, o pagamento "adiantado" de parte daquele crédito através do Fundo de Garantia Salarial, o qual é administrado pelo Instituto da Segurança Social. Assim, repare-se que, em casos análogos ao exposto, para o Estado receber as receitas tributárias, através de um comportamento pautado pela ameaça de sanção penal ao substituto, o trabalhador acabará desempregado, passando a ter, por tal razão, direito a prestações sociais, como o subsídio de desemprego, e terá ainda de proceder ao pagamento de parte dos créditos reclamados pelo trabalhador, através do Fundo de Garantia Salarial[492], situação que, em termos económicos, acarretará ao Estado um maior prejuízo.

Todavia, raciocínio diferente pode ser efetuado, isto é, não compete ao privado proteger os trabalhadores, mas ao sistema do Estado. Ora, se o privado desfalca o Estado, a médio-longo prazo esse sistema deixa de funcionar e os trabalhadores ficarão mais desprotegidos, mas, seja qual for a posição que se defenda, entendemos que o grande problema jurídico, com que aqui nos deparamos, decorre do facto de estarmos perante dois deveres, dois interesses, ou se preferirmos, dois valores positivos num mesmo nível. Na realidade, ambos têm, indiscutivelmente, um «conteúdo social de inegável» relevância[493], o qual, em face dos fins sociais a que se destinam, não poderá nunca ser colocado em causa[494]. No entanto, pese embora toda esta aparente complexidade, não se deve confundir a exclusão da ilicitude com a

[490] Cf. Artigos 128.º e 146.º, ambos do CIRE.

[491] Atente-se que no processo de insolvência os créditos dos trabalhadores são, em regra, graduados em primeiro lugar, em relação aos créditos decorrentes de impostos, nos termos do artigo 47.º do CIRE e artigo 333.º do CT. Igualmente, vide, Ac. do Tribunal da Relação de Coimbra, de 16 de maio de 2017, processo n.º 923/11.1TBCTB-C.C2, disponível em www.dgsi.pt.

[492] Cf. Decreto-Lei n.º 59/2015, de 21 de Abril, com as alterações implementadas pela Lei n.º 71/2018, de 31 de dezembro.

[493] Vide, Monte, Mário Ferreira (2011), *O abuso de confiança fiscal (...)*, Porto: Vida Económica, 2011, pág. 263.

[494] O próprio legislador, à exceção do que ocorre no Direito Penal, coloca hierarquicamente num nível superior os créditos aos trabalhadores decorrentes da falta do pagamento de salários em relação a créditos referentes a Impostos ou à Segurança Social.

descriminalização, caso contrário esta possibilidade seria um escape para a prática do ilícito sem qualquer consequência penal[495].

Para a jurisprudência não existe causa de justificação, mas a norma do artigo 105.º do Regime Geral das Infrações Tributárias, tal conforme se encontra conformada, não permitirá a exclusão da ilicitude numa situação de conflito de deveres?

Entendemos que o pagamento dos salários aos trabalhadores à custa das receitas tributárias recebidas, em regra, não é razão suficiente para afirmar que se está perante um conflito de deveres, uma vez que o agente se encontra perante um dever positivo (o pagamento dos salários) e um dever negativo (a apropriação das receitas tributárias, atuando como sendo coisa sua) e este dever de não fazer prevalece sobre o dever de fazer, contudo não se poderá deixar de olhar à situação e às circunstâncias de cada caso[496], avaliação que não é mormente realizada pela jurisprudência.

Assim, não sendo aplicáveis as causas da exclusão da ilicitude, ou seja, o conflito de deveres, ou o direito de necessidade[497], pode o problema ser analisado na perspetiva da culpa, ou seja pelas causas da exclusão da culpa e, em concreto, pelo estado de necessidade?

6.3. Aspetos essenciais da Exclusão da Culpabilidade

Também a culpabilidade pode não existir em certas situações, que a lei considera suficientes, para exonerar o agente de qualquer juízo de reprovação, constituindo-se – como abordaremos em momento próprio –, em causas de exclusão da culpa. Só se discute a culpa se o facto for típico e ilícito.

Por outro lado, a ação perpetrada tem, para efeito da culpa, de ser praticada com ilicitude, mas por não lhe serem exigidos os mesmos pressu-

[495] A impossibilidade económica por parte do substituto – motivo que o leva a optar pela não entrega do imposto –, «deve ser averiguada de acordo com o critério da previsibilidade objectiva *ex ante* e segundo o princípio da auto-responsabilidade do agente», para se poder sustentar o conflito de deveres. – Vide, PEDRO, Manuel José Miranda (2008), «Justificação do Facto e Exclusão da Culpa nos Crimes de Abuso de Confiança Fiscal (...), op. cit., págs. 227 e 228.

[496] Vide, SERRA, Teresa / AMORIM, Cláudia (2011), «Abuso de confiança fiscal, (...), op. cit., pág. 481.

[497] Para TAIPA DE CARVALHO, «o chamado "conflito de deveres", quando, verdadeiramente, coenvolver um problema de justificação (de exclusão da ilicitude), é ao direito de necessidade que se deve subsumir e como tal ser resolvido». – Vide, *A Legítima Defesa*, Coimbra: Coimbra Editora, 1995, pág. 173.

postos que às causas de justificação, ser-lhe excluída a ação culposa, e, desta forma, o comportamento ilícito não ser culposo.

Na investigação realizada por FIGUEIREDO DIAS sobre o princípio da culpa e a sua doutrina em Direito Penal – atendendo à sua atualidade e pertinência –, recordamos o seguinte ensinamento:

> *(...) todo o direito penal há-de ser um «direito penal de culpa», no sentido de que esta constitui, se não necessariamente o pressuposto e o fundamento, ao menos o limite da pena e da sua medida. Ao direito penal compete, antes de tudo, uma função de proteção de bens e valores fundamentais da comunidade social, a fim de proporcionar as condições indispensáveis ao livre desenvolvimento e realização da personalidade ética do homem (...)*[498].

No princípio da culpa existe uma reprovação da conduta violadora do agente em relação quer a valores individuais, quer comunitários, os quais se encontram reconhecidos na ordem jurídica.[499] Para que se venha a constituir uma infração tributária merecedor da tutela penal a ação carece de ser praticada por uma vontade livre e autónoma[500/501].

Assim, ao lado do elemento objetivo da infração, dos elementos do tipo objetivo, terá que existir o elemento subjetivo que se liga com a culpa do agente, cuja definição e natureza têm sido objeto de larga controvérsia na doutrina, e de tratamentos diversos nas legislações fiscais (não apenas nacional).

[498] Vide, *Liberdade, Culpa, Direito Penal,* 3.ª Edição, Coimbra: Coimbra Editora, 1995, pág. 17.

[499] A noção de culpa divide-se: «no quadro de princípio orientador de política criminal, no plano de ideia regulativa e no horizonte da pura censurabilidade concreta». – Vide, COSTA, José de Faria (2015), *Noções Fundamentais de Direito Penal,* 4.ª Edição, Coimbra: Coimbra Editora, pág. 329.
Concordamos com AUGUSTO SILVA DIAS para quem «não há pena sem culpa e a pena deve corresponder, ou ter como limite, um certo grau de culpa; não há crime sem culpa. À censura pública e à declaração de culpa endereçadas ao autor de um facto punível, não tem de se seguir sempre uma pena determinada. A pena vale sobretudo pela sua utilidade». – Vide, *«Delicta in Se» e «Delicta Mere Prohibita» – Uma análise das descontinuidades do ilícito penal moderno à luz da reconstrução de uma distinção clássica,* Coimbra: Coimbra Editora, 2008, pág. 759.

[500] FIGUEIREDO DIAS ensina, sobre a liberdade e a vontade, que «toma-se por regra a liberdade do homem em um sentido especializado, como "liberdade de vontade", como "*liberum arbitrium indifferentiae*", como em suma, possibilidade de actuar sem perturbações (endógenas ou exógenas) exteriores ao mecanismo psicológico da vontade». – Vide, *O Problema da Consciência, da Ilicitude em Direito Penal,* 6.ª Edição, Coimbra: Coimbra Editora, 2009, pág. 179.

[501] Vide, DIAS, Jorge de Figueiredo (2019), *Direito Penal, Parte Geral, (...),* op. cit., págs. 318-320.

Enquanto algumas prescindem inteiramente da culpa, considerando de todo irrelevante ou indiferente a sua presença, ou a sua falta, contentando-se com a simples materialidade do facto para considerar punível um comportamento ilícito e acolhendo uma conceção objetiva da responsabilidade penal fiscal, para a qual basta o caráter voluntário da conduta, independentemente do seu conteúdo. Outras admitem, ou preconizam, uma presunção genérica da culpabilidade, atribuindo ao pretenso infrator o ónus de provar que agiu sem dolo ou negligência.

Finalmente, há ainda um terceiro grupo o qual perfilha a doutrina subjetiva pura, exigindo como requisito essencial da punibilidade da ação a existência de culpa do agente.

Defendeu-se, no passado, ser sempre necessário um elemento subjetivo, para que existisse infração tributária, admitindo-se uma presunção ilidível de negligência relativamente ao ilícito fiscal. A presença do elemento subjetivo, o dolo, em relação às infrações tributárias sancionadas como crime e o dolo ou negligência no caso das contraordenações, é essencial na culpabilidade do agente.

Abordámos, como introito, a matéria da justificação ou exclusão da ilicitude, em particular o direito de necessidade ou estado de necessidade justificante, a par com o conflito de deveres. O Código Penal, no artigo 35.º, prevê a possibilidade da culpa ser excluída.

Façamos, primeiramente, uma breve distinção entre o direito de necessidade justificante e o estado de necessidade desculpante. Assim, a diferença reside no facto de neste último – enquanto manifestação do princípio da inexigibilidade –, os bens jurídicos em perigo, terem que ser bens jurídicos pessoais, individuais, pressupondo que o bem jurídico lesado é de um terceiro e não é de valor inferior ao bem jurídico em perigo e se pretende salvar. São sempre bens jurídico-penais[502].

Por seu turno, no direito de necessidade justificante a principal diferença reside na situação de o facto típico praticado visar a salvaguarda de um bem jurídico próprio ou de terceiro de maior valor do que o bem sacrificado[503].

Destarte são pressupostos do estado de necessidade desculpante a verificação de uma situação de perigo atual para bens jurídicos de natureza

[502] Vide, Carvalho, Américo A. Taipa de (2016), *Direito Penal, Parte Geral, (...)*, op. cit., pág. 515.

[503] Vide, Ac. do Tribunal da Relação do Porto, de 28 de janeiro de 2015, processo n.º 9/13.4GCFLG.P1, disponível em www.dgsi.pt.

pessoal do agente ou de terceiro e ser o facto ilícito praticado idóneo a afastar o perigo que não seria removível de outro modo[504]. Torna-se essencial que o agente atue de modo a que a sua ação preserve o bem jurídico que se encontra ameaçado, nem fazia sentido a desculpa do agente, como defende Germano Marques da Silva[505], se a ação não tivesse como fim a proteção do bem ameaçado[506].

6.3.1. *A Imputabilidade (Capacidade de Culpa)*

A imputabilidade, que diz respeito à especial conformação da personalidade do agente, sem a qual o seu comportamento não é punido, e que consiste em agir com liberdade e capacidade tributária, é condição para que um comportamento possa ser tido como culposo. Só pode ser considerado culpado quem, no momento da prática do facto, é considerado imputável[507].

A imputação designa a «correlação entre o agente e o seu ato»[508]. A imputabilidade tem uma dupla dimensão:

i. intelectual e moral *(dimensão sobre a capacidade de avaliação e compreensão)*;
ii. volitiva *(dimensão sobre a capacidade de decisão)*;

[504] Vide, Ac. do Tribunal da Relação de Guimarães, de 22 de junho de 2015, processo n.º 1549/14.3T8VCT.G1, disponível em www.dgsi.pt.

[505] Vide, *Direito Penal Português – Teoria do Crime*, (...), op. cit., 2018, pág. 282.

[506] Ainda neste sentido e complementando o supra referido: «não será necessário que o agente atue por motivos nobres ou que a sua finalidade última seja a salvação do bem jurídico em perigo; mas torna-se indispensável que ele pratique a ação para – sejam quais forem os motivos últimos –, determinar com ela a preservação do bem jurídico ameaçado». – Vide, Dias, Jorge de Figueiredo (2019), *Direito Penal, Parte Geral, (...)*, op. cit., pág. 782.
Aliás, como refere Cavaleiro Ferreira, não podemos deixar de relevar o facto de «os estados emotivos que enfraquecem a vontade são os que precedem a decisão voluntária e nao os que a seguem. O medo, em maior medida, a ira ou indignação, a compaixão justa pela eventual vítima, as particulares relações de parentesco ou amizade, são todas circunstâncias a tomar em linha de conta para admitir a maior ou menor desculpabilidade do facto». – Vide, *Lições de Direito Penal (...)*, op. cit., 2010, pág. 350.

[507] Para Welzel os elementos da censurabilidade são: a imputabilidade («atentas as suas forças psíquicas, o autor é capaz de se motivar de acordo com a norma») e a possibilidade de avaliar o ilícito («o autor está em condições de se motivar de acordo com a norma por ter a possibilidade de compreender a antijuricidade»). – Vide, «Teoria da Infração – crimes dolosos», *in Textos de apoio de Direito Penal, Tomo II*, Lisboa: AAFDL, 1983/1984.

[508] Vide, Silva, Germano Marques da (2018), *Direito Penal Português – Teoria do Crime*, (...), op. cit., pág. 264.

Relativamente às espécies de imputabilidade penal são, igualmente, duas: a material e a da razão em idade[509]. Em relação à primeira, a imputabilidade material tem a sua origem na anomalia psíquica do agente. A segunda, por força do estipulado no artigo 19.º do Código Penal, apenas são imputáveis os maiores de 16 anos[510].

Por sua vez, os inimputáveis, na medida em que não reconhecem a ilicitude dos seus atos, carecem de capacidade jurídica, sendo imputada aos seus representantes legais, perante a nossa ordem jurídica, a responsabilidade pelas infrações praticadas[511].

6.3.2. *A "imputabilidade" das Pessoas Coletivas*

O princípio que faz depender a imputabilidade da capacidade tributária penal apresenta uma relevante exceção ao admitir a imputabilidade das pessoas coletivas. É a própria pessoa coletiva que é considerada autora da infração, respondendo, com a pessoa singular, subsidiária e solidariamente, pelo pagamento das multas decorrentes da prática do ilícito tributário, na

[509] Sobre a (in)imputabilidade em razão da idade. – Vide, Alfaite, Ana Rita (2018), «O artigo 19.º do Código Penal português à luz de uma nova visão sobra a (in)imputabilidade penal em razão da idade – o conceito de *intellectus criminalis*», *in* AAVV, *Estudos em Homenagem ao Prof. Doutor Manuel da Costa Andrade, Volume I – Direito Penal,* Coimbra: Boletim da FDUC, págs. 63-92.

[510] Os regimes jurídicos de Espanha, Alemanha e França estabelecem a idade mínima de 14 anos para efeitos de imputabilidade. Na Inglaterra não se estabeleceu nenhuma idade mínima, apenas existindo uma imputabilidade material. Entre nós, do ponto de vista tributário, para efeitos de punibilidade, a idade é a de 16 anos, por remissão ao artigo 68.º do Código do Trabalho. – Vide, Marecos, Diogo Vaz (2020), *Código do Trabalho – Comentado,* 4.ª Edição, Coimbra: Almedina, págs. 216-218.

[511] Não nos podemos esquecer que é ao acompanhante, do maior acompanhado, sobre quem impendem todas as responsabilidades e deveres relativamente ao cumprimento das obrigações fiscais do maior acompanhado. Inelutavelmente não se pode colocar a possibilidade, nos casos em que apenas seja possível aplicar sanção correspondente a pena de privação da liberdade, de serem os acompanhantes responsabilizados, por força dos princípios e garantias consagrados pela Constituição da República Portuguesa.
Com a entrada em vigor da Lei n.º 49/2018, de 14 de agosto, eliminaram-se os institutos da *"interdição"* e da *"inabilitação"* introduzindo-se a figura jurídica do *"Maior Acompanhado".* Sobre o novo regime dos Maiores Acompanhados. – Vide, Barbosa, Mafalda Miranda (2018), *Maiores Acompanhados,* Coimbra: Gestlegal.

medida em que a culpa das pessoas coletivas «é construída normativamente por analogia com as pessoas singulares»[512].

Esta responsabilidade criminal de entes coletivos corresponde à obrigação do responsável pela organização e gestão do ente coletivo que serve os seus fins, amplia a sua esfera e os seus meios de atuação, para além do que está ao alcance de um só indivíduo, e é por ele modelada e dirigida[513].

Poderia colocar-se, colateralmente, a questão de saber se existiria violação do princípio *non bis in idem*[514], no entanto, de forma objetiva, não é esse o nosso entendimento, uma vez que não existe uma transferência de responsabilidade penal, mas apenas civil.

A responsabilidade pelas multas e coimas previstas no artigo 8.º do Regime Geral das Infrações Tributárias impõe um dever indemnizatório que deriva do facto ilícito e culposo que é praticado pelo administrador, gerente ou técnico de contas certificado, e que constitui causa adequada ao dano que resulta para o Estado pela não obtenção de receita[515].

[512] Vide, Silva, Germano Marques da (2018), *Direito Penal Português – Teoria do Crime, (...)*, op. cit., pág. 265.

[513] Vide, Brito, Teresa Quintela de (2010), «Responsabilidade Criminal de Entes Colectivos – Algumas questões em torno da interpretação do artigo 11.º do Código Penal», *in* AAVV, RPCC, Ano 20, n.º 1, Coimbra: Coimbra Editora, pág. 55.

[514] Este princípio consagrado no artigo 29.º, n.º 5 da Constituição da República Portuguesa, de ninguém poder ser julgado mais do que uma vez pela prática do mesmo crime, proíbe criminalmente a dupla valoração de um determinado facto. – Vide, Salinas, Henrique (2014), *Os Limites Objectivos do Ne Bis In Idem e a Estrutura Acusatória no Processo Penal Português*, Lisboa: Universidade Católica Editora e Leite, Inês Ferreira (2016), *Ne (Idem) Bis In Idem – Proibição de Dupla Punição e de Duplo Julgamento – Vols. I e II*, Lisboa: AAFDL Editora.

[515] Vide, Ac. do Tribunal da Relação de Guimarães, de 10 de julho de 2014, processo n.º 721/07.7TAFAF-A.G1, disponível em www.dgsi.pt, e que nos permitimos transcrever a seguinte parte: «o art.º 8.º do RGIT, sobre a responsabilidade civil pelas multas e coimas, no n.º 1, estabelece a responsabilidade subsidiária a efetivar contra os gerentes se verificadas determinadas circunstâncias (reconduzíveis à falta de pagamento da multa por sua culpa), o que pressupõe que seja após a condenação da sociedade/ente coletivo pela infração em pena de multa, e por falta de pagamento desta (ou sua cobrança coerciva), e como tal pode ser traduzida na emissão de uma decisão posterior à sentença condenatória e subsequente à falta de pagamento da multa e da verificação dos requisitos de que depende a efetivação dessa responsabilidade».

O Ac. n.º 129/2009, do Tribunal Constitucional, decidiu não julgar inconstitucional as normas das alíneas a) e b) do artigo 8.º do Regime Geral das Infrações Tributárias, na parte referente à responsabilidade civil subsidiária dos administradores e gerentes por coimas aplicadas a pessoas coletivas em processo de contraordenação. No dizer do Tribunal Constitucional na «imposição de um dever indemnizatório que deriva do facto ilícito e culposo que

Não se pense que esta questão foi consensual entre a doutrina e a jurisprudência. Em 2013, o Tribunal Constitucional julgou, por duas vezes, o previsto no n.º 7 do artigo 8.º do Regime Geral das Infrações Tributárias, o qual preceituava que quem colaborasse dolosamente na prática da infração tributária era considerado solidariamente responsável pelas multas e coimas aplicadas pela prática da infração, independentemente da sua responsabilidade. Na primeira decisão, julgou aquele Tribunal inconstitucional esta norma, quando aplicável a gerente de uma pessoa coletiva que tivesse sido igualmente condenado, a título pessoal, pela prática da mesma infração tributária[516]. Já na segunda decisão julgou inconstitucional a norma na parte em que se referia à responsabilidade solidária, pelas multas aplicadas

é praticado pelo administrador ou gerente que constitui causa adequada dano que resulta, para a Administração fiscal da não obtenção da receita em que se traduzia o pagamento da multa ou coima que eram decididas».
A Doutrina foi retomada no Ac. n.º 35/2011 (após as dissensões dos Acórdãos n.ºs 24/2011 e 26/2011) e que veio a culminar no Ac. n.º 437/2011, o qual concluiu não julgar inconstitucional o artigo 8.º, n.º 1, alíneas a) e b), do Regime Geral das Infrações Tributárias quando interpretado no sentido de que consagra uma responsabilidade pelas coimas que se efetiva pelo mecanismo da reversão da execução fiscal contra gerentes ou administradores da sociedade devedora e no qual se entendeu que «(...) a responsabilidade dos gerentes ou administradores consagrada no artigo 8.º, n.º 1 do RGIT é titulada pelo instituto da responsabilidade civil delitual ou aquiliana: aqueles sujeitos são chamados, a título subsidiário, na exata medida do dano que produziram à Administração Fiscal ao terem impossibilitado, pela sua administração, a realização do pagamento das coimas devidas. A imputação não prescinde, como realçou então o Tribunal, da verificação dos pressupostos gerais, atinentes ao cometimento de um facto ilícito e culposo, bem como ao nexo de causalidade adequada entre, a ação e o dano produzido».
Esta é também a posição de GERMANO MARQUES DA SILVA que defende: «[a] responsabilidade civil pelo pagamento da multa penal nada tem a ver com os fins das penas criminais, porque a sua causa não é a prática do crime, mas a colocação culposa da sociedade numa situação de impossibilidade de cumprimento de uma obrigação tributária. É evidente que para a responsabilização do administrador é necessário que a sentença dê por verificados os pressupostos da responsabilidade e a respetiva condenação».
De acordo com este autor «trata-se de um caso de responsabilidade civil por facto próprio, facto culposo causador do não pagamento pelo ente coletivo da dívida que onerava o seu património, quer porque por culpa sua o património da pessoa coletiva se tornou insuficiente para o pagamento, quer porque também por culpa sua o pagamento não foi efetuado quando devia tornando-se depois impossível». – Vide, *Responsabilidade penal das sociedades e dos seus administradores e representantes (...)* op. cit., 2009, pág. 443.

[516] Vide, Ac. n.º 1/2013, do Tribunal Constitucional, publicado no Diário da República n.º 38, Série II, de 9 de janeiro de 2013.

à sociedade, dos gerentes e administradores que hajam colaborado dolosamente na prática da infração tributária[517].

Sucede, porém, que no ano seguinte, o Tribunal Constitucional foi, uma vez mais, chamado a pronunciar-se sobre a inconstitucionalidade do n.º 7 do artigo 8.º do Regime Geral das Infrações Tributárias, tendo declarado aquela norma inconstitucional, na parte a que dizia respeito à responsabilidade solidária dos gerentes e administradores de uma sociedade que hajam colaborado dolosamente na prática de infração pelas multas aplicadas ao ente coletivo, por violação do artigo 30.º, n.º 3 da Constituição da República Portuguesa[518/519].

[517] Vide, Ac. n.º 297/2013, do Tribunal Constitucional, publicado no Diário da República n.º 38, Série II, de 28 de maio de 2013, que mereceu voto vencido da Conselheira Maria de Fátima Mata-Mouros, por entender que a norma se dirige apenas aos administradores ou gerentes (e não a outros agentes, como os trabalhadores ou mandatários sem poderes de representação) da sociedade, na medida em que estes se identificam com a pessoa coletiva que representam. A solidariedade no pagamento da multa surge, igualmente, como necessária para promover a autorresponsabilidade das entidades coletivas e a regra das obrigações solidárias segundo a qual o obrigado solvente mantém o direito de regresso contra o obrigado principal afastando o risco de desproporcionalidade na comunicabilidade desta obrigação.

[518] Entendeu o Tribunal Constitucional que «a pessoa coletiva exime-se ao cumprimento da pena através da transferência do dever de pagar a multa para o devedor solidário e o Estado exonera-se, por essa via, do exercício do *jus puniendi* de que é titular. O que consubstancia objetivamente uma transmissão de pena e põe em causa a indisponibilidade dos interesses que as reações criminais visam tutelar». - Ac. n.º 171/2014, do Tribunal Constitucional, publicado no Diário da República n.º 51, Série I, de 13 de março de 2014.

[519] Igualmente, com força obrigatória geral, através do Ac. n.º 11/2014, publicado no Diário da República n.º 124, Série I, de 1 de julho de 2014, o Supremo Tribunal de Justiça, decidiu reformar a jurisprudência ali fixada, alterando a sua formulação para: «é inconstitucional, por violação do art. 30.º, n.º 3, da Constituição, a norma do art. 8.º, n.º 7, do Regime Geral das Infrações Tributárias, na parte em que se refere à responsabilidade solidária dos gerentes e administradores de uma sociedade que hajam colaborado dolosamente na prática de infração pelas multas aplicadas à sociedade», uma vez que os Conselheiros entenderam que o Ac. n.º 171/2014 do Tribunal Constitucional, não contribuiu para a resolução da questão essencial: saber se é conforme à Constituição a norma contida no artigo 8.º, n.º 7, do Regime Geral das Infrações Tributárias, na interpretação acolhida por orientação jurisprudencial uniformizada.

Mais concluiu o Supremo Tribunal de Justiça ter o Tribunal Constitucional ignorado a resposta àquela questão, «essencial para assegurar quer a certeza como a segurança jurídica do ordenamento jurídico em conformidade com a Constituição».

Em relação à responsabilidade das pessoas coletivas, em particular, decorrente da prática do crime de abuso de confiança fiscal, é matéria a que nos dedicaremos em fase posterior do nosso estudo[520].

6.3.3. *Forma de Culpabilidade – A Culpa Dolosa e Negligente*

Para que a conduta do agente constitua uma infração fiscal não é suficiente que esta lhe seja imputável (imputada – objetivamente) e, sendo voluntária, corresponda à previsão do facto ilícito, contida nas normas tributárias; o juízo de culpa depende de o agente a ter praticada com dolo ou negligência[521].

A culpa fundamenta a censura pessoal contra o agente, que em aberta contradição com a ordem jurídica, não omitiu, como devia, a conduta ilícita, embora o pudesse ter feito, adotando outro comportamento[522]. Assim, o sujeito é culpado se pudermos censurá-lo, dependendo esta possibilidade não só do juízo de censura por dolo ou por negligência, mesmo que apenas inconsciente, como ainda da capacidade de culpa, ou seja, da imputabilidade[523].

A teoria normativa da culpa permitiu que o dolo se separasse da culpa, passando para o âmbito da ilicitude. De acordo com a teoria finalista[524], «a quintessência desta teoria reside na afirmação de que o dolo como factor caracterizador da acção seria um elemento essencial do ilícito»[525]. No entanto, ao extrair este objeto da valoração da categoria da culpa e situando-o no campo do ilícito, estava cumprida a condição necessária para "reduzir" a culpa àquilo que é a sua génese, um «puro juízo de (des)valor, um autêntico juízo de censura»[526].

[520] Cf. Capítulo II, Secção I, ponto 10.

[521] O dolo é a «passagem da potência de conhecer e querer ao ato de efetivo conhecer e querer (...) a realização do facto descrito no tipo legal do crime; a negligência queda-se – ao menos no que diz respeito ao elemento volitivo – no plano da potencialidade». – Vide, Costa, José de Faria (2017), *Direito Penal,(...)*, op. cit., págs. 399 e 403.

[522] Dever e poder são dois aspetos essenciais desta categoria.

[523] Vide, Garcia, M. Miguez (2012), O *Risco de Comer uma Sopa (...)*, op. cit., pág. 117.

[524] A teoria finalista da ação foi especialmente desenvolvida por Welzel como corrente contrária à teoria causal. O seu ponto de enlace com o Direito Penal foi, como explica Roxin, a luta contra o conceito causal de ação. – Vide, Welzel, H., *Teoria da Infração – crimes dolosos (...)*, op. cit. pág. 33.

[525] *Ibidem*, pág. 61.

[526] Vide, Dias, Jorge de Figueiredo (2001), *Temas Básicos (...)*, op. cit., pág. 329.

Sucede, porém, que JAKOBS ao desenvolver a teoria final da ação, concebeu a teoria da evitabilidade individual, na qual o essencial é a imputação objetiva de uma conduta típica. É que para este autor, a ação é entendida como um comportamento exterior evitável, uma conduta que o seu autor poderia ter evitado, se estivesse para tanto motivado. Já para WELZEL, o fundamental estava no desvalor do ato. O desvalor do resultado só tem significado jurídico-penal dentro do desvalor da ação[527]. Segundo os defensores da teoria finalista, no ilícito, ao lado dum desvalor de resultado concorre sempre um desvalor de ação[528].

Seja como for, o dolo, concebido como conhecimento e vontade de realização do tipo objetivo do ilícito, converteu-se no elemento subjetivo geral com sede na ilicitude deixando, nessa medida, de pertencer à esfera da culpa. Em sede de tipo de ilícito, enquanto determinante da direção do comportamento, o dolo entende-se agora, correntemente, como *"saber"* e *"querer"*, como conhecimento e vontade da realização do tipo objetivo; como forma de culpa, enquanto modo de formação da vontade que conduz ao facto, resta-lhe, ser portador da atitude pessoal contrária ao direito, isto é, censurar-se o agente por demonstrar no facto uma atitude de oposição ou de indiferença face ao direito.

Dolo e negligência são ambas formas de infringir uma norma. Na negligência leva-se em conta um dever de cuidado objetivo, ao nível da ilicitude, e ao nível subjetivo, para efeito de nível da culpa. O comportamento será negligente sempre que o agente não atua, podendo, com o cuidado necessário para evitar o resultado, demonstrando assim uma atitude de desleixo face ao direito punido pelas normas penais-fiscais. Por sua vez, o comportamento do agente diz-se doloso quando tenha havido da sua parte a intenção de agir de modo contrário ao determinado por lei, ou de se conformar com a produção de um resultado oposto ao que a lei pretende[529].

[527] Para WELZEL a lesão do bem jurídico só tem relevância penal se dentro de uma ação pessoal e antijurídica.

[528] Vide, WELZEL, H. *Teoria da Infração – crimes dolosos (...)*, op. cit. pág. 62.

[529] MIGUEZ GARCIA define o dolo como «um Typus, um conceito tipológico, por pertencer a dois diferentes sistemas normativos, a autoria e a atitude de indiferença ou de hostilidade ao bem jurídico, mas também por nele podermos surpreender uma forma "forte", de intencionalidade, ao lado de uma forma "enfraquecida", representada pelo dolo eventual». – Vide, GARCIA, M. Miguez (2012), O *Risco de (...)*, op. cit., pág. 260.

Contrariamente ao que ocorre em matéria criminal, na maioria dos ilícitos tributários, basta a negligência para a punibilidade da conduta do agente. O problema, como abordaremos, coloca-se na linha que separa a responsabilidade contraordenacional da criminal do critério da dignidade penal.

O artigo 13.º do Código Penal prevê a regra geral de exigência do dolo para se considerar existir infração criminal. Ora, o dolo consiste na representação de todos os elementos integrantes do tipo legal de crime e na vontade de realizar o facto nele descrito, resultando assim da conjugação de dois elementos: o elemento intelectual[530] e o elemento volitivo[531]. E são

[530] O elemento intelectual traduz-se no conhecimento, por parte do agente, das circunstâncias assumidas pelo legislador como típicas.
Este elemento pode ocorrer no erro sobre a factualidade típica o qual existe quando o agente pratica um determinado facto que está objetivamente descrito num determinado tipo legal, mas o agente desconhecia-o ou estava em erro quanto a um desses elementos. Abrange o desconhecimento da existência dos elementos do tipo legal, como também abrange o erro em sentido próprio, isto é, a confusão, excluindo o dolo (cf. artigo 16.º, n.º 1 do Código Penal), uma vez que exclui o elemento intelectual.
Existem várias espécies de erro sobre a factualidade típica: erro sobre o objeto da conduta, erro na execução, erro sobre o processo causal, erro sobre os elementos normativos e erro sobre a proibição legal. – Vide, Carvalho, Américo A. Taipa de (2016), *Direito Penal (...)*, op. cit., pág. 329–332 e Palma, Maria Fernanda (2018), *Direito Penal – Parte Geral, A teoria geral (...)*, op. cit., págs. 189-192.
Assim:
i. Em relação ao erro sobre o objeto da conduta este consiste no facto da representação da identidade do objeto que o agente atinge com a sua ação não corresponder à identidade real do objeto. A identidade representada é diferente da identidade real.
ii. O erro na execução consiste em o agente querer atingir um determinado objeto mas acaba por atingir um objeto diferente.
iii. No erro só pode ser relevante quando o processo causal for tipificado em função da modalidade de execução da ação.
iv. Em relação ao erro sobre os elementos normativos, não se exige que o agente tenha um conhecimento jurídico exato sobre o elemento normativo, caso contrário, nunca se afirmaria o dolo em relação a muitos crimes. Entende-se que basta o conhecimento dos efeitos práticos normalmente associados ao elemento normativo.
v. Por fim, no erro sobre a proibição legal o desconhecimento da norma legal só poderá relevar em relação a factos cuja ilicitude não é evidente. O erro sobre a proibição legal, em regra, apenas será relevante em relação às contraordenações.

[531] Neste caso podemos referir: i. o *dolo eventual* que existe quando o agente representa a possibilidade da sua ação produzir um determinado resultado e conformar-se com o risco da produção do resultado. Temos assim dois elementos: o *intelectual* em que a previsão da ação produz um determinado resultado típico; o *volitivo* em que o agente não quer esse resultado, mas, apesar disso, conforma-se com esse risco. Esta figura tem afinidades com a negligência

precisamente estes dois elementos que servem de critério de distinção entre o dolo e a negligência. Embora ambos possam partilhar um elemento comum, a saber, o intelectual – o agente representa a possibilidade de produção de um resultado –, a verdade é que o elemento volitivo acaba por os diferenciar: na negligência o agente atua entendendo ser possível vir-se a produzir um resultado, mas confia que esse resultado não se vai efetivamente produzir. No dolo conforma-se com tal produção. A questão que de imediato se coloca é a de saber como se afere a culpabilidade da conduta nos casos em que a lei prevê penas diferentes, consoante se trate de dolo ou negligência, nomeadamente para efeitos de graduação.

Conforme já referido, a nossa ordem jurídico-tributária admite a possibilidade das pessoas coletivas poderem, enquanto sujeitos ativos, ser responsabilizadas[532]. Ora, dado as pessoas coletivas carecerem de vontade própria, parece ser de afastar aqui a aplicação das regras que mandam atender ao grau de culpa do agente – as quais, pela sua natureza, devem considerar-se exclusivas das pessoas singulares –, devendo ter-se em consideração apenas os elementos do tipo objetivo. De igual modo, sempre que a lei puna diversamente o dolo e a negligência, a pena a aplicar às pessoas coletivas, exceto nos casos de presunção inilidível de dolo, deverá ser a prevista para a hipótese de negligência.

No entanto, permanece a questão de saber como proceder sempre que não exista nem dolo, nem negligência, por parte de as pessoas singulares que, em nome e representação da pessoa coletiva, assumiram a conduta ilícita.

consciente, ou seja, é muitas vezes difícil saber se o agente atuou com dolo eventual ou com negligência consciente, resultando a dificuldade em ter de se provar que o agente se conformou com o risco ou provar que atuou apenas por estar convencido que, embora fosse possível produzir-se certo resultado, este não viria efetivamente a produzir-se.

ii. o *dolo direto* existe quando o agente pratica o facto descrito no tipo legal com o objetivo imediato de produzir o resultado. A ação praticada é dirigida a produzir determinado resultado. Não se confunde este objetivo imediato, por irrelevante, com eventuais motivações do agente.

iii. o *dolo necessário* que existe quando o agente pratica um determinado facto típico não com o objetivo de produzir determinado resultado, mas sabendo ou tendo a certeza, que a sua ação necessariamente produzirá aquele resultado. O resultado não é o objetivo direto mas é a consequência necessária da ação. – Sobre esta matéria sugere-se, Carvalho, Américo A. Taipa de (2016), *Direito Penal (...)*, op. cit., págs. 332-334.

[532] Vide, Silva, Germano Marques da (2009), *Responsabilidade Fiscal (...)*, op. cit., págs. 164 e 165.

6.4. O Estado de Necessidade Desculpante

O artigo 35.º, n.º 1 do Código Penal preceitua que «age sem culpa quem praticar um facto ilícito adequado a afastar um perigo atual, e não removível de outro modo, que ameace a vida, a integridade física, a honra ou a liberdade do agente ou de terceiro, quando não for razoável exigir-lhe, segundo as circunstâncias do caso, comportamento diferente». Deste modo, vemos que não basta por isso estarmos perante uma situação de perigo, com a ameaça de um bem jurídico, do agente ou terceiro, com valor superior; é também exigível que, segundo a situação com que o agente é confrontado, o comportamento por si adotado não pudesse ser diferente.

A doutrina do efeito desculpante do estado de necessidade tem a sua génese na teoria da adequação de Kant, a qual fundamenta que aquilo que o agente faz, ao atuar em estado de necessidade, é, e permanecerá, ilícito, mas por lhe não ser exigível outro comportamento atua sem culpa e deste modo não deverá ser censurado.

O que distingue o direito de necessidade, enquanto causa de exclusão da ilicitude, do estado de necessidade desculpante como causa de exclusão da culpa é o facto de nesta última figura os interesses que se pretendem salvaguardar, e os que se sacrificam, poderem ser de valor superior, igual ou inferior, entre eles.

No Direito Penal Tributário é o caso do agente que tudo fez para que o incumprimento para com a Autoridade Tributária e/ou os trabalhadores não ocorresse. Pense-se, a título de exemplo, na hipótese do agente que prestou determinado serviço e apenas lhe foi entregue parte do valor a que tem direito, e que, por via dessa situação, se vê obrigado a ter que optar entre o pagamento do imposto à Autoridade Tributária ou o pagamento do salário aos seus trabalhadores. Optando pela última hipótese, a não entrega é sem dúvida ilícita; mas em face do dever salvaguardado e do sacrificado, assim como o facto da situação não ter sido voluntariamente por si criada, a culpa seria excluída, porquanto a ação praticada preservou o bem jurídico do direito à dignidade humana. E dizemos "seria" excluída, pela simples razão de que para o ser, esta cláusula de exigibilidade depende ainda da verificação concreta e individualizada do facto em que ao agente não se poderia exigir outro comportamento.

Concordamos por isso com a posição de Fernanda Palma, quando refere que os nossos tribunais dão uma reduzida importância à situação concreta, e, por vezes, confundem esta figura jurídica, não realizando, deste modo, uma ponderação efetiva sobre o facto de se tratar de um conflito entre um bem coletivo e o perigo, ou até o dano para a situação familiar e existencial dos trabalhadores quando está em causa o pagamento de salários[533].

Assim como acompanhamos, igualmente, a posição de GERMANO MARQUES DA SILVA, na sua aplicação em situações que «se verifique um perigo atual e não removível doutro modo»[534/535], nomeadamente, a ameaça à vida, saúde e liberdade, ser concebível que o contribuinte opte por pagar os salários aos trabalhadores em vez de entregar, à Autoridade Tributária, os valores referente a imposto. Uma vez mais, a apreciação do caso concreto torna-se essencial para desculpabilizar, independentemente do grau de desculpabilidade, o agente em atenção aos valores e interesses em confronto[536].

Em relação a esta conceção, AUGUSTO SILVA DIAS defende a necessidade da compreensão de três aspetos essenciais, quer no plano da culpa, quer no plano da pena:

> *(...) Primeiro, deve ter-se em conta que a possibilidade de adoptar nesta matéria a perspectiva do outro generalizado, só tem sentido quando a censurabilidade do comportamento é representada de modo geral na experiência prático-normativa corrente. Segundo, deve recordar-se que a censura da culpa jurídico-penal é realizada neste âmbito pelo «juiz-leigo», que estabelece a comunicação entre pólos, um dos quais é constituído pela linguagem quotidiana e as estruturas de censurabilidade que nela habitam. Terceiro, o facto de a pena poder estar ligada à atitude do participante não significa que ela seja uma acção de participante (...)*[537].

O legislador, ao aceitar a existência de casos em que o estado de necessidade pode ser justificante (excluindo a ilicitude) ou desculpante (excluindo a culpa), adotou a teoria diferenciadora ou dualista[538].

[533] Vide, *O princípio da desculpa em Direito Penal*, Coimbra: Almedina, 2005, pág. 221, nota 137.

[534] Vide, *Direito Penal (...)*, op. cit., 2018, pág. 70.

[535] Em sentido contrário. – Vide, PAULO MARQUES, «A responsabilidade tributária e sancionatória da entidade empregadora *(...)*, op. cit., 2014, pág. 309.

[536] Neste sentido. – Vide, FERREIRA, Manuel Cavaleiro de (2010), *Lições de Direito Penal, Parte Geral I (...)*, op. cit., pág. 350.

[537] Vide, *«Delicta in Se» e «Delicta Mere Prohibita» (...)*, op. cit., 2008, págs. 751 e 752.

[538] O estado de necessidade constitui obstáculo à ilicitude quando o interesse protegido é sensivelmente superior ao sacrificado e à culpa. Em qualquer dos estados de necessidade há um conflito entre bens jurídicos, onde um é salvaguardado em sacrifício do outro.

Segundo EDUARDO CORREIA,

> *(...) umas vezes o estado de necessidade exclui a ilicitude (casos de sacrifico de valores menores para salvar valores maiores), outras vezes exclui a culpa (casos de sacrifício de valores iguais aos que se salvam, ou mesmo de valores maiores, quando ao agente não era exigível outro comportamento) (...)*[539].

Verifica-se aqui uma situação de colisão de interesses jurídicos, chamando-se à colação os princípios da razoabilidade e da ponderação de interesses.

Retornando ao nosso exemplo e verificados os pressupostos que este instituto jurídico exige – o perigo atual e não removível de outro modo, o bem jurídico suscetível de ser lesado, a ameaça a bens jurídicos do agente ou terceiro, e, por fim, a ponderação, segundo as circunstâncias afetas ao caso –, admite-se a possibilidade de exclusão da culpa através do estado de necessidade desculpante[540].

Na situação em que o agente invoca a exclusão de culpa por se encontrar confrontado com graves dificuldades económicas e financeiras e a não entrega dos montantes de imposto à Autoridade Tributária serve para a subsistência da sociedade, alguns autores[541] não aceitam esta desculpabilização porquanto uma opção desta natureza teria um efeito de contágio, com consequências imprevisíveis para a subsistência do Estado, nomeadamente na sua vertente social, em relação as demais sociedades comerciais.

FARIA COSTA dá como exemplo a *tábua de Carneades*: dois náufragos lutam pela posse de uma prancha que só pode sustentar o peso de um deles: quem vence a batalha pelo bem jurídico (vida), sacrificando o do outro, não merece ser culpado. – *Ibidem*, pág. 463.

Por seu turno, MIGUEZ GARCIA utiliza como exemplo o caso *Mignonette* (1884): uns náufragos, à míngua de alimentos, sacrificaram o companheiro mais novo para conseguirem sobreviver. O Tribunal condenou-os à morte, mas os réus foram depois agraciados e a pena substituída por seis meses de cárcere. O caso seria hoje tratado no âmbito do estado de necessidade desculpante. – Vide, O *Risco de Comer (...)* op. cit., 2012, pág. 179.

539 Vide, *Direito Criminal, Volume II (...)* op. cit., 2016, pág. 83.

540 Ao nível da doutrina estrangeira, caso da espanhola, há autores que admitem estarmos perante um estado de necessidade desculpante. – Vide, BACIGALUPO Silvina / BAJO FERNÁNDEZ, Miguel (2000), *Delitos contra la Hacienda Pública (...)*, op. cit., pág. 84.

541 Para JOÃO CURADO NEVES a solução perante as graves dificuldades económicas da sociedade encontra-se na lei: requerer a sua insolvência. – Vide, *A Problemática da Culpa nos Crimes Passionais*, Coimbra: Coimbra Editora, 2008, págs. 667 e 674.

No caso de PAULO MARQUES, o facto de o agente ser alertado previamente pela Autoridade Tributária para proceder a essa entrega, qualifica a ação do agente de caráter doloso e deste modo fora do âmbito da exclusão da culpa. – Vide, «A responsabilidade tributária e sancionatória da entidade empregadora (...), op. cit., 2014, pág. 310.

No entanto, há autores[542] que não aceitam a exclusão da culpa, tendo por base a argumentação de "perigo de contágio" às restantes sociedades. Não defendemos esta posição, uma vez que, perante uma situação de crise, esta poderá ser temporária e as consequências de, sem mais, requerer a sua própria insolvência, poderão comportar, e não apenas de imediato, um caráter mais penalizador para a sociedade em dificuldades e para todos os que dela dependem.

Aliás, nos termos do n.º 2 do artigo 35.º do Código Penal, se o perigo ameaçar interesses jurídicos para além da vida, da integridade física, da honra ou da liberdade, e estando preenchidos os demais pressupostos indicados no n.º 1 deste artigo, a pena pode ser atenuada ou dispensada, uma vez que o facto não é desculpado[543]. Não existirá um problema de exclusão de culpa, mas sim uma causa de diminuição, ou exclusão da pena e, portanto, um problema de punibilidade[544].

Todavia, atendendo à especificidade do Direito Penal Tributário e aos bens jurídicos em confronto, em situações de necessidade económica, entendemos poder existir uma culpa diminuta, pelo facto de o agente não ter antecipado a impossibilidade de cumprimento perante a Autoridade Tributária[545]. A culpa poderá levar à dispensa de pena ao agente, por ser diminuta[546] ou tendo em atenção a função residual que desempenha o estado de necessidade desculpante ao caso concreto, tomar em consideração a motivação do agente para efeitos de determinação da medida da pena[547].

7. Formas Especiais da Infração Fiscal – A tentativa e a Comparticipação

A grande amplitude de que se revestem, no domínio penal fiscal, as infrações, com particular relevo nos ilícitos omissivos, assim como o número

[542] Vide, PEDRO, Manuel José Miranda (2008), «Justificação do Facto e Exclusão da Culpa nos Crimes de Abuso de Confiança Fiscal *(...)*, op. cit., pág. 220 e SERRA, Teresa / AMORIM, Cláudia (2011), «Abuso de confiança fiscal, (...), op. cit., págs. 490 e 491.

[543] GERMANO MARQUES DA SILVA admite que a pena, para além de poder ser especialmente atenuada, excecionalmente, pode ser dispensada ao agente. – Vide, *Direito Penal (...)*, op. cit., 2018, pág. 70.

[544] Vide, DIAS, Jorge de Figueiredo (2019), *Direito Penal, Parte Geral, (...)*, op. cit., págs. 722 e 723.

[545] Vide, LUMBRALES, Nuno (2003), *O Abuso de Confiança Fiscal (...)*, op. cit., pág. 112.

[546] Vide, SERRA, Teresa / AMORIM, Cláudia (2011), «Abuso de confiança fiscal, (...), op. cit., pág. 491.

[547] Vide, PEDRO, Manuel José Miranda (2008), «Justificação do Facto e Exclusão da Culpa nos Crimes de Abuso de Confiança Fiscal *(...)*, op. cit., pág. 228.

limitado de casos em que a conduta infratora não apresenta um resultado, retiram importância à tentativa, dado que esta só se pode verificar nas infrações materiais cuja prática seja intencional ou dolosa e implique uma sucessão de atos.

No n.º 1 do artigo 22.º do Código Penal encontramos a definição jurídico-penal de tentativa, a qual, segundo esta norma, ocorrerá «quando o agente praticar atos de execução de um crime que decidiu cometer, sem que este chegue a consumar-se». Deste modo, a tentativa, traduz-se na execução incompleta de um outro tipo de crime[548].

Na verdade, a punibilidade da tentativa pressupõe a existência de norma que estenda a responsabilidade penal ao agente que *tenta* praticar um ilícito criminal, mas não o consuma[549]. Como clarifica Paula Ribeiro de Faria, «a conduta não chega a ser concluída, ou o resultado de dano não chega a verificar-se»[550].

Temos, por isso, espelhados na norma do artigo 22.º do Código Penal, os elementos da tentativa: o elemento objetivo e o elemento subjetivo[551].

[548] Vide, Silva, Germano Marques da (2018), *Direito Penal Português – Teoria do Crime, (...)*, op. cit., pág. 315.

[549] A autonomização da figura da tentativa não foi consensual entre os penalistas. Eduardo Correia defendia que a ilicitude correspondente ao crime consumado continha em si a ilicitude da tentativa, razão pela qual bastaria apenas alargar a sua punibilidade. – Vide, *Direito Criminal, Vol. I, (...)*, op. cit., 2016, pág. 226 e ss.

Em outro sentido, para Germano Marques da Silva, a tentativa não pode ser punida como «crime autónomo» porquanto não existe «na lei um tipo legal de crime de tentativa, mas antes como tipo subordinado, como extensão do tipo principal», num entanto, «no plano normativo, a tentativa constitui um título autónomo de crime, caracterizado por um evento ofensivo que lhe é próprio (perigo) embora conservando o mesmo *nomen juris* do crime, (...) configuração da tentativa como ilícito autónomo que nasce da conjugação da norma que incrimina determinado facto e a do art. 22.º que estende a incriminação a actos que não representam ainda a consumação do crime a que se referem». – Vide, *Direito Penal Português – Teoria do Crime, (...)*, op. cit., 2018, págs. 314 e 315.

Ainda Paula Ribeiro de Faria para quem a tentativa, «tratando-se de uma outra forma de ilícito, de uma outra figura delitual que não a que corresponde ao crime consumado, impõe[-se] a sua previsão autónoma». – Vide, *Formas Especiais do Crime*, Porto: Universidade Católica Editora, 2017, pág. 221.

[550] *Ibidem*, pág. 225.

[551] Nas palavras de Figueiredo Dias, «a decisão de cometer um crime» e a «prática de actos de execução de um crime que não chega a consumar-se». – Vide, *Direito Penal, Parte Geral, (...)*, op. cit., 2019, págs. 812 e 813.

Relativamente ao elemento objetivo de cometer o facto, referiremos, seguidamente, algumas das suas caraterísticas. Assim, na tentativa, o agente tem que apresentar uma vontade, uma intenção, em consumar o crime, seja no início da execução ou previamente ao seu início.

Conforme referido, a tentativa encontra-se, independentemente da sua autonomia, inerente às caraterísticas do crime consumado[552], e, nessa medida, o tipo subjetivo de ilícito da tentativa é o mesmo que o do crime consumado[553]. O ilícito da tentativa é doloso, uma vez que o agente da ação teve a vontade, a intenção de consumar e produzir o resultado de determinado facto criminoso. Não existe, assim, espaço para a tentativa negligente[554/555].

É entendimento maioritário da doutrina que o tipo do crime permite na tentativa todas as modalidades do dolo (eventual, direto e necessário)[556]. Se em relação ao dolo como elemento da tentativa este é indispensável[557], a questão é colocada por Faria Costa em relação à modalidade de dolo

[552] Por exemplo, como ensina Cavaleiro Ferreira, «a culpabilidade na tentativa é a culpabilidade do crime consumado». – Vide, *Lições de Direito Penal, Parte Geral I (...)*, op. cit., 2010, pág. 404.

[553] Vide, Dias, Jorge de Figueiredo (2019), *Direito Penal, Parte Geral, (...)*, op. cit., pág. 813.

[554] Vide, Costa, José de Faria (2017), *Direito Penal, (...)*, op. cit., pág. 531.

[555] Para Eduardo Correia «a ilicitude na tentativa é constituída pelo perigo que a ação cria para os bens jurídicos protegidos pelo direito penal e o dolo uma condição exterior de punibilidade (...) nada impedindo, em abstrato, que ela se aplique a crimes cometidos com negligência que não chegaram a produzir o resultado típico». – Vide, *Direito Criminal, Vol. II, (...)*, op. cit., pág. 231.
Esta posição não foi aceite pela maioria da doutrina – casos de Faria Costa (cf. nota de rodapé antecedente) ou Figueiredo Dias, o qual replica que «quem tenta alguma coisa é porque decidiu realizá-la». – Vide, *Direito Penal, Parte Geral, (...)*, op. cit., 2019, pág. 814.
Recentemente, dentro da linha dominante, Paula Ribeiro de Faria reforçou ser a «negligência incompatível com a existência de uma vontade dirigida à prática do facto, não pode existir tentativa negligente». – Vide, *Formas Especiais do Crime*, (...), op. cit., 2017, pág. 226.

[556] Cf. nota de rodapé 531.

[557] Fernanda Palma fortalece, em três razões, tal indispensabilidade: i. «a decisão do agente é um critério essencial, embora não exclusivo, que permite identificar a realização de um facto típico»; ii. «a tentativa exprime razões de intervenção penal distintas dos crimes de perigo, o que se reflete na medida da pena, geralmente mais grave. Por isso, o dolo do crime consumado contribui para uma especial antecipação da tutela penal»; iii. «a genérica punibilidade de uma tentativa negligente não seria compatível com a punição da negligência no crime consumado apenas nos casos previstos no artigo 13.º do Código Penal). Uma tal solução contrairia até o princípio da legalidade». – Vide, *Da "Tentativa Possível" em Direito Penal*, Coimbra: Almedina, 2006, págs. 152 e 153.

eventual[558]. Defende este autor que aceitando a existência no dolo eventual, de igual modo, a representação e vontade, «embora enfraquecidas ou degradadas: na negligência não se passa exatamente a mesma coisa?»[559]. Reforçando, o autor, a sua posição com outra interrogação: «a partir de que momento ou segundo que critério é que se pode dizer que a degradação ou o enfraquecimento da vontade ou da representação sustenta o dolo ou a negligência? Ora, nada disso acontece, nos é dito, em termos doutrinais»[560].

Esta posição de FARIA COSTA mereceu a atenção da doutrina, apresentando-se de seguida duas dessas posições contra tal conceção, mas, em nosso entendimento, por razões entre si divergentes.

Para FERNANDA PALMA:

> *(...) ao entender-se ser o fundamento do ilícito na tentativa a realização incompleta do facto típico doloso, a criação pelo agente do desequilíbrio entre os seus bens e os bens da vítima (elemento relacional da ilicitude), não se justifica excluir qualquer espécie de dolo. O dolo eventual cumpre o papel da identificação da ação típica. Por fim, é a ainda a vontade positiva do agente que explica a realização da conduta e não uma mera falta de vontade associada à ausência de atuação cuidadosa (...)*[561].

Por seu turno PAULA RIBEIRO DE FARIA, não obstante acolher e se mostrar sensível aos argumentos expendidos por FARIA COSTA, discorda de tal entendimento:

> *(...) ao contrário do que afirma, o (seu) argumento afastaria mais depressa a punição da tentativa cometida com dolo directo do que a que é levada a cabo com dolo eventual, uma vez que quem quer o resultado como efeito directo da sua conduta evidentemente que não aceita, ou não quer a sua consumação. Pelo que, o que pode acabar por afastar a consideração do dolo eventual a este nível é o teor literal do artigo 22.º, n.º 1, que exige que se trate de um crime que o agente decidiu cometer, o que não sucede nestes casos (...)*[562].

[558] Vide, COSTA, José de Faria, *in* Anotação ao Acórdão de 3 de julho de 1991, *Revista de Legislação e de Jurisprudência*, n.º 3903, Coimbra, 1999, págs. 167 a 183 e Anotação ao Acórdão de 3 de julho de 1991, *Revista de Legislação e de Jurisprudência*, n.º 3907, Coimbra, 2000, págs. 305 a 312.

[559] Vide, COSTA, José de Faria, *in* Anotação ao Acórdão de 3 de Julho de 1991, *Revista de Legislação e de Jurisprudência*, n.º 3907, Coimbra, 2000, pág. 310.

[560] *Ibidem*, pág. 310.

[561] Vide, *Da "Tentativa Possível" (...)*, op. cit., 2006, págs. 153 e 154.

[562] Vide, *Formas Especiais do Crime*, (...), op. cit., 2017, pág. 227.

Em termos da execução da tentativa, relembremos que o Código Penal efetua a distinção entre atos preparatórios (artigo 21.º) e os atos de execução (artigo 22.º). Por princípio[563] os atos preparatórios não são puníveis, ao contrário dos atos de execução, por estes últimos se constituírem como um dos elementos caraterizadores da tentativa[564]. Podemos, deste modo, aferindo ao normativo contido no artigo 22.º, n.º 2 do Código Penal, considerar como atos de execução «os que preencherem um elemento constitutivo de um tipo de crime», «idóneos a produzir o resultado típico» e «segundo a experiência comum e salvo circunstâncias imprevisíveis (...)», de natureza a fazer esperar que se lhes sigam atos idóneos a produzir um evento típico ou a preencher as condutas previstas em um determinado tipo legal de crime[565].

O Regime Geral das Infrações Tributárias não faz qualquer referência expressa à punição da tentativa, em «matéria de criminalidade fiscal»[566]. Ainda assim, os ilícitos fiscais de índole criminal, admitem a punição na forma tentada quando a moldura penal prever pena superior a 3 anos de prisão, por aplicação subsidiária do artigo 23.º do Código Penal[567]. Todavia, é possível, a punição da tentativa no crime de burla tributária previsto no artigo 87.º do Regime Geral das Infrações Tributárias, independentemente do pressuposto supramencionado.

Abandonando o terreno da mera tentativa, uma pontual referência à participação e à sua concretização na infração tributária. Esta concretização pode ter a participação de mais do que um agente, seja como autor, seja

563 Afirmamos *"por princípio"*, uma vez que existem situações em que esses atos preparatórios podem ser punidos. Um dos exemplos mais atuais, encontra-se presente na Lei de Combate ao Terrorismo, regulamentada na Lei n.º 52/2003, de 22 de agosto com as alterações que lhe foram introduzidas pela 79/2021, de 24 de novembro.
Veja-se, a título de exemplo, o Ac. do Tribunal da Relação de Lisboa, de 10 de outubro de 2018, processo n.º 257/18.0GCMTJ-R.L.1-3, disponível em www.dgsi.pt

564 Esta distinção pode ser realizada tendo por base as teorias formais objetivas, as teorias materiais objetivas e a teoria subjetiva. – Sobres estas teorias sugerem-se, Dias, Jorge de Figueiredo (2019), *Direito Penal, Parte Geral, (...)*, op. cit., págs. 807–812 e Faria, Maria Paula Ribeiro de (2017), *Formas Especiais do Crime, (...)*, op. cit., págs. 235–244.

565 Vide, Costa, José de Faria (2017), *Direito Penal,* (...), op. cit., pág. 545

566 Vide, Sousa, Susana Aires de (2006), *Os crimes (...)*, op. cit., pág. 99.

567 Neste sentido vejam-se os nossos, *O Crime de Fraude Fiscal – Estudo e Reflexão*, Porto: Almeida & Leitão, 2009, pág. 52 e «Anotação ao artigo 103.º do Regime Geral das Infrações Tributárias», *in* AAVVV, *Códigos Anotados & Comentados – Justiça Tributária, LGT-CPPT-RGIT-RCPITA-RAT-LPFA*, Porto: Lexit Editora, 2021, pág. 966.

como cúmplice[568]. Nestes casos de pluralidade de autores, quando a pena corresponda a multa, a lei manda aplicar uma única pena de multa ao conjunto dos autores do comportamento ilícito, por cujo pagamento todos sejam, solidariamente, responsáveis.

7.1. A Tentativa

O crime de abuso de confiança fiscal admite, apenas na agravação do tipo p.e.p. pelo n.º 5 do artigo 105.º do Regime Geral das Infrações Tributárias, a punição do crime na sua forma tentada, em cumprimento com o disposto no artigo 23.º, n.º 1 do Código Penal que estabelece ser a tentativa «punível se ao crime consumado corresponder pena superior a três anos de prisão». A pena para o crime de abuso de confiança fiscal na sua forma agravada estabelece, no citado n.º 5 do artigo 105.º, uma moldura penal de um a cinco anos de prisão para as pessoas singulares, quando a entrega não efetuada for superior a €50.000.

Assim, só é punível a tentativa no crime de abuso de confiança fiscal na sua forma agravada, nos termos do previsto no n.º 5 do artigo 105.º do Regime Geral das Infrações Tributária, mas já não é punida na sua forma simples.[569]

Alguns autores[570] colocam a hipótese, mesmo admitindo-a de bastante remota, da configuração de um crime de abuso de confiança fiscal na forma tentada, dando a título de exemplo a situação da entrega de uma declaração periódica, em que o agente declara um valor inferior ao que a Administração Tributária vem a apurar como sendo devido em montante superior a €50.000. Porém, o ilícito só poderia incidir sobre uma receita que se encontrasse na disponibilidade e no poder do agente, conforme ocorre no crime de abuso de confiança comum[571]. Acresce que, considerando ter sido ultrapassado o prazo legal de entrega da obrigação tributária, estamos perante uma responsabilidade de índole tributário e não penal, a qual só ocor-

568 Pense-se na hipótese em que o técnico oficial de contas, ou o advogado, apoia contabilisticamente ou juridicamente uma operação a qual viola ilicitamente normas legais.

569 Vide, Catarino, João Ricardo / Victorino, Nuno (2020), *Direito Sancionatório Tributário*, Coimbra: Almedina, pág. 938.

570 Vide, Albuquerque, Paulo Pinto / Branco, José (org.) (2011), *Comentário das Leis Penais Extravagantes – Volume 2 (...)*, op. cit., pág. 470, ponto 6 e Sousa, Susana Aires de (2021), *Os crimes (...)*, op. cit., pág. 27.

571 Cf. Seção III, §4, deste capítulo.

rerá, como defendemos, após serem ultrapassados os prazos previstos nas alíneas do n.º 4 do artigo 105.º do Regime Geral das Infrações Tributárias.

Neste contexto, acompanhamos a opinião de SUSANA AIRES DE SOUSA quando afirma que é ilícita a conduta do agente quando este entrega à Autoridade Tributária a declaração e, após verificação, se conclui pela falta de entrega de prestações retidas. Porém, não a podemos acompanhar na sua conclusão final, desde logo por ser nosso entendimento que o crime não se terá consumado, devendo o agente ser notificado para apresentar nova declaração, devidamente retificada; não obstante, ter sido iniciado o procedimento previsto em sede de responsabilidade contraordenacional tributária[572].

Em suma, o agente pratica uma contraordenação, cuja ação será, simultaneamente, sujeita a responsabilidade em sede tributária e contraordenacional, mas, ainda assim, fora do âmbito da responsabilidade penal. Razão pela qual defendemos, no crime de abuso de confiança fiscal, que a tentativa existe somente no plano teórico – por força dos citados artigos 23.º do Código Penal e 105.º do Regime Geral das Infrações Tributárias –, não tendo qualquer aplicabilidade prática[573]; sendo inclusive defendida por alguns autores como inadmissível neste ilícito[574].

7.2. A Comparticipação

A comparticipação é a denominação dada pelo Direito Penal para uma pluralidade de agentes na prática de um ilícito criminal. Relativamente à questão da possibilidade de existência de comparticipação no crime de abuso de confiança fiscal, registe-se que só o agente legalmente obrigado, e, por isso, investido da qualidade de substituto tributário[575], comete o crime[576]. É deste modo um crime especifico que pode ser próprio, ou impróprio, consoante o agente detenha, ou não, as caraterísticas previstas no tipo[577]. Todavia, os

[572] Vide, *Os crimes (...)*, op. cit., 2021, pág. 127

[573] Igualmente sobre a *Tentativa*. – Vide, FARIA, Maria Paula Ribeiro de (2017), *Formas Especiais do Crime*, Porto: Universidade Católica Editora, pág. 219.

[574] Vide, PEDRO, Manuel José Miranda (2008), «Justificação do Facto e Exclusão da Culpa nos Crimes de Abuso de Confiança Fiscal *(...)*, op. cit., pág. 231, nota 60.

[575] Cf. Secção I, ponto 2.2.3., deste capítulo.

[576] Neste sentido, LUMBRALES, Nuno B. M. (2003), *O abuso de confiança fiscal (...)*, op. cit., pág. 89 e SOUSA, Susana de Aires de (2006), *Os crimes (...)*, op. cit., pág. 138.

[577] Vide, SALINAS, Henrique (1999), *A Comparticipação em Crimes Especiais no Código Penal*, Lisboa: Universidade Católica Editora, pág. 13.

crimes tributários, podem ser cometidos em comparticipação[578]. No caso do crime de abuso de confiança fiscal em comparticipação do sujeito passivo do imposto e de terceiro. «A dívida tributária mantém-se a cargo do sujeito passivo, mas relativamente ao terceiro comparticipante é aplicável o regime comum do artigo 129.º do Código Penal»[579].

A prática do crime de abuso de confiança fiscal pode também ser praticado por pessoa coletiva, por força do artigo 7.º do Regime Geral das Infrações Tributárias, aplicando-se então nesta matéria da comparticipação, por força do artigo 3.º daquele diploma, as regras gerais previstas nos artigos 26.º a 29.º do Código Penal. É, por isso, frequente a prática, em comparticipação, do crime de abuso de confiança fiscal no caso de a pessoa coletiva ter uma pluralidade de gerentes/administradores.

Posto isto, coloquemos então dois cenários possíveis: primeiro, o gestor/administrador, conscientemente, com a ajuda ativa de técnicos que comparticipam na consumação do ilícito; segundo, o gestor/administrador não tem qualquer conhecimento da prática do crime, uma vez que apenas tem participação na gestão da pessoa coletiva de modo meramente formal, o chamado gestor de *"papel"* ou, se preferirmos, de *"direito"* mas que pelo exercício das suas funções tem o dever de não desconhecer que determinadas ações poderão conduzir a esse fim.

Socorrendo-nos, por um lado, da norma do artigo 6.º do Regime Geral das Infrações Tributárias, onde se afirma que o representante também é criminalmente responsabilizado, independentemente do representante da pessoa coletiva também o ser, e, por outro, das palavras de Germano Marques da Silva, quando afirma que «a dignidade implica a responsabilidade»[580], então esta responsabilidade terá de ser também penal, e não meramente

[578] «A autoria é a forma principal de comparticipação; falar-se, sem mais, em co-autoria significa, por isso, referir a existência de uma pluralidade de autores que participam na produção de um facto objetivamente comum no respetivo evento». – Vide, Machado, Miguel Pedrosa (1998), «Para uma síntese do conceito jurídico-penal de comparticipação (numa perspectiva de comparação luso-brasileira)», *in* AAVV, *AB VNO AD OMNES – 75 Anos da Coimbra Editora,* Coimbra: Coimbra Editora, págs. 765 e 770.

[579] Vide, Silva, Germano Marques da (2010), «Sobre a Responsabilidade Civil Emergente de Crime Tributário e outras Questões Pertinentes», *in* AAVV, *Estudos em Homenagem ao Professor Doutor Paulo de Pitta e Cunha – Volume II,* (coord. Jorge Miranda, António Menezes Cordeiro, Eduardo Paz Ferreira e José Duarte Nogueira), Coimbra: Almedina, pág. 202.

[580] Vide, *Direito Penal (...),* 2018, op. cit., pág. 82.

fiscal, ou profissional, por violação de normas deontológicas, como pode ocorrer nos casos dos Técnicos Oficiais de Contas ou dos Advogados que prestaram assessoria à pessoa coletiva aquando da prática da conduta penalmente ilícita. Esta colaboração dolosa tem que ultrapassar a mera responsabilidade solidária e subsidiária, preceituada nos artigos 7.º e 8.º do Regime Geral das Infrações Tributárias, que apenas tem relevância, no âmbito fiscal e civil, através do pagamento das multas e coimas que a conduta ilícita origine.

Colocamos, igualmente, a questão da responsabilidade solidária, entre a pessoa singular e a pessoa coletiva, nos casos em que o agente é o mesmo. Não existirá aí uma (dupla) responsabilidade sancionatória através da responsabilidade civil[581]?

O próprio Tribunal Constitucional proferiu decisões entre si contraditórias[582/583], acabando por decidir no sentido da constitucionalidade do artigo 8.º, n.º 7 do Regime Geral das Infrações Tributárias, por entender que se trata de uma norma do instituto da responsabilidade civil extracontratual por facto próprio. No acórdão n.º 171/2014, foi declarada a inconstitucionalidade, com força obrigatória geral, da norma do artigo 8.º, n.º 7, do Regime Geral das Infrações Tributárias, na parte em que se refere à responsabilidade solidária dos gerentes e administradores de uma sociedade que hajam colaborado dolosamente na prática de infração pelas multas aplicadas à sociedade, por violação do consagrado no artigo 30.º, n.º 3, da Constituição da República Portuguesa.[584]

A colaboração dolosa na prática do crime tributário tem por consequência que o administrador ou gerente possa ser chamado a responder pessoalmente pela mesma infração, a par da sociedade. Entendendo que outros agentes, que tenham comparticipado na conduta ilícita, não o pos-

581 Vide, Ac. do Supremo Tribunal de Justiça, de Uniformização e Fixação de Jurisprudência, n.º 11/2014, de 28 de maio de 2014, disponível em Diário da República, 1.ª Série, n.º 124, págs. 3577-3584.

582 No sentido da sua inconstitucionalidade. – Vide, Acórdãos do Tribunal Constitucional n.ºs 24/2011, 26/2011, 85/2011 e 125/2011, todos disponíveis em www. tribunalconstitucional. pt/tc/acordaos.

583 No sentido da constitucionalidade da norma. – Vide, Acórdãos do Tribunal Constitucional n.ºs 129/2009 e 1/2013, todos disponíveis em www. tribunalconstitucional.pt/tc/acordaos.

584 Vide, Ac. do Tribunal Constitucional n.º 171/2014, de 18 de fevereiro, disponível em www.tribunalconstitucional.pt/tc/acordaos.

sam igualmente ser, consideramos não se poder falar de um facto autónomo e intransmissível.

Como analisámos, o legislador tem a intenção de reforçar todas as garantias que a final sirvam o ressarcimento das receitas em falta, bem como de igual forma as garantias do pagamento de multas e coimas tributárias, aplicadas ao(s) agentes(s) da infração, utilizando um instrumento da lei civil, o instituto jurídico da responsabilidade civil solidária[585].

Uma interpretação neste sentido viola o princípio do *non bis in idem*, consagrado no n.º 5 do artigo 29.º da Constituição da República Portuguesa, uma vez que, seguindo o Tribunal Constitucional, estamos perante uma «extensão da responsabilidade penal da pessoa coletiva ao administrador, acrescendo a responsabilidade solidária à sua própria responsabilidade pela comparticipação na infração»[586].

Perfilhamos o entendimento de Germano Marques da Silva de que «no âmbito da atividade empresarial cada um é responsável pelos factos que comete, quer seja por ação, quer por omissão. Não importa quem (...)»[587].

É este o conceito de justiça, e o que seguramente o legislador pretendeu realizar, porque, se assim não for, os princípios da legalidade, da tipicidade e da pessoalidade do Direito Penal, estarão colocados em causa.

Para Germano Marques da Silva, seja qual for o nível de responsabilidade,

> *(...) o destinatário da norma tem de ser, evidentemente, a pessoa que toma a decisão sobre a lesão, ou, no caso do imediato destinatário da norma ser uma pessoa*

[585] Vide, Torrão, Fernando (2018), *Societas Delinquere Potest?*, Coimbra: Almedina, pág. 495.

[586] Vide, Ac. do Tribunal Constitucional n.º 1/2013, de 09 de janeiro de 2013, disponível em www. tribunalconstitucional.pt/tc/acordaos.

Conforme refere a Conselheira Fátima Mata-Mouros, em voto vencido, no Ac. do Tribunal Constitucional n.º 297/2013, de 28 de maio de 2013, «a toda a pena subjaz um juízo de censura eticamente fundado. Ora, o que se comunica ao administrador é a obrigação de pagar a multa, mais nada. Essa obrigação não encerra qualquer censura penal. A pena, essa, "não sai" da pessoa coletiva. Continua a ser esta, e somente ela, a pessoa condenada, a censurada penalmente com a aplicação da pena. É no seu cadastro que a condenação vai ser inscrita. O administrador não é condenado em vez da sociedade, nem é condenado duas vezes. A pessoa coletiva não é absolvida, nem declarada extinta a sua responsabilidade penal, se o administrador pagar a multa. As duas condenações penais, do administrador e da pessoa coletiva, subsistem lado a lado. Não há, pois, nenhuma transmissão da pena em que esta foi condenada». – Vide, Ac. do Tribunal Constitucional n.º 1/2013, de 09 de janeiro de 2013, disponível em www. tribunalconstitucional.pt/tc/acordaos.

[587] Vide, *Responsabilidade penal das sociedades e dos seus administradores e representantes (...)*, op. cit., 2009, pág. 328.

colectiva, da pessoa que domina o processo que produz o resultado criminoso, ou, noutra expressão, aquele que possui o domínio sobre a causa do resultado (...)[588].

8. O Crime Continuado e o Concurso de Crimes

O crime continuado é uma forma de unidade jurídica de um concurso efetivo de crimes, na qual se deve observar a homogeneidade (1) da forma de execução do crime, (2) do bem jurídico lesado, (3) do dolo e (4) de uma situação exterior que facilita a sua execução, com considerável diminuição da culpa do agente que os pratica[589]. Estes pressupostos têm que estar cumulativamente preenchidos para que possamos estar perante a figura do crime continuado. Essencial para a sua ocorrência é, portanto, a existência de uma pluralidade de ações ilícitas, nas quais o bem jurídico sacrificado seja o mesmo e, no hiato temporal da prática das mesmas tenha existido, na conduta do agente, uma renovação do primeiro comportamento ilícito.

A figura do crime continuado não se aplica, contudo, a crimes relativos a bens eminentemente pessoais, nem aos relativos à identidade cultural, à integridade pessoal e ao terrorismo[590/591]. Por isso, centrando-nos na especificidade dos crimes tributários, tanto nos crimes comuns, como nos especiais – à exceção dos referentes à Segurança Social –, temos como bem jurídico as receitas tributárias. Contudo, já o vimos, não basta a existência da violação repetida de um mesmo bem jurídico, é também exigível, para efeitos de crime continuado, que a prática pelo agente seja «homogénea na

[588] *Ibidem*, pág. 330.

[589] Vide, Ferreira, Manuel Cavaleiro de (2010), *Lições de Direito Penal, Parte Geral – II – Penas e Medidas de Segurança*, Reimpressão da 4.ª Edição de 1992, Coimbra: Almedina, pág. 162; Correia, Eduardo (2016), *Direito Criminal – Vol. II (...)*, op. cit., págs. 208–211.

[590] Vide, Albuquerque, Paulo Pinto (2015), *Comentário do Código Penal, (...)*, op. cit., pág. 224, anotação 31.

[591] Para Maria João Antunes a redação do n.º 3 do artigo 30.º do Código Penal é "catastrófica". A autora entende que, atualmente, se reconhece a figura dos crimes de "trato sucessivo" pelo efeito perverso que decorre da exclusão do crime continuado pela não aplicação aos crimes relativos a bens eminentemente pessoais. Exclusão que pode levar a situações absurdas. A penalista refere, como exemplo, o caso de um arguido que foi acusado pela prática de 25.000 crimes sexuais. – Conferência proferida em 30 de janeiro de 2019, no Centro de Estudos Judiciários, subordinada ao tema *«Género e racionalidade das Leis Penais»*, no âmbito da formação "Julgar com perspetiva de género – Julgar a constitucionalidade e a igualdade".

realização plúrima do mesmo tipo de crime, atuando numa situação exterior que diminui consideravelmente a culpa»[592].

Posto isto, imaginemos a seguinte situação: o agente, por força de grave dificuldade económica, não entrega o IVA num trimestre, mas procede à sua entrega no trimestre seguinte, voltando a não o fazer no subsequente. A respeito do caso apresentado, o n.º 6, do artigo 24.º do Regime Jurídico das Infrações Fiscais Não Aduaneiras excluía a punição pela prática de crime continuado. Porém, com as alterações introduzidas ao Regime Jurídico das Infrações Fiscais Não Aduaneiras, pelo Decreto-lei n.º 394/93, de 24 de novembro, foi revogado aquele número, não obstante a jurisprudência ter mantido um entendimento que vai oscilando entre a indireta aplicação e não aplicação do crime continuado[593].

Regressando à situação acima exemplificada, verificamos estarem ali presentes duas apropriações por parte do agente, resultantes de receitas tributárias deduzidas legalmente, as quais deveriam ter sido (mas não foram) entregues ao Estado – temos, pois, a realização plúrima do mesmo tipo de crime. O bem jurídico violado, nas duas ações, é também o mesmo, a saber, as receitas tributárias do Estado – temos, pois, o mesmo bem jurídico. As omissões de entrega das quantias do Estado e, nesta medida, ilicitamente apropriadas pelo agente – temos, também, a homogeneidade da forma de execução. E por fim uma situação exterior – graves dificuldades económicas – que facilite a execução e diminua a culpa da ação, temos, assim, culpa diminuta.

Neste tipo de casos, a dificuldade para o julgador é definir o que é um "mesmo" comportamento, uma "mesma" conduta, que dentro de um determinado facto externo diminua a culpa[594]. Só que, como pertinentemente alerta Germano Marques da Silva, o julgador, por norma, atenta unica-

[592] Vide, Silva, Germano Marques da (2018), *Direito Penal Tributário (...)*, op. cit. pág. 248 e Sousa, Susana de Aires de (2006), *Os crimes (...)*, op. cit., pág. 143.

[593] Vide, Ac. do Supremo Tribunal de Justiça, de 29 de janeiro de 2004, processo n.º 03P1874; Ac. do Tribunal da Relação do Porto, de 15 de outubro de 1997, processo n.º 9710385; Ac. Tribunal da Relação de Évora, de 26 de janeiro de 2014, processo n.º 25/08.8IDSTB.E1, todos disponíveis em www.dgsi.pt.

[594] Como refere Nuno Lumbrales a «dificuldade reside no facto de todas as omissões de entrega deverem ocorrer no quadro de uma mesma situação exterior que diminua consideravelmente a culpa do agente", quanto maior for o lapso de tempo decorrente entre os termos dos vários períodos a que se refiram as prestações tributárias em causa». – Vide, *O abuso de confiança fiscal (...)*, op. cit., 2003, pág. 113.

mente ao bem jurídico violado, à homogeneidade da execução e ao fator exterior, afastando da análise e da decisão o último pressuposto, isto é, a culpa diminuta[595].

Coloquemos ainda a seguinte situação: o agente opta por, sempre que seja o momento de proceder à entrega do imposto de IVA, praticar o crime. Entendemos que, neste caso, ele pratica vários crimes, porque a decisão não ocorre no primeiro momento em que decide proceder daquela forma, mas naquele em que legalmente se encontra obrigado a proceder à entrega das receitas ao Estado, o que, no caso do abuso de confiança fiscal, só ocorrerá após terem sido preenchidos os pressupostos da alínea b), do n.º 4 do artigo 105.º do Regime Geral das Infrações Tributárias[596].

Não é fácil, no entanto, concluir se estamos perante um crime continuado ou um concurso real de crimes, uma vez que o bem jurídico violado é o mesmo e o *modus operandi* é idêntico, nas condutas ilícitas subsequentes àquela primeira[597].

Atendendo à particularidade do crime de abuso de confiança fiscal, por exemplo, o agente que não entrega as deduções a título de IRS e das contribuições dos seus trabalhadores à Segurança Social, pratica um único crime de forma continuada ou estamos perante um concurso real ou efetivo de vários crimes, consoante o número de trabalhadores[598]?

[595] Vide, *Direito Penal Tributário (...)*, op. cit., 2018, págs. 53 e 54 e Ac. Supremo Tribunal de Justiça, de 13 de novembro de 2008, processo n.º 07P451, disponível em www.dgsi.pt.

[596] Figueiredo Dias aceita a existência de crime continuado com "dolo conjunto" - Vide, *Direito Penal, Parte Geral, (...)*, op. cit., 2019, pág. 1198.
Contra este entendimento. - Vide, Cunha, Maria da Conceição Ferreira da (2009), *Questões atuais (...)*, op. cit., pág. 360.

[597] É habitual, nas obrigações fiscais, pela situação de "bola de neve" em que economicamente se encontra o contribuinte, após o incumprimento de uma obrigação, ocorrerem, vários e sucessivos, incumprimentos posteriores.
Os crimes fiscais «têm uma tendência quase "natural" para serem repetidos». - Vide, Sousa, Luís Milagres e (2010), *As Fraudes Tributárias e o Crime Tributário Continuado*, Coimbra: Almedina, pág. 108.

[598] Os artigos 30.º e 77.º e seguintes do Código Penal só «são explícitos quanto ao crime continuado nos casos de concurso efetivo de normas que dão lugar à existência, não de vários crimes do concurso de crimes, mas de um só crime. Para os demais não resta alternativa senão recorrer às normas incriminadoras singulares e aos termos do respetivo concurso efetivo, procurando ver em que casos e termos concorrem os tipos de crime e de pena que concerne à caraterização». - Vide, Moutinho, José Lobo (2005), *Da Unidade à Pluralidade (...)*, op. cit. e Andrade, João da Costa (2010), *Da Unidade e Pluralidade (...)*, op. cit., pág. 282.

O crime de abuso de confiança contra a Segurança Social apresenta, porém, algumas diferenças em comparação com o crime de abuso de confiança fiscal[599]. Para além do valor mínimo exigível para que haja crime de abuso de confiança fiscal, admitida a não existência de concurso, no caso de o agente estar impossibilitado de cumprir com as suas obrigações/dívidas fiscais, suscitam-se questões de índole processual, quanto à constituição de assistente, ao princípio de adesão, entre outras, admitida a não existência de concurso, no caso de o agente estar impossibilitado de cumprir com as suas obrigações/dívidas fiscais[600].

O regime de punição do crime continuado encontra-se estabelecido no artigo 79.º do Código Penal, o qual preceitua que «o crime continuado é punível com a pena aplicável à conduta mais grave que integre a continuação», aplicando-se as regras que permitem determinar a medida abstrata da pena[601]. Esta norma respeita, assim, o princípio da exasperação e não o da absorção ou consunção[602], valorando a «unidade jurídica construída sobre uma pluralidade efetiva de crimes»[603], através da qual o tribunal, «valorando a pluralidade dos atos praticados», determinará a medida concreta da pena do crime continuado dentro da moldura mais grave[604]. Poderá ocorrer que a soma global dos valores não entregues ultrapasse o limite máximo do crime simples, passando, pois, para o agravado, tal como p.e.p. no n.º 5 do artigo 105.º do Regime Geral das Infrações Tributárias.

Sendo assim, para efeitos da medida da pena concreta o crime considera-se como simples ou qualificado?

Vejamos: o valor a considerar para o crime continuado, como já referido, não é o valor global das prestações tributárias não entregues à Autoridade Tributária, mas o valor individual mais elevado entre elas, sendo de afastar todas as que tenham um valor inferior a €7.500, por não serem criminalmente puníveis.

599 Numa comparação mais aprofundada entre ambos os crimes cf. Capitulo II, secção III, § 1.

600 Vide, Lumbrales, Nuno B. M. (2003), *O abuso de confiança fiscal (...)*, op. cit., pág. 103.

601 Vide, Santos, Manuel Simas / Henriques, Manuel Leal (2011), *Noções de Direito Penal*, 4.ª Edição, Lisboa: Rei dos Livros, pág. 268, Antunes, Maria João (2017), *Penas e Medidas de Segurança*, Coimbra: Almedina, pág. 66 e Dias, Jorge de Figueiredo (2019) Vide, *Direito Penal, Parte Geral, (...)*, op. cit., 2019, págs. 1192 e 1193.

602 Vide, Lumbrales, Nuno B. M. (2003), *O abuso de confiança fiscal (...)*, op. cit., págs. 103-105.

603 Vide, Dias, Jorge Figueiredo (2005), *Direito Penal Português – As Consequências (...)*, op. cit., págs. 296 e 297.

604 Vide, Antunes, Maria João (2017), *Penas e Medidas (...)*, op. cit., pág. 66.

E na hipótese de, entre as condutas criminalizadas num só crime continuado, não se atingir um limite mínimo para efeitos de dignidade penal. Poderemos falar numa única contraordenação continuada?

O que ocorre é a punição do *concurso* de contraordenações fiscais, através do regime do cúmulo material, previsto no artigo 25.º do Regime Geral das Infrações Tributárias[605].

Nada obstaria a que materialmente o próprio julgador fizesse uma interpretação restrita do preceito[606], tendo em atenção que o único elemento que procede à distinção entre ambos os ilícitos é o limite quantitativo; e se esta distinção é realizada para efeitos criminais, igualmente o deveria ser para ilícitos "menores", até porque se atendermos aos efeitos práticos, as contraordenações serão mais gravosas, do que a "única" pena a aplicar em crime continuado, considerando que serão punidos em concurso de crimes[607].

[605] Para Pinto de Albuquerque não é aplicável às contraordenações o regime da continuação criminosa do Código Penal preceituada pelos artigos 30.º e 79.º. Entende este autor não se verificar, neste direito, o «efeito da diminuição da culpa ética inerente à construção clássica do crime continuado, pela simples razão de que o juízo de culpa se funda apenas na atribuição ao agente da responsabilidade social pelo facto». – Vide, *Comentário do Regime Geral das Contra-ordenações (...)*, op. cit., 2011, pág. 91, nota 18.
Em idêntico sentido, Simas Santos e Jorge de Sousa, em anotação ao artigo 25.º do Regime Geral das Infrações Tributárias, referem que «estando a regra do cúmulo material expressamente estabelecida neste artigo 25.º do RGIT, não há uma lacuna de regulamentação sobre a forma de efectuar o cúmulo das coimas, pelo que não há suporte para fazer apelo ao RGCO, pois este diploma, como legislação subsidiária que é [artigo 3.º, alínea b), do RGIT], apenas é de aplicação em matérias em que o RGIT não contenha normas próprias. Assim, relativamente às contra-ordenações tributárias, (...) nos casos de concurso de contra-ordenações, para determinar a coima única aplicam-se as coimas correspondentes a cada uma das contra-ordenações e somam-se, sendo o somatório o montante da coima única a aplicar. Por isso, o limite máximo do cúmulo das penas previsto no n.º 2 do artigo 19.º do RGCO, que é o de a coima única não exceder o dobro do limite máximo mais elevado das contra-ordenações em concurso, não é aplicável relativamente às contra-ordenações tributárias, não sendo também aplicáveis os limites máximos previstos no artigo 26.º para a categoria de infractor e natureza da infracção, pois, como se infere do texto deste artigo 25.º, ao referir que 'as sanções aplicadas às contra-ordenações em concurso são sempre cumuladas materialmente' é o de que não se admitem quaisquer excepções a esta regra». – Vide, *Regime Geral (...)*, op. cit., 2010, pág. 291.

[606] Vide, Ac. do Supremo Tribunal de Justiça, de Uniformização e Fixação de Jurisprudência, processo n.º 483/08, de 18 de setembro de 2008, disponível no Diário da República, 1.ª Série, n.º 122, de 26 de junho de 2008, págs. 3973–3975.

[607] No sentido da aplicação de contraordenação continuada. – Vide, Silva, Germano Marques da (2018), *Direito Penal Tributário (...)*, op. cit. pág. 55 e Beça Pereira para quem existe

Em suma, se a conduta conhecida posteriormente for menos grave, que a(s) julgada(s) em crime continuado, ficará deserta. Se for mais grave, terá que ser aplicada uma pena mais gravosa, que substituirá a anterior[608].

9. A Responsabilidade Penal das Pessoas Coletivas no crime de Abuso de Confiança Fiscal

O artigo 7.º, n.º 1 do Regime Jurídico das Infrações Fiscais não Aduaneiras previa a responsabilidade criminal de pessoas coletivas e equiparadas, sendo a responsabilidade contraordenacional aplicada pelas normas previstas no Decreto-Lei n.º 433/82, de 23 de outubro[609]. O Regime Geral das Infrações Tributárias estabeleceu, igualmente no artigo 7.º e previamente ao Código Penal, a responsabilização das pessoas coletivas pelos ilícitos fiscais de índole criminal e contraordenacional[610]. Segundo este princípio geral da responsabilidade criminal no âmbito das infrações tributárias, as pessoas coletivas, sociedades ainda que irregularmente constituídas, e outras entidades fiscalmente equiparadas são responsáveis pelas infrações cometidas pelos seus órgãos ou representantes, em seu nome e no interesse coletivo.

Reveste particular importância, para efeitos da sua responsabilização criminal, que os representantes legais, mandatários, trabalhadores ou quem de algum modo a represente, tenha agido no interesse e em nome da pessoa coletiva[611]. No entanto e de modo a que o crime possa ser imputado à pessoa coletiva é necessário, pelo menos em princípio, que seja apurada a culpa do agente que atuou em nome da pessoa coletiva[612].

uma contraordenação continuada sempre que se verifiquem os requisitos estabelecidos no artigo 30.º, n.º 2 do Código Penal. – Vide, Pereira, António Beça (2017), *Regime Geral das Contra-Ordenações e Coimas*, 12.ª Edição, Coimbra: Almedina, pág. 60.

608 Vide, Santos, Manuel Simas / Henriques, Manuel Leal (2011), *Noções de Direito (...)*, op. cit., pág. 268 e Garcia, M. Miguez / Rio, J. M. Castela (2014), *Código Penal (...)*, op. cit., pág. 395, notas 3 e 4.

609 Vide, Bravo, Jorge dos Reis (2008), *Direito Penal de Entes Colectivos – Ensaio sobre a Punibilidade de Pessoas Colectivas e Entidades Equiparadas*, Coimbra: Coimbra Editora, pág. 267.

610 Posteriormente, o artigo 11.º, n.º 1 do Código Penal, previu a regra que só as pessoas singulares são suscetíveis de responsabilidade criminal, dispondo o n.º 2 as exceções relativamente às pessoas coletivas. Todavia, o Regime Geral das Infrações Tributárias, a nível das infrações tributárias, contraria a disposição deste preceito previsto no Código Penal.

611 Vide, Meireles, Mário Pedro (2008), «A Responsabilidade Penal das Pessoas Colectivas ou Entidades Equiparadas na recente alteração ao Código Penal ditada pela Lei 59/2007, de 4 de Setembro: Algumas notas», Revista Julgar, n.º 5, 2008, pág. 130.

612 Vide, Silva, Germano Marques da (2018), *Direito Penal (...)*, op. cit., pág. 111.

Este princípio se conjugado com o artigo 11.º do Código Penal, a imputação dos factos à pessoa coletiva ocorreria quando os crimes fossem cometidos *"em seu nome e no seu interesse coletivo por pessoas que nelas ocupem uma posição de liderança"* (cf. alínea a), do n.º 2); ou *"por quem aja sob a autoridade das pessoas referidas na alínea anterior em virtude de uma violação dos deveres de vigilância ou controlo que lhes incumbem"*. (cf. alínea b), do n.º 2). Sabemos estar a efetuar uma interpretação ampla[613], contudo, a ampliação proposta reveste particular importância, para efeitos da responsabilização criminal, exigindo-se que a pessoa coletiva tenha agido, através dos seus representantes legais, no seu interesse e por sua conta, mas igualmente dos seus mandatários, trabalhadores ou através de quem de algum modo a represente.[614]

No entanto, e de modo a que um crime possa ser imputado à pessoa coletiva, é necessário, pelo menos, que em princípio seja comprovada a culpa do agente que atuou pela pessoa coletiva[615]. Só existe responsabilidade dos entes coletivos quando as infrações legalmente previstas forem cometidas pelos seus órgãos ou representantes estatutários, em seu nome e no interesse coletivo[616].

[613] Em parecer emitido pela Procuradoria Geral da República «o preceito do número 2 do artigo 7.º do Regime Geral das Contraordenações deve ser interpretado extensivamente, como, aliás, tem sido feito pela jurisprudência, incluindo do Tribunal Constitucional, de modo a incluir os trabalhadores, os administradores e gerentes e os mandatários ou representantes da pessoa coletiva ou equiparada, desde que atuem no exercício das suas funções ou por causa delas». Este parecer não reflete apenas as disposições previstas pelo Regime Geral das Contraordenações, mas de igual modo, o Regime Geral das Infrações Tributárias. – Vide, Parecer n.º 11/2013, de 5 de setembro de 2013, da Procuradoria-Geral da República, disponível no Diário da República, 2.ª Série, n.º 178, de 16 de setembro de 2013, págs. 28814 e 28827.

[614] Vide, Meireles, Mário Pedro (2008), «A Responsabilidade Penal das Pessoas Colectivas ou Entidades Equiparadas na recente alteração ao Código Penal ditada pela Lei 59/2007, de 4 de Setembro: Algumas notas», Revista Julgar, n.º 5, pág. 130.

[615] Vide, Silva, Germano Marques da (2018), *Direito Penal (...)*, op. cit., pág. 111.

[616] Conforme refere Gonçalo Bandeira, «(...) não há qualquer responsabilidade, logo não precisa (ou não pode!) ser excluída, quando não existe. Aliás, essa responsabilidade só é excluída porque existe antes (imputada). Assim, será preciso individualizar abstractamente a imputação da responsabilidade antes de poder excluir concretamente esta última. É que se não existir pré-individualização da imputação da responsabilidade, é porque a responsabilidade dos entes colectivos não existe». – Vide, *"Responsabilidade" Penal Económica e Fiscal dos Entes Colectivos – À volta das sociedade comerciais e sociedade civis sob a forma comercial*, Coimbra: Almedina, 2004, pág. 451.

Por sua vez, para que o facto ilícito possa ser imputado à sociedade, terá de ser cometido por quem nela ocupe uma posição de liderança[617], tornando-se fundamental que se possa conectar a prática do facto com o desempenho de um papel de liderança e com o exercício de um domínio da organização para a sua execução. A posição de liderança na pessoa coletiva é assumida pelos titulares de órgãos, as pessoas com autoridade para exercer o controlo da atividade coletiva e os seus representantes[618]. Assim sendo, há então «que proceder à identificação funcional»[619], individual, para posteriormente se lhe poder imputar o facto, não obstante ambas as responsabilidades (coletiva e singular), não serem dependentes entre si. Vemos, deste modo, ser essencial que o representante seja a pessoa que no momento da consumação do crime tem o domínio funcional dos factos[620], isto é, que seja a pessoa que, no âmbito do crime de abuso de confiança fiscal, esteja em condições de proceder ou ordenar a entrega do imposto e não o faça.

Como decorre da norma do artigo 7.º, o facto tem de ser cometido pelo órgão ou representante da pessoa coletiva. Em regra, o representante da pessoa coletiva é o gerente/administrador de direito, o qual é nomeado pelos sócios/acionistas da sociedade[621] que exercem funções por deliberação societária[622]. Deste modo, conclui-se que a imputação jurídico-penal dos entes coletivos assenta numa culpa construída através do facto e da culpa

617 Vide, Silva, Germano Marques da (2009), *Responsabilidade penal das sociedades e dos seus administradores e representantes(...)* op. cit., pág. 226.

618 Vide, Brito, Teresa Quintela de (2010), «Responsabilidade criminal de entes colectivos *(...)*, op. cit., pág. 55.

619 Vide, Brito, Teresa Quintela de (2008), «Responsabilidade criminal das pessoas jurídicas e equiparadas», *in* AAVV, *Estudos em Honra do Professor Doutor José de Oliveira Ascensão,* Coimbra: Almedina, pág. 1430.

620 Vide, Ac. do Tribunal da Relação de Lisboa, de 17 de abril de 2013, processo n.º 496/11.5IDLSB.L1-3, disponível em www.dgsi.pt.

621 Neste ponto, pela sua relevância prática, abordaremos, exclusivamente, os órgãos societários.

622 Os representantes que atuam nessa qualidade e vinculam a sociedade, fazem-no como sendo «a própria sociedade que actua. Contudo, se os membros dos órgãos de representação actuam com excesso ou com abuso de poderes de representação e a sociedade não fica vinculada. Os actos e omissões (art. 6.º, n.º 5 do Código das Sociedades Comerciais) já não podem ser vistos como actos ou omissões da sociedade, mas ainda assim a sociedade poderá ter que responder pelos danos causados». – Vide, Martins, Alexandre Soveral (2017), *Anotação ao artigo 6.º, in* AAVV, *Código das Sociedades Comerciais em Comentário, Volume I,* (coord. Jorge M. Coutinho de Abreu), 2.ª Edição, Coimbra: Almedina, pág. 121.

das pessoas singulares, sendo fundamental a existência de um nexo de imputação do ato ilícito típico a um elemento da sociedade com posição de liderança na organização societária para a imputação do crime à pessoa coletiva[623]. Apesar de o n.º 7 do artigo 11.º do Código Penal não exigir a condenação da pessoa singular é necessário que seja responsabilizado quem atua em nome e no interesse da pessoa coletiva[624]. No âmbito dos crimes fiscais, igualmente se conclui, só poder existir responsabilização criminal da pessoa coletiva se os elementos necessários ao estabelecimento desse nexo de imputação objetivo e subjetivo forem objeto de acusação, de prova e de decisão no âmbito processual penal[625].

A infração para efeitos de responsabilização tem de ser praticada pelos órgãos societários, ou seus representantes[626], em nome e interesse da pessoa coletiva[627] – atendendo ao fins que prosseguem dentro do seu objeto e interesse social[628] –, e essa infração não ser praticada contra as ordens e instruções emitidas pelos representantes da pessoa coletiva[629].

[623] Vide, Brito, Teresa Quintela de (2012), «Fundamento da responsabilidade criminal de entes colectivos: articulação com a responsabilidade individual», *in* AAVV, *Direito Penal Económico e Financeiro – Conferências do Curso Pós-Graduado de Aperfeiçoamento*, Coimbra: Coimbra Editora, págs. 205 e 206.

[624] Diversamente, se caso a pessoa que atua em nome e no interesse da pessoa coletiva tiver atuado sem culpa, a pessoa coletiva «beneficiará também da exoneração da responsabilidade». – Vide, Silva, Germano Marques da (2008), «Responsabilidade Penal das Pessoas Colectivas – Alterações ao Código Penal introduzidas pela Lei n.º 59/2007, de 4 de Setembro», Revista do CEJ, 1.º semestre, n.º 8 (especial), Coimbra: Almedina, pág. 94.

[625] Vide, Acórdãos do Tribunal da Relação de Évora, de 29 de junho de 2012 processo n.º 60/09.9TAVVC.E1 e do Tribunal da Relação de Lisboa, de 12 de novembro de 2018, processo n.º 364/16.4T9SNT.L1-3, ambos disponíveis em www.dgsi.pt.

[626] A atuação do agente em nome da pessoa coletiva e o nexo do facto ilícito deve ser direto, interno, causal, não bastando uma simples relação indireta, externa puramente ocasional. – Vide, Silva, Isabel Marques da (2000), *Responsabilidade Fiscal (...)*, op. cit., pág. 81.

[627] É o interesse e não somente o *"atuar por conta* e *em nome de"*, que imputa ao órgão a infração cometida pelo agente.

[628] O interesse da pessoa coletiva na realização do crime deve ser reconhecido objetivamente, «não bastando uma mera valoração putativa por parte do agente». – Vide, Silva, Germano Marques da (2018), *Direito Penal Tributário, (...)*, op. cit., pág. 108.

[629] Naturalmente, se o agente atuar contra as ordens e instruções expressas da pessoa coletiva, falta a esta atuação o agir em *"interesse de"*, o que resulta na imputação da infração fiscal exclusivamente a si e não à pessoa coletiva. – Vide, Silva, Isabel Marques da (2000), *Responsabilidade Fiscal (...)*, op. cit., pág. 84.

Acontece, por vezes, que o agente, a quem é imputada a responsabilidade individual – e por nexo causal, a da pessoa coletiva –, apenas tem competência em termos de direito, isto é, apenas formalmente é o seu representante, nunca tendo atuado ou realizado, efetivamente, qualquer ato em seu nome e interesse.

No entanto, para Germano Marques da Silva a existência de administradores de facto,

> *(...) não deve servir de pretexto para que a sociedade escape à sua responsabilidade, o que seria fácil mediante a atribuição de poderes de administração a pessoas que não sejam titulares do respectivo órgão ou delegação ou incumbência especial por parte dos titulares dos órgãos da sociedade (...)* [630].

Para efeitos de responsabilidade penal, a sociedade não pode deixar de ser responsável pelos factos ilícitos praticados por quem esteja no exercício efetivo dos poderes de gestão e administração[631]. Os órgãos da pessoa coletiva podem ainda gerar responsabilidade criminal por omissão de atos a que estejam legalmente ou estatutariamente obrigados a praticar. A questão é abordada pela doutrina[632] e pela jurisprudência[633] no âmbito do dever jurídico de garante, de modo a fundamentar esta responsabilidade, decorrente da omissão do cumprimento de deveres, imputando o incumprimento quer à pessoa coletiva, quer a quem a representa, na medida em que sobre eles recaem os deveres jurídicos de garante, bem como a quem, por força da lei e dos estatutos incumbe a fiscalização dos atos da pessoa coletiva[634].

Nos termos do n.º 4 do artigo 7.º, a responsabilidade pelas infrações tributárias cometidas pelos órgãos representantes da sociedade, nos crimes

630 Vide, *Responsabilidade penal das sociedades e dos seus administradores e representantes (...)* op. cit., 2009, pág. 244.

631 Vide, Acórdãos do Tribunal da Relação de Lisboa, de 8 de abril de 2011, processo n.º 668/09.2TDLSB.L1-5 e do Tribunal da Relação do Porto, de 11 de outubro de 2011, processo n.º 155/05.8TAVNG.P1, ambos disponíveis em www.dgsi.pt.

632 Vide, Silva, Germano Marques da (2009), *Responsabilidade penal das sociedades e dos seus administradores e representantes(...)* op. cit., pág. 261 a 265.

633 Vide, Acórdãos do Tribunal Constitucional n.º 198/2010, de 18 de maio de 2010, n.º 99/2009, de 3 de março de 2009 e n.º 643/2009, de 15 de dezembro de 2009, todos disponíveis em www.tribunalconstitucional.pt/tc/acordaos.

634 Vide, Mendes, Marlene (2015), «A Imputação da Pessoa Colectiva I: A Responsabilidade Criminal da Pessoa Colectiva pelos atos praticados pelos seus Órgãos», *in* AAVV, *Comparticipação, pessoas colectivas e responsabilidade,* Coimbra: Almedina, pág. 73.

tributários, não exclui a responsabilidade individual dos agentes, embora a exclua nas contraordenações tributárias. O que releva para efeitos desta distinção de responsabilidade, é a vontade de prosseguir o interesse coletivo, só assim existindo culpa do agente, como da pessoa coletiva[635/636].

Contudo, no caso de ocorrer a extinção do procedimento criminal, por prescrição[637], relativamente ao agente que, sendo gerente de facto, e não possuindo a qualidade de representante legal, incorreu na prática de um crime enquanto atuava em nome e no interesse da pessoa coletiva, a responsabilidade criminal da pessoa coletiva não será extinta, a não ser que se verifique em relação a esta o decurso do prazo prescricional[638]. É que a pessoa coletiva, assim como os seus órgãos ou os seus representantes são responsáveis pelos crimes fiscais que em nome e no interesse da sociedade pratiquem.

Um apontamento, fora do âmbito da responsabilidade criminal, ao facto de o n.º 5 do artigo 7.º do Regime Geral das Infrações Tributárias estabelecer uma responsabilidade subsidiária para a entidade sem personalidade jurídica, quando confrontada com uma sanção pecuniária de natureza criminal ou contraordenacional. Independentemente do incumprimento dos requisitos de registo comercial, «responde por ela o património comum. Na sua falta ou insuficiência, solidariamente, o património de cada um dos seus associados»[639]. Já em relação aos representantes de direito/facto teremos uma responsabilidade solidária, somente após a confirmação de insuficiência ou inexistência de património para cumprir a multa/coima por parte do ente coletivo[640].

[635] Vide, Silva, Germano Marques da (2018), *Direito Penal Tributário, (...)*, op. cit., pág. 112.

[636] A culpa da pessoa coletiva, resulta da culpa do agente que atuou em seu nome e no seu interesse.

Referir ainda que a morte do responsável individual não extingue o ilícito criminal. Esta apenas determina a inconsequência em termos de reação penal relativamente àquela pessoa em concreto. O processo, por isso, prosseguirá os seus ulteriores termos de modo a se aferir a sua efetiva responsabilidade.

[637] Cf. Secção II, ponto 2, deste Capítulo.

[638] Vide, Acórdão do Tribunal da Relação de Évora, de 5 de novembro de 2013, processo n.º 398/09.5TALGS.E1, disponível em www.dgsi.pt.

[639] O legislador pretendeu impedir que a sanção imposta ao ente coletivo, por falta de liquidez ou de património, não fosse satisfeita pela pessoa coletiva ou pelos seus associados.

[640] O n.º 1 do artigo 8.º do Regime Geral das Infrações Tributárias, prevê a responsabilidade subsidiária e, o n.º 2, quando forem várias as «pessoas a praticarem os actos ou omissões culposos de que resulte a insuficiência do património», uma responsabilidade solidária. – Vide,

A norma destina-se a entidades sem personalidade jurídica, o que nos pode remeter para as sociedades irregularmente constituídas ou extintas, que devem ser subsumidas e não beneficiadas por esse facto, em relação às sociedades comerciais que obedecem aos trâmites legais societários.

A sociedade comercial só adquire, nos termos do artigo 5.º do Código das Sociedades Comerciais, personalidade jurídica (ou coletiva) com o registo definitivo dos respetivos atos constituintes[641]. No entanto, para efeitos de responsabilidade penal fiscal e contraordenacional, a sua irregular constituição não pode ter relevância, e daí a insuficiência e a inexistência de património, responsabilizar os seus sócios, e em casos de irregularidade, os seus associados.

Aceitar outra interpretação, consubstanciaria um duplo benefício para quem não cumpre as regras societárias e pratica uma infração de natureza criminal e/ou contraordenacional, em relação aos demais concorrentes cumpridores. E mesmo que subsidiária, a responsabilização dos sócios/associados pelo pagamento dos valores incorporados nas penas de multa significa, naturalmente, que os mesmos são chamados a assumir uma precisa categoria de responsabilidade societária.

Também em relação às sociedades declaradas extintas, de acordo com o preceituado no citado n.º 5 do artigo 7.º, a responsabilização pela falta do pagamento da multa ou coima era subsidiariamente imputada aos sócios ou associados que eram chamados a responder pela pena de multa[642]. Repare-se que o facto da pessoa singular poder ser notificada, para proceder ao pagamento imputado à pessoa coletiva, não impede o direito de regresso sobre a sociedade, nem se retira qualquer juízo de censura, nem consequências de índole penal[643].

Sousa, Jorge Lopes de / Santos, Manuel Simas (2010), *Regime Geral (...)*, op. cit., pág. 101, anotação 5.

641 Vide, Abreu, Jorge M. Coutinho de (2017), *Código das Sociedades Comerciais em Comentário, Volume I*, 2.ª Edição, Coimbra: Almedina, pág. 95.

642 Sem aquele preceito – n.º 5, artigo 7.º do Regime Geral das Infrações Tributárias – «apenas poderia ocorrer, nos termos gerais, por reporte aos membros das comissões especiais e das sociedades civis não constituídas sob a forma comercial». – Vide, Ac. do Tribunal Constitucional n.º 636/2018, de 22 de novembro de 2018, disponível em www.tribunalconstitucional.pt/tc/acordaos.

643 O Supremo Tribunal de Justiça decidiu que «a pessoa coletiva exime-se ao cumprimento da pena através da transferência do dever de pagar a multa para o devedor solidário e o Estado exonera-se, por essa via, do exercício do *jus puniendi* de que é titular. O que consubstancia

O Tribunal Constitucional julgou inconstitucional a interpretação do n.º 5 do artigo 7.º do Regime Geral das Infrações Tributárias, no sentido de que impõe o prosseguimento do processo destinado a apurar a responsabilidade criminal de pessoa coletiva já extinta pelo encerramento da respetiva liquidação, nos termos do n.º 2 do artigo 160.º do Código das Sociedades Comerciais, fazendo correr sobre o património de cada associado a responsabilidade pelo cumprimento da pena de multa que vier a ser aplicada[644].

Não se perfila, como emana do n.º 1 do artigo 8.º do Regime Geral das Infrações Tributárias, uma complementar responsabilidade subsidiária daqueles que exerçam funções de gestão ou administração da entidade sem personalidade jurídica, conquanto lhes seja subjetivamente imputável a falta de pagamento da pena de multa, não existindo, por isso, a violação do princípio constitucional da intransmissibilidade das penas consagrado no n.º 3, do artigo 30.º da Constituição da República Portuguesa[645].

Por assim ser, temos para nós, que o regime de responsabilidade inscrito na dimensão normativa aproveita essa mesma qualidade de sócio para impor a terceiro a responsabilidade penal exigida à pessoa coletiva.

A responsabilidade do agente individual, nos termos do artigo 8.º do Regime Geral das Infrações Tributárias, é uma responsabilidade civil e subsidiária em relação ao ente coletivo e depende da culpa na insuficiência do património social para o pagamento ou da culpa na falta de pagamento[646]. O mesmo é válido no âmbito da responsabilidade civil, sendo igualmente essencial que o facto ilícito tenha sido praticado em nome e no interesse da pessoa coletiva, pelos seus órgãos ou representantes, não ficando excluída

objetivamente uma transmissão de pena e põe em causa a indisponibilidade dos interesses que as reações criminais visam tutelar». – Vide, Ac. de Uniformização e Fixação de Jurisprudência n.º 11/2014, de 28 de maio de 2014, disponível em Diário da República, 1.ª Série, n.º 124.

644 Vide, Ac. do Tribunal Constitucional n.º 636/2018, de 22 de novembro de 2018, disponível em www.tribunalconstitucional.pt/tc/acordaos.

645 Vide, Caldeira, Margarida (2015) «O Princípio da Pessoalidade da Responsabilidade Criminal e o «Regime do n.º 8 do artigo 11.º do Código Penal», *in* AAVV, *Comparticipação, pessoas colectivas e responsabilidade,* Coimbra: Almedina, pág. 159 e Sousa, Susana Aires de (2019), *Questões Fundamentais de Direito Penal da Empresa,* Coimbra: Almedina, págs. 116 a 119.

646 Neste sentido, «o administrador responde pelo pagamento do imposto nos termos da Lei Geral de Tributária, ou seja, a título subsidiário, mas responde pelos prejuízos causados pelo crime como qualquer outro agente do crime, ou seja, solidariamente com os demais agentes, se os houver, ou só, se for o único agente do crime tributário». – Vide, Silva, Germano Marques da (2018), *Direito Penal Tributário, (...)*, op. cit., pág. 127.

a prova e demonstração do preenchimento dos pressupostos a que alude a responsabilidade civil: a verificação de um facto ilícito, a culpa do lesante, a existência de danos e o nexo de causalidade adequada entre o facto e o dano.

10. A Moldura Penal

Conforme atempadamente abordámos, a entrada em vigor do artigo 24.º do Regime Jurídico das Infrações Fiscais Não Aduaneiras, na sua versão originária, apenas previa a pena de multa, a qual poderia converter-se em prisão quando o agente condenado não procedesse ao seu pagamento voluntário, após a prolação da sentença[647]. No entanto, dadas as críticas de alguma doutrina, o legislador acabou por, em 1993, efetuar algumas alterações àquele regime jurídico, contando-se entre elas a ordem da prioridade das penas, passando-se assim a prever, como pena principal, a pena de prisão – sem, no entanto, se extinguir a hipótese de aplicação da pena de multa – nos crimes qualificados[648].

Na atualidade, uma vez preenchidos todos os elementos do tipo, e as condições objetivas de punibilidade estabelecidas pelo legislador para que o ilícito criminal possa ser sancionado, o agente, em abstrato, pode ser punido pela prática de um crime de abuso de confiança fiscal simples, quando a entrega não efetuada for de valor inferior a €50.000, o qual se traduz em pena de prisão até 3 anos ou multa de 10 até 360 dias, no caso de pessoa singular; no caso de pessoa coletiva, e atendendo aos termos dos n.º 1 do artigo 105.º, e n.º 3 do artigo 12.º, do Regime Geral das Infrações Tributárias, a pena de multa é de 20 até 720 dias.

Apesar de existir responsabilidade da pessoa coletiva, o agente individual da infração que a represente, desde que atue em seu nome e no seu interesse, é também criminalmente responsável por força do artigo 7.º, n.º 3 do Regime Geral das Infrações Tributárias[649].

[647] Augusto Silva Dias era bastante critico à condição de pena subsidiária, "secundarizada", na pena privativa de liberdade, em comparação à pena de multa. – Vide, O novo Direito Penal *(...)*, op. cit., 1999, pág. 257.

[648] Vide, Rodrigues, Anabela Miranda (1999), «Contributo para a fundamentação de um discurso punitivo em matéria penal fiscal», *in* AAVV, *Direito Penal Económico e Europeu: Problemas Especiais–Volume II*, Coimbra: Coimbra Editora, pág. 484.

[649] Vide, Sousa, Jorge Lopes de / Santos, Manuel Simas (2010), *Regime Geral (...)*, op. cit., pág. 79.

Por sua vez, o crime de abuso de confiança fiscal é agravado se a entrega não efetuada for de valor igual ou superior a €50.000, sendo a pena de prisão de 1 a 5 anos para pessoas singulares (elimina-se a possibilidade da pena de multa prevista no crime simples) e, nas pessoas coletivas, a pena de multa de 240 a 1200 dias (cf. artigo 105.º, n.º 5 do Regime Geral das Infrações Tributárias).

Na hipótese do valor não entregue ser igual ou superior a €50.000, mas o agente efetuar, parcialmente, o pagamento da quantia, o crime é considerado simples, e não qualificado, se a quantia que ficar em dívida for de valor inferior aos citados €50.000[650].

O n.º 7 do artigo 105.º do Regime Geral das Infrações Tributárias esclarece que os valores que qualificarão o ilícito criminal são os que constam na declaração a apresentar à Autoridade Tributária e cuja prestação se encontra em falta[651/652].

Relativamente à aplicação de pena privativa da liberdade pela prática de crime decorrente de dívidas fiscais, discutiu-se se não estaríamos perante meras obrigações contratuais, referente a pagamento de impostos, o que assim sendo, inviabilizaria a possibilidade de aplicação de uma sanção penal.

O Tribunal Constitucional pronunciou-se no sentido de não ser inconstitucional a aplicação da pena de prisão por "dívidas fiscais", uma vez que as obrigações a que o substituto está vinculado não derivam de contrato, mas sim da natureza legal da obrigação do pagamento/entrega do imposto[653]. Neste ponto, porém, tem de se concluir que esta obrigação, de pagamento de dívidas por impostos à Autoridade Tributária, não viola o disposto no artigo 1.º do Protocolo n.º 4 adicional à CEDH[654], o qual dispõe que ninguém pode ser privado da sua liberdade pela única razão de não poder cumprir uma obrigação contratual.

[650] Vide, Silva, Germano Marques da (2018), *Direito Penal Tributário, (...)*, op. cit., págs. 242 e 243.

[651] Vide, Sousa, Susana Aires de (2021), *Os crimes(...)*, op. cit., págs. 132 e 133.

[652] Vide, Lumbrales, Nuno B. M. (2003), *O abuso de confiança fiscal (...)*, op. cit., pág. 94.

[653] Vide, Ac. do Tribunal Constitucional n.º 312/2000, de 20 de junho, disponível em www.tribunalconstitucional.pt/tc/acordaos.

[654] No protocolo n.º 4 de Estrasburgo, de 16 de setembro de 1963, reconhecem-se certos direitos e liberdades para além dos constantes, quer na Convenção de Proteção dos Direitos do Homem e das Liberdades Fundamentais, feita em Roma, em 4 de novembro de 1950, quer do Protocolo adicional à Convenção, feito em Paris, em 20 de março de 1952, nomeadamente a proibição por prisão por dívidas.

Sucede que, depois de analisados os elementos que constituem o crime, tipificado como tal no Código Penal, e tendo em linha de conta que o princípio constitucional que fundamenta a proibição da prisão por dívidas é o princípio da culpa[655], a verdade é que essa privação da liberdade não é proibida se outros factos se vierem juntar à incapacidade de cumprir uma obrigação contratual[656].

11. A Dispensa e Atenuação Especial da Pena

O artigo 115.º da Lei n.º 64-A/2018, de 31 de dezembro, revogou o n.º 6 do artigo 105.º, o qual, até à sua revogação, estabelecia a extinção da responsabilidade criminal num montante máximo, estipulado inicialmente, de €1.000 e com a entrada em vigor da Lei n.º 60-A/2015, de 30 de dezembro, de €2000[657].

Por sua vez, o artigo 22.º do Regime Geral das Infrações Tributárias prevê a dispensa de pena quando o crime tributário seja punível com pena de prisão igual ou inferior a 2 anos, o agente reponha a verdade tributária (através da entrega das receitas tributárias indevidamente retidas e deduzidas), a ilicitude do facto e a culpa do agente não sejam muito graves e não existam razões de prevenção que possam obstar a essa dispensa.

Também o artigo 74.º do Código Penal prevê, igualmente, a dispensa de pena, tendo por base os mesmos pressupostos – neste caso, a reparação do dano –, em crime punível com pena de prisão não superior a 6 meses ou com multa não superior a 120 dias.

Conforme se analisou no ponto anterior, o crime de abuso de confiança fiscal simples é punido, com pena de prisão até três anos, para as pessoas singulares, e o qualificado até cinco anos. Ora, não havendo lugar à dispensa de pena no crime de abuso de confiança fiscal simples, como pode ocorrer nos casos de crime qualificado? O disposto no n.º 2 do artigo 22.º

655 Vide, MONTE, Mário Ferreira (2007), *Da Legitimação (...)*, op. cit., pág. 285, nota de rodapé 623.

656 Vide, Ac. do Tribunal Constitucional n.º 663/1998, de 20 de junho, disponível em www.tribunalconstitucional.pt/tc/acordaos.

657 Dispunha o n.º 6, do artigo 105.º do Regime Geral das Infrações Tributárias: «se o valor da prestação a que se referem os números anteriores não exceder €2.000, a responsabilidade criminal extingue-se pelo pagamento da prestação, juros respetivos e valor mínimo da coima aplicável pela falta de entrega da prestação no prazo legal, até 30 dias após a notificação para o efeito pela AT». (nosso sublinhado)

do Regime Geral das Infrações Tributárias prevê que o agente do crime possa, ainda assim, beneficiar da sua atenuação especial se «repuser a verdade sobre a situação tributária e pagar a prestação tributária e demais encargos legais até à decisão final ou no prazo nela fixado»[658]. De tal sorte que o comportamento que o agente venha a adotar poderá fazer diminuir, de forma acentuada, a ilicitude do facto ou a culpa, permitindo-lhe beneficiar de um regime mais favorável na determinação da moldura penal, conforme previsto no artigo 73.º do Código Penal[659/660].

As pessoas coletivas, por naturalmente serem apenas punidas com pena de multa, podem igualmente ser dispensadas de pena. Atendendo ao facto de que a pena de prisão tem uma conotação mais gravosa do que a pena de multa, e se a lei elenca a possibilidade de dispensa de pena para uma pena privativa de liberdade, então por maioria de razão igualmente a dispensará para uma pena não privativa da liberdade.

12. A Suspensão da Execução da Pena

O artigo 14.º do Regime Geral das Infrações Tributárias prevê a suspensão da execução da pena de prisão, condicionando-a, no entanto, a uma imposição de caráter imperativo, a saber, «o pagamento, em prazo a fixar até ao limite de cinco anos, da prestação tributária e acréscimos legais, do montante dos benefícios indevidamente obtidos (...)», comungando assim do pensamento que as normas do Código Penal exprimem em relação a este instituto, nomeadamente nos artigos 50.º e 51.º deste diploma.

Retrocedendo, no entanto, à génese do instituto da suspensão, Eduardo Correia ensina que a ideia fundamental, presente no legislador da Lei de 6 de julho de 1893 – e que regulou, pela primeira vez, a possibilidade da suspensão condicional da pena de prisão –, era de

> *(...) subtrair os criminosos às penas curtas de prisão, que, por um lado, envolvem um grande perigo de contágio com maus elementos e, de qualquer modo, fazem sofrer a quem são infligidas uma degradação social irreparável, sem a compensação de uma possibilidade séria de reeducação dos criminosos (...)*[661].

[658] Vide, Sousa, Jorge Lopes de / Santos, Manuel Simas (2010), *Regime Geral (...)*, op. cit., pág. 277, nota 5.

[659] Vide, Martins, A. Lourenço (2011), *Medida da Pena – Finalidades Escolha, Abordagem Crítica de Doutrina e de Jurisprudência*, Coimbra: Coimbra Editora, págs. 111 e 112.

[660] Vide, Marques, Paulo (2012), *Crime de Abuso de (...)*, op. cit., pág. 173.

[661] Vide, *Direito Criminal – Vol. II (...)*, op. cit., 2016, pág. 396.

Existia por detrás deste preceito a ideia de que a simples ameaça de prisão, na pequena criminalidade, e nomeadamente em arguidos primários, era suficiente para cumprir as finalidades da punição[662].

Esta lei foi posteriormente aperfeiçoada pelo artigo 633.º do Código de Processo Penal de 1929 e pelos artigos 9.º e 10.º do Decreto-Lei n.º 29 636, de 27 de maio de 1939[663], passando a suspensão, a partir daí, a poder ser igualmente aplicada às penas de multa, e nas mesmas condições em que pode ser «concedida a liberdade condicional»[664]. Esta suspensão, repare-se, podia ser condicionada a condições que o condenado tinha de cumprir para poder beneficiar dela, conferindo o Direito um papel corretivo, reintegrador e de ressocialização[665].

A evolução do instituto fez introduzir, na versão de 1954 do Código Penal de 1852–1886, no artigo 88.º, a possibilidade da suspensão da pena de prisão e, no artigo 85.º, para a pena de multa; no entanto, a substituição estava sujeita ao princípio da legalidade[666].

No projeto do Código Penal de 1963, Eduardo Correia, consagrou no artigo 69.º do Proj.PG o instituto da *probation*[667], identificando-o como «regime de prova». No artigo 62.º, a "sentença condicional" – renomeação

[662] Vide, Dias, Jorge Figueiredo (2005), *Direito Penal Português – As Consequências Jurídicas do Crime*, Reimpressão, Coimbra: Coimbra Editora, pág. 338.

[663] O artigo 9.º preceituava que «a pena de multa, incluindo aquela em que for convertida a de prisão, pode ser suspensa nos mesmos termos em que o pode ser a pena de prisão" e o artigo 10.º "a pena pode ser suspensa nas mesmas condições em que pode ser concedida a liberdade condicional», ambos do Decreto-lei n.º 29 636, de 27 de maio de 1939.

[664] Vide, Correia, Eduardo (2016), *Direito Criminal – Vol. II, (...)*, op. cit., pág. 396.

[665] Beleza dos Santos entendia a suspensão da pena sob condições, como uma verdadeira pena, afirmando que «suspender uma pena é afinal aplicar outra pena». – *Ibidem*, pág. 407, nota 1, *Apud* Santos, José Beleza (1942), *A suspensão condicional da execução da pena e os efeitos do não cumprimento das condições*, RLJ, Ano 74, n.º 2698, pág. 147.

[666] O artigo 88.º do Código Penal de 1882–1886, versão de 1954, previa que «em caso de condenação a pena de prisão, ou de multa, ou de prisão e multa, o juiz, tendo ponderado o grau de culpabilidade e comportamento moral do delinquente e as circunstâncias da infracção, poderá declarar suspensa a execução da pena, se o réu não tiver ainda sofrido condenação em pena de prisão. A sentença indicará os motivos da suspensão da pena».

§ 1.º O tempo de suspensão não será inferior a dois anos, nem superior a cinco, e contar-se-á desde a data da sentença em que tiver sido consignada.

§ 2.º A suspensão pode ser subordinada ao cumprimento de obrigações similares às que acompanham a concessão da liberdade condicional».

[667] Sobre o instituto da *"Probation"*. – Vide, Correia, Eduardo (2016), *Direito Criminal – Vol. II, (...)*, op. cit., págs. 397-405.

da suspensão da prisão – continuava a fazer parte do diploma, mas com propostas significativas de alteração ao instituto, nomeadamente a da inexistência de limite de duração da pena de prisão que excluísse a possibilidade da substituição, «a sentença condicional podia suspender a execução total da pena concretamente fixada ou a determinação concreta da duração da prisão (...), tornando-se numa pena aplicada a título ou por forma principal»[668].

O artigo 6.º do Decreto-Lei n.º 619/76, de 27 de julho[669] não previa a suspensão condicional da pena aplicada a qualquer tipo de infração tributária, o que reforçava, à data, a condição de o Direito Penal secundário, ser inferior, em relação ao Direito Penal comum.

Por sua vez, o Código Penal de 1982, aprovado pelo Decreto-Lei n.º 400/82, de 23 de setembro, dispunha de uma seção referente à suspensão da execução da pena – artigos 48.º a 52.º –, e, da leitura do preâmbulo do Decreto-Lei n.º 400/82, depreende-se que o objetivo do legislador era, para crimes cuja pena de prisão não fosse superior a 3 anos e, por isso, para criminalidade leve, o de dar a possibilidade de se aplicar a suspensão da execução da pena, ou da submissão do condenado ao regime da prova, e promover a ideia de reinserção e a prevenção da reincidência da prática, por parte do agente, de novos ilícitos.

O passo dado pelo legislador foi essencial, para que se tornasse efetiva a verdadeira finalidade político criminal desta pena se atendermos à posição de alguma doutrina, que defendia o instituto como uma verdadeira pena, para que a prática, através da dogmática penal da figura jurídica, tornasse percetível, para todos, qual era a sua verdadeira finalidade político-criminal, a saber, a prevenção geral. Este avanço legislativo tem a maior relevância quando se compreende o que viria a ser a evolução legislativa deste instituto, tanto no Regime Jurídico das Infrações Fiscais Não Aduaneiras, como no Regime Geral das Infrações Tributárias.

É assim que, com a entrada em vigor do Regime Jurídico das Infrações Fiscais Não Aduaneiras, o artigo 24.º apenas previa a pena de multa a título de sanção, a qual permitia a sua substituição por força do artigo 48.º, n.º 1 do Código Penal. Já no artigo 11.º, n.º 5, o diploma previa a suspensão da execução da pena, utilizando na letra da norma, em relação aos deveres

668 Vide, Dias, Jorge Figueiredo (2005), *Direito Penal Português – As Consequências (...)*, op. cit., pág. 341.

669 Cf. capítulo I, ponto 5.

a impor ao condenado, a expressão «pode figurar o de pagar previamente a dívida de imposto e acréscimos legais, dentro de certo prazo». O que em face do teor da norma, não atribui como condicionante legal o pagamento do imposto, por parte do condenado, como condição essencial à suspensão[670].

A reforma do Código Penal de 1995 consagrou o regime de prova como uma modalidade da suspensão da execução da pena, aumentando o grau de responsabilização da suspensão da execução da pena de prisão na vertente da reinserção do condenado.

Com a entrada em vigor do Regime Geral das Infrações Tributárias, voltou-se à situação em que a suspensão está sempre condicionada ao pagamento da prestação tributária, por força dos artigos 9.º e 14.º deste regime[671].

A grande divergência do Regime Geral das Infrações Tributárias e do Regime Jurídico das Infrações Fiscais Não Aduaneiras em relação ao Código Penal prende(u)-se com a condição necessária da suspensão da execução, uma vez que, neste último diploma, se impõe ao condenado sempre a suspensão da execução da pena de prisão, tal como sucede nos crimes tributários, quando haja o pagamento da quantia que possa ser devida ao ofendido/lesado com o crime.

Quer no âmbito do Regime Geral das Infrações Tributárias, como no Código Penal, o limite máximo de suspensão da execução é de cinco anos. Em relação ao limite mínimo de prazo, e ao contrário do Código Penal, que estabelece um ano como limite, o Regime Geral das Infrações Tributárias nada aborda sobre essa questão, uma vez que a suspensão está condicionada ao pagamento da prestação tributária[672]. Todavia, nada impede a aplicação subsidiária dos deveres e regras de conduta preceituadas no Código Penal, desde que «não se mostrem contraditórias ao RGIT»[673].

[670] Apenas em 1993, com as alterações efetuadas ao Regime Jurídico das Infrações Fiscais Não Aduaneiras, passou este diploma, no artigo 11.º a prever a suspensão para penas de prisão e multa.

[671] Vide, ALBUQUERQUE, Paulo Pinto / BRANCO, José (org.) (2011), *Comentário das Leis Penais Extravagantes – Volume 2 (...)*, op. cit., pág. 397, nota 3 e SILVA, Germano Marques da (2018), *Direito Penal Tributário (...)*, op. cit., pág. 135.

[672] Para GERMANO MARQUES DA SILVA, o artigo 14.º do Regime Geral das Infrações Tributárias deve ser interpretado no sentido de que «o período de suspensão é igual ao tempo de prisão determinado na sentença não havendo lugar à sua prorrogação em caso de falta de pagamento dentro do prazo inicialmente fixado». – Vide, *Direito Penal Tributário (...)*, op. cit., 2018, pág. 134.

[673] Vide, ALBUQUERQUE, Paulo Pinto / BRANCO, José (org.) (2011), *Comentário das Leis Penais Extravagantes – Volume 2 (...)*, op. cit., pág. 397, nota 5.

Condicionou-se a suspensão da pena privativa de liberdade ao pagamento da prestação tributária e respetivos acréscimos legais, todavia, discordamos de solução no sentido de ajustar essa suspensão ao pagamento, uma vez que pode ser apreensível para o julgador que o condenado não tem capacidade económica para cumprir com o pagamento, o que condiciona a suspensão da prisão, apenas adiando um futuro certo[674].

Ademais, a pena de prisão apenas deve ser aplicada quando o julgador, por razões de prevenção geral e especial, entenda ser esta a sanção que poderá ajudar a reintegrar o agente, futuramente, na comunidade. Não deixa de ser, por isso, interessante apreciar a perspetiva do legislador, nos crimes tributários, quando coloca a obrigatoriedade da condição prevista no artigo 14.º, para efeitos de suspensão. É facto notório que os estabelecimentos prisionais são, por regra, "escolas de crime", não obstante alguns pontuais casos de sucesso razão pela qual se torna «necessária a comprovação de que aquele incumprimento frustrou as expectativas de reinserção social do condenado»[675].

Na condenação por crime de abuso de confiança fiscal deveria o julgador equacionar apenas a aplicação da pena de multa, após, no procedimento de aplicação da pena, a verificação da real situação do condenado. Caso contrário, é violado o princípio da igualdade consagrado no artigo 13.º da Constituição da República Portuguesa, segundo o qual nenhum cidadão pode ser prejudicado em razão da sua situação económica; encontrando-se a suspensão condicionada ao pagamento das quantias em dívida, tal acarreta a desigualdade entre quem pode pagar, e cumprir o dever legalmente imposto, e quem não pode pagar. Razão pela qual a suspensão não deve estar dependente do cumprimento.

Transcrevemos, pela sua pertinência, as palavras de Germano Marques da Silva:

> *(...) não faz sentido a obrigatoriedade da imposição deste dever. Pode suceder que logo no momento da condenação seja desde logo previsível que o condenado não terá condições económico-financeiras para proceder ao pagamento e por isso que a imposição desse dever constituirá apenas o adiamento da decisão sobre o cumprimento da pena de prisão. Ora, a prisão só deve ser imposta se necessária e*

674 Vide, Silva, Germano Marques da (2018), *Direito Penal Tributário (...)*, op. cit., pág. 135.

675 Vide, Acórdão do Tribunal da Relação de Lisboa, de 18 de julho de 2013, processo n.º 1/05.2JFLSB.L1-3, disponível em www.dgsi.pt.

o critério da necessidade não pode ser apenas a impossibilidade de pagamento da prestação tributária em dívida. A prestação tributária mantém-se e por isso que a Administração poderá sempre executá-la, sendo possível. Se o incumprimento fica a dever-se a impossibilidade e esta situação não foi causada culposamente não há justificação para a prisão (...)[676].

O artigo 14.º, n.º 1, impõe, primeiramente, a imposição da condição e depois atribui a possibilidade ao julgador, sempre que este assim o entenda, de aplicar a suspensão até ao limite máximo que o crime estabelece para a pena de multa. O caráter perverso deste artigo 14.º do Regime Geral das Infrações Tributárias é ainda reforçado quando impõe uma condição de possibilidade com o pagamento ao Estado da prestação tributária e legais acréscimos, que, se na maioria dos casos o crime é praticado pela falta de capacidade económica do agente em ter cumprido com as suas obrigações fiscais, não se tendo alterado a situação de incapacidade económica, a suspensão é completamente inócua[677].

O facto de o julgador dispor de discricionariedade para estabelecer o prazo de pagamento, parece-nos ser um pormenor que deveria reverter a obrigatoriedade da condição, fazendo aproximar esta norma especial às de Direito Penal comum. Conforme decidido pelo Supremo Tribunal de Justiça na suspensão da execução da pena por crime de abuso de confiança fiscal o tribunal tem, imperativamente, que fazer um juízo de prognose de razoabilidade acerca da satisfação da condição legal imposta ao condenado à suspensão, tendo em conta a sua concreta situação económica, presente e futura[678].

Todavia, esta opção tem, por vezes, um efeito perverso, na medida em que o arguido, em muitas situações, prefere a aplicação de uma pena de prisão suspensa na sua execução ao invés da aplicação de uma pena de multa. Tal acontece porque a suspensão da execução da pena, nos termos do artigo 14.º do Regime Geral das Infrações Tributárias, encontra-se sempre condicionada ao pagamento, em prazo a fixar até a um limite de cinco anos subsequentes à condenação, da prestação tributária e acréscimos legais, do montante dos benefícios indevidamente obtidos. Entende o Tribunal que

[676] Vide, *Direito Penal Tributário (...)*, op. cit., 2018, pág. 135.

[677] Vide, ANDRADE, Manuel da Costa (2009), *O abuso de confiança fiscal(...)*, op. cit., pág. 249.

[678] Vide, Ac. de Uniformização e Fixação de Jurisprudência n.º 8/2012, de 24 de outubro de 2012, disponível em Diário da República, 1.ª Série, n.º 206.

a simples censura do facto e a ameaça da pena são suficientes para realizar as finalidades da punição. Contudo, a pena de multa – apesar de mais benigna em relação à prisão, mesmo suspensa –, tem, para muitos arguidos, a "desvantagem" de além do pagamento do imposto e acréscimos em falta, acrescer o pagamento decorrente da própria pena de multa pela prática do ilícito criminal. É esta a "desvantagem", que alguns arguidos encontram na aplicação de uma pena de multa: o valor monetário final a "desembolsar".

SECÇÃO II
O CRIME DE ABUSO DE CONFIANÇA FISCAL – PROBLEMAS RECORRENTES NA PRÁTICA JUDICIÁRIA

1. A Suspensão Provisória do Processo

A suspensão provisória do processo é, atualmente, proposta com frequência pelo Ministério Público, em fase de inquérito, no âmbito dos crimes tributários. Este instituto, previsto no artigo 281.º do Código de Processo Penal, foi introduzido neste diploma com a aprovação do Decreto-Lei n.º 78/87, de 17 de fevereiro, com o primordial objetivo da promoção e aplicação eficaz do princípio da oportunidade e de ser uma solução, consensual, para crimes de pequena gravidade e em relação aos quais se afigurem diminutas razões de prevenção[679].

A suspensão provisória do processo é um meio legal utilizado para realizar os fins do Direito Penal[680] e pode ter por fim o arquivamento do processo, contra o cumprimento das injunções e regras de conduta pelo arguido[681] em crimes puníveis com pena de prisão não superior a 5 anos ou com sanção diferente.

[679] Vide, DIAS, Fernando Jorge (2018), «Suspensão provisória do processo e não repetição do prestado», *in* AAVV, *Estudos em Comemoração dos 100 anos do Tribunal da Relação de Coimbra*, Coimbra: Almedina, pág. 341.

[680] Vide, SILVA, Germano Marques da (2018), *Direito Processual Penal Português – Do Procedimento (Marcha do Processo) – Vol. 3*, 2.ª Edição, Lisboa: Universidade Católica Editora, pág. 108.

[681] Vide, MENDES, Paulo de Sousa (2018), *Lições de Direito Processual Penal*, 5.ª Reimpressão da edição de setembro de 2013, Coimbra: Almedina, pág. 80.

O Regime Jurídico das Infrações Fiscais Não Aduaneiras, no n.º 3 do artigo 47.º, reforçava a separação entre o Direito Penal e o Direito Fiscal, ao não permitir a aplicação deste instituto às infrações não aduaneiras. A revogação daquele regime jurídico e a consequente aprovação do Regime Geral das Infrações Tributárias passou a prever, nos artigos 43.º e 44.º, a possibilidade de os sujeitos processuais poderem requerer a suspensão provisória do processo, nos termos elencados no artigo 281.º do Código de Processo Penal.

Contrariamente ao que ocorre em matéria de dispensa de pena, regime no qual é obrigatória a auscultação da Autoridade Tributária[682], para efeitos de suspensão provisória do processo essa auscultação não é necessária, nem tem efeito de consentimento, pelo facto de a Autoridade Tributária não ser assistente[683]. No entanto, em ambos os institutos jurídicos, o fim pretendido é o arquivamento do processo e, no caso da suspensão provisória do processo, esta só ocorre se o arguido cumprir as injunções que lhe forem impostas[684/685].

Ora, processualmente nada impede que seja o arguido a propor ao Ministério Público a aplicação deste instituto. Aliás, os trâmites processuais são idênticos, independente do sujeito processual que o proponha – Ministério Público, arguido ou assistente –, fundamental é que seja obtida a concordância de todos os intervenientes processuais e, posteriormente, a concordância por parte do Juiz de Instrução[686/687], o qual desempenha o papel de fiscalizador da legalidade[688].

682 Cf. Artigo 44.º do Regime Geral das Infrações Tributárias.

683 Atente-se que, nos termos do artigo 68.º do Código de Processo Penal, a Autoridade Tributária não tem legitimidade para se constituir assistente.

684 Vide, Correia, João Conde (2021), «Comentário ao Art. 282.º do Código de Processo Penal», *in* AAVV, Comentário Judiciário do Código de Processo Penal, Tomo III, Coimbra: Almedina, págs. 1123 a 1125.

685 O Regime Geral das Infrações Tributárias admite a possibilidade do instituto da suspensão provisória do processo, poder ser aplicada a todos os crimes tributários tipificados naquele diploma. – Vide, Silva, Germano Marques da (2018), *Direito Penal Tributário (...)*, op. cit., pág. 153.

686 Vide, Ac. do Supremo Tribunal de Justiça, de Uniformização e Fixação de Jurisprudência, n.º 16/2009, disponível em Diário da República, 1.ª série, n.º 248, de 24 de dezembro de 2009, o qual decidiu não ser passível de recurso a decisão proferida por Juiz de Instrução.

687 Por força do disposto no artigo 44.º do Regime Geral das Infrações Tributárias, a Autoridade Tributária tem de ser auscultada mas, por não se poder constituir sujeito processual, a sua concordância não é requisito para o seu (in)deferimento.

688 *Ibidem*, Ac. do Supremo Tribunal de Justiça n.º 16/2009, de 24 de dezembro de 2009 e voto vencido do Conselheiro Maia Costa.

Perante este contexto, os requisitos a serem preenchidos, para ser admissível a aplicação da suspensão provisória do processo, são estes: não ter o arguido sido condenado anteriormente por crime da mesma natureza, não caber medida de internamento, a culpa ser diminuta e as injunções e regras de conduta que sejam impostas respondam positivamente às exigências de prevenção.

Questionamo-nos, por isso, se em face das propostas de suspensão provisória do processo apresentadas pelo Ministério Público em processos decorrentes da prática do crime de abuso de confiança fiscal, e atendendo à existência de um valor mínimo para a conduta poder ser qualificada como crime, este ilícito criminal pertence, ou não, à denominada pequena criminalidade. No atual Código de Processo Penal, ao contrário do que ocorria antes da revisão operada em 2007 que exigia, a culpa diminuta, atualmente somente se exige que não seja de um grau elevado. Igualmente, após a revisão do Código de Processo Penal, o Ministério Público encontra-se obrigado a propor a sua aplicação, conclusão que decorre do estabelecido no artigo 281.º, n.º 1 deste diploma[689].

Colocamos, igualmente, a questão: é o valor do montante não entregue de receita tributária o fator que releva para a qualificação e diferenciação da criminalidade, considerando que este instituto é, de igual modo, proposto às pessoas coletivas[690]?

Verifica-se que nem todas as injunções suscetíveis de serem impostas às pessoas singulares podem ser aplicadas às pessoas coletivas. Neste último caso, terá que se atender à real situação económica do arguido, de forma a não se proporem injunções que estão, desde início, condenadas à sua não aceitação ou ao seu incumprimento. Não esquecemos que este instituto

[689] Vide, CARMO, Rui do (2008), «A suspensão provisória do processo no Código de Processo Penal revisto – Alterações e clarificações», *in* AAVV, *Jornadas sobre a revisão do Código de Processo Penal*, Revista do CEJ, n.º 9 (especial), pág. 324.

[690] É muito raro encontrarem-se injunções propostas aos arguidos que vão para além do pagamento das receitas tributárias e acréscimos em dívida para com a Autoridade Tributária. A suspensão provisória do processo adquire, nestes casos, a aparência de um novo plano prestacional com o prazo de 48 meses (cf. artigo 282.º, n.º 1 do Código de Processo Penal). Contudo, nada impede a aplicação de outro(s) tipo(s) de injunção ou regra(s) de conduta.
A prática vem-nos demonstrando ser bastante rara, em crimes fiscais, a aplicação de outro tipo de injunções como, por exemplo, «a entrega a instituições de solidariedade social de certas quantias». – Vide, SILVA, Germano Marques da (2018), *Direito Penal Tributário (...)*, op. cit., págs. 153 e 155.

jurídico é de índole penal e deste modo obedece às regras e aos princípios que lhe estão subjacentes, como refere GERMANO MARQUES DA SILVA, «sob pena de subversão dos princípios», se ficar dependente da capacidade económica do arguido[691]. Mas para que o instituto jurídico funcione em toda a plenitude, tendo em atenção o objetivo primário no crime de abuso de confiança fiscal: a recuperação da receita tributária não recebida pelo Estado, tem de se ter em consideração a situação económica[692]. Ora, nada impede que a injunção proposta tenha em consideração a situação atual do arguido, até porque, no âmbito do crime de abuso de confiança fiscal, é frequente o incumprimento, na medida em que o ilícito é praticado pela persistência de dificuldades económicas do arguido.

Não defendemos a desresponsabilização, mas sim a despenalização ou, em último caso, a oportunidade para que este instituto da suspensão provisória possa ser uma forma de descongestionar os Tribunais neste tipo de processos.

Este instituto, numa fase embrionária pouco utilizado, teve a partir de 2014 um exponencial aumento de propostas por parte do Ministério Público, o qual passou a utilizá-lo como um veículo mais eficaz na recuperação das receitas tributárias[693/694].

As injunções impostas e aceites na suspensão não implicam a confissão dos factos ou o reconhecimento de culpa[695] por parte do arguido, assim como no caso de ocorrência do seu incumprimento não se pode confundir, com uma pré-condenação do arguido[696]. Relembre-se que, na hipótese de incumprimento das injunções, o processo segue os seus trâmites subse-

[691] *Ibidem*, págs. 155 e 156.

[692] Para MÁRIO MONTE «importante é que as injunções e as regras de conduta que acompanham a suspensão, configurem verdadeiros atos de reparação». – Vide, *Da reparação penal (...)*, op. cit., 2003, pág. 135.

[693] Vide, Diretiva n.º 1/2014 publicada no Diário da República, 2.ª série, de 24 de janeiro de 2014, com as alterações implementadas pela Diretiva n.º 1/2015 de 30 de abril, da Procuradoria-Geral da República que apoiava, incrementava e promovia a utilização mais eficaz e homogénea do instituto da suspensão provisória pelo Ministério Público.

[694] Vide, MENDES, Paulo de Sousa (2018), *Lições de Direito Processual Penal*, op. cit., pág. 83.

[695] Vide, SILVA, Germano Marques da (2018), *Direito Processual Penal Português – Do Procedimento (Marcha do Processo) – Vol. 3*, op. cit., pág. 111.

[696] Sobre os problemas decorrentes da concordância por parte do arguido com a aplicação da suspensão provisória do processo, no sentido de se poder estar perante uma confissão informal de culpa, vide, AGUILAR, Francisco (2019), «A suspensão provisória do processo como troca das penas do processo por uma confissão informal de culpa (ou do incitamento

quentes, isto é, segue para a dedução de acusação pelo Ministério Público[697]. Assim, nem a aceitação, nem o cumprimento das injunções impostas ao arguido, pode ser utilizado na vertente da responsabilidade tributária como um meio de prova de confissão da dívida por parte deste, uma vez que não se pode confundir responsabilidade penal com responsabilidade tributária.

No crime de abuso de confiança fiscal não se coloca o problema da moldura penal abstrata poder ultrapassar os 5 anos de prisão, na medida em que o crime, na sua forma agravada, tem como limite aquele máximo.

Questão diferente decorre da hipótese da moldura abstrata do concurso ultrapassar os 5 anos de prisão[698]. Por respeito ao princípio da legalidade, o juiz de instrução[699], em caso de concurso de crimes, só pode deferir a suspensão provisória do processo se a moldura abstrata do concurso a aplicar não ultrapassar o limite máximo de 5 anos de prisão[700].

É certo que no caso em que o Ministério Público, na acusação ou em requerimento autónomo, entenda não ser de aplicar ao arguido pena, em concreto, superior a 5 anos de prisão, o julgamento passa a ser da competência de Tribunal Singular[701]. Não obstante, aparentemente poderem estar cumpridos os pressupostos legalmente exigidos para a aplicabilidade do instituto da suspensão provisória, defendemos estar perante questões legais distintas entre si, porquanto se no artigo 16.º do Código de Processo Penal estamos perante a competência material e funcional do Tribunal, no artigo

ou auxílio processuais ao suicídio moral)», *in* AAVV, Revista Portuguesa de Ciência Criminal, Ano 29, n.º 2, págs. 301 a 323.

697 A suspensão provisória do processo permite, *in fine*, o arquivamento do processo. Não se trata de uma extinção da pena pelo cumprimento.

698 Vide, Diretiva n.º 1/2015, de 30 de abril, publicada no Diário da República, 2.ª Série, em 18 de maio de 2015.

699 Vide, Torrão, Fernando (2000), *A Relevância Político-Criminal da Suspensão Provisória do Processo*, Coimbra: Almedina, págs. 196 e 197.

700 A Procuradoria-Geral da República fixou como orientação geral, na Diretiva n.º 1/2014, de 24 de janeiro, entendimento divergente, ou seja, a possibilidade de aplicação em caso de concurso de crimes na moldura penal que ultrapasse os 5 anos de prisão mas, em que cada crime, autonomamente na sua moldura penal, não seja excedido o limite de 5 anos; pressuposto exigível para a admissibilidade da aplicação do instituto da suspensão provisória do processo.

701 Vide, Dias, Maria do Carmo Silva (2019), «Comentário ao Art. 16.º do Código de Processo Penal», *in* AAVV, Comentário Judiciário do Código de Processo Penal, Tomo I, Coimbra: Almedina, págs. 283 e 284.

281.º deste diploma estamos perante os requisitos e pressupostos que possibilitam a aplicação deste instituto[702].

No âmbito do crime de abuso de confiança fiscal, como se referiu, em regra a injunção aplicada é a entrega da receita tributária em falta com os acréscimos legais, a que o arguido, dará a sua concordância, uma vez que este beneficia do facto de não poder existir repetição do prestado[703].

Em suma, e não discordando da posição de Fernando Dias[704], em sede de responsabilidade tributária a lógica judiciária não funciona de forma idêntica à responsabilidade criminal: se na primeira o "tempo" é utilizado como um "trunfo", dada a reconhecida lentidão dos processos tributários em fase judicial, já no plano criminal as consequências do incumprimento das injunções impostas, em última análise, é o prosseguimento do processo.

Acontece que o arguido pode, por estratégia processual – não obstante desvirtuar o sentido jurídico do instituto –, beneficiar da injunção, o que pode ser cumprida no prazo máximo de 2 anos, tornando-se numa espécie de novo plano prestacional, lícito, mas cujo incumprimento, em caso de o arguido vir a ser condenado, não terá consequências na medida da pena a aplicar, mesmo que em nenhum momento, tenha estado no espírito do arguido o efetivo cumprimento das injunções propostas pelo Ministério Público, por si aceites e que mereceram a verificação e concordância do juiz de instrução.

[702] Para Rosa Pinto «são realidades distintas o que se pretende com o artigo 16.º, n.º 3, do Código de Processo Penal e com o artigo 281.º, n.º 1, do mesmo diploma legal. Enquanto que naquele se pretende fixar a competência de um tribunal, neste estipulam-se os pressupostos para a aplicação da suspensão provisória do processo». – Vide, *Suspensão provisória do processo: questões controvertidas,* Revista Julgar – Online, novembro, 2018, pág. 13.
Discorda Fernando Torrão para quem não existem diferenças entre a moldura penal abstrata com um limite de 5 anos de prisão e a acusação formulada pelo Ministério Público, cuja acusação estabelece idêntico limite. – Vide, «Admissibilidade da suspensão provisória nas situações previstas pelo artigo 16.º, n.º 3 do CPP», *in* AAVV, *Estudos em Homenagem ao Professor Doutor Jorge de Figueiredo Dias, Volume III,* Coimbra: Coimbra Editora, 2010, pág. 1208.

[703] Vide, Ac. do Supremo Tribunal de Justiça, de Uniformização e Fixação de Jurisprudência, n.º 4/2017, de 16 de julho, disponível no Diário da República, 1.ª Série, págs. 3045 e 3048 a 3050, sobre o conceito jurídico de *"repetição do prestado",* conforme artigo 282.º, n.º 4 do Código de Processo Penal.

[704] Sem dúvida que uma das máximas advogada pelos práticos é a de que «é preferível um mau acordo a uma boa demanda (...) por serem notórios os ganhos em economia processual, libertando os tribunais para a grande criminalidade». – Vide, Dias, Fernando Jorge (2018), *Suspensão provisória do processo, (...),* op. cit., pág. 343.

2. A Prescrição

O n.º 1, do artigo 21.º do Regime Geral das Infrações Tributárias estabelece que o procedimento criminal se extingue, por prescrição, decorrido o prazo de cinco anos após a prática do facto ilícito. Sucede que, por força do artigo 3.º daquele regime, aplicam-se, subsidiariamente, os artigos 119.º a 126.º do Código Penal.

Como tivemos oportunidade de verificar, o crime de abuso de confiança fiscal é um crime omissivo e, tendo nós defendido que o crime apenas é consumado após o preenchimento das condições de punibilidade previstas no n.º 4 do artigo 105.º do Regime Geral das Infrações Tributárias[705], o prazo de prescrição do procedimento criminal, nos termos da alínea b), do n.º 2, do artigo 119.º do Código Penal, só se inicia após terem terminado os prazos estabelecidos nas alíneas a) e b) do n.º 4 do artigo 105.º do Regime Geral das Infrações Tributárias[706]. Relembre-se que o prazo de prescrição interrompe-se e suspende-se, em caso de suspensão do processo tributário nos termos previstos nos artigos 21.º, n.º 4, 42.º, n.º 2 e 47.º do Regime Geral das Infrações Tributárias.

O Supremo Tribunal de Justiça foi chamado a pronunciar-se sobre a introdução da condição de punibilidade constante na alínea b), do n.º 4, do artigo 105.º do Regime Geral das Infrações Tributárias, decidindo que as «condições objetivas de punibilidade» se situariam fora do «tipo de ilícito e da culpa», não pertencendo, por isso, ao tipo do ilícito[707]. Esta interpretação, de enorme relevância para a definição do início da contagem do prazo prescricional – por não serem os prazos constantes nas condições objetivas de punibilidade elementos do tipo –, tem como impedimento a possibilidade de punição e do exercício do processo criminal. Assim, e em face do exposto, sustentamos que o seu início, para efeitos de prescrição criminal, deve ocorrer no trigésimo primeiro dia seguinte à notificação aludida na alínea b) do n.º 4, do artigo 105.º quando essa notificação seja exigível, uma

[705] Cf. Secção I, ponto 4.3, deste capítulo.

[706] Não desconhecemos a norma estabelecida no n.º 2, do artigo 5.º do Regime Geral das Infrações Tributárias em que as «infrações tributárias omissivas consideram-se praticadas na data em que termine o prazo de cumprimento dos respectivos deveres tributários». Todavia, entendemos que no crime de abuso de confiança fiscal, pelo modo como este ilícito se encontra tipificado, não terá aplicação.

[707] Vide, Ac. do Supremo Tribunal de Justiça, de Uniformização e Fixação de Jurisprudência, n.º 6/2008, de 15 de maio de 2008, disponível em Diário da República, 1.ª Série, n.º 94.

vez de que conforme verificámos existirem crimes de abuso de confiança fiscal consumados, julgados e punidos sem que tal notificação tenha lugar.

Sucede, porém, que o artigo 119.º do Código Penal, prevê que o prazo prescricional corra desde o dia em que o facto se consuma. No entendimento que defendemos sobre a consumação do crime de abuso de confiança fiscal, este ilícito criminal só se consuma após serem cumpridas as formalidades previstas nas alíneas do n.º 4 do artigo 105.º do Regime Geral das Infrações Tributárias. Assim, a prescrição começa a correr desde o dia em que o facto se consumou, conforme referimos, no trigésimo primeiro dia após a notificação prevista na alínea b) do n.º 4 do citado artigo 105.º.

O Supremo Tribunal de Justiça, também através de Acórdão uniformizador de jurisprudência, em relação ao crime de abuso de confiança contra a segurança social, decidiu que

> *(...) o prazo de prescrição do procedimento criminal começa a contar-se no dia imediato ao termo do prazo legalmente estabelecido para a entrega das prestações contributivas devidas (...)*[708/709].

O Tribunal, no acórdão, encontra justificação e fundamento para fixar o início da contagem do prazo de prescrição no momento – ao contrário do nosso entendimento – da consumação do crime, ou seja, no primeiro dia após o término do prazo legal para a entrega da prestação tributária[710/711]. Todavia, esta não foi uma decisão unânime, HELENA MONIZ, por exemplo, vota vencido, com o seguinte fundamento:

708 Vide, Ac. do Supremo Tribunal de Justiça, de Uniformização e Fixação de Jurisprudência, n.º 2/2015, de 8 de janeiro de 2015, disponível em Diário da República, 1.ª Série, n.º 35, pág. 978.

709 Sobre o inicio do prazo prescricional no crime de abuso de confiança fiscal, em análise ao referido Ac. n.º 2/2015, de 8 de janeiro, proferido pelo Supremo Tribunal de Justiça. – Vide, CUNHA, José M. Damião da (2018), *Brevíssima anotação ao Acórdão n.º 2/2015 (...)*, op. cit., págs. 259-273.

710 Vide, MAGALHÃES, Inês (2015), «Abuso de confiança fiscal: o prazo de prescrição e o art. 105.º/4, al. a), do RGIT – Comentário ao acórdão do Supremo Tribunal de Justiça n.º 2/2015», RPCC, Ano 25, n.ºs 1 a 4, Coimbra: Instituto de Direito Penal Económico e Europeu, pág. 656.

711 Ora, para efeitos de contagem de prazo prescricional, em crimes de omissão, entendem alguns autores, que o prazo de prescrição se conta a partir da verificação do resultado. – Vide, DIAS, Jorge Figueiredo (2005), *Direito Penal Português – As Consequências (...)*, op. cit., pág. 705 e ALBUQUERQUE, Paulo Pinto (2015), *Comentário do Código Penal, (...)*, op. cit., pág. 119, anotação 10.

(...) Constituindo a condição objetiva de punibilidade um facto relevante para que se possa punir a conduta, dado que antes da sua verificação o facto não é punível e portanto não é crime, então há necessidade de contar o prazo de prescrição do procedimento criminal após a verificação da condição objetiva de punibilidade (...) não pode começar-se a contar um prazo de prescrição do procedimento criminal quando ainda nem sequer é possível instaurar aquele. Ainda que o prazo de prescrição, regra geral, se inicie logo que o crime esteja consumado (art. 119.º, n.º 1, do Código Penal), excecionalmente aquele prazo apenas corre a partir do dia em que a condição objetiva de punibilidade esteja preenchida (...)[712].

Na posição que defendemos, ambas as alíneas do n.º 4, do artigo 105.º carecem de se verificar, contrariamente à doutrina assumida pela decisão proferida, uma vez que apenas se discute o prazo da entrega da prestação e a alínea a) do citado artigo, ou seja, ao decurso de 90 dias sobre o termo do prazo legal de entrega da prestação. A posição assumida na decisão judicial não tem, por isso, em consideração a alínea b) como condição necessária à consumação do crime de abuso de confiança fiscal, o que, em nosso entendimento é incompreensível. Se para quem defende que o crime se consuma no dia seguinte ao termo do prazo legal de entrega – posição que não apoiamos – é defensável excluir as duas alíneas do n.º 4; já para quem defende o decurso do prazo de 90 dias ao termo do prazo legal de entrega, excluindo o termo do prazo de 30 dias da notificação a remeter pela Autoridade Tributária, incorre numa incoerência no raciocínio, nomeadamente para efeitos de prescrição do procedimento criminal. Aliás, quem defende esta última posição[713], igualmente, fundamenta-se no facto de não se poder iniciar a contagem de um prazo de prescrição de procedimento que ainda não pode ser instaurado porque não há crime. Se, como defendemos, o crime apenas se consolida no trigésimo primeiro dia, é esta a data que deve relevar para o início da contagem do prazo de prescrição. A nossa posição vai por isso para além do acórdão, sendo relevante o momento da consumação do crime, com as consequências que daí lhe decorrem.

Para Frederico Costa Pinto, o início do prazo de prescrição ocorre na data da verificação da condição objetiva de punibilidade e não na data do

[712] Vide, Ac. do Supremo Tribunal de Justiça, de Uniformização e Fixação de Jurisprudência, n.º 2/2015, de 8 de janeiro, op. cit., pág. 980.

[713] Vide, Magalhães, Inês (2015), «Abuso de confiança fiscal: o prazo de prescrição *(...)*, op. cit., págs. 664 e 665.

facto ilícito, pela sua articulação como *«efeito obstrutor»* da ausência do tipo de punibilidade[714].

Concordamos com este entendimento, porquanto se não existir suspensão da prescrição e a notificação a que alude a alínea b) do n.º 4, do artigo 105.º estiver omissa, o prazo prescricional continua a correr, o que é contraditório com os valores protegidos e pelos princípios da justiça e da prevenção em Direito Penal.

Acontece ser igualmente importante a verificação, em cada crime, do respetivo prazo de caducidade, na medida em que o n.º 3 do artigo 21.º do Regime Geral das Infrações Tributárias reduz o prazo de prescrição para metade, em relação ao de caducidade do direito à liquidação da prestação tributária em falta[715].

A suspensão e interrupção da prescrição verificam-se, para além das hipóteses elencadas nos artigos 120.º e 121.º do Código Penal, também nos termos do artigos 42.º, n.º 2 e 47.º do Regime Geral das Infrações Tributárias, ficando neste último caso o processo penal tributário suspenso até ser proferida decisão final transitada em julgado, aplicando-se para efeitos daquele instituto a alínea a) do n.º 1 do artigo 120.º do Código Penal.

Outra questão se coloca se se entender que a consumação do crime só ocorre com a verificação das condições objetivas de punibilidade, pois que até aquele momento estamos perante uma contraordenação, aplicando-se as regras sobre prescrição do artigo 33.º do Regime Geral das Infrações Tributárias. A prescrição do processo contraordenacional pode ser suspensa ou interrompida, aplicando-se, de igual modo, as regras dos artigos 33.º do Regime Geral das Infrações Tributárias e 27.º-A e 28.º do Regime Geral das Contraordenações[716].

[714] Frederico Costa Pinto defende que «todas as condições objetivas de punibilidade estão associadas a um efeito obstrutor no plano material e processual e, por isso, qualquer modalidade de condição é relevante para o início da contagem do prazo de prescrição de forma a evitar o decurso do prazo sem que seja possível exercer de forma consequente a ação penal». – Vide, *A Categoria da Punibilidade II (...)*, op. cit., 2013, págs. 1238, 1239, 1262–ponto 60 e 1263–ponto 61.

[715] Vide, Marques, Rui (2018), *A Prescrição das Dívidas Tributárias,* Coimbra: Almedina, pág. 130, nota 362 e do mesmo autor, *A caducidade do direito de liquidação do imposto* (2016), Porto: Vida Económica, pág. 154.

[716] Vide, Santos, Manuel Simas / Sousa, Jorge Lopes de (2007), *Contra-Ordenações, Anotações ao Regime Geral,* 4.ª Edição, Lisboa: Vislis Editores, págs. 274, 282, 283 e 284.

Nos casos em que a notificação da alínea b) do n.º 4, do artigo 105.º é realizada ao arguido em fase de instrução ou julgamento, entendemos que o prazo prescricional não se interrompeu relativamente à dívida tributária requerida em sede de contraordenação, nos termos dos prazos estabelecidos no Regime Geral das Infrações Tributárias[717].

Acresce que a prescrição fiscal, ao contrário do que ocorre no Direito Penal, não se encontra *pendente*, uma vez que, a partir do incumprimento da obrigação tributária, o processo está *pendente*, não bastando, por isso, que «o processo exista. É necessário que algo ocorra que impeça o processo de prosseguir»[718].

No sentido da dogmática do instituto da prescrição, o Tribunal Constitucional julgou inconstitucional a norma do artigo 100.º do CIRE,

> *(...) com o sentido de que a declaração de insolvência aí prevista suspende o prazo prescricional das dívidas tributárias imputáveis ao responsável subsidiário no âmbito de processo tributário (...)*[719].

Ao não estar o processo pendente de decisão, o prazo corre em benefício do agente infrator, reforçando o entendimento de o prazo de prescrição só se poder iniciar no fim do prazo *"suplementar"* a que alude a alínea b) do n.º 4 do artigo 105.º do Regime Geral das Infrações Tributárias, porquanto só com o cumprimento daquele prazo se torna punível o facto, e só no términus deste prazo ocorre a consumação material a que se reporta a norma citada.

3. O Processo de Adesão e a Vantagem Patrimonial

O artigo 71.º do Código de Processo Penal estabelece a oportunidade para o lesado/ofendido de, querendo, deduzir pedido de indemnização civil em processo penal. Ademais, só o poderá fazer em separado nos casos especiais e previstos na lei[720], sempre que sejam lesados interesses suscetíveis de reparação, nos termos do previsto no artigo 129.º do Código Penal[721].

[717] Vide, SOUSA, Jorge Lopes de (2010), *Sobre a Prescrição da Obrigação Tributária, notas práticas,* 2.ª Edição, Lisboa: Áreas Editora, págs. 34 e 35.

[718] Vide, TEIXEIRA, Carlos de Azevedo (2008), *Tantos condenados por crimes...prescritos,* Porto: Legis Editora, pág. 40.

[719] Vide, Decisão sumária n.º 667/2018, processo n.º 714/2018, de 2 de outubro de 2018, do Tribunal Constitucional, 3.ª Seção, relator CONSELHEIRO GONÇALO DE ALMEIDA RIBEIRO.

[720] Vide, DIAS, Jorge de Figueiredo (2004), *Direito Processual Penal,* Reimpressão da 1.ª Edição de 1974, Coimbra: Coimbra Editora, págs. 554 a 559.

Este princípio visa a responsabilização civil pelos danos patrimoniais e não patrimoniais que o lesado tenha sofrido, em consequência do ilícito criminal praticado[722].

Para Lobo Moutinho,

> (...) *esta norma não determina quando é que uma indemnização de perdas e danos é civil; pressupõe essa qualificação para determinar que a indemnização civil emergente do crime se rege pela lei civil, sem se deixar influenciar pela origem do crino crime mediante um regime que lhe dê um cunho penal (...)*[723].

Estamos indiscutivelmente perante dois tipos de responsabilidade: a penal e a civil, o que coloca o julgador perante a necessidade de distinguir entre o que pertence ao processualismo penal e ao civil[724].

O lesado deve ser ressarcido pelos danos que possa ter sofrido, mas esse ressarcimento obedece a regras estabelecidas pela responsabilidade civil, ressarcimento que, por merecer a tutela do Direito Civil, deveria ser, única e exclusivamente, apreciado pela jurisdição civil[725].

721 Vide, Dias, Jorge de Figueiredo (1966), *Sobre a Reparação de Perdas e Danos Arbitrada em Processo Penal, in* AAVV, *"Memoriam" do Prof. Doutor Beleza dos Santos,* Coimbra, Boletim da Faculdade de Direito, pág. 101.

722 Excluindo, por agora, a questão da (in)admissibilidade do pedido de indemnização civil em processos penais de ilícitos fiscais, convém recordar que o processo de adesão é justificado por razões de economia e celeridade processual, com o objetivo de dar uma maior proteção aos lesados, sem que a sua natureza seja modificada. Não entendemos o processo de adesão como sendo um mecanismo de solidariedade em face dos cidadãos que, obrigados a duas ações autónomas (criminal e civil), por falta de meios económicos, não recorreriam ao sistema judicial.
Em sentido oposto Henriques Gaspar. – *Código de Processo Penal Comentado,* Coimbra: Almedina, pág. 256.

723 Vide, *Processo penal tributário e processo penal comum – questões fundamentais, in Curso de Especialização – Temas de Direito Fiscal Penal,* Lisboa: Centro de Estudos Judiciários, 2013, págs. 187 e 188.

724 Paula Ribeiro de Faria esclarece que «o crime carateriza-se pela legalidade das suas fontes, o que não sucede com o ilícito civil. O direito penal tem uma função de prevenção e o direito civil reintegradora do património da vítima». – Vide, «Da reparação punitiva – Uma "terceira via" na efetivação da Responsabilidade Penal?», *in* AAVV, *Liber Discipulorum para Jorge Figueiredo Dias,* Coimbra: Coimbra Editora, 2003, pág. 271.
Mário Monte, reforça que para o Direito Penal «importa o esforço reparador e a ressocialização do agente. No direito civil importa o resultado reparador e o efeito que esse resultado tem na vítima». – Vide, *Da reparação penal (...),* op. cit., 2003, págs. 143 e 144.

725 Nesta questão autores como Cavaleiro de Ferreira e Ribeiro de Faria defendiam a reparação requerida em processo penal. Entendiam, por isso, ser uma «reparação de natu-

Ao arguido é-lhe dificultada a por vezes árdua tarefa de cooperar para a descoberta da verdade material, sem se autoincriminar ou a demonstrar a culpa diminuta dos seus atos[726]. Por sua vez, num tempo em que é exigida uma maior especialização e celeridade por parte da justiça, a adesão ao processo penal decorrente de danos de natureza tributária, fica comprometida para o lesado/ofendido, em especial se atendermos às várias questões que são levantadas a propósito da dedução de pedido de indemnização civil e vantagens patrimoniais em processo penal decorrente de crimes fiscais[727].

Não se poderá esquecer que do ponto de vista fiscal, os pressupostos da responsabilidade civil a verificar são diferentes dos exigidos, por exemplo, em termos jurídico-civis. Em matéria de natureza jurídico-fiscal teremos de analisar, designadamente, para efeito de responsabilidade civil: «a falta de liquidação; a consequente não constituição ou não exigibilidade

reza civil com a possibilidade de ter lugar a indemnização do dano sem condenação penal, tendo por base um direito civil». – Vide, Faria, Jorge Ribeiro (1983), *Indemnização por perdas e danos arbitrada em processo penal: o chamado processo de adesão*, Coimbra: Almedina *Apud*, Faria, Maria Paula Ribeiro de (2003), «Da reparação punitiva – Uma "terceira via" na efetivação da Responsabilidade Penal?», *in* AAVV, *Liber Discipulorum para Jorge Figueiredo Dias*, Coimbra: Coimbra Editora, págs. 259, 260 e 261.

Em sentido contrário, para Eduardo Correia, a indemnização civil é distinta da pena aplicada quanto à sua finalidade. A primeira visa remediar patrimonialmente os interesses do lesado, enquanto a segunda, a prevenção e ressocialização do agente condenado. – Vide, *Direito Criminal, Vol. I, (...)*, op. cit., 2016, pág. 16.

Ainda a posição defendida por Figueiredo Dias e reforçada por Paula Ribeiro de Faria, na qual «o valor da reparação penal poderia ficar aquém do valor do dano efetivamente sofrido, poderia ir além dele, e poderia ser concedido mesmo onde não existisse qualquer dano, uma vez que se deixaria relacionar com a prática do facto criminoso». – Vide, *Da reparação punitiva (...)*, op. cit., 2003, pág. 262.

Para Ribeiro de Faria, referindo-se ao artigo 34.º do Código de Processo Penal de 1929, a indemnização por crime, assenta no principio da *solidarização*, ou seja, na impossibilidade de requerer em separado a indemnização por crime. – Vide, *Ainda a indemnização do lesado por crime, in* AAVV, *Estudos em homenagem a Cunha Rodrigues – Volume 1*, Coimbra: Coimbra Editora, 1983, pág. 394.

726 Nas palavras de Damião da Cunha, que acompanhamos, «deve reconhecer-se ao arguido o direito de não ser incomodado para além do que seja estritamente necessário para esclarecer a sua responsabilização no crime, no âmbito do processo penal. Questões extra-penais dependentes da prova do crime (daquele crime) só incidentalmente deveriam ser resolvidas no processo penal». – Vide, *Sobre a Adesão em Processo Penal, in* AAVV, *Liber Amicorum Manuel Simas Santos*, Lisboa: Rei dos Livros, 2016, pág. 763.

727 Vide, Ac. do Tribunal da Relação de Coimbra, de 28 de março de 2012, processo n.º 1133/10.0IDLRA.C1, disponível em www.dgsi.pt.

do pagamento de um montante de imposto que se ignora pois não foi juridicamente liquidado; a insuscetibilidade de liquidação do imposto pelo tribunal que julga a ação civil em virtude, por um lado, do princípio constitucional da separação de poderes, e, por outro lado, do caso julgado formado sobre a matéria.»[728]

O artigo 129.º do Código Penal estabelece que a indemnização de perdas e danos emergentes de crime é regulada pela lei civil[729], não obstante, por força do princípio da adesão, ter de ser arbitrada em sede de processo penal.

Neste sentido, propomo-nos refletir, sobre o conteúdo da Diretiva n.º 2/2013, de 6 de setembro, da Procuradoria-Geral da República, que determinou aos magistrados do Ministério Público, que em representação da Autoridade Tributária, deduzissem pedidos de indemnização civil, em processos por crimes fiscais, desde que aquela entidade assim o solicitasse ou, não o fazendo, os próprios magistrados do Ministério Público o diligenciassem[730].

A. A Posição do Ministério Público no Processo de Adesão – O caso Particular do Crime de Abuso de Confiança Fiscal

O Ministério Público mantém a posição de representante do Estado e de outras pessoas e interesses, a quem a lei lhe atribui especiais competências, nos termos constitucionalmente definidos pelo artigo 219.º da Constituição da República Portuguesa[731].

Subsistem-nos, desde logo, dúvidas sobre se este órgão tem legitimidade para formular pedido de indemnização civil em processo penal, por exercer, simultaneamente, a ação penal, na defesa da legalidade democrática.

Repare-se no seguinte exemplo: o Ministério Público formula acusação pela prática de um crime de abuso de confiança fiscal, prosseguindo o

[728] Vide, Ferreira, Eduardo Paz / Oliveira, Ana Perestrelo de, «Do pedido de indemnização civil formulado no processo penal por crime de fraude fiscal: O caso de anulação do ato de liquidação visto à luz da jurisprudência do STJ», *in* AAVV, *Estudos Comemorativos dos 20 anos da FDUP – Volume I,* Coimbra: Almedina, 2017, pág. 379.

[729] Vide, Ac. do Tribunal da Relação de Lisboa, de 19 de maio de 2015, processo n.º 759/02.0TDLSB.L1-5, disponível em www.dgsi.pt.

[730] Vide, Diretiva n.º 2/2013, de 6 de setembro, publicada no Diário da República, 2.ª Série, n.º 189, em 2 de outubro de 2013, págs. 29936-29937.

[731] Vide, Canotilho, J. J. Gomes / Moreira, Vital (2010), *Constituição da República Portuguesa Anotada – Volume II (...),* págs. 601–607.

processo para a fase de julgamento. No decurso da produção de prova, o Ministério Público verifica que o arguido deve ser absolvido do crime por cuja acusação formulou, requerendo a final a sua absolvição. Esta situação não é estranha aos tribunais. Contudo, já o será, se o Ministério Público requerer a improcedência do pedido de indemnização civil que deduziu em representação da Autoridade Tributária, uma vez que a responsabilidade criminal é autónoma da responsabilidade civil.

Com efeito, a Procuradoria-Geral da República, na Diretiva invocada, afirma que o que

> *(...) constitui a causa de pedir no pedido civil indemnizatório enxertado no processo penal fiscal são justamente os factos narrados e que integram a prática do crime, situação totalmente autónoma da dívida tributária consequente. Não ocorre litispendência entre o pedido formulado em ação executiva para cobrança da dívida de impostos e o pedido de indemnização civil deduzido em processo penal contra o ali executado, neste arguido e demandado civil, pela prática de crime fiscal (...)*[732].

Estamos em desacordo com esta posição, porquanto o crime só se consumou quando ultrapassados os prazos após o arguido não ter cumprido com as suas obrigações tributárias, *in casu*, no crime de abuso de confiança fiscal, com a apropriação e não entrega das receitas tributárias à Autoridade Tributária. Acresce a esse facto que o Regime Geral das Infrações Tributárias estabelece no artigo 47.º, a suspensão do processo penal tributário, se estiver para apreciação a impugnação ou oposição à execução fiscal do tributo liquidado pela Autoridade Tributária[733/734].

Estamos perante questões que, por serem uma exceção ao princípio da suficiência do processo penal, não podem ser resolvidas neste âmbito, nos termos do n.º 2, do artigo 7.º do Código de Processo Penal, sob pena de poderem vir a ser proferidas decisões contraditórias entre si.

O processo de adesão pretendeu unificar, nomeadamente por questões de economia e celeridade processual e de solidariedade com a vítima, quer a ação penal, quer a ação civil. A atual interpretação dos nossos tribunais

[732] Vide, Diretiva n.º 2/2013 *(...)*, pág. 29936.

[733] Vide, Sousa, Jorge Lopes de / Santos, Manuel Simas (2010), *Regime Geral (...)*, op. cit., pág. 398.

[734] Vide, Moutinho, José Lobo (2013), *Processo penal tributário e processo penal comum (...)*, op. cit., pág. 194.

é a da unificação, no processo penal, entre a ação penal e a ação fiscal, sob o pretexto de estarmos perante um pedido civil, isto é, discutindo-se uma obrigação tributária de acordo com as regras e os pressupostos da responsabilidade civil.

Ora, se assim se entender, o Ministério Público apenas pode formular um pedido decorrente do valor das receitas que a Autoridade Tributária deixou de receber, acrescido dos acréscimos legais. A ser assim, se o arguido efetuar esse pagamento, a responsabilidade tributária extingue-se?

E quem avalia o pedido, considerando que o arguido poderá ter entregue apenas parte do tributo – o exemplo mais comum, numa questão de dedução de IVA –, que a Autoridade Tributária liquidou.

Sendo o pedido de indemnização realizado, pode, o arguido, nos termos do artigo 78.º do Código de Processo Penal, contestá-lo? Não se encontra o Ministério Público a efetuá-lo no âmbito da regulamentação da responsabilidade tributária, ao invés da responsabilidade civil? E tem o julgador penal competência para decidir uma questão referente a uma dívida tributária?

Todas estas interrogações têm uma única e comum resposta: a matéria de responsabilidade tributária encontra-se excluída da jurisdição penal e civil.

Este impulso, precipitado por parte do Ministério Público, é consequência do acórdão do Supremo Tribunal de Justiça que considera admissível a dedução de pedido de indemnização civil em processo penal por crime de abuso de confiança contra a segurança social[735].

Sucede, porém, que o Instituto da Segurança Social é um organismo e um instituto com um funcionalismo próprio, reconhecido por todos, do ponto de vista organizacional, funcional e processual, como completamente distinto da Autoridade Tributária. No crime de abuso de confiança contra a segurança social não é o Ministério Público quem deduz o pedido de indemnização civil, mas a própria Segurança Social, a qual pode, ao contrário da Autoridade Tributária, constituir-se assistente, nos termos do artigo 68.º do Código de Processo Penal[736], ademais o acórdão, na sua justificação,

[735] Vide, Ac. do Supremo Tribunal de Justiça, de Uniformização e Fixação de Jurisprudência, n.º 1/2013, de 7 de janeiro de 2013, disponível em Diário da República, 1.ª Série, n.º 4, págs. 44-74.

[736] Vide, Ac. do Supremo Tribunal de Justiça, de Uniformização e Fixação de Jurisprudência, n.º 2/2005, de 16 de fevereiro de 2005, disponível em Diário da República, 1.ª Série, n.º 63, págs. 2711-2714.

diferencia as contribuições e quotizações para a segurança social, dos impostos para a Autoridade Tributária[737]. Para além de que o assistente, na qualidade de lesado e para efeitos de pedido de indemnização civil, é titular de um direito privado, e as receitas decorrentes dos impostos visam a realização de fins públicos, legalmente determinados[738].

Assim, não podemos deixar de questionar qual a competência do Tribunal comum para poder discutir se uma liquidação decorrente de imposto, e desde logo no âmbito da responsabilidade tributária, é, ou não, devida.

Ao ser deduzido pedido de indemnização civil contra o arguido, com o objetivo de a Autoridade Tributária ser ressarcida das receitas tributárias não recebidas, se o arguido tiver intentado ação de impugnação no Tribunal Fiscal e a mesma for indeferida, sendo (re)iniciado o processo penal, e, a final, o pedido de indemnização civil for julgado procedente, a Autoridade Tributária fica com dois títulos executivos, decorrentes de duas sentenças: a proferida pelo Tribunal Administrativo e Fiscal e a prolatada pelo Tribunal comum.

Na verdade, se se aceitar que uma situação de impugnação/oposição de uma liquidação sobre impostos possa ser decidida por um Tribunal comum, na prática, temos um pedido de execução fiscal enxertado no processo penal[739].

Em suma, a Autoridade Tributária teria o título executivo decorrente de sentença proferida pelo Tribunal Fiscal e o Ministério Público seria detentor de título executivo: a sentença proferida pelo Tribunal comum. Ademais, no âmbito executivo, aplicam-se, na primeira situação, as regras do Código de Procedimento e Processo Tributário e, na segunda, as regras processuais do Código de Processo Civil, para uma execução decorrente de um imposto. Uma situação desta natureza é insustentável, na medida em que viola a especialização e a jurisdição de cada Tribunal, onde as ações decorrentes de responsabilidade tributária, mesmo que preenchidos os

[737] Refere o acórdão que «diversamente do que acontece em regra com os impostos, que constituem receitas do Estado, não afectas a fins específicos, as contribuições para a segurança social destinam-se aos fins específicos da mesma, de que beneficiam apenas alguns cidadãos». – Vide, Ac. do Supremo Tribunal de Justiça, de Uniformização e Fixação de Jurisprudência, n.º 2/2005, *(...)*, pág. 2714.

[738] Vide, Cunha, José Manuel Damião da (2016), *Sobre a Adesão em Processo Penal (...)*, op. cit., pág. 766.

[739] *Ibidem*, pág. 766.

requisitos de crime, são da competência dos Tribunais fiscais, e não dos Tribunais comum[740].

De forma assertiva, DAMIÃO DA CUNHA formula a seguinte conclusão: os órgãos da Autoridade Tributária «atuam e obedecem ao princípio da legalidade», pelo que em nenhuma situação «podem transigir, desistir ou perdoar qualquer parcela do "devido"»[741/742].

À Autoridade Tributária apenas interessa recuperar as receitas tributárias não pagas/entregues, ao contrário do particular lesado em relação ao demandado no âmbito da responsabilidade civil. Atribuir ao Ministério Público o poder de determinar esta competência da Autoridade Tributária viola, de igual modo, o princípio da separação dos poderes/funções[743].

B. A Diferença entre a Indemnização Civil e a Vantagem Patrimonial

Entre a indemnização civil e a vantagem patrimonial existe uma diferença que pode sustentar um pedido de indemnização civil (não fiscal). O pedido de indemnização formulado é, em regra, idêntico à vantagem patrimonial que é requerida, mas o atual Regime Geral das Infrações Tributárias nada refere ou contempla sobre esta questão. Situação que ocorre com alguma frequência é a de o arguido que se apropria do montante de IVA ser condenado, mas não ser deduzido pedido de indemnização civil pelo Ministério Público, por opção da Autoridade Tributária, uma vez que independentemente das instruções dadas pela Procuradoria-Geral da República através

740 O CONSELHEIRO HENRIQUES GASPAR, em idêntica linha de entendimento e invocando os artigos 71.º, 72.º e 82.º do Código de Processo Penal e o artigo 211.º, n.º 3 da Constituição da República Portuguesa, relembra que o Tribunal competente para o julgamento em separado tem de ser o Tribunal civil em processo de adesão. A natureza da relação jurídica determina a jurisdição, que apenas permitirá a adesão ao processo penal se não for de «áreas atribuídas a outras ordens judiciais». – Vide, GASPAR, Henrique (2014), *Código de Processo Penal Comentado, (...)*, op. cit., pág. 258.

741 Vide, *Sobre a Adesão em Processo Penal (...)*, op. cit., 2016, pág. 767.

742 O exemplo mais paradigmático ocorre no próprio Direito Penal no qual, ainda, não se pode "acordar" ou negociar a pena concreta, como ocorre nos regimes penais anglo-saxónicos. – Vide, MOURA, José Souto de (2016), *O Acordo no Processo Penal, Um Caminho já Iniciado?*, *in* AAVV, *Liberum Amicorum Manuel Simas Santos*, Lisboa: Rei dos Livros, págs. 783-797;
Sobre a aplicação do instituto dos acordos sobre a sentença em processo penal no ordenamento jurídico português, vide, ABRANTES, João, «Os acordos sobre a sentença em processo penal», Revista Julgar online, Julho 2020.

743 Vide, CUNHA, José Manuel Damião da (2016), *Sobre a Adesão em Processo Penal (...)*, op. cit., pág. 768.

da Diretiva n.º 2/2013, de 6 de setembro, a Autoridade Tributária ter o interesse prático em o processo se manter na sua competência executiva. Para tal invoca o artigo 148.º do Código de Procedimento e Processo Tributário para que não seja deduzido pedido de indemnização civil no processo penal. Empiricamente esta situação é mais vantajosa para a Autoridade Tributária por poder – mesmo que o contribuinte deduza oposição à execução fiscal, mas não preste garantia nos termos do artigo 169.º do Código de Procedimento e Processo Tributário – prosseguir com o processo executivo e utilizar os meios coercivos de cobrança para a recuperação das receitas em falta originada pelo imposto não entregue.

É configurável a perda de vantagem patrimonial, nos termos do artigo 110.º do Código Penal, pela prática do crime de abuso de confiança fiscal?

Primeiramente, relembraríamos ser a necessidade de prevenção o fator determinante na perda de vantagens, não se tratando de uma pena acessória, mas de uma medida sancionatória idêntica a uma medida de segurança, na qual o foco é a necessidade de prevenção da prática de novos crimes por parte do agente[744]. Por outro lado, o Ministério Público pode, mesmo sem ter deduzido o pedido de indemnização e perante a recusa da Autoridade Tributária, requerer a perda da vantagem patrimonial.

Como referimos, os magistrados do Ministério Público, por força da citada Diretiva n.º 2/2013, têm o dever de obediência hierárquica. A Autoridade Tributária, por outro lado, é um serviço da administração do Estado com autonomia administrativa, definida pelo Decreto-lei n.º 118/2011, de 15 de dezembro, com as alterações da Lei n.º 89/2017, de 21 de agosto, tendo, entre outras atribuições, nos termos do artigo 2.º, n.º 2, alínea c), a de «exercer a ação de justiça tributária e assegurar a representação da Fazenda Pública junto dos órgãos judiciais».

Dúvidas não nos subsistem que, legalmente, a Autoridade Tributária, possui autonomia para poder instaurar processos de execução fiscal, de contraordenação fiscal ou remeter para o Ministério Público certidão para instauração de inquérito criminal decorrente de ações dos contribuintes no âmbito de impostos[745]. E, por esse motivo, optando pela via coerciva (exe-

[744] Vide, ALBUQUERQUE, Paulo Pinto de (2015), *Comentário do Código Penal (...)*, op. cit., pág. 459.

[745] No plano penal a intervenção da Autoridade Tributária termina após o processo administrativo ser remetido para efeitos de inquérito a realizar pelo Ministério Público. Não podendo constituir-se assistente, o que contradita a posição representada pelo Ministério Público na dedução do pedido de indemnização civil. Reforçamos que estando perante fins públicos e a

cutiva), a Autoridade Tributária, pode alegar perda de vantagem patrimonial, ou invocar como *"bóia de salvação"* o estabelecido no n.º 2 do artigo 110.º do Código Penal, uma vez que esta norma tem, como supra se invocou, a função de ser uma medida sancionatória, mesmo que análoga a uma medida de segurança[746]. Para além disto, a Autoridade Tributária tem meios legais ao seu dispor para ser ressarcida das receitas tributárias que lhe são devidas[747].

O valor a discutir em audiência de discussão e julgamento é designadamente o valor do imposto (liquidação de tributo, com os juros, custos administrativos,...). Nem o argumento da igualdade de armas procede, porquanto a Autoridade Tributária tem, no âmbito do processo fiscal, a oportunidade de cumprir com esse princípio, garantindo o contraditório através das notificações de liquidação a realizar ao responsável tributário.

Aliás, pode ocorrer a situação de, em simultâneo, estarem a ser tramitados decorrentes da mesma situação de falta de entrega de imposto (no caso do responsável tributário não deduzir impugnação, oposição e/ou defesa), o processo penal, o processo de execução fiscal e, numa fase inicial, o processo contraordenacional, todos com natureza e fins diferentes.

Não desconhecemos que a obrigação de restituição da vantagem patrimonial diverge da relação jurídica tributária decorrente da prática do crime

obtenção/recuperação das receitas tributárias, reverte as regras entre o que é civil (privado) e o que é fiscal (público).

[746] No sentido de ser uma providência sancionatória – Vide, Figueiredo Dias (*Direito Penal Português – As Consequências (...)*, op. cit., pág. 638, ponto 3.) e Pinto Albuquerque (*Comentário do Código Penal, (...)*, op. cit., pág. 460, anotação 2).
Em sentido contrário Pedro Caeiro. – Vide, *Sentido e função do instituto da perda de vantagens relacionadas com o crime no confronto com outros meios de prevenção da criminalidade reditícia (em especial, os procedimentos de confisco in rem e a criminalização do enriquecimento ilícito)*, RPCC, ano 21, n.º 2, Coimbra, 2011, pág. 308.

[747] Alguns autores defendem que o facto de o ofendido e de o lesado manifestarem não pretenderem a dedução de pedido de indemnização civil, uma vez que optam pela execução fiscal da obrigação tributária, não configura qualquer desinteresse do ofendido na reparação patrimonial do direito lesado, representando uma opção consciente da melhor forma de a obter. – Vide, Rodrigues, Hélio Rigor / Correia, João Conde, (2017), *O confisco das vantagens e a pretensão patrimonial da Autoridade Tributária e Aduaneira nos crimes tributários (Anotação ao Acórdão do Tribunal da Relação do Porto de 23.11.2016, proferido no processo n.º 905/15.4IDPRT.P1)*, Revista Julgar online, Janeiro, pág. 11.
Concordamos com o objetivo da *"não perda de interesse"*, mas discordamos que essa decisão é idêntica em termos processuais, uma vez que a opção é tomada para obter o ressarcimento das receitas em sede de responsabilidade tributária e não no âmbito da responsabilidade civil.

de abuso de confiança fiscal, mas aceitando a existência do que interpretamos ser uma compensação de créditos, estas obedecem às regras do Código de Processo Civil ou do artigo 90.º do Código de Procedimento e Processo Tributário.

Por fim, colocar a questão, de saber se o papel de "fiel da balança", no que ao enriquecimento sem causa concerne, caberá à Autoridade Tributária ou ao Tribunal na prolação da sentença que afere do valor exato da vantagem patrimonial indevidamente obtida. Sabemos não ser esta a atual posição da jurisprudência[748], mas entendemos estar-se a caminhar para uma subversão dos princípios tributários e civis, assim como para um retrocesso na especialização dos Tribunais.

C. Breve Súmula

Para quem aceita a admissibilidade de dedução do pedido de indemnização civil em processo penal, ao abrigo do princípio da adesão, por parte da Autoridade Tributária ou do Ministério Público, tem de legitimar um Tribunal a discutir, em processo penal (a génese do processo), as questões penal, civil e, forçosamente, fiscal, na fixação da indemnização a arbitrar. Em nosso entendimento, este direito de indemnização decorrente de crime (tributário) só deve ser da legitimidade, exclusiva, do substituído, isto é, a pessoa a quem deveria ter sido efetuada a retenção de imposto. A prática do crime fiscal, frequentemente, também causa danos ao sujeito passivo da dívida tributária[749].

Pela prática do crime tributário não deriva qualquer dano civil indemnizável, apenas a subsistência da prestação tributária e acréscimos legais, a cargo dos responsáveis que a lei tributária determina e nos termos em que o determina. O Regime Geral das Infrações Tributárias «depõe claramente contra esta cumulação da responsabilidade tributária e da responsabilidade civil»[750].

Por outro lado, a Lei n.º 62/2013, de 26 de agosto, que disciplina a organização e o funcionamento dos tribunais judiciais, estabelece as competências jurisdicionais, na qual se incluem as competências em razão na matéria. Continuar-se a aceitar que um Tribunal comum possa conhecer de matéria

[748] Vide, Acórdãos do Tribunal da Relação do Porto, de 12 de setembro de 2018, processo n.º 260/16.5IDPRT.P1 e de 5 de abril de 2017, processo n.º 67/15.7IDPRT.P1, ambos disponíveis em www.dgsi.pt.

[749] Vide, SILVA, Germano Marques da (2018), *Direito Penal (...)*, op. cit., pág. 126.

[750] Vide, MOUTINHO, José Lobo (2013), *Processo penal tributário e processo penal comum (...)*, op. cit., págs. 193 e 194.

da jurisdição fiscal é uma «expropriação»[751] que, sob imperativos de economia e celeridade processual, viola o princípio da legalidade, de modo que, e através do processo de adesão obrigatória, se reinvente um processo penal com competências que lhe são estranhas.

Note-se também que a circunstância de o Ministério Público, em representação da Autoridade Tributária, poder deduzir pedido de indemnização civil sem que para tal esteja legitimado é uma clara violação do princípio da separação de poderes.

Em crime de natureza fiscal, o próprio lesado, representado pelo Ministério Público, não se pode legalmente constituir assistente, por não estarem em causa interesses privados, mas públicos, o que justifica, ainda mais, a confusão entre a legalidade e a legitimidade para admitir a sua intervenção no processo de adesão pela prática de crime de índole fiscal.

Como verificámos, repugna igualmente a circunstância de a Autoridade Tributária poder obter dois títulos executivos: o decorrente da dívida fiscal e o da sentença proferida no processo penal. Sucede, porém, que o recebimento através dos dois títulos executivos representa um enriquecimento sem causa[752]. Em caso de oposição à execução fiscal ou embargos de executado, desprezam-se os trâmites processuais de ambos os direitos (fiscal/processual civil), por serem diferentes e obedecerem a um processualismo próprio?

Respeitamos a posição de HÉLIO RODRIGUES e JOÃO CONDE CORREIA[753], ao observarem que a existência de dois títulos executivos, sendo um deles inclusive uma sentença judicial, não prejudica a Autoridade Tributária (antes pelo contrário) nem o contribuinte/arguido, por não poder executar-se duas vezes a mesma quantia.

No entanto, discordamos que, tornando-se necessário à Autoridade Tributária intentar processo executivo e podendo-o fazer no âmbito processual fiscal ou civil, o possa efetuar no processo penal, por se encontrar vinculada ao princípio da proibição das decisões-surpresa, aqui interpretado no sentido de não poder o privado estar em posição de "inferioridade" processual.

[751] A expressão é de DAMIÃO DA CUNHA para quem, mesmo não estando em causa a suficiência, tal «não implica a *"expropriação"* do tribunal materialmente competente para a questão prejudicial». – Vide, *Sobre a Adesão em Processo Penal (...)*, op. cit., 2016, pág. 775.

[752] Vide, MOUTINHO, José Lobo (2013), *Processo penal tributário e processo penal comum (...)*, op. cit., pág. 184.

[753] Vide, *O confisco das vantagens (...)*, op. cit., 2017, pág. 20.

Se existia título executivo – a obrigação tributária violada –, qual a razão para ser obtido um novo título executivo?[754]

Como refere Lobo Moutinho:

(...) é a própria lei quem exclui o cúmulo processual, ou seja, o conhecimento da questão da infração tributária e da questão tributária no processo penal: a inadequação do meio processual. Naturalmente que a mesma solução tem de valer, por maioria de razão, no processo penal fiscal. Na verdade, se no âmbito das contra-ordenações, cujo conhecimento e sancionamento são procedimentalmente administrativos e da competência da própria Administração Tributária, a lei entende que o processo sancionatório é meio impróprio para determinar a existência do facto tributário ou da obrigação tributária, como poderia ser de outro modo no processo penal tributário?(...)[755].

Temos o princípio da solidariedade a ser utilizado como um meio para obter as receitas tributárias não entregues através da administração da justiça penal fiscal, o qual desta forma, acreditamos, perde a sua verdadeira identidade e o seu essencial papel no Direito Fiscal.

Defendemos, em linha com Mário Monte, que o Direito Civil visa a solução para um conflito de partes, sendo o seu objetivo a reparação da vítima, ao invés, o Direito Penal, que se encontra vocacionado para prevenir futuras ofensas, tem na ressocialização do agente idêntico fim[756].

Na realidade, com raríssimas exceções a prever pelo legislador, a atenção do julgador deveria estar única e exclusivamente centrada na matéria que pertence ao Direito Penal, no âmbito de processo penal, a civil no âmbito processual civil e a fiscal no âmbito processual fiscal.

Damos a resposta, colocando uma questão, se estamos equivocados, então por que razão o legislador estabeleceu a proibição do conhecimento da questão tributária no processo penal se depois foi admiti-la – pela via do processo de adesão – em todos os demais casos?[757/758] Pode o tribunal penal

[754] Damião da Cunha questiona em que «medida pode uma sentença penal ser título "executivo" de um título executivo...?» – Vide, *Sobre a Adesão em Processo Penal (...)*, op. cit., 2016, pág. 774.

[755] Vide, *Processo penal tributário e processo penal comum (...)*, op. cit., 2013, pág. 197.

[756] Vide, *Da reparação penal (...)*, op. cit., 2003, pág. 141.

[757] Vide, Moutinho, José Lobo (2013), *Processo penal tributário e processo penal comum (...)*, op. cit., pág. 194.

[758] É que uma coisa é a questão prejudicial e outra o processo de adesão – contrário ao princípio da suficiência. O princípio da suficiência consiste na competência do tribunal penal

discutir questões fiscais? Ou passar a ser uma espécie de "agente de execução fiscal"?

O legislador não quis, ao autonomizar as questões penais e fiscais, que as mesmas fossem decididas na mesma sede jurisdicional.

para resolver todas as questões prejudiciais, não apenas as penais, que interessem à boa decisão da causa. – Vide, Antunes, Maria João (2019), Direito Processual Penal, 2.ª Edição, Coimbra: Almedina, pág. 80.

Por outro lado, a questão prejudicial é a questão jurídica que, sendo autónoma no seu objeto relativamente à questão principal do processo em que surge e por isso suscetível de constituir objeto próprio de um processo de outra natureza, se vem a revelar como questão cujo conhecimento é condicionante da decisão da questão principal. – Vide, Silva, Germano Marques da (2019), *Direito Processual Penal Português – Vol. I,* 2.ª Edição (Reimpressão), Coimbra: Almedina, pág. 129.

SECÇÃO III
CRIMES PRÓXIMOS DO CRIME DE ABUSO DE CONFIANÇA FISCAL

§ 1. O Crime de Abuso de Confiança Contra a Segurança Social

O crime de abuso de confiança contra a segurança social, p.e.p. no artigo 107.º do Regime Geral das Infrações Tributárias, é aquele que, aparentemente, poderia ter mais semelhanças com o crime de abuso de confiança fiscal, atendendo, desde logo, ao facto de aquele preceito remeter para o artigo 105.º deste diploma, em particular na qualificação, medida da pena e requisitos de punibilidade.

1.1. A (des)aproximação de ambos os crimes

Nos crimes fiscais não se pode dissociar o conceito de imposto dos conceitos de contribuição e quotização em relação à segurança social. Em regra, os cidadãos efetuam a seguinte conexão: o imposto é sinónimo de Administração Tributária e a contribuição de Segurança Social[759].

Acontece que, relativamente à segurança social, quer o conceito de contribuição, quer o de quotização, divergem entre si, e não apenas no nosso ordenamento jurídico[760]. Assim, as contribuições para a segurança social

[759] Vide, VARELA, Raquel (2013), *A Segurança Social é Sustentável*, Lisboa: Bertrand Editora, págs. 110-114.

[760] No direito Italiano a contribuição é definida como real ou obrigatória, ou seja, a efetivamente paga pelo empregador, em conformidade com a fonte de obrigação do pagamento de remuneração. – Vide, TRANQUILLO, Tulio / FERRANTE, Vincenzo (2006), *Nozioni di diritto della previdenza sociale*, 2.ª Edição, Milão: Wolters Kluwer Ipsoa, pág. 82.

correspondem, numa analogia, à noção de prémio que as seguradoras cobram como contrapartida do risco que assumem, isto é, trata-se do custo do seguro social imposto quer às entidades empregadoras em nome da transferência de risco de uma responsabilidade objetiva pela "utilização da força de trabalho", quer aos trabalhadores como quotização. Por outro lado, a quotização social é a parcela pecuniária que o beneficiário desconta na sua remuneração para a segurança social[761].

1.2. Contribuições para a Segurança Social – Brevíssima referência à sua Evolução e Classificação

A classificação das contribuições para a segurança social foi sofrendo ao longo dos tempos bastantes alterações, do ponto de vista da sua interpretação, até chegarem à sua presente categorização. Inicialmente, a contribuição, foi qualificada através de uma perspetiva jurídico-privatística, ou seja, considerava-se que se estava perante uma prestação típica de um contrato de seguro. Esta tese não faz sentido, na medida em que estamos perante a obrigatoriedade legal de efetuar a contribuição. Posteriormente houve uma evolução para a chamada tese jurídico-publicista, na qual se defendia estar-se perante contribuições efetuadas através de um "contrato de seguro" regulado pelo direito público. Os autores que defenderam esta posição – idêntico entendimento da nossa jurisprudência até ao início da década de 90 –, reconheciam a semelhança das contribuições com a figura do imposto, mas sem lhe conferir esse estatuto jurídico[762].

Todavia, ressalve-se que a grande questão não era saber se as contribuições deveriam ser incluídas nas categorias das contribuições especiais[763],

Em França, o direito da Segurança Social, é o direito a essa redistribuição, desde que as normas seguidas sejam normas originárias. – Vide, Dupyroux, Jean-Jacques / Borgetto, Michel / Lafore, Robert (2015), *Droit de la Sécurité Sociale*, 18.ª Edição, Dalloz, págs. 18 e 19.

761 Vide, Conceição, Apelles, J. B. (2017), *Segurança Social – Manual Prático*, 10.ª Edição, Coimbra: Almedina, pág. 97.

762 Casos de Alberto Xavier e Pessoa Jorge. – Vide, Xavier, Alberto P. (1974), *Manual de Direito Fiscal*, Lisboa: Livraria Petrony e Jorge, Fernando Pessoa (1963), *Curso de Direito Fiscal (lições ao curso do 3.º ano jurídico de 1963-64)*, Lisboa, edição polocopiada.

763 A classificação como contribuição especial nunca foi aceite entre nós, uma vez que não existe o pressuposto da contribuição especial: a independência entre o facto gerador da exigibilidade e a vontade ou o comportamento do sujeito. Além de acrescer, a este facto, outro relativo ao cálculo do valor a tributar, o qual é realizado tendo por base a remuneração do trabalhador ao contrário de um determinado benefício.

taxas[764] ou impostos, mas como classificá-las. Por isto, resultou a criação de outros géneros tributários de modo a poder facilitar esta qualificação, como é o caso da parafiscalidade.

A parafiscalidade[765] foi responsável pelas novas realidades, que começaram a surgir e nas quais se incluíam as próprias contribuições para a segurança social[766].

Não foi unânime na doutrina a caracterização jurídica das contribuições para a segurança social, podendo reduzir-se as diversas tendências a uma conceção segurista (de seguro público), a uma tributária (qualificando-as como verdadeiros impostos) ou uma parafiscal[767].

Mantém-se pertinente a questão de saber se as contribuições para a segurança social podem ou devem ser reconduzidas a um terceiro ou quarto géneros tributários e, deste modo, serem qualificadas, por exemplo, como contribuições especiais ou se, pelo contrário, devem ser associadas ao primeiro género tributário (o imposto)[768].

Existem autores que defendem uma posição intermédia, consoante estejamos perante contribuições obrigatórias a efetuar pela entidade patronal ou pelo trabalhador, uma vez que consideram existir entre si diferente natureza jurídica[769].

[764] O mais acérrimo defensor da classificação das contribuições para a segurança social como taxa foi SÉRVULO CORREIA para quem: «a contribuição não era mais do que uma taxa dado o carácter sinalagmático da relação jurídica de segurança social, marcado pelas contrapartidas existentes para o trabalhador». – Vide, «Teoria da Relação Jurídica do Seguro Social», *in* AAVV, *Estudos Sociais e Corporativos*, Ano VII, n.º 27, 1968, pág. 399.

[765] O artigo 3.º da Lei Geral Tributária classifica os tributos como podendo ser fiscais ou parafiscais. Esta é uma das razões para muitos autores afirmarem não restarem dúvidas de as contribuições para a segurança social deverem ser classificadas como tributos parafiscais. – Vide, FIGUEIRA, Luís / JOBLING, Carla (2013), *Lei Geral Tributária – Anotada*, Coimbra: Coimbra Editora; PIRES, José Maria Fernandes (coord.) / BULCÃO, Gonçalo / VIDAL, José Ramos / MENEZES, Maria João (2015), *Lei Geral Tributária (...)*, op. cit., pág. 31.

[766] Para WALINE o termo parafiscalidade ocultava uma fiscalidade no sentido próprio do termo, uma «fiscalidade que não ousa dizer o seu nome». – Vide, NABAIS, José Casalta (2012), *O Dever Fundamental de Pagar Impostos (...)*, op. cit., pág. 257.

[767] Vide, NEVES, Ilídio (1996), *Direito da Segurança Social*, Coimbra: Coimbra Editora, págs. 362–366.

[768] Vide, CABRAL, Nazaré da Costa (2010), *Contribuições para a Segurança Social – Natureza, Aspectos de Regime e Técnica e Perspectivas de Evolução num Contexto de incerteza* – Cadernos IDEFF, n.º 12, Coimbra: Almedina, pág. 34.

[769] Caso de NUNO SÁ GOMES para quem, «no que toca às contribuições devidas pelas entidades patronais, estas tratam-se de "verdadeiros impostos que preenchem todos os respectivos

Os fiscalistas distinguem as contribuições sociais (na parte suportada pelo trabalhador) quer das taxas, quer dos impostos. A distinção entre as três figuras mencionadas convoca ainda o manuseamento de dois elementos fundamentais: o pressuposto e a finalidade do tributo[770].

Na doutrina nacional, a maioria dos autores são da opinião de que estas contribuições quer fora do âmbito jurídico no qual existe um certo consenso em torno do tratamento das contribuições obrigatórias como impostos, quer dentro do plano jurídico, no qual a sujeição ao pagamento das contribuições obrigatórias de todos os que deem emprego ou que prestem trabalho tendo por referência a remuneração mensal do trabalhador, não são mais do que o facto tributário do imposto[771].

Feita esta breve contextualização, conclui-se que existem, fiscalmente, diferentes posições sobre como classificar as contribuições para a segurança social, diferença que igualmente ocorre no plano de conceder dignidade penal aos crimes fiscais e aos relativos à segurança social.

1.3. Um Crime Dessemelhante

O legislador, no Regime Geral das Infrações Tributárias, fez questão de espelhar na organização sistemática do diploma, quer o crime de abuso de confiança fiscal, quer o crime de abuso de confiança contra a segurança social como distintos. Não obstante serem crimes preceituados de forma divergente, quer do ponto de vista legislativo, quer nos bens jurídicos que protegem[772], não deixam de ser uma espécie de "gémeos separados à nascença"[773], interligados e concatenados através da remissão formalizada

requisitos, ainda que tenham um regime jurídico especial (...). Já as contribuições devidas pelos trabalhadores serão verdadeiros prémios de seguro de direito público, atento o carácter aleatório do *benefício auferido, como* contrapartida das quantias pagas». – Vide, *Manual de Direito Fiscal, Vol. I*, 12.ª Edição, Lisboa: Rei dos Livros, 2003, pág. 89.

[770] Vide, Vasques, Sérgio (2008), *O Princípio da Equivalência como critério de Igualdade Tributária*, Coimbra: Almedina.

[771] Vide, Teixeira, Glória (2018), *Manual de Direito (...)*, págs. 161 e 163.

[772] Vide, Ac. do Tribunal da Relação de Évora, de 03 de junho de 2014, processo n.º 289/11.0TRSTC.E1, disponível em www.dgsi.pt.

[773] Veja-se, ainda, a propósito do Regime Jurídico das Infrações Fiscais Não Aduaneiras, a posição de Augusto Silva Dias o qual defendia a não autonomização dos crimes de abuso de confiança fiscal e de abuso de confiança contra a segurança social «dado que se trata de uma extensão dos crimes fiscais a um domínio parafiscal, bastava criar um número em cada um dos preceitos analisados adaptando à proteção do património da Segurança Social o

pelo texto da lei que, por razões de índole económica e de organização – caso da Segurança Social –, ou seja, não jurídica, são tratados em capítulos diferentes do Regime Geral das Infrações Tributárias[774].

O crime de abuso de confiança contra a segurança social consuma-se com a omissão de entrega, dentro dos prazos fixados na lei, dos montantes que o agente deduziu aos valores das remunerações pagas a trabalhadores e membros dos órgãos sociais, por estes devidas[775].

Com a entrada em vigor da Lei n.º 64-A/2008, de 31 de dezembro foi alterado o n.º 1 do artigo 105.º referente ao crime de abuso de confiança fiscal, com a introdução de um limite mínimo do valor de €7.500 para a sua punibilidade, tendo sido decidido pelo Supremo Tribunal de Justiça[776], que o predito valor não abrangeria o crime de abuso de confiança contra a segurança social, mantendo-se a sua tipificação autónoma na previsão do artigo 107.º.

Assim, de modo a preencherem-se os elementos do tipo no abuso de confiança contra segurança social, é necessário que não tenham sido entregues a este instituto

> *(...) as deduções das contribuições devidas pelos trabalhadores feitas no valor das remunerações destes, as deduções das contribuições devidas pelos membros dos corpos sociais feitas no valor das remunerações destes e que a prestação deduzida tenha natureza parafiscal e desde que possa ser entregue autonomamente (...)*[777].

regime punitivo definido para a proteção do património fiscal». – Vide, *Crimes e contra-ordenações (...)*, op. cit., 2018, pág. 468.

Ou, ainda, a de Carlos Almeida, para quem o crime de abuso de confiança contra a segurança social, não tem a necessária dignidade penal para ilícito criminal, defende o autor que «a incriminação do chamado abuso de confiança em relação à segurança social é desnecessária uma vez que se nos afigura suficiente e, quiçá, até mais eficaz, a utilização conjunta dos meios executivos de natureza cível e do direito de mera ordenação social». – Vide, *Os crimes contra a Segurança Social no Regime Jurídico das infracções Fiscais não Aduaneiras*, RMP, Ano 18.º, n.º 72, outubro-dezembro, 1997, pág.113.

[774] Cremos que esta decisão legislativa decorreu somente por questões de ordem de gestão económica do próprio Instituto da Segurança Social. Posição assumida por Henriques Gaspar no voto vencido à decisão do Acórdão do Supremo Tribunal de Justiça, de Uniformização e Fixação de Jurisprudência, n.º 8 de 2010, publicado e disponível no Diário da República, 1.º Série, n.º 186, de 23 de setembro de 2010.

[775] Vide, Ac. do Tribunal da Relação de Coimbra, de 22 de fevereiro de 2017, processo n.º 599/14.4TACBR.C1, disponível em www.dgsi.pt.

[776] Cf. Acórdão referenciado na nota de rodapé 774.

[777] Vide, Lacerda, Hugo, «Anotação ao Artigo 107.º do RGIT», *in* AAVV, *Códigos Anotados & Comentados – Justiça Tributária, LGT–CPPT– RGIT–RCPITA–RAT–LPFA*, Porto: Lexit Editora, 2021, págs. 976 e 977.

O crime de abuso contra a segurança social já se encontrava previsto no artigo 27.º-B do Regime Jurídico das Infrações Fiscais Não Aduaneiras, vindo o Regime Geral das Infrações Tributárias a fazer referência, de forma implícita, aos descontos efetuados nas remunerações dos membros dos órgão sociais, eliminando a palavra *"apropriando"* e a expressão *"no período de 90 dias"*.

As prestações, cuja não entrega à segurança social dá lugar ao preenchimento do crime de abuso de confiança contra a segurança social, são as deduções das contribuições devidas pelos trabalhadores feitas no valor das remunerações destes, as deduções das contribuições devidas pelos membros dos corpos sociais feitas no valor das remunerações destes e bem assim a prestação deduzida que tenha natureza parafiscal e desde que possa ser, autonomamente, entregue (n.º 3)[778].

O crime de abuso de confiança contra a segurança social é um crime próprio ou específico de entidades empregadoras, discriminadas no n.º 1, tendo por objeto as contribuições à segurança social deduzidas do valor das remunerações dos trabalhadores ou dos membros dos órgãos sociais, excluindo todas as demais[779].

Estamos igualmente perante a figura do substituto tributário, em que o sujeito passivo se torna estranho à relação tributária, por não ser parte na relação. Como concluímos, esta figura jurídica não é uma alternativa ou uma opção que a lei conceda, mas uma imposição, uma exigência desta, por o substituto se encontrar numa posição jurídica e particularmente privilegiada em relação à matéria tributável[780].

Entendemos que essa relação decorre dos descontos efetuados por remunerações pagas pelas entidades empregadoras e não no caso em que, apesar de existir uma obrigação legal no âmbito de relação laboral, a remuneração não é paga e a prestação a entregar à segurança social é retida.

O artigo 107.º do Regime Geral das Infrações Tributárias alterou profundamente o tipo de crime de abuso de confiança contra a segurança social, em comparação com o anteriormente preceituado no artigo 27.º-B do

[778] Vide, SOUSA, Jorge Lopes de / SANTOS, Manuel Simas (2010), *Regime Geral (...)*, op. cit., pág. 779.

[779] Vide, SILVA, Isabel Marques da (2018), *Regime Geral das Infrações Tributárias (...)*, op. cit., pág. 238.

[780] Vide, CAMPOS, Diogo Leite / CAMPOS, Mónica Horta Neves Leite (2003), *Direito Tributário (...)*, op. cit., pág. 271.

Regime Jurídico das Infrações Fiscais Não Aduaneiras, na medida em que o bem jurídico tutelado deixou de ser o património, o erário da segurança social, passando a ser a relação de confiança e o especial dever de colaboração das entidades empregadoras para com a administração da segurança social[781].

Conforme dispõe o n.º 4 do artigo 105.º do Regime Geral das Infrações Tributárias, os factos só são criminalmente puníveis, se tiverem decorrido mais de 90 dias sobre o termo do prazo legal de entrega da prestação e esta, após comunicação à Autoridade Tributária através da correspondente declaração, não for paga, acrescida dos juros respetivos e do valor da coima aplicável, no prazo de 30 dias após notificação para o efeito.

Todavia, com a alteração operada ao artigo 105.º, pela introdução do artigo 113.º da Lei 64-A/2008, de 31 de dezembro, discutiu-se se o montante mínimo de €7.500 para o preenchimento do tipo legal do crime de abuso de confiança fiscal era igualmente exigível para o preenchimento do crime no abuso de confiança contra a segurança social, uma vez que o artigo 107.º nos remete para aquele artigo, embora não faça referência a qualquer quantitativo de valor[782].

O elemento subjetivo do crime verifica-se através do dolo necessário. Este existe quando o agente pratica um determinado facto típico, não com o objetivo de produzir determinado resultado, mas sabendo ou tendo a certeza que a sua ação necessariamente produzirá aquele resultado. O resultado não é o objetivo direto, mas é visto como consequência necessária da ação[783].

Imagine-se o caso do empregador que, ao deduzir e reter as quotizações do salário do trabalhador para a segurança social, não cumpre o prazo legal a que está obrigado para proceder à sua entrega, mesmo sabendo que comete um ilícito mantendo, apesar de tal facto, a sua conduta.

As penas previstas para quem comete este crime variam caso estejamos perante o tipo de crime simples ou qualificado e o agente seja pessoa singular ou coletiva. Estamos perante uma moldura penal abstrata idêntica a ambos os crimes de abuso de confiança (fiscal e contra a segurança social).

[781] Vide, Dias, António M. V. Lopes (2005), *Considerações sobre o enquadramento dogmático dos crimes contra a Segurança Social*, disponível em www.verbojuridico.net, pág. 24.

[782] Cf. ponto 1.3, deste § 1.

[783] Vide, Lacerda, Hugo, «Anotação ao Artigo 107.º do RGIT», *in* AAVV, *Códigos Anotados & Comentados – Justiça Tributária (...)*, 2021, pág. 977.

A remissão para o n.º 5 do artigo 105.º prevê a agravação da pena e a qualificação do crime, quando a entrega não efetuada for de valor superior a €50.000. Quando a entrega não efetuada for igual ou inferior a €50.000, a pena prevista varia entre a prisão até 3 anos ou multa até 360 dias para as pessoas singulares e, no caso das pessoas coletivas, a pena abstrata de multa de 20 até 720 dias.

Nos casos em que a entrega não efetuada for superior a €50.000, as penas poderão variar entre a pena de prisão de 1 a 5 anos para as pessoas singulares e a pena de multa de 240 a 1200 dias para as pessoas coletivas.

O artigo 7.º, n.º 3 do Regime Geral das Infrações Tributárias estabelece que no caso de ser responsável a pessoa coletiva esta pode, cumulativamente com a pessoa singular que atua no interesse e em nome da pessoa coletiva, ser responsável pela infração[784].

Podem ser aplicadas penas acessórias, desde que estejam verificados os pressupostos elencados no Código Penal e no artigo 17.º do Regime Geral das Infrações Tributárias: a pena, de todo o modo, pode ser dispensada se não estivermos perante crime qualificado ou seja, se em abstrato não puder ser aplicada pena superior a dois anos, nos termos do artigo 22.º, n.º 1 do Regime Geral das Infrações Tributárias, ou ainda ser aquela atenuada nos termos do n.º 2 do citado artigo. A dispensa de pena não deve ser interpretada como uma medida de clemência. Trata-se de um regime especial do Direito Penal, cuja particularidade consiste na condenação do agente infrator pelo delito cometido, sem que lhe seja imposta uma pena[785].

O n.º 2 do artigo 107.º remete para o n.º 6 do artigo 105.º, o qual previa a possibilidade de extinção da responsabilidade criminal, na hipótese de o valor da prestação não exceder o montante de €2.000 e aquela ser paga até 30 dias após a notificação para o efeito pela administração parafiscal, com os subsequentes juros pelo valor mínimo da coima aplicável pela omissão da entrega. Sucede, porém, que o n.º 6 foi revogado tendo-se suscitado a interrogação sobre a razão para o legislador ter mantido a remissão para uma norma revogada.

Entendemos que, no caso de ser excedido o hiato temporal que a lei concede para a regularização de dívida à segurança social e o infrator

[784] Vide, Acórdãos do Tribunal da Relação de Guimarães, de 16 de janeiro de 2006, processo n.º 2042/05-2, e do Tribunal da Relação de Lisboa, de 17 de novembro de 2005, processo n.º 4061/05-9, ambos disponíveis em www.dgsi.pt.

[785] Vide, Santos, Manuel Simas / Henriques, Manuel Leal (2011), *Noções de Direito Penal (...)*, op. cit., pág. 257.

pretender a sua regularização por forma a poder a ser beneficiado com a extinção de responsabilidade criminal, o regime deve ser estendido a esta hipótese[786], opinião alicerçada em razões de economia processual, descongestionamento dos Tribunais com processos em que o valor não justifica os gastos e o tempo despendido. Por uma questão de razoabilidade, consideramos que nem sempre o substituto tributário esteve em condições de poder entregar o montante a que estava obrigado a reter, designadamente, que a essa não entrega esteve subjacente a opção, em inumeríssimos casos, de entregar, ao invés, a remuneração salarial ao trabalhador.

Defendemos igualmente que, aquando do pagamento, deverão ser pagos juros e as despesas decorrentes pelo não pagamento/entrega tempestiva.

A liquidação e o pagamento das contribuições à segurança social efetua-se mensalmente. Por essa razão, e no incumprimento desta obrigação, poderá estar em causa um concurso de crimes? Podemos questionar igualmente se não estaremos perante um crime continuado, na medida em que fatores como a conduta do agente, o bem jurídico, a conexão de lugar e tempo, podem vir a diminuir a culpa do agente.

Por exemplo, quando exista um intervalo de 12 meses sem que o substituto tributário entregue as quotizações devidas à segurança social, apesar de as reter ao trabalhador, mas procede a uma entrega referente a 2 meses, estaremos perante um crime continuado ou um concurso real de crimes? Deverão ser instaurados numa fase inicial vários autos de contraordenação ou apenas um? Em caso de remissão para procedimento criminal, deverá existir um processo ou vários?

São estas as questões que o legislador não dá resposta, uma vez que continua a remeter para os chamados crimes fiscais, matérias específicas e de natureza bastante técnica como é o caso do funcionamento da segurança social, área que diverge substancialmente daquela no plano prático[787].

[786] Esta é uma das questões que tem vindo a ser respondida pelos políticos, independentemente do sentido pretendido pelo legislador com as normas em vigor: as politicas decorrentes da necessidade imediata de entrada de receita a nível fiscal e parafiscal têm vindo a sobrepor-se à norma, o que levanta a interrogação: até que ponto estes crimes ainda têm a dignidade penal que se lhes, ainda, pretende atribuir? Este elo de ligação entre ambos os crimes tem vindo a manter-se e em face dos elementos de punibilidade um grau de maior exigência, subentenda-se, de menor flexibilidade, para o abuso de confiança contra segurança social.

[787] Vide, Moutinho, José Lobo (2005), *Da Unidade à Pluralidade (...)*, op. cit., págs. 1149 e ss e Andrade, João da Costa (2010), *Da Unidade e Pluralidade de Crimes – Doutrina Geral e Crimes Tributários*, Coimbra: Coimbra Editora, págs. 225 e seguintes.

1.4. O Acórdão Uniformizador de Jurisprudência n.º 8 de 2010

Pela sua relevância, e por se encontrar intrinsecamente ligada ao crime de abuso de confiança fiscal, a questão central no crime de abuso de confiança contra segurança social, a qual gera mais controvérsia relativamente ao tipo de crime, prende-se em saber se, para que se mostre praticado o ilícito, será de exigir, como verificámos ocorrer no crime de abuso de confiança fiscal, que o montante não entregue às instituições de segurança social seja superior a €7.500.

O Supremo Tribunal de Justiça, através de acórdão uniformizador de jurisprudência[788] decidiu esta questão com base num argumento literal, mas em vez de o resolver de modo definitivo manteve em aberto o problema, uma vez que em nossa opinião a singularidade da decisão proferida não afastou as dúvidas pelo que a discussão se iria manter[789].

1.4.1. *A Posição que Teve Vencimento*

Deste modo, da análise do artigo 107.º do Regime Geral das Infrações Tributárias, podem aferir-se vários elementos típicos, sem que nenhum seja referente a um valor mínimo para efeitos de responsabilidade criminal, ao contrário do que ocorre no crime de abuso de confiança fiscal em que só é ilícito penal se a falta de entrega da prestação tributária for de valor superior a €7.500.

Contudo, aquele preceito define integralmente o tipo de abuso de confiança contra a segurança social, apenas remetendo para as penas previstas no artigo 105.º, n.ºs 1 e 5, e não para elementos do tipo daqueles preceitos[790].

O artigo 113.º da Lei n.º 64-A/2008, de 31 de dezembro, alterou o valor no crime de abuso de confiança fiscal, para efeitos de punição criminal para os €7500, mantendo, no crime de abuso de confiança contra a segurança social, a remissão, assim como a sua tipificação autónoma em relação àquele no valor, *in casu*, a inexistência de qualquer valor mínimo, uma vez que a alteração implementada pelo artigo 113.º não afeta o artigo 107.º do Regime Geral das Infrações Tributárias.

[788] Vide, Ac. n.º 8/2010, do Supremo Tribunal de Justiça, de Uniformização e Fixação de Jurisprudência, publicado no Diário da República, 1.ª Série, n.º 186, de 23 de setembro de 2010.

[789] A votação do citado acórdão teve 10 votos favoráveis e 8 votos vencido.

[790] Vide, Ac. do Supremo Tribunal de Justiça, n.º 8/2010 *(...)*, pág. 4225.

Assim, caso se entendesse que este crime contra a segurança social tinha sido despenalizado, na medida em que se passava a exigir um valor mínimo para efeitos de punibilidade, surgia um espaço de absoluta impunidade para comportamentos bem mais censuráveis do que aqueles que são tipificados como contraordenações contra a segurança social

Socorrem-se os defensores desta linha de pensamento na jurisprudência, em particular de um acórdão do Tribunal da Relação do Porto, para concluírem que o artigo 113.º da Lei do OE de 2009, não procedeu a qualquer despenalização dos crimes de abuso de confiança contra a segurança social. Refere o aresto que

> *(...) enquanto nos crimes fiscais os deveres impostos aos contribuintes convergem para a revelação da real capacidade contributiva de cada um e de todos os cidadãos obrigados a pagar impostos, tendo em vista a realização da igualdade e justiças tributárias, reconduzindo-se assim a um mais amplo bem jurídico tutelado, qual seja a confiança da administração fiscal na verdadeira capacidade contributiva do contribuinte. Já no crime de abuso de confiança contra a segurança social, não é o Estado/administração fiscal o destinatário desses montantes, mas sim o Instituto de Gestão Financeira da Segurança Social, com personalidade jurídica e património próprio, dotado de autonomia administrativa e financeira para a gestão dos interesses da segurança social que lhe estão cometidos defender e prosseguir (...)*[791].

É ainda entendido que a remissão a que o n.º 1 do artigo 107.º faz para o artigo 105.º do Regime Geral das Infrações Tributárias poderá perfeitamente cingir-se à pena, isto obedecendo ao artigo 9.º, n.º 3 do Código Civil. Esta interpretação teve contudo pontos em comum com a tese discordante[792], nomeadamente, de que a inclusão da referência de valor «prestação tributária de valor superior a €7.500» constitui em si, desde logo, um elemento do tipo de crime de abuso de confiança fiscal e não uma mera condição de punibilidade.

As condições objetivas de punibilidade figuram como elementos da norma situados fora do tipo de ilícito e do tipo de culpa, cuja presença constitui um pressuposto para que a ação antijurídica tenha consequências penais.

[791] Vide, Ac. do Tribunal da Relação do Porto, de 15 de outubro de 2003, processo n.º 0314181, disponível em www.dgsi.pt.

[792] Cf. ponto 1.4.2, deste §1.

Apesar de integrarem uma componente global do acontecer e da situação em que a ação incide, não são parte desta ação[793].

O legislador exige que a violação da conduta imposta crie uma vantagem patrimonial de valor igual ou superior a €7.500, à custa dos impostos devidos[794]. Todavia, tal concordância não desvirtua o facto de quem votou favoravelmente a decisão do acórdão em concluir que a norma preceituada no artigo 107.º não foi alvo de qualquer alteração legislativa, uma vez que «redunda, formalmente, na manutenção de uma remissão para uma norma revogada, impondo-se, pois, uma interpretação abrangente daquela remissão»[795].

A questão central prendia-se em saber se o limite de €7.500 do crime de abuso de confiança fiscal também se aplica, ou não, ao crime de abuso de confiança contra a segurança social.

Como temos vindo a explanar, entendeu maioritariamente o Supremo Tribunal de Justiça que tal limite não deverá ser aplicado, invocando razões de natureza socioeconómica, socorrendo-se, para o efeito, do aresto de 17 de dezembro de 2009 que, grosso modo, decidiu:

> *(...) a situação de crise social, pública e notoriamente incidente entre nós, que implica a disponibilidade em crescendo de fundos para ocorrer a situações crescentes de dificuldade incompatível com um tratamento benéfico dos infractores, além de que a difícil sustentabilidade do regime de proteção social, tão apregoada, também se não harmoniza com um regime de nítido favor e abrandamento penal, em termos de, concludentemente, se mostrar lesado o princípio da igualdade consagrado no artigo 13.º da CRP (...)*[796].

Mais acrescentam que

> *(...) se a base de sustentação dos impostos são todos os cidadãos contribuintes, já o suporte das contribuições à segurança social é mais limitado, a massa de empregadores e trabalhadores, para um universo de beneficiários, que tende a alargar, também, à medida que o crescimento demográfico se esvai e progride o envelheci-*

[793] Vide, Ac. do Supremo Tribunal de Justiça, n.º 8/2010 *(...)*, pág. 4226.

[794] Vide, Santos, André Teixeira dos (2009), *O Crime de Fraude Fiscal – Um contributo para a configuração do tipo objectivo de ilícito a partir do bem jurídico*, Coimbra: Coimbra Editora, pág. 229.

[795] Vide, Saporitti, José Manuel, *A Lei OE 2009 – O Crime de Abuso de Confiança contra a Segurança Social*, monografia polocopiada, Guimarães, 14 de abril de 2009.

[796] Vide, Ac. do Supremo Tribunal de Justiça, de 17 de dezembro de 2009, processo n.º 331/01.2 TAVCD.SI, disponível em www.dgsi.pt.

mento populacional a que o esquema de proteção visa acudir, através do lançamento de taxas diferenciadas das atinentes aos impostos, sendo o seu orçamento mais apertado (...)[797].

Existe uma clara preocupação pela subsistência do sistema de segurança social, a qual obriga, fruto das alterações sociais, do aumento do número de beneficiários em virtude da crise económica, do aumento da esperança de vida, quase "obrigam" o Tribunal a interpretar que o montante de €7.500 não se aplica ao artigo 107.º, com o receio de que a despenalização aumente o número de infratores e, consequentemente, a drástica redução de entrada de prestações nos cofres do Estado[798].

Aliás, o próprio acórdão do Supremo Tribunal de Justiça, ora em análise, transcreve a resposta do Ministério Público, concatenada a posição deste sobre a sustentabilidade e o respeito pela norma constitucional do artigo 63.º da Constituição da República Portuguesa referente à segurança social e solidariedade[799].

No caso de se interpretar a norma no sentido da aplicação do montante de €7.500 do artigo 105.º ao artigo 107.º, para efeitos de preenchimento dos elementos objetivos do tipo, tal significaria a não aplicabilidade prática no ordenamento jurídico do crime de abuso de confiança contra a segurança social.

Outra das razões sustentadas baseia-se no facto de o bem jurídico subjacente a ambos os crimes não ser o mesmo, na medida em que o sistema fiscal e o sistema de segurança social constituem diferentes realidades. Ademais, as receitas da segurança social formam um património que se não dilui, pura e simplesmente, no erário público. Com efeito, o sistema previdencial tem por vocação autofinanciar-se[800]. Uma vez mais este acórdão

[797] *Ibidem.*

[798] Vide, Moreira, Amílcar (coord.) (2019), *Sustentabilidade do Sistema de Pensões*, Resumos da Fundação 8, Lisboa: Fundação Francisco Manuel dos Santos.

[799] O Ministério Público defendeu que «a descriminalização do crime de abuso de confiança à segurança social, no caso de não entrega de contribuições de valor iguais ou inferior a €7.500, viria ao arrepio e seria mesmo paradoxalmente contrária a toda a orientação legislativa seguida nos últimos anos, com vista a assegurar a sustentabilidade do sistema de segurança social e dar cumprimento à norma programática do artigo 63.º, n.º 3».

[800] Vide, Sanches, J. L. Saldanha (2007), *Manual de Direito Fiscal, (...)*, op. cit., pág. 62.

fundamenta a sua decisão no âmbito sociológico, distinguindo os dois sistemas: o fiscal e o da segurança social[801].

Será justo afirmar que se uniformizou jurisprudência no sentido de não ser aplicado aquele montante, existindo apenas uma mera remissão do crime de abuso de confiança fiscal contra a segurança social para o de abuso de confiança fiscal, excluindo-se o elemento referente ao valor, para efeitos de responsabilidade criminal, no referente à segurança social.

Não existindo violação do princípio da legalidade decidiu, o Supremo Tribunal de Justiça, fixar jurisprudência no sentido de que

> *(...) a exigência do montante mínimo de €7.500, de que o n.º 1 do artigo 105.º do RGIT (aprovado pela Lei n.º 15/2001, de 5 de Junho, e alterado, além do mais, pelo artigo 113.º da Lei n.º 64-A/2008, de 31 de Dezembro) faz depender o preenchimento do tipo legal de crime de abuso de confiança fiscal, não tem lugar em relação ao crime de abuso de confiança contra a segurança social, previsto no artigo 107.º, n.º 1 do mesmo diploma (...)*[802].

1.4.2. *A Posição Vencida*

Conforme suprarreferido[803], oito dos dezoito conselheiros, votaram vencido aquela decisão, por considerarem ser aplicável o limite de €7.500 estabelecido no n.º 1 do artigo 105.º do Regime Geral das Infrações Tributárias ao crime de abuso de confiança contra a segurança social.

Por exemplo, PIRES DA GRAÇA que votou vencido considera que o bem jurídico penal não é definido pela qualidade do ofendido, mas pelo interesse público que o tutela[804].

[801] O acórdão defende que «uma coisa é o que o cidadão trabalhador (ou o empregador dele) paga ao Estado, ao serviço do apoio que desse Estado se possa vir a receber, para suprimento de limitações sentidas a nível individual (doença, velhice, invalidez, viuvez e orfandade, segundo o artigo 63.º, n.º 3 da CRP). Outra, completamente diferente, é o que todos pagamos ao Estado em impostos, para ser usado indiferenciadamente ao serviço de todas as despesas possíveis com que este tenha que arcar». – Vide, Ac. do Supremo Tribunal de Justiça, n.º 8/2010 *(...)*, pág. 4236.

[802] Vide, Ac. do Supremo Tribunal de Justiça, n.º 8/2010 *(...)*, pág. 4238.

[803] Cf. Nota de rodapé 789.

[804] Defendeu o insigne CONSELHEIRO que «em ambos os crimes de abuso de confiança (quer em relação à administração tributária, quer em referência às instituições de segurança social), parece haver similitude identitária do bem jurídico protegido, o qual exprime o interesse comunitário na manutenção incólume da entrega legalmente obrigatória às instituições público-estaduais beneficiárias, das prestações tributárias deduzidas nos termos da lei,

Considerou ainda que o pressuposto do limite mínimo se aplica ao artigo 107.º tendo existido uma imprecisão por parte do legislador, traduzida em omissão de expressividade, ao não autonomizar, no n.º 1 do artigo 107.º, o que expressamente autonomizou no n.º 1 do artigo 105.º. Mas também poderia considerar-se que tal não seria necessariamente obrigatório, na medida em que o n.º 2 do artigo 107.º, ao remeter para as disposições do artigo 105.º, pretendeu acolher o mesmo regime jurídico deste normativo. Em Direito Penal, o princípio da legalidade vincula a tipicidade do crime e da pena à lei, certa, escrita, estrita e prévia[805].

Assinale-se a sua curiosa reflexão final, ao levantar o véu sobre a inconstitucionalidade do artigo 107.º, pela eliminação do elemento *"apropriação"* da norma apenas para a sua não entrega por parte dos empregadores, "nomeando-os" como cobradores de impostos de terceiro.

Não obstante o mérito da declaração de voto resumidamente explanada, permitimo-nos destacar, igualmente, a de SANTOS CABRAL, o qual aborda o que para si é uma contradição intrínseca no acórdão. Com efeito, defende que são diferentes os bens jurídicos protegidos e, por isso, não há lugar a qualquer relação de analogia ou interpretação extensiva. Acresce o facto de, embora o crime de abuso de confiança contra a segurança social ter permanecido intocado e não haver lugar a contraordenação, por falta de entrega das contribuições para a segurança social, são conhecidas decisões judiciais entre si contraditórias, em relação ao crime de abuso de confiança contra a segurança social, com prejuízos para a segurança do direito e da paz social[806]. Não faz qualquer sentido, para os defensores desta tese, criar um regime contraordenacional que incidiria sobre uma realidade que se encontra prevista como crime.

por tais deduções serem em si mesmo socialmente relevantes, por integrarem receitas públicas – receitas do Estado – e, por isso, esse interesse é juridicamente valioso». – Vide, Ac. do Supremo Tribunal de Justiça, n.º 8/2010 *(...)*, pág. 4239.

805 Mais é referido que «só pode falar-se em lacuna da lei quando esta aspira a uma regulação completa, ou seja, quando se verifica uma incompletude no plano do legislador. A «pauta de valoração» é diferente: num caso – lacuna da lei – é a intenção reguladora e a teologia imanente à lei; no outro – falha da lei ou lacuna de previsão – serão críticas de política legislativa, com fundamento político, dirigidas ao legislador. A distinção é fundamental para a determinação plena do conceito de lacuna, que se não pode confundir com o silêncio ou o «silêncio eloquente» da lei». – Vide, Ac. do Supremo Tribunal de Justiça, n.º 8/2010 *(...)*, págs. 4239 a 4241.

806 Vide, Ac. do Supremo Tribunal de Justiça, n.º 8/2010 *(...)*, pág. 4242.

Tal forma de pensar conduziria inevitavelmente, a aceitar a decisão proferida, para uma inconstitucionalidade, uma vez que se sancionaria um facto como ilícito contraordenacional e ao mesmo tempo como ilícito criminal, violando de forma flagrante o disposto no artigo 18.º, n.º 2 da Constituição da República Portuguesa. Apesar das várias "metamorfoses" que o crime de abuso de confiança fiscal sofreu, estas foram sempre acompanhadas pelo crime de abuso de confiança contra a segurança social, em grande sincronia e sintonia.

Ademais, como se pode aceitar ter sido essa a vontade do legislador quando, perante uma entidade empregadora que, com o uso de um artifício fraudulento e com a intenção de obtenção da correspondente vantagem patrimonial ilegítima, concretiza a ocultação e subsequente não entrega à segurança social de uma prestação de €7.500, se pune tal conduta como contraordenação e se sanciona como crime a não entrega à segurança social de uma quantia mínima, atribuindo a esta uma superior dignidade penal?

Conclui Santos Cabral que o legislador não atendeu à necessidade penal, uma vez que remete para uma norma que expressamente revogou, como é o caso do n.º 6 do artigo 105.º. Outra razão invocada decorre da ideia de se considerarem as contribuições para a segurança social como impostos[807].

O fundamento constitucional do dever de contribuir para a segurança social é o mesmo fundamento dos impostos em geral, isto é, dos demais tributos, razão pela qual encontramos um suporte constitucional implícito para o dever de contribuir para o sistema público de segurança social[808/809].

Com efeito, os superiores interesses do Estado prevalecem, e, por essa razão, a segurança social encontra-se incluída no Regime Geral das Infrações Tributárias e não em outro diploma[810]. Pretendeu o legislador, numa fase inicial, criminalizar o desvio de receita da segurança social, tendo em vista os interesses e a subsistência deste sistema previdencial.

Assim, o crime de abuso de confiança fiscal previsto no artigo 105.º do Regime Geral das Infrações Tributárias e o crime de abuso de confiança

[807] A OCDE para efeitos de comparação internacional, integra as contribuições para a segurança social como fazendo parte do conceito de fiscalidade.

[808] Vide, Dias, Jorge de Figueiredo (2001), *Temas Básicos (...)*, op. cit., pág. 50.

[809] Vide, Quintero Olivares, Gonzalo (2008), *Comentarios A La Parte Especial Del Derecho Penal*, Navarra: Editorial Aranzadi, pág. 980.

[810] Vide, Ac. do Tribunal da Relação do Porto, de 27 de maio de 2009, processo n.º 1760/06.0TDPRT, disponível em www.dgsi.pt.

contra a segurança social previsto no artigo 107.º do mesmo diploma legal protegem um bem jurídico comum, tutelando globalmente os «interesses tributários» do Estado fiscal social, ou seja, o dito «erário público». Estando invariavelmente em causa a tutela de um bem jurídico uno, idêntico deverá ser também o raciocínio e a aferição da correspondente danosidade social, ou seja, idêntico[811]. É entendimento unânime dos CONSELHEIROS, que votaram vencido, a existência de uma clara inépcia legislativa.

Em suma, assevera SANTOS CABRAL que a norma do artigo 107.º opera uma remissão para as penas do artigo 105.º do Regime Geral das Infrações Tributárias. Porém, as penas estabelecidas neste último normativo estão diretamente relacionadas com patamares valorativos que dão a expressão de uma maior ou menor densidade da ilicitude. Existe uma relação entre a pena e o valor inscrito na infração, que não pode deixar de ser tomada em atenção, pois, de outra forma, perde-se o referencial de dignidade penal da própria conduta[812].

1.4.3. *A Nossa Posição*

Após analisadas as principais ideias no que concerne às posições assumidas no acórdão que fixou jurisprudência no sentido de que a exigência de um montante mínimo de €7.500 para o crime de abuso de confiança fiscal não se aplica ao abuso de confiança contra a segurança social, exporemos o nosso entendimento sobre esta matéria.

Os crimes contra a segurança social estiveram, apesar da sua autonomia, sempre interligados, na sua génese, com os crimes fiscais. Ora, as prestações da segurança social ao serem classificadas como impostos, e não taxas ou contribuições especiais, assumem o caráter universal, do ponto de vista do erário público[813].

[811] Vide, Ac. do Supremo Tribunal de Justiça, de 18 de fevereiro de 2010, processo n.º 432/09.9YFLSB, disponível em www.dgsi.pt.

[812] Vide, Ac. do Supremo Tribunal de Justiça, n.º 8/2010 *(...)*, págs. 4246 a 4248.

[813] FREITAS PEREIRA afirma que «nenhuma dúvida subsiste quanto ao seu [entenda-se, contribuições obrigatórias para a segurança social] tratamento como impostos». – Vide, *Fiscalidade (...)*, op. cit., 2018, pág. 29.

É quase unânime que as contribuições obrigatórias para a segurança social se devem ter por verdadeiros impostos. A própria OCDE, num plano externo, integra na rubrica relativa a receitas fiscais, as contribuições à segurança social.

No aspeto económico-financeiro, as contribuições para a segurança social são visualizadas como impostos para efeitos do cálculo do nível de fiscalidade. No aspeto jurídico a evolução

Com a introdução de um novo elemento típico no artigo 105.º do Regime Geral das Infrações Tributárias – o do limite de um valor mínimo superior a €7.500 –, para a penalização do crime de abuso de confiança fiscal, o interesse que é tutelado mantém-se o mesmo, sendo que o seu fim e o valor patrimonial é que acabam por ter afetações diferentes. Todavia, esta introdução modificou também o artigo 107.º do Regime Geral das Infrações Tributárias, pelas razões que passaremos a elencar.

A. O Sentido Literal da Norma

O crime de abuso de confiança contra a segurança social remete para o artigo 105.º em todos os seus elementos típicos essenciais. Coloca-se a questão de saber qual a razão do legislador para não ter alterado o texto da norma do artigo 107.º, caso pretendesse a alteração do quantitativo de valor também especificamente para este artigo.

Entendemos que a resposta deriva da natural e intrínseca relação existente entre os dois preceitos. O legislador aceitou tacitamente que, uma vez feita a remissão para o crime de abuso de confiança fiscal, seria aquele limite quantitativo aplicado também ao crime de abuso de confiança contra a segurança social. Olvidou que tal omissão poderia ser alvo de variadíssimas interpretações, que conduziriam à incerteza e insegurança jurídica. O legislador foi de tal forma pouco cauteloso que, por exemplo, revogou o n.º 6 do artigo 105.º, mantendo a remissão para esta norma, no n.º 2 do artigo 107.º. Colocando-se a questão de saber como se aplica uma norma que está revogada ou, nas palavras de Santos Cabral, «a aplicação desta última norma suscitará sempre a questão da ressurreição de uma norma revogada».

Poder-se-á concluir que, não se aplicando o limite de €7.500, estamos perante um crime mais gravoso – o de abuso contra a segurança social – e com um maior grau de danosidade para a comunidade, quando todos os seus elementos típicos são idênticos aos do crime de abuso de confiança fiscal e o lesado acaba por ser, em ambos os casos, o mesmo Estado.

Julgamos que, embora o legislador não tenha obedecido aos deveres a que legalmente estava adstrito, a aplicação daquele limite mínimo a ambos

tem sido a de as considerar como impostos, designadamente para efeitos de aplicação do princípio da legalidade tributária sob a forma de reserva de lei formal – Vide, Teixeira, Glória (2000), *Relações entre a tributação dos rendimentos do trabalho dependente e as contribuições para a segurança social Tributação do Trabalho Dependente – Relação com as contribuições para a segurança social*, Porto: Vida Económica, pág. 12.

os crimes, e não somente ao crime de abuso de confiança fiscal, acompanharia a relação jurídica que sempre existiu durante a evolução da nossa legislação entre estes ilícitos bem como entre os bens jurídicos que visam proteger[814].

Por fim, mesmo questionando-se a interpretação jurídica a dar à norma, não se pode esquecer que aquela é realizada através de fatores e critérios a utilizar consoante todos os elementos que integram o próprio ato de interpretação[815].

B. A Inconstitucionalidade

O artigo 63.º, n.º 3 da Constituição da República Portuguesa consagra o direito constitucional de todos os cidadãos a serem protegidos pelo sistema de segurança social, particularmente, em situações de doença, velhice, invalidez, viuvez e orfandade, bem como no desemprego e em todas as outras situações de falta ou diminuição de meios de subsistência ou de capacidade para o trabalho. Configura-se este sistema, na nossa ordem constitucional, como universal, devendo ser garantida a toda a comunidade, independentemente da respetiva situação profissional, a proteção em todas as situações de falta ou diminuição de meios de subsistência ou de capacidade para o trabalho[816].

Com a entrada em vigor, a 1 de janeiro de 2011, do Código dos Regimes Contributivos do Sistema Previdencial de Segurança Social aprovado pela Lei n.º 110/2009 de 16 de setembro, foram efetuadas interpretações de normas que violam parâmetros constitucionalmente consagradas e, portanto,

[814] Posição defendida por Germano Marques da Silva: «remetendo o art.º 107.º para os números do art.º 105.º, parece-nos que também o limite quantitativo introduzido no art.º 105.º pela Lei n.º 64-A/2008 deve ser aplicável ao Abuso de Confiança contra a Segurança Social. De igual modo no quem respeita à revogação do n.º 6 do art.º 105.º». – Vide, *Direito Penal Tributário – Sobre as responsabilidades (...)*, op. cit., 2009, pág. 253.
Em idêntico sentido, Isabel Marques da Silva, para quem «embora as referidas alterações tenham sido efectuadas exclusivamente no tipo legal de crime de abuso de confiança fiscal (art.º 105.º do RGIT), são reflexamente aplicáveis ao crime de abuso de confiança contra a segurança social (art.º 107.º do RGIT), porque este é em larga medida remissivo para aquele e ainda porque assim o parecer ditar a lógica do sistema». – Vide, *Regime Geral das Infrações Tributárias (...)*, op. cit., 2018, pág. 219, nota de rodapé 635.

[815] Vide, Justo, A. Santos (2018), *Introdução ao Estudo do Direito*, 9.ª Edição, Coimbra: Coimbra Editora, págs. 313-336.

[816] Vide, Miranda, Jorge / Medeiros, Rui (2015), *Constituição Portuguesa (...)*, op. cit., pág. 639.

realizadas interpretações normativas inconstitucionais, por violação do artigo 18.º, n.º 2 da Constituição da República Portuguesa. Com efeito, este diploma gradua as contraordenações em leves, graves e muito graves; assim como aumenta o montante das coimas a aplicar, fazendo, de igual forma, a distinção entre negligência e dolo, nos termos do artigo 221.º e seguintes do citado diploma.

A prática de uma infração contra a segurança social é caraterizada e, nesta medida, tratada simultaneamente como ilícito contraordenacional e criminal. Sucede, porém, que na contraordenação falta a exigida dignidade penal que é essencial para o ilícito criminal, existindo violação à Constituição. O legislador tentou resolver o problema ao prever que, caso o mesmo facto constitua, simultaneamente, crime e contraordenação, o agente é punido somente pelo crime[817].

Todavia, o artigo 233.º prevê a possibilidade de as contraordenações poderem assumir a natureza dolosa ou negligente, variando apenas o montante da coima. Fazendo-se um pequeno parêntesis, refira-se que, se se aceitar que não é aplicado um limite mínimo para a criminalização, não se compreende como poderá o agente saber se se encontra perante uma situação de crime ou de contraordenação. Ao aceitar-se que se aplica o limite quantitativo para o crime de abuso de confiança contra a segurança social, nenhum problema de dissonância com os princípios constitucionais, designadamente, o da legalidade, se suscitaria[818].

C. O Julgador e a Segurança Social – Conflito de Deveres?

Onde existe maior aproximação entre estes dois crimes é, por força da semelhança das condutas, no âmbito das causas de justificação e exclusão de ilicitude invocadas.

Somos da opinião que o acórdão do Supremo Tribunal de Justiça, n.º 8/2010, de 23 de setembro, fundamenta a sua decisão – tecendo inúmeras considerações sobre a atual situação económica do Instituto da Segurança Social –, assumindo uma competência que, em nosso entendimento, não lhe está atribuída, em concreto, a sobrevivência daquele instituto.

Naturalmente, todos os cidadãos, por força da realidade social na qual o nosso regime previdencial se encontra estruturado, estão preocupados com

[817] Cf. Artigos 42.º e 236.º do Código Contributivo.

[818] Vide, Ac. do Tribunal da Relação de Lisboa, de 18 de fevereiro de 2010, processo n.º 10255/03.3, disponível em www.dgsi.pt.

a manutenção e "bem-estar" económico do citado instituto, contudo, não compete ao julgador o papel de gestor e o de encontrar soluções ou alternativas para ajudar na manutenção e gestão financeira da segurança social. Tal competência é do legislador, o qual deverá criar os mecanismos legais necessários para que tal ocorra, como de igual forma retificar as lacunas legislativas existentes e implementar medidas de combate mais eficazes, protegendo deste modo a subsistência do próprio sistema.

Argumentar que a maior parte das empresas a laborar não atingiria o limite mínimo de €7.500 e, por essa razão a infração praticada deixaria de ser punida criminalmente, suscita-nos a dúvida: não prevê o artigo 233.º do Código Contributivo coimas para montantes inferiores ao valor de €7.500?

Na realidade, em face do que se explana sobre este ilícito, estamos perante uma falsa transmissão de confiança do Estado para com os seus contribuintes/entidades empregadoras[819].

Sucede que, na grande maioria das vezes, o empregador vê-se confrontado com um dilema legal e moral bastante significativo: ou pagar os salários aos seus trabalhadores sem entregar a retenção "invisível" à segurança social, ou fazer o inverso e, deste modo, não ser punido. É que a não entrega pode significar, em alguns casos, a realização, por parte do agente, de outros interesses legítimos[820].

Não estaremos perante uma situação de conflito de deveres?[821] Não obstante, crermos que existe uma aparente situação de conflito de deveres

[819] Mário Monte, no I Congresso de Direito Fiscal, realizado na Faculdade de Direito da Universidade do Porto, em 22 e 23 de novembro de 2010, colocou a pertinente questão: «Serão os deveres para com o Estado superiores aos dos contribuintes para com os trabalhadores?». – Vide, «O abuso de confiança fiscal e contra a segurança social na emergência da crise económica», *in* AAVV, *I Congresso de Direito Fiscal (coord. Glória Teixeira)*, Porto: Vida Económica, 2011, pág. 254 e nota de rodapé 469 do nosso estudo.

[820] *Ibidem*, pág. 252.

[821] Senão vejamos: existe a obrigação por via da relação entre empregador e trabalhador ao pagamento da retribuição contratualizada. Dentro desse prisma tem o empregador a obrigação, na maioria dos casos, de efetuar as retenções de imposto em sede IRS e as contribuições para a Segurança Social. Confrontado com a situação de só poder entregar ao trabalhador o montante líquido a que tem direito pelo trabalho prestado, o empregador cumpre uma obrigação, mas não a outra. E se só cumprisse a referente ao Estado qual seria a posição deste mesmo Estado? Numa situação de carência económica grave o que será eticamente e de salutar que o empregador faça: entregar o salário ao trabalhador? Entregar as retenções ao Estado? Ou não cumprir com nenhuma das duas hipóteses, quando sabe só ter condições para cumprir uma delas?
As nossas respostas a estas questões encontram-se na seção II, ponto 6, deste capítulo.

entre o dever de pagar impostos e o dever de retribuição do trabalho[822], optando-se pelo dever de pagar os salários – situação mais comum –, estamos perante uma clara eliminação da ilicitude da conduta, pela exclusão da ilicitude com base no conflito de deveres, tal como prevista no artigo 36.º do Código Penal. Neste caso, o comportamento seria lícito, aprovado pela ordem jurídica na sua totalidade[823]. Não será, todavia, assim tão simples esta conclusão.

Admitindo a existência de lacuna ou inércia – qualquer que seja a interpretação que se faça – por parte do legislador, não se deverá prejudicar os substitutos tributários em detrimento da segurança social, mas, antes, cumprir-se com o que legalmente se encontra preceituado: a remissão para o artigo 105.º. Não obstante protegerem bens jurídicos diferentes entre si, ambos os crimes complementam-se no fim a que essa proteção conduz. Na verdade, o acórdão decidiu de acordo com a situação económica da segurança social, na esperança de poder contribuir como um "balão de oxigénio" para a subsistência daquele instituto, esquecendo o julgador da sua função primária: decidir segundo os preceitos legais em vigor.

É nosso entendimento que se deveria ter considerado o limite mínimo dos €7.500, previsto para efeitos de crime no abuso de confiança fiscal, de igual forma no crime de abuso de confiança contra a segurança social, previsto no artigo 107.º, por força da remissão para o artigo 105.º do Regime Geral das Infrações Tributárias.

§ 2. O Crime de Infidelidade

2.1. O Bem Jurídico

O crime de infidelidade, p.e.p. no artigo 224.º do Código Penal, tem relação com o crime de abuso de confiança fiscal, nomeadamente por incluir como elementos do tipo: a violação dos deveres e encargos por força de lei. Este ilícito criminal tem de corresponder à violação de deveres decorrentes de um encargo que, por lei, ou ato jurídico recai sobre o agente de dispor, administrar ou fiscalizar interesses patrimoniais alheios com a provocação

[822] Vide, Acórdãos do Tribunal Constitucional n.ºs 373/1991, de 6 de novembro e 498/2003, de 22 de outubro, ambos disponíveis em www.tribunalconstitucional.pt/tc/acordaos.

[823] Vide, MONTE, Mário Ferreira (2011), *O Abuso de Confiança Fiscal e contra a Segurança Social (...)*, *Apud* DIAS, Augusto Silva, *Crimes e contra-ordenações (...)*, op. cit., pág. 253.

de prejuízo patrimonial importante, intencional, através da grave violação dos respetivos deveres.

Este crime, inicialmente, era visto como bastante próximo do crime de abuso de confiança, não obstante atualmente serem bastante divergentes, uma vez que hoje se encontra mais próximo do regime da responsabilidade penal, por crimes de corrupção na atividade privada, previstos na Lei n.º 20/2008, de 21 de abril[824].

No Preâmbulo do texto de 1982 do Código Penal escreveu-se, a propósito do crime de infidelidade, que este «visa as situações em que não existe a intenção de apropriação material, mas tão só a intenção de provocar um grave prejuízo patrimonial», abandonando a solução, anteriormente em vigor, de resolver com o recurso à indemnização civil as situações abrangidas pela previsão e que não eram objeto de sanção criminal.

O crime foi integrado, em 1995, no artigo 219.º, tendo sido proposta, na revisão do Código Penal, a alteração da medida da pena, por se ter considerado que a anterior representava uma sanção meramente simbólica[825].

Este crime vem sistematizado nos crimes contra o património em geral, sendo denominado como um crime de "agressão interna" ou "de dentro".

Nas palavras de Damião da Cunha o

> *(...) agente possui uma especial relação de garantia face ao património (de outrem) e causa, ilicitamente, prejuízo a esse património não age necessariamente na categoria de "terceiro" agente (como sucede na maioria dos crimes contra o património) (...)*[826].

A infidelidade tem ganho uma enorme relevância na maioria dos ordenamentos jurídicos, por força da crescente atividade económica e das responsabilidades, igualmente crescentes, que daí decorrem. O crime de infidelidade é um crime de resultado, pois prevê um evento material que causou um importante prejuízo patrimonial dos interesses que foram

[824] Sobre a responsabilidade penal nos crimes de corrupção e as alterações ao regime da responsabilidade penal. – Vide, Santos, Cláudia Cruz (2016), *Os crimes de corrupção – notas críticas a partir de um regime jurídico-penal sempre em expansão,* Revista Julgar, n.º 28, Janeiro-Abril, Coimbra: Coimbra Editora.

[825] Vide, Santos, Manuel Simas / Freitas, Pedro (2018), *Código Penal – Actas e Projecto da Comissão de Revisão,* Lisboa: Rei dos Livros, Ata n.º 30 de 15 de maio de 1990, pág. 375.

[826] Vide, *Direito Patrimonial – Sistema e Estrutura Fundamental,* Porto: Universidade Católica Editora, 2017, pág. 230.

confiados ao titular. Ao contrário do crime de abuso de confiança, que é um ilícito criminal contra a propriedade, o crime de infidelidade é, como o crime de abuso de confiança fiscal, um delito contra o património. Outra semelhança que pode divisar entre os crimes de infidelidade e de abuso confiança fiscal, decorre do facto de ambos terem incidência nas relações económicas, apesar de não serem crimes económicos[827].

No entanto, divergem pelo facto de a infidelidade ter como fronteira os chamados negócios de risco, sendo que por força da competitividade económica e dos riscos que lhe estão inerentes, o legislador, o julgador e a ordem jurídica não se puderam deles alhear. O que nos leva a outra distinção entre estes crimes (infidelidade e abuso de confiança) que se reflete no crime de abuso de confiança fiscal e que converge na diferença existente entre eles: é que o crime de infidelidade pressupõe a inexistência de apropriação[828] pelo que a existir verifica-se um concurso aparente com o crime de abuso de confiança.

Para além disso, na infidelidade o agente pode dispor dos bens alheios que estão no seu domínio, desde que o faça no interesse alheio, ao contrário do abuso de confiança, no qual o agente não pode dispor dos bens[829].

Assim, o bem jurídico protegido pelo artigo 224.º do Código Penal é unicamente o património de outra pessoa[830].

2.2. Do Tipo Objetivo

São elementos do tipo de crime de infidelidade o domínio sobre o património ou de interesses patrimoniais alheios, a atuação em nome e no interesse alheio, a violação grave dos deveres de lealdade patrimonial e o prejuízo patrimonial importante.

827 Vide, Dias, Augusto Silva (2018), *Imputação Objectiva de Negócios de Risco à Acção de Infidelidade (Art..º 224.º, n.º 1 do Código Penal) – O Direito Penal no Mar Revolto da Crise Económico-Financeira,* Coimbra: Almedina, págs. 27-30.

828 A distinção entre os crimes de infidelidade e de abuso de confiança «deveria caraterizar-se por uma regra de exclusão mútua ou para quem não aceite esta posição pela definição de «infidelidade tudo o que não possa ser abuso de confiança». – Vide, Cunha, José M. Damião da (2017), *Direito Patrimonial (...)*, op. cit., pág. 233, nota de rodapé 350.

829 Damião da Cunha dá o exemplo do núncio, pessoa que agindo em nome e por conta de outrem, havendo previamente recebido desta indicações precisas sobre o que dever fazer, não emite uma declaração de vontade própria em lugar e em nome de outrem, como na representação, mas transmite apenas a vontade de alguém. – *Ibidem*, op. cit., pág. 236, nota de rodapé 357.

830 Vide, Garcia, M. Miguez / Rio, J. M. Castela (2014), *Código Penal (...)*, op. cit. pág. 948.

O agente tem de estar juridicamente empossado do poder/dever de administrar, gerir e/ou fiscalizar o património alheio que lhe foi confiado.

É notória a semelhança com o crime de abuso de confiança fiscal, se relembrarmos que ao substituto tributário é igualmente imposto o dever de praticar determinado comportamento, por regra entregar o tributo, por força da relação de confiança que o Estado em si depositou. A «confiança é a regra de ouro»[831] que legitima a intervenção penal na infidelidade. Por isso é decisivo o agente ter o domínio e atue em nome de terceiro.

Acresce que, para que se preencha o tipo é necessário que a violação do dever seja grave, o que levanta uma questão: a de saber como distinguir uma violação de dever grave de uma leve. Não existirão dúvidas, pela letra da lei, que o legislador pretendeu apenas criminalizar violações que se entendam gravosas.

Concluímos que somente uma atuação bastante descuidada, violando a confiança depositada no agente é suscetível de ser criminalizada, porquanto é do conhecimento empírico que a administração e gestão de património alheio é, em regra, efetuada com riscos, o que, por si só, é suficiente para defender o não preenchimento do tipo.

O agente no crime de infidelidade pode, como no crime de abuso de confiança fiscal, cometer o facto por ação ou omissão. Esta conduta do agente tem de causar um prejuízo patrimonial ao titular dos interesses alheios que lhe estão confiados de forma decisiva. Não pode, por isso, ser um qualquer prejuízo patrimonial.

Tal prejuízo patrimonial pode consistir, segundo Taipa de Carvalho, na diminuição do ativo patrimonial ou no aumento do passivo patrimonial, bem como no não aumento do ativo ou na não diminuição do passivo[832]. Nas situações em que o agente atua na função de fiscalizador, o prejuízo é também avaliado, mas o que releva é se o agente permitiu ou admitiu a causação de tal prejuízo por outrem[833].

Deve atender-se à gravidade do prejuízo em termos absolutos, mas também à situação económica em que a vítima ficou colocada. Se a vítima fica em situação económica difícil, o prejuízo deve ser considerado importante,

[831] *Ibidem*, pág. 948.

[832] Vide, «Comentário ao Art. 224.º», *in* AAVV, *Comentário Conimbricense do Código Penal – Parte Especial, Tomo II*, Coimbra: Coimbra Editora, 1999, pág. 366.

[833] Vide, Cunha, José M. Damião da (2017), *Direito Patrimonial (...)*, op. cit., pág. 241.

mesmo que em termos absolutos ou quantitativos não seja elevado. Mesmo que a vítima não fique em situação económica difícil, o prejuízo deve considerar-se importante, sempre que o valor seja considerado elevado, isto é, seja superior a 50 unidades de conta, por referência ao artigo 202.º, alínea a) do Código Penal.

Para Augusto Silva Dias o prejuízo é uma referência negativa em que o «prejuízo patrimonial importante não pode ser inferior ao valor elevado»[834]. Assim, deverá ter-se como critério para o "prejuízo importante", a norma do Código Penal que define valor elevado e a situação económica em que a vítima ficou, não obstante o valor não preencher os requisitos legais, o que, é o mesmo que admitir que tal ficará na discricionariedade, primeiramente do acusador e *in fine* do julgador.

2.3. Do Tipo Subjetivo

A norma do artigo 224.º contém a palavra "intencionalmente", o que a relaciona ao elemento objetivo da violação grave dos deveres a que o agente se encontra adstrito.

O crime de infidelidade apenas admite o dolo direto, o qual se traduz na intenção de praticar um dado facto, com consciência de todos os seus elementos[835]. Para além do dolo direto é necessária a «violação grave de deveres por parte do agente e que essa violação seja intensa, importante, significativa»[836].

Por estas razões, discordamos da interpretação de Taipa de Carvalho no sentido de que a palavra "intencionalmente" na letra da lei visa somente excluir o dolo eventual[837].

[834] Vide, *Imputação Objectiva (...)*, op. cit., 2018, pág. 6.

[835] Tal ocorre, segundo Augusto Silva Dias, «quando a vontade vai dirigida a elementos objetivos do tipo, verifica-se a congruência entre o tipo objectivo e o tipo subjetivo e àqueles termos cabe o significado dogmático de dolo direto. Reduzindo o dolo à modalidade mais grave, o legislador reforçou, também por via do tipo subjetivo, a subsidiariedade da intervenção penal no quadro da infidelidade». – Vide, *Imputação Objectiva (...)*, op. cit., 2018, pág. 6.

[836] Vide, Santos, Manuel Simas / Henriques, Manuel Leal-(2016), *Código Penal – Anotado, art.º 131 ao 235.º, Vol. III*, Lisboa: Rei dos Livros, pág. 1040.

[837] Vide, «Comentário ao Artigo 224.º», *in* AAVV, *Comentário Conimbricense (...)*, op. cit., 1999, pág. 368.

2.4. Outras questões Jurídicas no Crime de Infidelidade

A tentativa é punível por força do disposto no n.º 2 do artigo 224.º Código Penal, situação que não ocorre no crime de abuso de confiança fiscal, consumando-se este com a produção do dano/resultado patrimonial relevante.

Poderá questionar-se se, existindo apropriação, se verifica concurso aparente entre o crime de infidelidade e o crime de abuso de confiança. A resposta terá de ser negativa, na medida em que, na infidelidade, não releva a apropriação, encontrando-se o foco no prejuízo patrimonial decorrente da gravíssima violação, intencional, dos deveres de confiança, lealdade, zelo e diligência[838].

Outra questão é a de saber se, em caso de comparticipação, os coautores podem ser punidos. Entende-se que, por força do artigo 28.º, n.º 1 do Código Penal, a qualidade do agente pode ser comunicável aos comparticipantes que não tenham essa capacidade jurídica desde que essas qualidades ou relações se verifiquem em cada um deles.

Considerando os elementos tipificados no crime, e em respeito pelas regras elencadas no artigo 28.º do Código Penal e pelo caráter restritivo no qual o legislador tipificou o crime de infidelidade, entendemos, no sentido de Taipa de Carvalho, que a resposta terá de ser negativa[839].

A infidelidade é um crime semipúblico estando o seu procedimento, por isso, dependente de queixa. Casos existem em que o procedimento depende de acusação particular, por força da remissão operada pelo n.º 4, isto é, quando exista entre o agente e o ofendido uma relação como a tipificada nos termos da alínea a), do n.º 1, do artigo 207.º do Código Penal.

Sucede, porém, ter apenas legitimidade para apresentar queixa o titular dos interesses patrimoniais prejudicados, ou seja, na hipótese de o património prejudicado ser pertença de uma sociedade, a pessoa coletiva e não qualquer dos seus sócios que se possa ter sentido prejudicado. Assim, a legitimidade para iniciar o procedimento criminal, bem como a possibilidade de constituição como assistente, como se afirmou, encontra-se apenas no núcleo da sociedade.

[838] Vide, Pereira, Victor de Sá / Lafayette, Alexandre (2014), *Código Penal – anotado e comentado*, 2.ª Edição, Lisboa: Quid Juris, pág. 645.

[839] No crime de infidelidade, por ser um crime específico próprio, nomeadamente nos casos de comparticipação, não possui o agente a qualidade exigida pelo respetivo tipo legal nos termos previsto no artigo 28.º do Código Penal.

Por último, deve referir-se que não se excluem situações de favorecimento, em caso de restituição ou reparação, nos termos dos artigos 206.º, n.ºs 2 e 3 e 224.º, n.º 4 do Código Penal[840].

2.5. Síntese Conclusiva

O crime de infidelidade aproxima-se do crime de abuso de confiança fiscal, nomeadamente por serem ambos ilícitos criminais de resultado contra o património, decorrentes de relações económicas que, em último caso, dão lugar ao pagamento de tributo.

No crime de infidelidade o agente pode dispor dos bens alheios em seu domínio, mas no interesse alheio. Não podemos de deixar de efetuar um paralelismo entre o agente que é empossado do poder/dever de administrar, gerir e/ou fiscalizar o património alheio e o substituto tributário, a quem é imposto o dever de praticar determinado comportamento, por força da relação de confiança imposta pelo Estado. O legislador interliga ambos os crimes, com base no princípio da confiança e da conduta praticada, seja esta omissiva ou comissiva. Tal conduta, num caso, tem de causar prejuízo patrimonial ao titular dos interesses alheios e, num outro, aos interesses do Estado, através do incumprimento da obrigação fiscal.

Por fim, deixamos uma última interrogação, será que o prejuízo patrimonial alheio do crime de infidelidade, não poderá ser interpretado no sentido de abranger o interesse alheio, o interesse do Estado, enquanto terceiro?

§ 3. O Crime de Violação da Obrigação de Alimentos

Pode colocar-se a questão, pela surpresa, sobre qual a ligação entre o crime de violação da obrigação de alimentos, um crime contra a família, e o crime de abuso de confiança fiscal. Em ambos os crimes, existem pontos em comum, desde o princípio da confiança à ética até à exigência de uma violação gravosa de deveres fundamentais, como aliás constatámos em relação ao crime de infidelidade.

Ora, o crime de violação da obrigação de alimentos encontra-se previsto no artigo 250.º do Código Penal e corresponde ao artigo 197.º do Código Penal de 1982, o qual veio a ser alterado pelas reformas penais de 1995 e de 2007 e, por fim, pela Lei n.º 61/2008, de 31 de outubro, que alterou o

[840] Vide, GARCIA, M. Miguez / RIO, J. M. Castela (2014), *Código Penal (...)*, op. cit. pág. 951.

regime do divórcio[841], diploma que, igualmente, alterou o anteriormente denominado "exercício do poder paternal" para a atual denominação de "responsabilidades parentais", com implicações no crime em análise[842].

Conforme pertinente alerta de Damião da Cunha, não se encontra no processo legislativo, qualquer contributo ou justificação para a presente alteração legislativa, em matéria incriminatória[843] e de consequências penais[844].

Se, no caso do abuso de confiança fiscal, é defensável dizer-se que este é um mero ilícito de ordenação social, no caso da violação da obrigação de alimentos é defensável dizer-se ser matéria exclusiva do Direito Civil. A criminalização da violação da obrigação de alimentos ocorre não pela aceitação de dignidade penal da conduta, mas unicamente com o propósito de, utilizando a ultima *ratio* do direito, fazer cumprir obrigações de caráter civilista.

Ademais, da própria letra do artigo 250.º do Código Penal conclui-se que o objetivo é (des)criminalizar o não pagamento, para que o receio da sanção seja suficiente para afastar o perigo do obrigado legal a novo incumprimento e, assim, lograr o cumprimento da obrigação civil do pagamento dos alimentos em falta[845].

Somos da opinião de que, não obstante a letra da lei prever a criminalização, esta é meramente ilusória, na medida em que o objetivo do legislador é obter, através dos meios do Direito Penal, a concretização daquilo que, civilisticamente, o direito não consegue alcançar.

Verificamos na moldura da pena abstrata proposta pelo legislador uma incoerência sobre as medidas privativas de liberdade e não privativas de

[841] Vide, Santos, Manuel Simas / Freitas, Pedro (2018), *Código Penal – Actas (...)*, op. cit., ata n.º 26, de 3 de abril de 1990, págs. 318 e 319.

[842] Vide, Sottomayor, Maria Clara (2021), *Regulação do Exercício das Responsabilidades Parentais nos Casos de Divórcio*, 8.ª Edição, Coimbra: Almedina, págs. 502-506 e Xavier, Rita Lobo (2010), *Recentes Alterações ao Regime Jurídico do Divórcio e das Responsabilidades Parentais*, Coimbra: Almedina, pág. 70.

[843] Vide, Cunha, José M. Damião da (2018), «Comentário ao Crime de Violação de Obrigação de Alimentos», *in* AAVV, RMP, n.º 154, Abril-Junho, pág. 10.

[844] Sobre as alterações penais nas responsabilidades parentais. – Vide, Veiga, António Miguel (2016), «Da obrigação familiar de alimentos e das consequências penais do respetivo incumprimento o actual exemplo português», *in* AAVV, RCEJ – I, págs. 195–239.

[845] Para Damião da Cunha, o Direito Penal tem vindo a ter uma "utilização" indevida para objetivos meramente civilistas. – Vide, «Comentário ao Art. 250.º do Código Penal», *in* AAVV, *Comentário Conimbricense do Código Penal – Parte Especial, Tomo II*, Coimbra: Coimbra Editora, 1999, pág. 62.

liberdade, nomeadamente pela inversão de hierarquia, sendo que a pena de multa se sobrepõe à pena de prisão e não o inverso[846].

Tal conclusão reforça o que vem sendo defendido, corroborada pela graduação e agravação da pena conforme decorre da norma, terminando com a possibilidade do Tribunal, poder dispensar ou declarar extinta a pena pelo cumprimento.

3.1. O Bem Jurídico

O bem jurídico protegido é o direito a alimentos e a satisfação das necessidades fundamentais do titular a esse direito. Na verdade pretende-se proteger o cumprimento de um dever constitucional e não tutelar bens estritamente pessoais do alimentado, por força de uma obrigação legal e não numa obrigação meramente moral, com vínculos de cariz familiar[847]. Entendem-se por necessidades fundamentais todas as que permitem o limiar mínimo de dignidade Humana, a nível de alimentação, habitação, vestuário, na qual incluiríamos a saúde na sua vertente medicamentosa[848].

Todavia, ao analisar-se a norma, uma vez que não estamos no âmbito do direito civil/familiar, mas penal, temos dúvidas que possa ser aceite a utilização do direito criminal, com meros intuitos de intimidação e, sem qualquer fim de prevenção geral ou especial[849].

3.2. Do Tipo Objetivo

É autor do crime de violação da obrigação de alimentos quem, à semelhança do que referimos para o crime de infidelidade, está legalmente obrigado a prestá-los ao alimentando.

[846] Cf. Artigo 250.º, n.º 1 do Código Penal: «*(...) é punido com pena de multa até 120 dias*».

[847] Damião da Cunha sublinha: «está em causa o cumprimento de um dever decorrente de uma decisão, constitucional, que atribui a tarefa (o poder-dever) de educar/formar os filhos aos pais (...) baseado numa ideia de "solidariedade familiar"». – Vide, *Comentário ao Crime de Violação (...)*, op. cit., 2018, pág. 15.

[848] Vide, anotações e comentários ao artigo 2003.º do C. Civ., nomeadamente: Lima, Pires de / Varela, Antunes (1995), *Código Civil Anotado – Volume V*, Coimbra: Coimbra Editora, págs. 577–579, pontos 6 e 7; Neto, Abílio (2018), Código Civil Anotado, 20.ª Edição reelaborada, Lisboa: Ediforum, pág. 1528, ponto 10; Prata, Ana (coord.) / Pedro, Rute (2017), *Código Civil anotado – Volume II*, Coimbra: Almedina, págs. 902–904; Tomé, Maria João Romão Carreiro Vaz, «Anotação ao Artigo 2003.º do Código Civil», *in* AAVV, *Código Civil Anotado – Livro IV – Direito da Família*, 2020, págs. 1051-1057.

[849] Vide, Antunes, Maria João (2017), *Penas e Medidas (...)*, op. cit., págs. 42 e 43.

No caso de o obrigado não dispor de condições económicas para prestar alimentos, o Estado, através de mecanismos sociais regulamentados, substitui-se ao obrigado[850]. Se uma situação de comprovada insuficiência económica for o motivo para o incumprimento da prestação de alimentos, a violação não será criminalmente sancionada[851].

A estrutura da norma incriminatória impele-nos para um crescimento gradual do ponto de vista da agravação e qualificação do crime. Primeiramente, no n.º 1, temos o tipo legal e o pressuposto fundamental para a existência de ilícito criminal; no n.º 2 encontramos o seu agravamento pelo comportamento reiterado; nos n.ºs 3 e 4 um crime de perigo concreto e de resultado. Sem o elemento referente à obrigação legal e ao hiato temporal de «dois meses seguintes ao vencimento», condição de punibilidade, as restantes alíneas não têm aplicação.

Este crime é, respetivamente, nos n.ºs 1 e 2, um crime de perigo abstrato e um crime de omissão pura ou próprio e nos n.ºs 3 e 4 de perigo concreto e de resultado.

No primeiro caso, o crime é sempre punível, desde que preenchidos os requisitos de existência de obrigação legal, de índole temporal e de reiteração, independentemente do perigo para a satisfação das necessidades do alimentado.

Nos n.ºs 3 e 4 para além dos elementos referenciados para o n.º 1, acrescentam-se os requisitos do incumprimento da obrigação legal de prestação de alimentos estando o obrigado com capacidade económica para os prestar; não estando em situação económica, se essa situação ocorra por este se ter colocado na impossibilidade de o poder fazer, causando um perigo para a satisfação das necessidades fundamentais de quem a eles tem direito, sem auxílio de terceiro[852].

É irrelevante se o alimentado se encontra a ser apoiado por terceiro, em regra, nos casos dos menores, pelo progenitor a quem foi confiada a guarda.

[850] Nestas situações o Estado, através do Instituto da Segurança Social, substitui-se ao obrigado através da prestação de alimentos pelo Fundo de Garantia de Alimentos devidos a Menores, regulado pelo Decreto-lei n.º 164/99, de 13 de maio com as alterações introduzidas pelo Decreto-lei n.º 84/2019, de 28 de junho, após decisão judicial que admita e defira essa concessão.

[851] Vide, Sottomayor, Maria Clara (2021), *Regulação do Exercício (...)* op. cit., pág. 503.

[852] Vide, Albuquerque, Paulo Pinto (2015), *Comentário do Código Penal, (...)*, op. cit., pág. 917, anotação 4.

O crime tipificado exige como elementos para preenchimento do tipo:

a) obrigação legal de alimento;

b) que essa pessoa esteja em condições de os prestar;

c) que o não cumprimento ponha em perigo a satisfação das necessidades fundamentais do credor de alimentos;

d) que aquele perigo ocorra independentemente do auxilio de terceiros.[853]

Em relação à obrigação legal, esta refere-se às obrigações fundadas no direito familiar e unicamente por força de vínculos familiares existentes. Em regra, são as situações de obrigação de alimentos a filhos menores, nas condições que a lei particulariza a filhos maiores e de filhos a progenitores[854].

Só que essa obrigação tem de decorrer de decisão ou homologação judicial, em caso de acordo, e não nos casos de comunidade familiar[855].

O tipo legal preenche-se se o obrigado legal não cumprir com a obrigação no prazo de dois meses seguintes ao vencimento. Este elemento, na sua construção, é similar, para efeitos de punibilidade, ao decurso dos 90 dias exigidos no crime de abuso de confiança fiscal.

Sucede que, antes de se verificar qual o momento para o início da contagem dos dois meses[856], deve ser averiguada a capacidade do obrigado legal para cumprir a obrigação. Ou seja, se esta se verifica quando o agente não cumpre de forma consciente a obrigação a que legalmente se encontra obrigado, ou se a partir do momento em que por força da decisão judicial ou homologação do acordo proposto – nos casos de filhos menores – foi definida uma data para esse cumprimento. Entendemos ser esta a última

[853] Vide, Pereira, Victor de Sá / Lafayette, Alexandre (2014), *Código Penal (...)*, op. cit., pág. 700.

[854] Sobre a abrangência do conceito de alimentos previsto no artigo 2003.º do C. Civ. de filhos a pais. – Vide, Ac. do Tribunal da Relação de Lisboa, de 05 de maio de 2016, processo n.º 194/15.0T8MGD.L1-8, disponível em www.dgsi.pt.

[855] Vide, Cunha, José M. Damião da (1999), «Comentário ao Art. 250.º do Código Penal», *in* AAVV, *Comentário Conimbricense (...)*, op. cit., pág. 628.

Em sentido inverso, Maia Gonçalves define a obrigação de prestar alimentos como «toda aquela que deriva da lei determinando a lei civil os casos em que a obrigação se verifica e sendo a lei penal, neste aspeto, uma lei em branco». – Vide, *Código Penal Anotado e Comentado*, 17.ª Edição, Coimbra: Almedina, 2005, pág. 817, anotação 3.

[856] Para Damião da Cunha o legislador deveria ter optado, à semelhança do que fez no crime de abuso de confiança fiscal, pela determinação de dias exatos. – Vide, *Comentário ao Crime de Violação (...)*, op. cit., 2018, pág. 17.

solução a que deve prevalecer, uma vez que, deste modo, é cumprida a função de justiça social que de modo implícito decorre da norma.

Tal conclusão remete-nos para o n.º 5 do preceito: o facto de estarmos perante um crime semipúblico, cujo procedimento depende de queixa – direito que se extingue nos 6 meses a contar da data em que o titular tem conhecimento do facto –, impõe que se averigue qual o inicio dessa contagem. Em regra, quem exerce a representação legal do menor não pode desconhecer a falta de cumprimento da obrigação, como de igual forma tem uma relação de proximidade, em virtude dos laços familiares com o agente, o que torna o procedimento penal, em algumas situações, incoerente e com consequências para o futuro nas relações entre obrigado e alimentado; outras, serve como forma de repressão por parte do representante legal do alimentado.

Relevante para efeitos de preenchimento dos pressupostos do ilícito criminal é que, no momento do vencimento, o obrigado estivesse em condições para cumprir a obrigação legal. O facto de, numa fase posterior a esse vencimento, se encontrar em situação económica frágil, não o exime da obrigação, nem tal será causa de exclusão da responsabilidade criminal, para aquele concreto incumprimento[857].

O n.º 2 do preceito agrava a moldura penal abstrata, incluindo a hipótese no caso de prática reiterada, da aplicação de pena de prisão. Não deixa de ser reflexo do objetivo do legislador, a previsão para a pena de multa do máximo previsto para o n.º 1 que, conforme já referimos, não prevê a pena de prisão. Só que o legislador utilizou a palavra reiterada, no sentido de expressamente se referir à prática de uma ação com pressupostos idênticos, de forma reincidente, caso contrário seguramente teria utilizado essa figura jurídica. Ao optar por não utilizar a palavra reincidência, induz nos à conclusão de que o seu objetivo seria sancionar de forma mais gravosa os agentes que, de forma repetitiva e sucessiva, incumprem uma obrigação legal que tem um único momento para cumprimento. Não se olvide que, por força da própria letra da lei, terão sempre de existir pelo menos dois incumprimentos.

Todavia, se o objetivo pretendido é o preenchimento dos pressupostos tipificados no n.º 1, entendemos não fazer sentido a inclusão e existência

[857] Vide, Garcia, M. Miguez / Rio, J. M. Castela (2014), *Código Penal (...)*, op. cit., pág. 993, anotação 7.

deste n.º 2, porquanto compete ao julgador, dentro do seu poder discricionário e sob o respeito dos princípios inerentes à aplicação da medida da pena[858], atender, para efeitos de sanção, à existência ou não de uma prática reiterada[859].

O n.º 3 refere-se expressamente a "necessidades fundamentais", o que acarreta e transmite um peso jurídico que remetemos, mesmo que abusivamente, para os direitos fundamentais enquanto direito do Homem, juridicamente garantido na defesa do limiar mínimo da sua dignidade enquanto pessoa[860/861].

Ora, como se explanou, os n.ºs 3 e 4 agravam a sanção criminal a aplicar quando é colocada em perigo a satisfação das necessidades fundamentais do alimentado, em face da sua aparente (sub)autonomização dentro do próprio artigo[862].

Como temos vindo a defender, interpretamos a intenção do legislador como pretendendo hierarquizar de modo crescente a punição a aplicar consoante a gravidade e consequências do incumprimento.

3.3. Do Tipo Subjetivo

O tipo legal admite o dolo em qualquer das suas modalidades, bastando o dolo eventual[863]. Em face da interpretação que vimos a efetuar da letra da lei, é exagerada uma interpretação que permita o preenchimento do elemento subjetivo pela negligência, mesmo que grosseira.

3.4. A Comparticipação

Como se alcançou, o crime de violação de obrigação de alimentos é um crime especifico próprio, não existindo, por isso, incriminação paralela para os

[858] Vide, Rodrigues, Anabela Miranda (2014), *A Determinação da Medida da Pena Privativa da Liberdade – Os critérios da culpa e da prevenção,* 1.ª Edição Reimpressão da edição de 1995, Coimbra: Coimbra Editora.

[859] Vide, Martins, A. Lourenço (2011), *Medida da Pena (...),* op. cit., págs. 511 a 513.

[860] Vide, Canotilho, J. J. Gomes (2003), *Direito Constitucional e Teoria da Constituição,* 7.ª Edição, Coimbra: Almedina, págs. 393 e 407.

[861] Damião da Cunha define necessidades fundamentais como a*s* «necessidades básicas de que o alimentando carece, para a sua vida quotidiana ou corrente». – Vide, *Comentário ao Crime de Violação (...),* op. cit., 2018, pág. 34.

[862] *Ibidem,* pág. 30.

[863] *Ibidem,* pág. 37 e Garcia, M. Miguez / Rio, J. M. Castela (2014), *Código Penal (...),* op. cit., pág. 994, anotação 11.

agentes que corporizem essas caraterísticas, em particular, a obrigação legal de prestar alimentos.

Existe, no entanto, participação «quando se verifique uma atuação de auxílio diretamente dirigida ao incumprimento da obrigação»[864].

3.5. O Concurso

No que concerne ao concurso, importa verificar a situação concreta e a especial caraterística da decisão – decorrente de prévia decisão proferida em Direito da Família e Menores –, de caráter uno e impessoal[865]. Para melhor compreensão veja-se o seguinte exemplo: quando a decisão de obrigar o alimentando a prestar alimentos abrange dois filhos, esta é proferida de forma impessoal, isto é, sem individualizar os alimentados. Assim: *A* que é condenado a prestar a título de alimentos aos filhos *B* e *C* o pagamento mensal da quantia de €200,00 (duzentos euros), não vê na obrigação a individualização de ser metade daquele valor para o *B* e *C*, ou qualquer outra percentagem. Em caso de incumprimento, o representante legal de *B* e *C*, requer a *A* o pagamento em falta da quantia global, não individualizando a situação.

Se, como verificámos, para estarem preenchidos os elementos do tipo, é necessário primeiro o escrutínio do Direito Civil, nomeadamente o conceito "obrigação legal" e um incumprimento, não deixará de ser considerado no âmbito penal um único crime, mesmo que o alimentando viole varias obrigações de prestação de alimentos, desde que o fundamento legal seja o mesmo.

3.6. A Desvalorização do Crime – Dispensa da Pena

Apesar das várias molduras penais previstas, no artigo 250.º Código Penal, que culmina com a possibilidade da dispensa ou mesmo a extinção da pena ainda não cumprida, pelo que se desvaloriza o caráter sancionatório e a

864 Vide, Cunha, José M. Damião da (2018), *Comentário ao Crime de Violação (...)*, op. cit., pág. 38 e Albuquerque, Paulo Pinto (2015), *Comentário do Código Penal, (...)*, op. cit., pág. 919, anotação 15.

865 Discorda-se da posição de Pinto de Albuquerque da exclusiva natureza pessoal do crime. Em sentido inverso, concorda-se com Damião da Cunha para quem «mais do que a discussão sobre a pessoalidade ou patrimonialidade da prestação (ou do bem jurídico), o que está em jogo é naturalmente a circunstância de estar em causa a mesma unidade familiar». – Vide, *Comentário ao Crime de Violação (...)*, op. cit., 2018, pág. 39.

função do Direito Penal, reforçando-se a convicção de que este ramo de direito se encontra ao serviço de interesses meramente civilistas.

Ao contrário do que defende Clara Sottomayor, cremos que a pena de prisão prevista não tem uma finalidade punitiva de sanção, decorrente da violação de bens jurídicos com dignidade penal, nem tem uma finalidade preventiva, inibidora do incumprimento da obrigação de alimentos, pelo que o Tribunal pode, com o cumprimento da obrigação, dispensar a pena[866]. No entanto, não se discorda desta autora, no sentido de que essas deveriam ser as finalidades das penas face a um incumprimento que afeta diretamente as pessoas, em regra, frágeis. Entendemos que a sanção cumpre, única e exclusivamente, uma função executória, de modo a o lesado poder receber a prestação do obrigado que os meios civis não fizeram cumprir.

Igualmente defendemos que a norma, conforme está preceituada, não tem por fim os princípios do Direito Penal, quer pelas molduras penais – comparem-se as molduras de outros crimes p.e.p. no Código Penal cujo procedimento criminal depende de queixa e/ou subsequente acusação particular –, quer pelo modo como o cumprimento da obrigação desvaloriza o ilícito criminal, ao possibilitar-se a dispensa e extinção da pena.

3.7. Síntese Conclusiva

As similitudes entre o crime de violação da obrigação de alimentos e o crime de abuso de confiança fiscal decorrem das soluções encontradas pelo legislador para efeito de concretização do crime de violação da obrigação de alimentos. A similitude entre ambos os crimes encontra-se, por exemplo, no "prazo" de vencimento no cumprimento da violação de alimentos, técnica semelhante à adotada para o previsto no crime de abuso de confiança fiscal (cf. artigo 105.º, n.º 4, alíneas a) e b) do Regime Geral das Infrações Tributárias). Não existem dúvidas de que, penalmente, um elemento os une: o prazo. É nosso entendimento ter sido esta a forma que o legislador encontrou para dilatar no tempo e deste modo evitar que uma situação de incumprimento meramente civil, termine na esfera penal[867]. No ilícito fiscal o agente pode fazer cessar a responsabilidade penal pelo cumprimento da obrigação, o que esvazia completamente a sua necessária dignidade penal.

866 Vide, *Regulação do Exercício (...)* op. cit., 2021, pág. 504.

867 Damião da Cunha critica a opção do legislador em usar a expressão *meses* em vez de ter determinado *dias exatos*. – Vide, *Comentário ao Crime de Violação (...)*, op. cit., 2018, pág. 17.

Outra semelhança decorre da averiguação da capacidade, por parte do obrigado legal, para cumprir a obrigação, se atendermos à questão da apropriação debatida em sede fiscal em relação ao IVA. Em ambos os casos, na violação de alimentos pela incapacidade do agente para cumprir a obrigação e no abuso de confiança fiscal pelo não recebimento do imposto por parte do substituto, só integra o tipo legal do crime se tiver sido efetivamente recebido o imposto ou o alimentando tiver condições económicas para cumprir a prestação perante o alimentado no momento devido.

Por fim, a questão que os aproxima de forma determinante é a de saber se estamos perante ilícitos de natureza criminal, de mera ordenação social ou – especificamente na violação de alimentos –, de ordem exclusivamente civil. O legislador não deixa de tentar alcançar, em ambos os ilícitos, o objetivo do cumprimento das obrigações legais, utilizando deste modo os "instrumentos" do Direito Penal, não para punir, mas para obter um cumprimento de uma obrigação em falta de Direito da Família e Menores através da ameaça de uma pena[868].

§ 4. O Crime de Abuso de Confiança

O crime que, de forma imediata, nos poderia transmitir a ideia de ser o mais idêntico e aproximado com o de abuso de confiança fiscal seria o de abuso de confiança. Não seria despropositado que o raciocínio decorresse da própria morfologia das palavras que constam das normas que os estabelecem, em que a única diferença se reporta ao facto de se tratar de um *abuso* de matéria de *índole fiscal.*

Como já fomos pontualmente apontando, as diferenças entre ambos os crimes são hoje significativas, existindo, todavia, um elemento comum a todos: a confiança ou melhor referindo, a sua quebra.

Cumpre ainda ressalvar que o crime de abuso de confiança, p.e.p. no artigo 205.º do Código Penal, foi objeto de debate, aquando da revisão do Código Penal em 1990, tendo em consideração as alterações propostas para o crime de furto. Ferreira Ramos e Lopes Rocha defendiam, então, que a sanção para o crime de abuso de confiança não poderia ter uma moldura penal abstrata superior ao do crime de furto simples. Contudo, Figueiredo

[868] Chegamos à mesma conclusão de Damião da Cunha, o qual após uma reflexão sobre o crime de violação de obrigação de alimentos questiona: «se a violação de obrigação de alimentos é de facto um "crime" ou uma mera "ameaça de crime/pena». – *Ibidem*, pág. 43.

DIAS relembrou que, no crime de abuso de confiança, o «essencial não é o valor mas a quebra da relação de confiança»[869].

4.1. O Bem Jurídico

O bem jurídico tutelado pelo crime de abuso de confiança é a propriedade, na qual se inclui a sua vertente de posse efetiva e a fruição das utilidades da coisa, sem quebra de posse ou detenção.

A grande diferença em relação ao furto é que «ao abusador de confiança poupa-se o esforço de ter de 'subtrair' a coisa»[870]. Importante é que ainda detendo, ou já não, a coisa móvel alheia, a tenha detido em certo momento. Entretanto, não deixa de se fazer referência a que «não haja direito de propriedade sobre coisas móveis fungíveis, de que o dinheiro constitui paradigma, e, consequentemente, que o mesmo pertença a determinada pessoa ou titular. A circunstância de as coisas serem fungíveis não obsta a que possam ser objecto do direito de propriedade»[871], o que, para efeitos deste crime, é relevante.

Como ensina FIGUEIREDO DIAS:

> *(...) tratando-se aqui de objectos que se confundem ou podem confundir no património de quem os recebe, e ainda que seja exacto que o direito de propriedade só pode ter por objecto coisas certas e determinadas, o carácter alheio da coisa nem é, por um lado, em princípio afectado pela sua confusão no património do tomador, nem, por outro lado, tal confusão perfaz sem mais o tipo objectivo do abuso de confiança (...)*[872].

4.2. Do Tipo Objetivo

Assim, partindo da formulação da norma, os elementos típicos do crime consistem na apropriação ilegítima de uma coisa móvel alheia[873], entregue ao agente por título não translativo de propriedade.

[869] Vide, SANTOS, Manuel Simas / FREITAS, Pedro (2018), *Código Penal – Actas (...)*, op. cit., «Ata n.º 29 de 14 de maio de 1990», pág. 355.

[870] Vide, DIAS, Jorge de Figueiredo (1999), «Comentário ao Art. 205.º do Código Penal», *in* AAVV, *Comentário Conimbricense do Código Penal – Parte Especial, Tomo II*, Coimbra: Coimbra Editora, pág. 95.

[871] Vide, Ac. do Tribunal Constitucional n.º 631/2004, de 4 de novembro de 2004, disponível em www.tribunalconstitucional.pt/tc/acordaos.

[872] Vide, *Comentário ao Art. 205.º (...)*, op. cit., 1999, pág. 99.

[873] Apenas as «coisas alheias podem ser confiadas e recebidas em confiança». – Vide, GARCIA, M. Miguez / RIO, J. M. Castela (2014), *Código Penal (...)*, op. cit., pág. 856.

O ilícito pressupõe que a coisa móvel, objeto do crime, esteja em poder do agente que a detém ou possui, em nome de outrem, mas em relação à qual passa a comportar-se como se fosse coisa sua, integrando-a no seu património, com violação do direito de propriedade daquele em nome de quem detinha ou possuía[874].

4.2.1. *A Apropriação Ilegítima*

Quanto à apropriação, a mesma consiste numa inversão do título de posse ou detenção, ou seja, o agente que recebe a coisa em nome alheio passa, em momento posterior, a comportar-se relativamente a ela como seu proprietário, o que é manifestado por atos concludentes.

A apropriação será ilegítima quando acarrete uma contradição com o ordenamento geral da propriedade, não se confundido a ilegitimidade da apropriação com a ilicitude do abuso de confiança, pois aquela não é uma menção redundante desta[875].

O Supremo Tribunal de Justiça decidiu que:

> *(...) o crime de abuso de confiança consuma-se com a apropriação que se traduz, sempre, na inversão do título de posse ou de detenção: o agente, que recebe a coisa «uti alieno», passa, em momento posterior, a comportar-se, relativamente a ela, «uti dominus» (naturalmente através de atos objectivamente idóneos e concludentes, nos termos gerais) (...)*[876].

Mas não basta que o agente queira simplesmente ficar com a coisa. Pelo contrário, o querer deverá, na maior parte dos casos, ser exteriorizado para fora, por uma atuação de apropriação claramente reconhecível. A simples decisão que permanece no íntimo não corresponde à apropriação, tornando-se necessária uma manifestação externa, reconhecível pelos demais. O mesmo será dizer que, diferentemente do que acontece com o furto, em que a apropriação integra apenas uma direção de vontade, no abuso de confiança a apropriação integra o tipo de ilícito objetivo, pelo que

[874] Nos ensinamentos de FIGUEIREDO DIAS, no crime de abuso de confiança «o tipo objectivo de ilícito de confiança não será integrado pela mera confusão ou o simples uso de coisa fungível, mas, mais tarde, pela sua disposição de forma injustificada ou pela não restituição no tempo e sob a forma juridicamente devidos; ao que, é claro, terá de acrescer o dolo correspondente». – Vide, *Comentário ao Art. 205.º (...)*, op. cit., 1999, pág. 104.

[875] *Ibidem*, pág. 106.

[876] Vide, Ac. do Supremo Tribunal de Justiça, de 7 de novembro de 2002, processo n.º 02P2920, disponível em www.dgsi.pt.

se terá de verificar um efetivo ato de apropriação e não apenas uma intenção de apropriação.

Uma peculiaridade deste ilícito é que, ao contrário do que ocorre, por exemplo, no furto, o agente recebe validamente a coisa, passando a detê-la de forma lícita, só que a título temporário, alterando posteriormente o comportamento sobre essa detenção.

Só que a inversão do título tem de resultar de atos que transmitam a confiança de o agente já dispor da coisa, como sua se tratasse. O que significa que a mera apropriação, da qual não é realizada a competente restituição, possa revelar a prática do ilícito em análise[877].

Casos poderão existir que justificam uma inversão lícita e legítima do título da posse[878]. O agente pode, assim, invocar causas de justificação tipificadas no Direito Civil para "legitimar" a sua inversão, ou pelo menos, o que nos parece mais correto, o direito de retenção provisório sobre a coisa.

Destarte, o momento da consumação do ilícito ocorre quando o agente, devidamente interpelado, se recusa a devolver a coisa por si possuída ou detida, sem que esteja legitimado para a negativa restituição[879].

Com a entrada em vigor do Regime Geral das Infrações Tributárias, e ao contrário do que ocorria no Regime Jurídico das Infrações Fiscais Não Aduaneiras, ambos os crimes se afastaram, considerando que se a um é exigido como elemento do tipo a apropriação, a outro deixou de o ser, bastando-se pela mera *não entrega*, existindo uma nova reaproximação com o acórdão de uniformização de jurisprudência, ao integrar o tipo legal do crime de abuso de confiança fiscal, relativamente às quantias derivadas de IVA, se o agente as tiver efetivamente recebido (apropriado)[880].

[877] MIGUEZ GARCIA refere ser necessário um comportamento que confirme a vontade de apropriação por parte do agente e reforça esta posição em EDUARDO CORREIA para quem: «o agente já detém a coisa por efeito da entrega, a apropriação há de radicar-se, eminentemente, numa certa intenção, numa certa atitude subjetiva nova, o dispor da coisa como própria, a intenção de se comportar relativamente a ela como proprietário, *uti dominus*». – Vide, GARCIA, Miguel M. (2011), *O Direito Penal Passo a Passo – Volume II*, Coimbra: Almedina, pág. 127 e CORREIA, Eduardo, *O efeito da entrega como elemento constitutivo do crime de abuso de confiança*, RDES, ano VII (1954), pág. 57 e RLJ, Ano 93.º, pág. 35.

[878] Vide, ALBUQUERQUE, Paulo Pinto (2015), *Comentário do Código Penal, (...)*, op. cit., pág. 813, anotação 16.

[879] Vide, SANTOS, Manuel Simas / HENRIQUES, Manuel Leal- (2016), *Código Penal – Anotado, Vol. III, (...)* op. cit., pág. 793.

[880] Vide, Ac. do Supremo Tribunal de Justiça, de Uniformização e Fixação de Jurisprudência, n.º 8/2015, publicado no Diário da República, 1.ª série, n.º 248, de 2 de junho de 2015.

4.2.2. *A Coisa Móvel Alheia*

O legislador definiu, de forma perentória, na norma, o objeto da ação e o resultado típico da infração, tendo de ser a coisa móvel apropriada alheia, não podendo ser *res nullius*, devendo ainda ser suscetível de apreensão e com relevante valor jurídico para efeitos penais.[881]

4.2.3. *A Entrega da Coisa por Título Não Translativo*

Temos como elementos, para o preenchimento do tipo do crime, a apropriação ilegítima que seja efetuada sobre coisa alheia móvel, e que a coisa tenha sido entregue e recebida pelo agente, a um qualquer título, desde que não translativo da propriedade, colocando-o assim, e tão só, numa situação de posse ou de detenção da coisa, isto é, numa relação fática de domínio sobre a coisa, sem que tenha havido qualquer intuito de lhe transmitir a propriedade por parte de quem a entrega. Constitui este o elemento verdadeiramente essencial à estrutura objetiva da conduta, pertencendo ainda ao «direito privado [...] quais os títulos que integram a tipicidade»[882].

Como critério geral, será um qualquer título que produza obrigação de restituir, ou apresentar a mesma coisa recebida, ou um valor equivalente, por força de qualquer ato ou negócio jurídico, pelo qual o agente se encontra formal ou materialmente investido.

Assim, o momento inicial da entrega da coisa ao agente é relevante para o preenchimento do tipo, na medida em que, se a entrega da coisa provier de ação ilícita, exemplo de uma coisa furtada, colocam-se dois cenários: ou o agente que recebeu a coisa conhecia a sua origem ilícita e não chegamos a ter uma detenção lícita, ou se, pelo contrário, este desconhecia a origem da coisa, o sujeito na ação é aquele a quem foi furtada a coisa, mas como não foi este que lhe entregou, apenas existe relevância para efeitos jurídicos a partir do momento em que o agente toma conhecimento da origem da coisa por si rececionada[883].

[881] Vide, Santos, Manuel Simas / Henriques, Manuel Leal- (2016), *Código Penal – Anotado, Vol. III, (...)* op. cit., pág. 751.

[882] Vide, Dias, Jorge de Figueiredo (1999), *Comentário ao Art. 205.º (...)*, op. cit., pág. 102.

[883] Vide, Santos, Manuel Simas / Henriques, Manuel Leal- (2016), *Código Penal – Anotado, Vol. III,(...)* op. cit., pág. 794.

4.3. Do Tipo Subjetivo

Ao nível do tipo subjetivo, o crime em análise basta-se com o dolo genérico, em qualquer uma das suas modalidades, o qual se estende à totalidade dos elementos do tipo objetivo de ilícito.

O erro que verse sobre os elementos constitutivos de facto ou de direito do tipo objetivo de ilícito exclui o dolo nos termos do previsto no artigo 16.º do Código Penal. Enquanto erro que verse sobre a valoração jurídica de um qualquer elemento constitutivo da ilegitimidade de apropriação, só pode relevar pela via da falta de consciência do ilícito[884].

Se a atuação é efetuada pelo agente com a consciência que deve apresentar, restituir, ou aplicar o fim da coisa que lhe foi entregue por título não translativo e, mesmo assim, pretende apropriar-se dela, descaminhá-la ou dissipá-la, não lhe pode ser aplicada a norma prevista no artigo 17.º Código Penal, referente à falta de consciência da ilicitude da ação.

4.4. A Comparticipação e a Tentativa

Ao nível da compartição é relevante assinalar a imputação do crime de abuso de confiança, crime específico e próprio, em coautoria.

A ilicitude depende da existência de uma relação entre o agente e o proprietário da coisa, mas no caso de o aspeto gerador da confiança não ser imprescindível para o preenchimento do tipo, bastar-lhe-á o domínio do facto para a sustentação da coautoria[885].

Nos termos do artigo 26.º do Código Penal, a coautoria pressupõe um acordo para a realização conjunta do facto nos seus elementos típicos[886].

Relativamente à execução propriamente dita, não é indispensável que cada um dos agentes intervenha em todos os atos a praticar para obtenção do resultado pretendido, bastando que a atuação de cada um, embora parcial, seja elemento componente do todo que conduz à produção do resultado.

[884] Vide, Dias, Jorge de Figueiredo (1999), *Comentário ao Art. 205.º (...)*, op. cit., pág. 107.

[885] Vide, Garcia, M. Miguez / Rio, J. M. Castela (2014), *Código Penal (...)*, op. cit., pág. 862, anotação 10.

[886] Não é necessário que o acordo seja prévio ou expresso; basta um acordo tácito traduzido por uma consciência recíproca de colaboração demonstrativa do agente e do coagente num esforço conjunto para se apropriar, descaminhar ou dissipar a coisa. Têm todos de ter o domínio funcional do facto típico, ou seja, a consciência do seu próprio contributo e, mesmo assim, atuarem positivamente realizando-o com vista a atingir determinado resultado.

Um pequeno apontamento sobre a punibilidade da tentativa referenciada no n.º 2 do artigo 205.º do Código Penal, não obstante ser difícil conceber a tentativa neste ilícito[887] uma vez que o crime consuma-se com a apropriação[888]. Igualmente para os casos de tentativa impossível, que ocorrem quando o agente configura a existência da realidade sobre a qual incide a sua ação, mas essa realidade não existe. No entanto, mesmo nestas hipóteses, a tentativa impossível só é punível, nos termos do previsto pelo artigo 23.º, n.º 3 do Código Penal, se não for manifesta a inexistência do objeto.

4.5. A Agravação

Tal como ocorre no crime de abuso de confiança fiscal, que tem dois graus de punição, também no crime de abuso de confiança se agrava a punição, tendo por base alguns critérios que relevam, de igual modo, para efeitos de procedimento criminal.

Assim, no n.º 1 do artigo 205.º temos o preceito fundamental, no qual o procedimento criminal depende de queixa, sendo por isso um crime de natureza semipública.

No n.º 4 temos um agravamento da pena em função, nas alíneas a) e b), do valor da coisa (valor elevado), ou valor consideravelmente elevado e no n.º 5, em função da natureza jurídica do ato que determinou a entrega da coisa e a qualidade do agente[889].

Os tipos qualificados têm natureza pública em face das consequências bastante mais gravosas para o lesado/ofendido. Compreende-se que, na hipótese do n.º 5, a moldura penal abstrata seja idêntica à prevista para o crime especialmente agravado da alínea b) do n.º 4, independentemente do valor, pela qualidade legal em que o agente se encontra empossado quando recebe a coisa[890].

Não é um qualquer depósito, mas um depósito imposto pela lei, em razão de ofício, emprego ou profissão, que releva neste âmbito.

[887] *Ibidem*, págs. 863 e 864, nota 12.

[888] Vide, Albuquerque, Paulo Pinto (2015), *Comentário do Código Penal, (...)*, op. cit., pág. 814, nota 21.

[889] Vide, Santos, Manuel Simas / Henriques, Manuel Leal- (2016), *Código Penal – Anotado, Vol. III,(...)* op. cit., pág. 794.

[890] Vide, Garcia, Miguel M. (2011), *O Direito Penal Passo a Passo – Volume II, (...)*, pág. 136.

4.6. Síntese Conclusiva

O crime de abuso de confiança é, de certa forma, um protótipo do crime de abuso de confiança fiscal pelas questões que levanta. Em comum com todos os crimes refletidos – abuso de confiança contra a segurança social, infidelidade, violação da obrigação de alimentos e abuso de confiança –, existe um traço comum: a confiança depositada ou a sua violação pelo agente. No crime de abuso de confiança existe a falta de entrega da coisa. No de âmbito penal-fiscal a entrega de um tributo ou a violação de um dever tributário. Só que as diferenças, como pudemos verificar, são várias, razão pela qual, no introito a este ilícito referimos serem muito poucas as semelhanças entre ambos os ilícitos, ao contrário do que o primeiro olhar faria supor. No crime de abuso de confiança é a entrega de coisa móvel alheia por título não translativo da propriedade que determina as obrigações jurídicas a que o agente está adstrito.

Neste crime o tipo subjetivo preenche-se com o dolo, tendo que existir a apropriação. Por outro lado, no crime de abuso de confiança fiscal discute-se a exigência ou não deste elemento para o preenchimento do tipo, em situações como as de retenção na fonte.

A tentativa do crime de abuso de confiança é punível, embora nos custe compreender e aceitar a existência de um crime de abuso de confiança na forma tentada, na medida em que o crime só pode ocorrer sobre coisas que estejam na disponibilidade do agente e sobre as quais este possa exercer uma vontade.

Uma questão que se nos afigura pertinente coloca-se na hipótese de o agente pretender restituir a coisa de que ilicitamente se apropriou. Deverá ser desresponsabilizado penalmente, e assim, perder o ilícito a dignidade penal contida no preceito? Conforme ocorre no crime de abuso de confiança fiscal ou no de violação da obrigação de alimentos, o legislador preceituou um prazo pelo qual o crime se preenche, razão pela qual, também no abuso de confiança, idêntico prazo deveria ser contido na norma, a fim de que o agente tivesse a oportunidade de repor a situação inicial[891].

Se analisarmos à luz da confiança que se lhe encontra subjacente, entendemos que, não obstante essa violação ter ocorrido, o comportamento do

[891] Não nos referimos a uma interpelação admonitória nos termos da lei civil, mas de uma condição de punibilidade de modo a evitar o desnecessário uso e recurso dos meios judiciais e penais.

agente no sentido de repor a situação idêntica ao momento anterior, como se o facto não se tivesse produzido, esvazia as razões inerentes à intervenção do Direito Penal. A confiança é um conceito bastante lato e não se pode esquecer que estamos perante um crime contra a propriedade e não contra a honra ou a violação da "confiança" que lhe foi depositada.

Deveria, por isso, o legislador tornar possível a dispensa de pena ao agente que, voluntariamente, procede à devolução da coisa ao lesado ou, em última análise, a qualificação, nestes casos, como um mero ilícito de ordenação-social (cf. artigo 206.º do Código Penal).

§ 5. Conclusões Globais - Um Regime Autónomo para o Crime de abuso de confiança fiscal?

A nossa opção em realizar uma análise comparativa entre o crime de abuso de confiança fiscal com os crimes de abuso de confiança contra a segurança social, infidelidade, violação da obrigação de alimentos e de abuso de confiança, pretendeu, numa primeira análise, atestar a visão do legislador para crimes que pudessem aparentar ter semelhanças - casos dos crimes de abuso de confiança contra a segurança social (artigo 107.º Regime Geral das Infrações Tributárias) e de abuso de confiança (artigo 205.º do Código Penal) - e outros dissemelhantes, - crimes de infidelidade (artigo 224.º do Código Penal) e de violação da obrigação de alimentos (artigo 250.º do Código Penal) - mas que detêm pontos em comum nos seus elementos constitutivos. Se o legislador, inicialmente, optou por aproximar o crime de abuso de confiança fiscal ao crime de abuso de confiança, no caso do crime de abuso contra a segurança social ocorre precisamente o contrário. Relembre-se que a norma deste ilícito (artigo 107.º) remete para a do crime de abuso de confiança fiscal, todavia, o julgador na interpretação que realiza - exclusivamente na salvaguarda da solvibilidade do Instituto da Segurança Social -, não aplica as regras constantes na previsão do artigo 105.º.

Todavia, entre os demais crimes por nós selecionados existem caraterísticas[892] que nos ajudam a compreender a sua interligação com o crime de abuso de confiança fiscal. Por exemplo, se existir "dissipação de bens sociais", preenchendo os elementos do tipo, o crime é o de abuso de confiança; se não existir dissipação com a apropriação e a intenção apenas visar

[892] Vide, García, M. Miguez / Rio, J. M. Castela (2014), *Código Penal (...)*, op. cit., pág. 865, anotação 18.

causar um prejuízo patrimonial por meio de uma administração ruinosa, o ilícito criminal previsto é o do crime de infidelidade. O elemento apropriação é essencial entre todos os ilícitos, à exceção do crime de infidelidade onde inexiste, contudo existe a violação de um princípio comum: o princípio da confiança.

Encontramos pontos em comum, igualmente, entre o crime de violação da obrigação de alimentos e o crime de abuso de confiança fiscal, em particular no elemento prazo, imprescindível, em ambos os ilícitos, para a consumação do crime. A importância na descoberta de pontos em comum teve, numa segunda análise, o objetivo de nos ajudar a delinear um caminho que nos ajudasse a responder às inquietações que temos vindo a colocar. Uma das pistas é-nos facultada pelo crime de violação da obrigação de alimentos no qual o legislador tem a intenção de reprimir, através da ameaça de sanção penal, a falta de entrega dos alimentos devidos, tal como ocorre no crime de abuso de confiança fiscal com a não entrega das prestações tributárias.

Concluímos, não esquecendo que o crime é construído para fundamentar a aplicação de uma pena de prisão, estarmos perante uma "sanção de compulsão" e não de uma prisão por força de uma obrigação. Este aspeto é essencial para o caminho a seguir, na medida em que numa falta de entrega não estamos perante um ilícito criminal nem um ilícito contraordenacional tributário, conforme estabelecido no artigo 114.º do Regime Geral das Infrações Tributárias. Não deverá a solução legal, atendendo aos bens jurídicos protegidos, apontar para um regime autónomo, fora do âmbito penal e contraordenacional[893]? É este, em nosso entender, o ponto de encontro comum a todos estes ilícitos criminais, à exceção do crime de infidelidade, isto é, se detêm efetivamente a dignidade penal que o legislador lhes atribui ou se não serão sintomas de que o Direito Penal caminha para uma banalização e "despromoção" neste âmbito sancionatório. A relevância na compreensão destes ilícitos permitir-nos-á, cremos, responder à questão de saber se, na realidade, o crime de abuso de confiança fiscal não deverá ser considerado unicamente um ilícito de mera ordenação-social ou, como esta reflexão nos suscitou, fazer parte de um regime autónomo.

[893] A situação é similar à que ocorre no crime de violação da obrigação de alimentos, onde nos encontramos perante um ilícito penal com caraterísticas civilistas.

CAPÍTULO III
FUNDAMENTO E RAZÃO DE SER DA INCRIMINAÇÃO PENAL NO CRIME DE ABUSO DE CONFIANÇA FISCAL

1. A Dignidade Penal e a Carência de Tutela Penal

As recentes alterações legislativas, bem como as recentes decisões políticas, deixaram absolutamente claro qual o caminho que o Estado pretende seguir em relação à manutenção da criminalização das infrações fiscais. Assim, e de forma cada vez menos espaçada no tempo, o Estado vem facultando aos contribuintes infratores, através de regimes específicos, a possibilidade de regularizarem a sua situação fiscal, isto é, a possibilidade de procederem à entrega dos valores que por si são devidos ao Estado, independentemente da qualificação do ilícito e da fase processual (administrativa/judicial) em que os processos se encontrem[894]. Nos casos em que

[894] Um desses exemplos ocorreu com a entrada em vigor do Decreto-Lei n.º 67/2016, de 3 de novembro, que introduziu o *Plano Especial de Redução do Endividamento ao Estado*, denominado de *PERES*. Este plano consistia num regime excepcional de regularização de dívidas de natureza fiscal e de natureza contributiva à Segurança Social sob o pretexto de apoiar as famílias, criar condições para a viabilização económica das empresas que se encontrassem em situação de incumprimento, de modo a prevenir situações futuras de insolvência e a redução de postos de trabalho. Este é um caso exemplar no qual foram despenalizados comportamentos, previsto e criminalizados pelo legislador. Senão vejamos: i. este plano caraterizava-se por não exigir o pagamento integral imediato das dívidas; ii. abrangia as dívidas do conhecimento da Autoridade Tributária sem permitir qualquer diminuição nas sanções penais – não permitindo o branqueamento de situações de fraude ou evasão.

os contribuintes cumpram com esta regularização, então não serão "prejudicados", nem sancionados, considerando que não são tributadas as liquidações referente a juros de mora e juros compensatórios, assim como as custas com o processo administrativo/tributário[895].

Em regra, estas opções, colocadas ao dispor dos contribuintes pelo Estado, não visam a extinção da responsabilidade criminal do agente; o seu objetivo prende-se somente com a extinção da responsabilidade tributária, a qual ocorrerá aquando do recebimento das receitas tributárias[896]. Contudo,

Os contribuintes elegíveis e que beneficiavam deste incentivo eram os sujeitos passivos singulares; contundo, os sujeitos passivos coletivos, podiam requerer a sua adesão. No momento da adesão exerciam a opção pelo pagamento integral ou pelo pagamento em prestações, em determinado prazo, nos seguintes termos: a opção era exercida separadamente em relação a cada uma das dívidas. As dívidas em processo de execução fiscal, em relação às quais fosse exercida a opção pelo pagamento em prestações, eram cumuladas num mesmo plano prestacional. O contribuinte poderia optar por incluir, neste regime, dívidas que estivessem a ser pagas em prestações, ao abrigo de outro regime. Tendo como objetivo o incentivo à regularização da situação tributária e contributiva, o *"PERES"* não exigia a prestação de quaisquer garantias adicionais. No entanto, relativamente às garantias já existentes, verificava-se a sua manutenção, sendo reduzidas anualmente no dobro do montante efetivamente pago em prestações ao abrigo do plano.

Apenas se encontravam abrangidas as dívidas liquidadas até à data de entrada em vigor do regime (04 de novembro), cujo facto tributário se tivesse verificado até 31 de dezembro de 2015, desde que o respetivo prazo legal de cobrança tivesse terminado até 31 de maio de 2016. O que por si não deixou de causar alguma desigualdade entre contribuintes em relação a dívidas tributárias em incumprimento. O jornal Económico, na sua edição de 26 de janeiro de 2017, noticiava que o Estado com o *"PERES"*, arrecadou receitas no valor total de 513 milhões de euros. Não existindo qualquer referência sobre a questão penal, centrando-se o sucesso ou insucesso da medida no resultado económico. – [Fonte *Jornal Economico, edição de 26 de Janeiro de 2017*].

Este é um exemplo, do que o Estado vem realizando, em momentos chave de dificuldade de tesouraria, e, acreditamos, irá continuar a realizar no futuro para a obtenção de receita, isto é, dos créditos que detém sobre os seus devedores (sujeitos passivos) e que se encontram em incumprimento.

895 Mário Monte criticava este tipo de medidas cujo fundamento é meramente político, sem qualquer «validade no plano político criminal». – Vide, *Da reparação penal (...)*, op. cit., 2003, pág. 154, nota de rodapé n.º 55.

896 A componente política e o seu plano criminal podem não ter validade, mas esta será apenas momentânea. O que pretendemos afirmar é o facto de o plano político ter vindo, de forma gradual, a retirar a validade ao plano criminal, assim como a outros ramos do direito, do qual destacaríamos o laboral. Esta nossa posição decorre do paradigma atual existente em que o legislador conduz a política criminal, com legislação extravagante e regimes provisórios que

tendo o agente realizado essa entrega, e regularizado assim a sua situação, será que continua a fazer sentido a manutenção da responsabilidade penal?

Presentemente, por força da pressão exercida por um Estado fiscal com necessidades eminentemente sociais, o agente é confrontado com três opções:

i. a proposta pelo legislador, através de um manancial de escolhas lícitas, de onde se destacam os benefícios fiscais.
ii. a efetuada através do planeamento fiscal abusivo, isto é, de uma ação do agente, aparentemente lícita, mas que gera uma vantagem tributária legalmente não admitida pelo ordenamento legislativo fiscal.[897]
iii. a realizada através de escolhas *contra legem*[898] e *extra legem*[899] por que o agente, consciente e ilicitamente, opta.

Por um lado, é verdade que o Estado necessita cada vez mais de receita para fazer face ao maior acréscimo de despesas com saúde, segurança, educação ou justiça[900]. Por outro, e contrariamente ao que ocorria num passado recente, os contribuintes interiorizaram já as razões imperativas e os fins

pela sua força, reforçamos, social, altera e "obriga" o julgador a interpretar o Direito Penal numa perspetiva e vertente social, ao invés da criminal.

[897] Segundo Saldanha Sanches, o planeamento fiscal abusivo ou ilegítimo «consiste em qualquer comportamento de redução indevida, por contrariar princípios ou regras do ordenamento jurídico-tributário, das onerações fiscais de um determinado sujeito passivo». – Vide, *Os Limites do Planeamento Fiscal – Substância e Forma no Direito Fiscal Português, Comunitário e Internacional,* Coimbra: Coimbra Editora, 2006, pág. 21.

[898] A atuação *contra legem* viola, ilícita e objetivamente, a lei fiscal, cuja natureza dessa ilicitude tem contornos contraordenacionais ou penais.

[899] A atuação *extra legem* ocorre quando o agente utiliza abusivamente a lei, sem a violar, com o objetivo de obter um resultado fiscal mais vantajoso. – Vide, Machado, Jónatas E. M. / Costa, Paulo Nogueira (2012), *Curso de Direito Tributário,* 2.ª Edição, Coimbra: Coimbra Editora, págs. 340 e 341.

[900] As despesas são de tal forma asfixiantes para o Estado (social) que foi criada a Lei-quadro da transferência de competências para as autarquias locais e para as entidades intermunicipais – Lei n.º 50/2018, de 16 de agosto, publicada no Diário da República, 1.ª Série, n.º 157, de 16 de agosto de 2018 –, sempre no respeito aos princípios da «subsidiariedade, da autonomia das autarquias locais e da descentralização democrática da administração pública», consagrados no n.º 1 do artigo 6.º da Constituição da República Portuguesa.
Esta introdução, sob o pretexto destes princípios constitucionais, tem para o nosso estudo a máxima relevância naquilo que é essencial para o bem jurídico do ilícito: as receitas tributárias. Entre o *"Deve"* e o *"Haver"*, o Estado vive sob o "sufoco" de obter receitas, naturalmente, através dos vários impostos que tributa aos seus cidadãos.

para os quais se destinam os impostos, sendo, por isso, desnecessária esta opção legislativa, de natureza ameaçadora e repressiva para o cumprimento das obrigações tributárias[901].

Foi certamente um longo caminho, este, o da eticização, mas a verdade é que ele vingou e teve os seus resultados, os quais se manifestam hoje em dia naquela censurabilidade moral que, há muito, se julgava perdida. É por isso reconhecido um fundamento ético e social, traduzido na equidade, da capacidade retributiva, na tributação de impostos e na arrecadação de receitas, pois só assim, o Estado poderá cumprir a função social e de justiça que lhe é exigida. Sucede que esta função social do sistema fiscal, alcançada através dos impostos, não pode ser confundida com o bem jurídico e as sanções que o legislador tipifica e criminaliza[902].

Como referimos, o artigo 2.º do Regime Geral das Infrações Tributárias define a infração fiscal e os seus elementos, mas também define a dupla natureza, contraordenacional e criminal, em que esta assenta, tendo como seus elementos o facto, que além de típico e ilícito tem de ser culposo. Todavia, esta função da culpa tem de ser limitada, não devendo ser utilizada como um meio punitivo de intervenção do Estado; razão pela qual, quando nos referimos às hipóteses de poder/dever, entendermos deverem ser aplicadas, em certas situações, as causas de justificação do facto ou as causas de exclusão da culpa[903], designadamente, pelo respeito e defesa da dignidade da pessoa humana[904].

Com a revisão de 1995, o legislador continuou a manter fora do Direito Penal comum a punição dos crimes fiscais, remetendo para legislação extravagante a sua punição. Esta opção, no entanto, é discutível, principalmente se atendermos a que algumas das condutas sancionadas não têm dignidade

[901] Em sentido contrário, no Brasil, «o contribuinte não se sente psicologicamente motivado ao recolhimento e em contribuir para os cofres públicos, pois não percebe qual a contrapartida estatal que justifique sua privação de recursos em benefício do Estado». – Vide, Rocha, Sérgio André (2013), «Processo Fiscal e Justiça Tributária», *in* AAVV, *Estudos em Homenagem ao Professor Doutor Alberto Xavier*, Coimbra: Almedina, pág. 834.

[902] Relembre-se que o bem jurídico serve como padrão crítico da norma incriminadora e no crime de abuso de confiança fiscal (como todos os que são fiscais) tem uma natureza patrimonial.

[903] Cf. Capítulo II, secção I, ponto 6.

[904] Para Figueiredo Dias a função que a culpa exerce no sistema é a de limitar incondicionalmente a intervenção punitiva estatal pelo respeito devido à dignidade da pessoa humana. – Vide, *Direito Penal, Parte Geral, (...)*, op. cit., 2019, pág. 332.

penal e ao facto de dever ser em torno do bem jurídico protegido que se deve averiguar do critério ordenador e orientador para a aferição e relevância da tutela penal de uma conduta[905].

Como referimos anteriormente, Augusto Silva Dias propõe uma espécie de movimento de eticização, ao reconhecer ao sistema fiscal tal ética com a realização da justiça distributiva através dos impostos[906], ou seja, o bem jurídico deve ser mais tangível, mais concretizável, porquanto não deve ser apenas uma ideia meramente teórica, mas um ponto de partida para a crítica na interpretação da norma incriminadora e servindo também de base de legitimação.

Foi a evolução e a consciencialização social, no Direito Fiscal, que levou a esta eticização, que se encontra plasmada na doutrina penalista, pelo que se defende que a infração fiscal – ainda que no respeito pelos princípios de justiça e garantias sociais que prossegue –, não é diferente da infração criminal.

Sucede ainda que a dignidade penal tem que respeitar os preditos princípios e garantias que sustentam o sistema jurídico penal, o que coloca em causa o excesso de instrumentalização e de invocação desta mesma dignidade para alcançar um fim perfeitamente definido: o da recuperação das receitas tributárias. Nestes casos, não terá o legislador exagerado na valoração das condutas como ilícitas, quando instrumentalizou o Direito Penal como meio de solucionar problemas exclusivamente tributários, sem dignidade penal, de falta de cobrança? Não terá sido conferida, ao crime de abuso de confiança fiscal, relevância criminal, através do conceito da legitimação penal, considerando somente opções de ordem político-fiscal[907]?

No Direito Penal, todas as normas têm um objetivo e uma finalidade definida: a proteção de bens e valores jurídico-penais devidamente determinados, através da tipicidade penal em cumprimento do princípio da

[905] Miguez Garcia entende que «o ponto de partida da protecção penal na pessoa é de vária ordem e vão desde as razões filosóficas e culturais até às pragmáticas e pedagógicas. Nem o Estado, nem a comunidade são pensáveis sem o Homem. Daí que o Homem seja o ponto de partida». – Vide, Garcia, M. Miguez (2012), O *Risco de Comer (...)*, op. cit., pág. 27.

[906] Vide, *O novo Direito penal (...)*, op. cit., 1999, pág. 241 e *Crimes e contra-ordenações (...)*, op. cit., 2018, págs. 446 e 447.

[907] Para Figueiredo Dias é o direito que valora determinadas condutas como ilícitas, introduzindo aos elementos da conduta, o elemento da proibição legal, sendo reclamado pelo direito contra a própria sociedade, na unidade «em que a construção geral do crime se baseia». – Vide, *Direito Penal, Parte Geral, (...)*, op. cit., 2019, pág. 786.

legalidade. Assim, a premissa a que se deverá atender é a de que a norma do artigo 105.º do Regime Geral das Infrações Tributárias pretende satisfazer o Estado e, por nexo de causalidade, a comunidade, sendo imprescindível a avaliação especifica dos interesses em causa e verificar se «um todo atinge os limites mínimos de exigência de punição»[908].

Importa, para tanto, não esquecer que o Direito Penal tem como fim garantir a liberdade de todos os cidadãos através da proteção dos bens jurídicos protegidos, para que se possam realizar e proteger os direitos fundamentais e constitucionalmente consagrados[909]. O bem jurídico tem, deste modo, uma relevância crucial para aferir da existência de proteção jurídica, não significando isso, no entanto, que a mera violação do bem seja suficiente para merecer a tutela penal no âmbito fiscal[910]. Para tanto é indispensável que esse desiderato seja fundamental à proteção dos valores de cada cidadão e da comunidade.

Temos vindo, repetidamente, a reforçar a ideia de que o Direito Penal constitui a *ultima ratio*[911], sendo a sua utilização subsidiária, de forma a que não sejam violados os princípios da subsidiariedade[912] e da proibição de excesso[913]. Deste modo, a colocação em perigo, por parte do agente de bens

908 *Ibidem*, pág. 787.

909 O Supremo Tribunal de Justiça, citando ROXIN, define que «o espaço de configuração do legislador é limitado na medida em que um comportamento que não afecta de forma alguma as possibilidades de desenvolvimento dos outros não deve ser valorizado como ilícito penal». – Vide, Ac. do Supremo Tribunal de Justiça, de Uniformização e Fixação de Jurisprudência, n.º 8/2015, publicado no Diário da República, 1.ª série, n.º 248, de 2 de junho de 2015, pág. 3506.

910 AUGUSTO SILVA DIAS refere que «o movimento de eticização do sistema fiscal, não constitui objeto da tutela penal». – Vide, *Crimes e contra-ordenações (...)*, op. cit., 1999, pág. 263.

911 Sobre o Direito Penal como *ultima ratio*. – Cf. ponto 6. deste capítulo.

912 O Direito Penal deve proteger subsidiariamente os bens jurídicos das normas fiscais e não a situação inversa.

913 NUNO BRANDÃO explica-nos que no princípio da proibição do excesso «decorre aquilo que o direito penal não pode fazer: o direito penal não está autorizado a restringir os direitos fundamentais dos cidadãos para salvaguarda de outros direitos ou interesses não constitucionalmente protegidos. Mas, porque a ratio deste art. 18.º-2 da CRP é apenas a de limitar as restrições aos direitos, liberdades e garantias, dele já não decorre aquilo que o direito penal pode fazer ou a função que deve assumir. A dignidade penal e a carência de tutela penal convergem materialmente com o princípio constitucional da proibição do excesso, consabidamente o princípio emblemático da função de defesa dos direitos fundamentais». – Vide, «Bem jurídico e direitos fundamentais: entre a obrigação estadual de protecção e a proibição

jurídicos fiscais, não pode ser critério para criminalizar condutas violadoras de normas, na medida em que o Direito Fiscal protege as receitas tributárias com regulamentação própria e cujo incumprimento radica em contraordenação, sendo desnecessária, à exceção de casos específicos[914], a intervenção do Direito Penal.

Essencial é discutir se o crime de abuso de confiança fiscal visa a proteção de direitos e deveres fundamentais, de valores constitucionais, que, por estarem ligados à nossa Constituição, possam ser considerados bens jurídico-penais, com dignidade e merecedores de tutela penal. Neste sentido, podemos estar perante uma situação em que, independentemente de o facto ser ilícito e culposo, não se preencham os pressupostos de punibilidade[915], e estes, por intrinsecamente relacionados com o conceito de dignidade penal, demonstram que, não «atingindo os limiares mínimos da exigência preventiva de punição»[916], então não possuem dignidade penal; não a possuindo, então o ilícito, no crime de abuso de confiança fiscal, nunca atinge o patamar de ilícito criminal, mantendo-se com o incumprimento, como ilícito contraordenacional.

O princípio da proporcionalidade[917], consagrado no artigo 18.º, n.º 2 da Constituição da República Portuguesa, enquanto parâmetro de controlo da constitucionalidade de normas incriminatórias, encontra-se assente em critérios de dignidade penal do bem jurídico, da necessidade da intervenção penal (da carência de tutela penal)[918], e nos princípios do "Direito Penal do bem jurídico", da proporcionalidade, da culpa e da legalidade penal[919].

do excesso», *in* AAVV, *Estudos em Homenagem ao Prof. Doutor Manuel da Costa Andrade,* Coimbra: Instituto Jurídico, 2017, págs. 241, 242 e 261.
Este princípio proíbe «que a restrição vá mais além do que o estritamente necessário ou adequado para atingir um fim constitucionalmente legítimo». – Vide, Novais, Jorge Reis (2019), *Princípios Estruturantes de Estado de Direito,* Coimbra: Almedina, pág. 110.

914 Referimo-nos a condutas com natureza fraudulenta, a remeter, por exemplo, para o crime de fraude fiscal.

915 Cf. Capítulo II, Secção I, ponto 4.

916 Vide, *Direito Penal, Parte Geral, (...),* op. cit., 2019, pág. 787.

917 Jorge Novais refere-se a uma utilização incorreta de terminologia no princípio da proporcionalidade, ao invés do princípio da proibição do excesso, definindo-o como «um concentrado de erros e equívocos, sendo descrito como elemento da proporcionalidade em sentido lato e integrado, em sentido restrito em subprincípios entre os quais o da proporcionalidade». – Vide, *Princípios Estruturantes (...),* op. cit., 2019, págs. 95 e 97.

918 Vide, Andrade, Manuel da Costa (1992), *A dignidade penal e a carência de tutela penal,* RPCC, n.º 2, 1992, pág. 184 e Antunes, Maria João (2013), «Direito penal fiscal – algumas

Veja-se, por exemplo, Nuno Brandão, para quem,

> *(...) a dignidade penal assume-se como instrumento de defesa do cidadão contra o Estado. É nesta acepção negativa que, conjunta e articuladamente com o princípio da necessidade de pena, a dignidade penal dá corpo ao paradigma do bem jurídico como limite e padrão crítico das escolhas legislativas penais (...)*[920].

Se o objetivo é a recuperação das receitas tributárias do Estado, e se a obrigação é legalmente imposta, então com a sua não entrega é iniciado um processo contraordenacional pela Autoridade Tributária, e não um processo criminal, por lhe faltar dignidade penal. Mas, ao faltar-lhe essa dignidade, então a infração não pode seguir a via processual inerente ao ilícito criminal com a repressão e o sistema sancionatório que lhe é próprio. O legislador, ao querer atribuir ao ilícito, de modo (es)forçado, tal dignidade criminal, acaba por lhe impor a sua descriminalização através da despenalização da conduta do agente, prevendo a existência de condições prévias à punição do ilícito.

Referimos que a obrigação do substituto não é contratual, mas legal[921], por força da lei fiscal. No entanto, o Estado utiliza o argumento da obrigação ser legal para reverter o princípio da igualdade dos credores – é um credor tributário –, ao utilizar a pena de prisão como um meio coercivo sobre os devedores. Mas, se o Estado assume esta posição em relação às obrigações contratuais, idêntica interpretação é legitima de ser efetuada perante as obrigações legais, impostas a terceiros pelo credor e em que o beneficiado é o próprio credor.

Pense-se, por exemplo, na hipótese de o devedor original, ao invés do substituto tributário, passar a ficar obrigado a entregar ao credor tributário as receitas tributárias devidas? Em termos de organização do sistema tributário, uma alteração desta natureza é certamente indesejada, mas a verdade

questões da jurisprudência constitucional», *in* AAVV, *Direito Penal – Fundamentos Dogmáticos e Político-Criminais, Homenagem ao Prof. Peter Hünerfeld*, Coimbra: Coimbra Editora, págs. 787 e 788.

919 O princípio da legalidade criminal apresenta-se, no atual Direito Penal moderno, como essencial. – Vide, Santos, Margarida (2019), «Princípio da legalidade criminal», *in* AAVV, *Comentário da Convenção Europeia dos Direitos Humanos e dos Protocolos Adicionais–Volume II – (org. Paulo Pinto de Albuquerque)*, Lisboa: Universidade Católica Editora, pág. 1348.

920 Vide, *Bem jurídico e direitos fundamentais (...)*, op. cit., 2017, pág. 261.

921 Cf. Capítulo II, Secção I, ponto 2.2.3.

é que ela merece ser ponderada. Será aspeto que merecerá da nossa parte uma breve reflexão.

Ao eliminar-se a figura do substituto tributário, e deixando a relação entre substituto-devedor e substituto-credor tributário, de ser criminalizada, por inexistente, a estrutura normativa, no crime de abuso de confiança fiscal, manter-se-ia aparentemente idêntica, alterando-se somente o agente que praticaria o ilícito. Relembrando que o legislador coloca à disposição do agente várias mecanismos legais para que este possa evitar a sanção criminal da conduta, e tendo em consideração as várias condições de punibilidade previstas na norma[922], sucederia que, ao remeter a responsabilidade dessa obrigação para o devedor originário, empiricamente, esta opção legislativa resultaria numa diminuição do volume de incumprimentos e de inquéritos criminais que prosseguem para fase de julgamento, por força, acreditamos, do cumprimento por parte daquele devedor[923].

Não ignoramos que uma revolução legislativa desta magnitude, em impostos como o IVA, não seria fiscalmente aceite, principalmente por um Estado aberto a mudanças, mas não a reformas estruturais. Contudo, na verdade, as alterações propostas para com o devedor originário, importaria apenas uma alteração de comportamentos funcionais, sem que daí adviesse uma hecatombe fiscal e organizacional. E para o Estado, dado que o universo de contribuintes a fiscalizar aumentaria exponencialmente, então tal obrigaria somente a um aperfeiçoamento, desejado até, do sistema de inspeção.

O Estado, como pessoa jurídica, tem de ser "pessoa de bem", na posição processual que assume, em particular, no crime de abuso de confiança fiscal. Não pode, pois, ser um cobrador de impostos que, no insucesso da sua arrecadação, utiliza o Direito Penal para obter, exclusivamente, as receitas tributárias em falta, violando, nesta medida, a constituição e a boa fé que os particulares lhe atribuem[924]. Aceitar isto, e em linha com Nuno Brandão,

[922] Cf. Capítulo II, Secção I, ponto 4.1.

[923] Segundo o relatório de 2018, da Direção-Geral da Política de Justiça, os processos crime, relativos a crimes fiscais, na fase de julgamento nos tribunais de primeira instância, no ano de 2017, foi de 1984 processos.– Vide, Relatório da Direção-Geral da Política de Justiça (2018), *Os números da Justiça*, Ministério da Justiça, pág. 20.

[924] Ensina Jorge Novais que o Estado enquanto «pessoa de bem, está sujeito ao princípio geral da boa fé e à garantia da segurança jurídica e à garantia da segurança jurídica e da tutela da confiança que os particulares depositam na palavra do Estado». – Vide, *Princípios Estruturantes (...)*, op. cit., 2019, pág. 148.

não significa que se esteja a colocar em causa o relevo da dignidade penal; pelo contrário, pretende-se demonstrar que esta categoria deve ser reservada somente para a nobre função de proteger o cidadão das «investidas penais do Estado» em particular quando, por razões meramente político-económicas, a utiliza de forma arbitrária[925].

Retomemos, por isso, o critério da dignidade penal do bem jurídico que assegura e legitima a criminalização, delimitando, no plano da política criminal, «a função do direito penal e os limites da legitimidade da sua intervenção», e que, no plano dogmático, é o critério e «suporte do tipo e fundamento da ilicitude material», para se aferir da congruência entre a ordem axiológica constitucional, assim como fiscal, e os bens jurídicos protegidos pelo Direito Penal[926/927].

As normas do Direito Fiscal que forem violadas, para atingirem o patamar que as eleve à tutela do Direito Penal, têm que, primeiramente, enquadrar-se com a realidade social. Não é, por isso, inoportuno recordar o quão "irrequieto" tem sido o crime de abuso de confiança fiscal, quanto à interpretação e alteração da norma que o tipifica, e, nessa lógica, recordando aqui os sempre atuais ensinamentos de Manuel Andrade[928], sobre interpretação, valoração e sentido que subjazem atualmente o teor da norma do crime em análise[929].

925 Vide, *Bem jurídico e direitos fundamentais (...)*, op. cit., 2017, pág. 262.

926 Vide, *A nova lei (...)*, op. cit., 1998, pág. 389.

927 Vide, Antunes, Maria João (2013), *Direito penal fiscal (...)*, op. cit., pág. 791.

928 Nos ensinamentos de Manuel Andrade, «interpretar uma lei é determinar o seu sentido e alcance decisivos e pôr a claro o verdadeiro sentido e alcance da lei». – Vide, *Ensaio sobre a Teoria da Interpretação das Leis e Interpretação e Aplicação das Leis*, 2.ª Edição, Coimbra: Arménio Amado, Editor, Sucessor, 1978, pág. 21.

929 O primeiro passo na interpretação de uma lei consiste na sua interpretação literal. Efetuada essa interpretação, nos termos do n.º 1 do artigo 9.º do Código Civil, o intérprete deve recorrer, e o Direito Fiscal não é exceção, aos elementos de ordem sistemática, histórica e teleológica.
O elemento de ordem sistemática refere-se à *ratio legis*, isto é, qual o objetivo que se pretendeu alcançar com a introdução da norma na lei, atendendo ao sistema jurídico em que está integrada e do qual tem de estar de acordo.
O elemento histórico regula as fontes da lei, da sua origem, ou seja, as circunstâncias históricas que tornaram necessária a lei, aos trabalhos preparatórios na sua criação e, quando é o caso, a evolução que leve à substituição de uma anterior.
Por fim, o elemento teleológico consiste em saber qual o fim jurídico a que a lei se destina.

A partir da interpretação realizada conforme o sentido literal da lei, e através de uma interpretação declarativa, no caso de existir uma desconformidade entre a letra da lei e o pensamento legislativo, pode surgir então uma interpretação restritiva e uma outra extensiva. A primeira ocorrerá se a lei não regular todas as situações cujo objetivo a lei visava, dada a sua natureza *restrita*. Por outro lado, a segunda interpretação ocorre quando se entenda que a lei tem uma formulação demasiado *ampla*[930].

A criminalização e interpretação que comummente tem sido efetuada do normativo previsto no artigo 105.º do Regime Geral das Infrações Tributárias é restrita no campo da criminalização, «*pela não entrega*», e, extensiva, na interpretação da possibilidade de evitar a punibilidade, com a introdução de condições objetivas de punibilidade, cujo foco visa, por força da violação da conduta, e a consequente limitação do Estado na realização das finalidades públicas a que se encontra adstrito, atribuir-lhe dignidade e tutela penal.

Sucede, ainda, que o Estado não depende integralmente das receitas tributárias, para prosseguir a satisfação das suas necessidades financeiras, considerando que possui outras fontes de receitas para alcançar essa finalidade[931/932]. Assim, e ao contrário de uma ameaça da sanção criminal, confrontados que sejam os critérios da necessidade ou da carência de pena, a infração deverá ser sancionada como ilícito de natureza meramente contraordenacional[933/934/935].

[930] Vide, Machado, João Baptista (2013), *Introdução ao Direito e ao Discurso Legitimador,* 21.ª Reimpressão, Coimbra: Coimbra Editora.

[931] Neste sentido Gomes Canotilho e Vital Moreira: «as receitas fiscais não têm obviamente que cobrir todas as necessidades financeiras públicas, porque não são as únicas receitas efetivas do Estado e demais entidades públicas». - Vide, *Constituição da República Portuguesa Anotada – Volume I, (...),* op. cit., 2006, págs. 1089, nota II.

[932] Vide, Monte, Mário Ferreira (2007), *Da Legitimação (...),* op. cit., págs. 243 e 244.

[933] Vide, Antunes, Maria João (2013), *Direito penal fiscal (...),* op. cit., pág. 789.

[934] Para Costa Andrade e Susana Aires de Sousa a tutela erigida no artigo 105.º do Regime Geral das Infrações Tributárias, para poder ser elevada à categoria de ilícito criminal, tem de passar pelo crivo da dignidade penal e pela carência de tutela penal ou necessidade de pena. Segundo Costa Andrade «a primeira é definida pela eminência dos bens jurídicos a tutelar e pela danosidade e intolerabilidade sociais dos sacrifícios, dano ou perigo que ameaçam aqueles bens». –Vide, *As metamorfoses (...),* op. cit., 2009, pág. 329.

[935] Por seu turno, a segunda coenvolve a exigência da eficácia ou idoneidade de tutela da intervenção do Direito Penal na perspectiva da proteção dos bens jurídicos; e a sua necessidade, porque a sociedade não dispõe de instrumento – jurídico ou outro – menos gravoso

Aceitando que o bem jurídico protegido pelo crime reside na obtenção (recuperação) das receitas tributárias, então a existência de um bem jurídico tem de ser uma condição necessária; mas isso não significa que possa justificar a sanção criminal, pelos valores sociais protegidos pela comunidade[936].

A dignidade penal de algumas condutas, reclamadas e reconhecidas, deve somente ser concretizada quando se respeitem os princípios e garantias que enformam o Direito Penal, de modo a que não se altere o seu paradigma, de *ultima ratio*, para uma *prima ratio*, caindo-se assim no extremo de qualquer conduta poder, dentro dos interesses imediatos do Estado, ter dignidade punitiva[937].

Se uma "infração" tem dignidade e carência penal, então ela tem necessariamente uma natureza penal. Se, pelo contrário, a "infração" não a possui, então tem natureza administrativa e deverá ser sancionada através do direito de mera ordenação social[938]. Estranhamente e infelizmente, não

para assegurar o mesmo nível de tutela (princípio da subsidiariedade) ou de *ultima ratio*. O que obrigará à declaração de inconstitucionalidade dos actos legislativos que os ofendam. É o que entre nós impõe, concretamente, o artigo 18.º, n.º 2, da Constituição da República. – Vide, ANDRADE, Manuel da Costa (2009), *O abuso de confiança fiscal (...)*, op. cit., pág. 247.

936 A função do Direito Penal é tutelada pelos bens jurídicos que são definidos, os quais delimitam a legitimidade para a sua aplicação «só podendo ser objeto das proibições penais os comportamentos que lesam ou põem em perigo os pressupostos de uma vida social próspera, apoiada na liberdade e responsabilidade do individuo». – Vide, ANDRADE, Manuel da Costa (1998), *A nova lei (...)*, op. cit., págs. 389 e 397.
Sucede, porém, se em relação a crimes como a fraude fiscal é inequívoco o dano social que a ação provoca, já no crime de abuso de confiança fiscal o legislador, tacitamente, pelas alterações que tem operado na norma, não lhe reconhece a necessária dignidade penal; contudo expressamente mantém-na.

937 O direito não se pode desviar da mutação que cada vez é mais célere no Estado, assim como da exigência que provoca nos cidadãos e, necessariamente, no legislador e no julgador. Não podemos pretender ter a sanção penal como meio repressivo e o recebimento das receitas tributárias através de várias soluções processuais (penal, tributária e civil).
Como refere NUNO BRANDÃO, posição em que nos revemos, o legislador deverá tomar as suas opções «não em função de razões ontológicas ou ligadas a uma suposta natureza das coisas e muito menos ainda do seu significado simbólico ou de "avisador das consciências", mas antes em função da sua capacidade para dar uma resposta adequada e eficaz às necessidades de tutela suscitadas por um bem jusfundamental que o legislador se deverá decidir por determinado meio de protecção, penal incluído, a empregar para o efeito». – Vide, *Bem jurídico e direitos fundamentais (...)*, op. cit., 2017, pág. 265.

938 Existem situações em que a conduta pode ter dignidade penal, mas carecendo de pena, «num movimento de descriminalização em obediência a razões de política criminal que o justificariam». –Vide, MONTE, Mário Ferreira (2007), *Da Legitimação (...)*, op. cit., pág. 197.

se tem discutido a dignidade penal das infrações tributárias, no sentido da tese administrativa[939] da infração tributária; tese que poderia certamente contribuir plara que se optasse pela mera censura de ordem social, sem se recorrer assim ao, já referido, «aparato penal»[940].

O Direito Penal, no crime de abuso de confiança fiscal, não pode ser utilizado como mero instrumento para a concretização da liquidação de imposto não recebido, sem atender às razões político-criminais que lhe devem estar subjacentes – como a da realização da justiça e a da prevenção de condutas dolosas; circunstância, que reforça a defesa da posição de uma sanção meramente administrativa, que seria suficiente para cumprir os objetivos de ordem social que a infração fiscal deste ilícito, se praticada, exige[941].

Em sentido oposto, foram desde sempre apontadas ao Direito Penal Tributário, como razões os objetivos de justiça distributiva, para suportar financeiramente as atividades do Estado, para efeito de legitimar a intervenção e a sanção penal na violação de condutas de índole fiscal.

Transcrevendo as palavras de Anabela Miranda Rodrigues,

> *(...) só uma degradação das infracções penais fiscais em confronto com as infrações penais gerais pode explicar a não inclusão no elenco das penas principiais da pena de prisão. À dignidade penal indiscutível dos comportamentos de fuga ilegítima ao Fisco deve corresponder a dignidade das penas a aplicar. É testemunho do grau de eticização do direito penal fiscal a categoria das penas que o servem. Nem pelo facto de estes crimes não causarem um grande alarme social se justifica uma desdignificação punitiva (...)*[942].

[939] Cf. Capítulo I, Secção I, ponto 3.1.

[940] Na expressão assertiva de Mário Monte. – *Ibidem*, pág. 397.

[941] Mantêm-se atuais as palavras de Rodriguez Devesa, uma vez que, segundo este autor, o Estado comporta-se como um "terrorista fiscal", o que legitima o contribuinte ao direito de resistência, quando este Estado, em posição de devedor, não atua de forma idêntica. São inúmeros os exemplos que ultrapassam a questão penal, iniciando-se pela cultural, passando pela social, a fiscal e, por fim, a penal. Mais refere o autor que *«tornar a una nueva ventanilla, al Estado fiscalmente despótico, en que estamos inmersos, que frene sus apetencias de recaudar y se apriete el cinturón como demanda a los ciudadanos de a pie, un estado cada vez más peligroso e intransitable»*, ou seja, *«voltar a uma nova janela, ao Estado fiscalmente despótico, em que estamos imersos, que freia seu desejo de cobrar e aperta o cinto como uma exigência do cidadão comum, um Estado cada vez mais perigoso e intransitável»*. – Vide, *El "Terrorismo" Fiscal*, Anuario de Derecho Penal y Ciencias Penales, Tomo 34, n.º 1, 1981, págs. 10, 15 e 16.

[942] Vide, *Contributo para a fundamentação(...)*, op. cit., 1999, pág. 482.

No entanto perguntamos, deverá esta intervenção abranger todo o tipo de infrações tributárias?

Repare-se que não está aqui em discussão a intervenção penal em matérias fiscais, considerando o interesse comum; o que se afirma é que, atualmente, no abuso de confiança fiscal a intervenção penal é injustificada em face do concreto teor da norma. O Estado tem um determinado comportamento na qualidade de credor e um outro comportamento contraditório, se se encontrar na qualidade de devedor, o que legitima a problematização de saber quão importante, para efeitos de punição, são as políticas-criminais. A este respeito, relembre-se ainda que é o Estado, para os citados efeitos, quem pune criminalmente a conduta do agente e o "amnistia" consoante o valor da infração praticada. Nos crimes fiscais, particularmente, na fraude fiscal, p.e.p., no artigo 103.º do Regime Geral das Infrações Tributárias, o valor estabelecido na norma pelo legislador foi de €15.000, enquanto que no abuso de confiança fiscal de €7.500. Contudo, no crime de fraude contra a Segurança Social, p.e.p. no artigo 106.º, é exigível, para efeitos de punibilidade, uma conduta ilícita de valor mínimo de €7.500, e, no caso do crime de abuso de confiança contra a Segurança Social, p.e.p. no artigo 107.º, ambos no Regime Geral das Infrações Tributárias, não é estabelecido um montante mínimo para efeitos de punibilidade[943]. Neste sentido, é difícil compreender quais são os parâmetros e os requisitos que levam o legislador a optar por determinado montante ao invés de um outro, ou, inclusive, a não optar por nenhum, para criminalizar e não criminalizar uma conduta. Apenas razões de índole político-fiscal e político-económica parecem fundamentar essa opção legislativa; no entanto, dúvidas não temos de que não as encontraremos na esfera político-criminal.

No direito alemão não existe a punição criminal do abuso de confiança fiscal, remetendo-se para a fraude fiscal[944]. Como já tivemos oportunidade de o referenciar, entre nós, COSTA ANDRADE, ou GLÓRIA TEIXEIRA, por exemplo, defendem que o crime de abuso de confiança fiscal deveria, de igual modo, ser reconduzido ao de fraude fiscal[945]. Com efeito, é mais gravosa a prática de um comportamento tipificado como fraude do que um de

[943] Cf. Capítulo II, seção III, §1, ponto 1.4.

[944] § 370 da Lei Geral Tributária Alemã. – Vide, SOUSA, Susana Aires de (2013), *Os crimes fiscais na Alemanha e em Portugal (...)*, op. cit., pág. 1114.

[945] Cf. Notas de rodapé n.ºs 19 e 169.

abuso de confiança fiscal[946]? Não será mais gravosa uma infração do agente a nível fiscal do que a nível da Segurança Social, considerando o universo que é abrangido pela Autoridade Tributária em comparação ao da Segurança Social?

Não discutimos, já o dissemos, a relevância da intervenção penal nos crimes contra a Segurança Social. O que debatemos é se existe dignidade penal, e, em caso afirmativo, se essa continua assegurada pela norma vigente para os crimes de fraude. Ademais, a Segurança Social, não obstante o seu inegável papel, não abrange a totalidade dos cidadãos. Por exemplo, os advogados ou os solicitadores são, obrigatoriamente, abrangidos por uma Caixa de Previdência autónoma à Segurança Social, não retirando partido dos benefícios sociais que esta presta. Todavia, o legislador atribui uma relevância penal de maior danosidade social às receitas contributivas, em comparação com as receitas tributárias, entre outras, por razões de sobrevivência do Instituto da Segurança Social[947] e não apenas pela salvaguarda e respeito pelas garantias e princípios penais.

Existem ainda outras contradições. Relembre-se, por exemplo, que nos termos do artigo 6.º do Código de Procedimento e Processo Tributário apenas é obrigatória, no Tribunal tributário, a constituição de advogado nas ações judiciais que excedam o dobro do valor estipulado em tribunal de primeira instância, ou seja, €10.000. Contudo, criminaliza-se a conduta dolosa de valor superior a €7.500, no caso do ilícito de abuso de confiança fiscal, p.e.p. artigo 105.º, isto é, de valor inferior, o que releva para efeitos de discussão judiciária da responsabilidade tributária.

A ameaça de sanção penal não tem sido suficiente para reprimir e prevenir a prática de infrações fiscais, atendendo que é o próprio Estado quem atua no sentido de proceder à reparação do ilícito, através do Direito Penal, com o objetivo de recuperar essas receitas. Assim, nem a paz social, nem os

[946] A fraude fiscal é a violação direta da lei fiscal, o agente opta dolosamente por condutas ilegítimas, tendo como fim a não liquidação, a não entrega ou pagamento total ou parcial e recebimento indevido de prestação tributaria, de benefícios fiscais, reembolsos ou outras vantagens patrimoniais, suscetíveis de causarem diminuição das receitas tributarias. – Vide, Lacerda, Hugo (2009), *O Crime de Fraude Fiscal – Estudo e Reflexão*, Porto: Almeida & Leitão, pág. 39 e «Anotação ao Artigo 103.º do RGIT», *in* AAVV, *Códigos Anotados & Comentados – Justiça Tributária (...)*, 2021, pág. 965.

[947] Posição defendida no Capítulo II, Secção III, ponto 1.4.3.C. e no nosso *«Os crimes contra Segurança Social»*, Porto: Faculdade de Direito da Universidade do Porto, Centro de Investigação Jurídico Económica, 2011, pág. 45.

efeitos de reinserção e ressocialização do agente, que se pretendem almejar, são atingidos, uma vez que essa não é a sua finalidade; o seu objetivo é apenas o da recuperação das receitas tributárias. Se aceitarmos este raciocínio, igualmente teremos de concluir que as medidas sancionatórias não penais, serão, *in fine*, suficientes para alcançar o objetivo que é pretendido no crime de abuso de confiança fiscal, o que justificará, atualmente, a inexistência de diferenciação entre ambas as responsabilidades.

2. A Sanção (não) Penal

Conforme supra referido, o legislador alemão não pune criminalmente a não entrega das receitas tributárias que sejam recebidas ou deduzidas pelo obrigado legal, mesmo que a título de dolo. Somente no caso de o agente preencher, com a sua ação, os elementos tipificados para a fraude fiscal, será o comportamento penalmente punido, mas pela prática do crime de fraude fiscal[948].

Define o legislador alemão, ao contrário do nacional que, em situação similar à tipificada no nosso ordenamento jurídico para o crime de abuso de confiança fiscal, o ilícito administrativo é suficiente para assegurar os objetivos da justiça social e fiscal. E se no caso português a distinção é efetuada por razões de hierarquia de valor, no alemão é o caráter fraudulento da ação que releva para efeitos de legitimação da intervenção penal.

Em ambas as opções legislativas existem, no entanto, pontos de similitude. Com efeito, ambos os ordenamentos jurídicos têm o objetivo comum de recuperar as receitas não entregues. Por ser assim, a ameaça da sanção penal não é sinónimo de cumprimento mais célere por parte do agente. O Direito de mera ordenação social pode ter um papel determinante no equilíbrio pretendido entre a definição da prática de ações presentemente tipificadas pelo abuso de confiança fiscal, como ilícitos administrativos ou penais, se aos pressupostos estabelecidos no artigo 105.º, acrescerem os preceituados no artigo 103.º do Regime Geral das Infrações Tributárias. Deste modo, a conduta ganharia dignidade penal e seria merecedora de sanção criminal. Caso contrário, seria de natureza administrativa, não relevando o valor, conforme ocorre, *a contrario,* em termos de natureza sancionatória com a Segurança Social, em que não é tipificado qualquer montante mínimo para ser criminalizado.

[948] Vide, SOUSA, Susana Aires de (2013), *Os crimes fiscais na Alemanha e em Portugal (...)*, op. cit., pág. 1124.

A sanção não penal seria aplicável para as condutas não fraudulentas, de sorte que a mera não entrega seria remetida, exclusivamente, para o regime contraordenacional.

2.1. A Sanção no Crime e na Contraordenação Tributária

Para podermos responder à questão refletida, temos de voltar a debruçar-nos sobre os conceitos de crime e contraordenação, distinção de natureza puramente pragmática e realizada pela doutrina em função do caráter qualitativo ou quantitativo e da natureza da sanção aplicada[949/950].

Todavia, mesmo através de uma modesta referência, uma vez que não iremos efetuar uma nova tentativa de diferenciação entre crime e contraordenação, sempre diremos que a doutrina tem divergido, em face do teor do artigo 1.º do Regime Geral das Contraordenações, quanto à ideia de que «constitui contraordenação todo o facto ilícito e censurável que preencha um tipo legal no qual se comine uma coima». Ora, à pena de multa é atribuída uma dimensão ético-jurídica e à sanção de coima uma neutralidade axiológica[951]. Na sanção de coima é legalmente permitida a sua substituição[952], assim como na sanção de multa, a qual pode ser substituída pela prestação de trabalho a favor da comunidade, nos termos do artigo 48.º do Código Penal[953], ou o seu incumprimento convertido em prisão subsidiária[954],

[949] Para Eduardo Correia, na linha de Goldschmidt, crime é todo o comportamento tipificado e sancionado por uma pena criminal e a contra-ordenação o comportamento, culposo, sancionado por uma coima. – Vide, *Direito Criminal – Vol. I (...)*, op. cit., 2016, pág. 26.

[950] Pena=crime; Coima=contraordenação. – Vide, Carvalho, Américo A. Taipa de (2004), *Direito Penal Parte Geral – Volume II, (...)*, op. cit., pág. 157.

Teresa Pizarro Beleza reforça que «sempre que num diploma se ameace o autor da prática de um ato ilícito com uma coima, estamos perante matéria contra-ordenacional». – Vide, *Direito Penal, 1.º Volume*, 2.ª Edição revista e atualizada, Lisboa: AAFDL Editora, 1998, págs. 120 e 121. Ou ainda, Faria Costa: «sempre que haja uma norma que preveja um facto ilícito e censurável no qual se comine uma coima como sanção (pecuniária) é indubitável que se estará, perante uma contraordenação». – Vide, *Direito Penal,(...)*, op. cit., 2017, pág. 37.

[951] *Ibidem*, Faria Costa, pág. 39.

[952] Temos presente o artigo 89.º-A, introduzido pelo Decreto-lei n.º 244/95 de 14 de setembro, no Regime Geral das Contraordenações, e a expressão *"a lei pode prever"*.

[953] Vide, Ac. do Supremo Tribunal de Justiça de Uniformização e Fixação de Jurisprudência, n.º 7/2016, de 18 de fevereiro de 2016, disponível em Diário da República, 1.ª Série, n.º 56, págs. 896-908.

[954] Vide, Ac. do Supremo Tribunal de Justiça, de Uniformização e Fixação de Jurisprudência, n.º 12/2013, de 18 de setembro de 2013, disponível em Diário da República, 1.ª Série, n.º 200, págs. 6116-6123.

conforme preceituado no artigo 49.º do citado diploma. Acresce, ainda, que uma sanção de coima pode ser economicamente mais gravosa para o agente, em relação à aplicação de uma pena de multa, se atendermos ao n.º 1 do artigo 18.º do Regime Geral das Contraordenações[955], o qual estabelece um critério diferente do previsto no artigo 71.º do Código Penal para a pena de multa, na determinação da medida da coima. No ilícito contraordenacional, a medida da coima determina-se em função da gravidade, da culpa, da situação económica do agente e do benefício económico, que da sua prática, possa resultar[956].

Não obstante a distinção formal e objetiva proposta entre crime e contraordenação[957], a coima é, igualmente como a multa, uma sanção, só que de caráter patrimonial, com natureza repressiva e sentido não reparador[958]. Por outro lado, e uma vez que a culpa penal é divergente da culpa contraordenacional, é através da culpa, numa conceção ético-retributiva da pena, que a pena criminal adquire a conceção ética[959/960].

Sempre associado ao critério formal, encontra-se necessariamente um critério material, o qual, como refere Augusto Silva Dias, ajuda a

955 O artigo 18.º do Regime Geral das Contra Ordenações dispõe que:
«1 – A determinação da medida da coima faz-se em função da gravidade da contra-ordenação, da culpa, da situação económica do agente e do benefício económico que este retirou da prática da contra-ordenação;
2 – Se o agente retirou da infracção um benefício económico calculável superior ao limite máximo da coima, e não existirem outros meios de o eliminar, pode este elevar-se até ao montante do benefício, não devendo todavia a elevação exceder um terço do limite máximo legalmente estabelecido;
3 – Quando houver lugar à atenuação especial da punição por contra-ordenação, os limites máximo e mínimo da coima são reduzidos para metade».

956 Vide, Pereira, António Beça (2017), *Regime Geral das Contra-Ordenações (...)*, op. cit., págs. 58 e 59.

957 Cf. Nota de rodapé 950.

958 Vide, Moutinho, José Lobo (2008), *Direito das Contra-Ordenações – Ensinar e investigar*, Lisboa: Universidade Católica Editora, pág. 37.

959 Neste sentido Nuno Brandão distingue ser «no ilícito», onde materialmente se processa a diferenciação. Define este penalista que «o critério ético-social de distinção crimes e contra-ordenações constitui um critério materialmente incompatível com o princípio constitucional da proibição do excesso, que no domínio penal se projecta num princípio da subsidiariedade da intervenção penal expresso através da categoria da carência de tutela penal». – Vide, *Crimes e Contra-Ordenações: da Cisão à Convergência Material*, Coimbra: Coimbra Editora, 2016, págs. 338 e 339.

960 Sobre a distinção entre crime e contra-ordenação sugerimos, ainda, para além dos autores já citados, Lumbrales, Nuno B. M. (2006), *Sobre o Conceito (...)*, op. cit., págs. 99–153.

que o legislador se oriente na qualificação jurídica de determinado comportamento[961].

Mas se a diferenciação entre crime e contraordenação "comum" deve ser feita da mesma forma que aquela a que nos referimos, em relação à diferença entre o Direito Penal e o contraordenacional, então estes critérios têm caráter quantitativo ou qualitativo?

No critério quantitativo o que releva é a gravidade, a qual deve ser apreciada casuisticamente, o que atribui ao legislador uma enorme discricionariedade para definir uma ação criminal ou contraordenacional, tornando essa distinção puramente formal[962] e, a sua decisão, política e pragmática[963]. Os autores que defendiam a existência de um critério quantitativo consideravam não existirem diferenças essenciais, de natureza, entre os ilícitos penais e os contraordenacionais[964].

Em sentido contrário, alguns penalistas[965/966] defendiam a existência de uma diferença qualitativa entre os dois ilícitos, estando o criminal ligado a

961 Vide, *Direito das Contra-Ordenações*, Lisboa: Universidade Católica Editora, 2018, pág. 46.

962 Vide, Dias, Augusto Silva (1999), *Crimes e contra-ordenações (...)*, op. cit., pág. 440.

963 Vide, Andrade, Manuel da Costa (1998), «Contributo para o conceito de contra-ordenação (A experiência alemã)», *in* AAVV, *Direito Penal Económico e Europeu: Textos Doutrinários – Volume I–Problemas Gerais*, Coimbra: Coimbra Editora, pág. 105.

964 Para Cavaleiro de Ferreira existia, inicialmente, uma diferença de qualidade. Com a entrada em vigor do Código Penal de 1982, efetua-se uma distinção, tendo por base a teoria de Goldschmidt, entre a ordem de justiça e a ordem administrativa. Conclui-se que, quer o «Estado, como os indivíduos, estão sujeitos somente a uma ordem jurídica unitária.», não existindo «nenhuma distinção essencial entre o objecto jurídico dos crimes e contra-ordenações». Este autor critica, ainda, os autores que justificam, no essencial, a presente distinção pela falta de dignidade penal em relação às infrações contraordenacionais, na «menor ressonância ética do ilícito de mera ordenação social». Defendendo que «direito e moral têm princípios comuns, mas essa base comum não se expressa na formulação das normas positivas do direito pela mesma forma em que pode ter lugar na moral. Mas, para os que aceitam essa relacionação entre moral e direito, toda a ordem jurídica, enquanto impõe deveres, obriga em consciência, o que só é possível precisamente porque o direito assenta em princípios que são comuns à moral. A menor ou maior eticidade, é sempre e ainda um problema de quantidade e não justifica a distinção essencial que se procura». (nosso sublinhado) – Vide, *Lições de Direito Penal, Parte Geral I (...)*, op. cit., 2010, págs. 112 e 113.

965 Defendem esta conceção, entre outros, Eduardo Correia [Vide, «Direito Penal e Direito de Mera Ordenação Social», *in* AAVV, *Direito Penal Económico e Europeu, Volume I – Problemas Gerais*, Coimbra: Coimbra Editora, 1998], e Faria Costa [Vide, *Direito Penal,(...)*, op. cit., 2017, pág. 35].

966 Para Figueiredo Dias a distinção passa por uma diferença material na própria conduta e não quanto ao ilícito.

bens jurídicos mais ou menos cristalizados na ordem social de valores, e as contraordenações a funções sociais relacionadas com a violação de deveres administrativos, conferindo assim ao ilícito um caráter baseado no desvalor da ação, material-axiologicamente neutro[967], em que a censura realizada reflete uma advertência social, ao invés do crime, em que é refletida uma censura eticamente reprovável.

É esta a posição, entre nós, dominante e, bem assim, acolhida pelo Tribunal Constitucional[968], de que o conteúdo ético do ilícito criminal, em relação ao contraordenacional, reforça as exigências da legalidade, ao nível da

> *(...) definição do seu âmbito e das reações que lhe correspondem, a uma conceção nos fins do Estado. Daí que o legislador descreva e tipicize os comportamentos que frustram ou violam a realização de certos fins, e merecem por isso uma censura social (...)*[969].

Por fim, existem penalistas que defendem que estas conceções são relevantes para a distinção de ambas as infrações. Esta é a posição utilizada pelo legislador alemão e entre nós defendida, entre outros, por Taipa de Carvalho[970] e Nuno Brandão[971].

[967] Vide, Dias, Augusto Silva (1999), *Crimes e contra-ordenações (...)*, op. cit., pág. 441.

[968] Vide, Acórdãos do Tribunal Constitucional n.ºs 158/1992, de 23 de abril de 1992, 244/1999, de 12 de abril de 1999, 245/2000, de 12 de abril de 2000, 383/2001, de 26 de setembro de 2001, 336/2008, de 19 de junho de 2008, 461/2011, de 11 de outubro de 2011 e 78/2013, de 31 de janeiro de 2013, todos disponíveis em www. tribunalconstitucional.pt/tc/acordaos.

[969] Vide, Correia, Eduardo (1998), *Direito Penal e Direito de Mera Ordenação (...)*, op. cit., pág. 16.

[970] Para este penalista, a diferença entre os ilícitos, e nesta medida entre os direitos, é realizada através do critério qualitativo, recusando contudo o critério de «que contrapõe condutas "axiológico-socialmente ou ético-socialmente irrelevantes" ou neutras». Sucede que, não abrangendo esta diferença qualitativa todo o direito de ordenação social, este critério, segundo o autor, é apenas tendencialmente verdadeiro. A diferença reside no facto de «uma grande parte dos valores ou bens jurídicos, protegidos pelo direito de ordenação social, não pertencem à estrutura axiológica fundamental da vida comunitária e da realização pessoal, não atingem a categoria da chamada "dignidade penal", estrutura que é o objecto próprio do direito penal». – Vide, *Direito Penal Parte Geral (...)*, Porto: Universidade Católica Editora, 2016, págs. 131 e 141.

[971] Este autor «identifica-se no pensamento misto qualitativo-quantitativo (...), pela abordagem ao problema a partir dos princípios a que se encontra subordinada a actividade legislativa de tipificação de crimes e de contra-ordenações». – Vide, *Crimes e Contra-Ordenações (...)*, op. cit., 2016, págs. 396 e 397.

Não obstante o que vem de ser dito, todas as posições têm entre si pontos em comum – chamando-se novamente à colação, as posições assumidas por TAIPA DE CARVALHO, NUNO BRANDÃO ou COSTA ANDRADE –, o que, como bem sabemos, implica numa perspetiva de «diferença de grau...que não é diferença essencial nenhuma»[972]. No entanto, MIGUEL MACHADO refere-se a um Direito Penal enquanto direito sancionatório, cujos mecanismos sancionatórios jurídicos não se esgotam nesse mesmo ramo do direito, na medida em que existem sanções «distribuídas pelos diversos complexos normativos coexistentes», sendo o Direito Penal, enquanto *ultima ratio,* chamado a intervir somente quando esteja em causa a violação de valores e bens jurídicos fundamentais noutros regulamentos jurídicos[973].

Esta abrangência de posições leva-nos, numa vertente meramente indicativa para a nossa reflexão, à posição assumida por LOBO MOUTINHO, a qual se refere ao direito das contraordenações como direito sancionatório das atividades reservadas, enquanto direito sancionatório administrativo[974]. Posição a que, no entanto, se opôs AUGUSTO SILVA DIAS, por entender existirem atividades sujeitas a licenciamento ou autorização administrativa cujos bens protegidos não pertencem ao Direito Penal, e porque, no que concerne à tutela das atividades reservadas, estas não abrangem todo o tipo de contraordenações[975].

O Tribunal Europeu dos Direitos do Homem, tem entendido que o regime contraordenacional se encontra abarcado pelo regime penal.

No entanto, como bem refere AUGUSTO SILVA DIAS, na «admissibilidade da existência de um espaço exclusivamente penal associado em regra ao princípio da dignidade penal das condutas e na dificuldade em explicar a razão que está por trás da possibilidade de ao direito contra-ordenacional ser reservado um tratamento constitucional e legal distinto daquele que vale para o direito penal quando estejam em causa factos contra-ordenacionais que quanto à sua natureza se não distingam dos factos penalmente relevantes». – Vide, *Direito das Contra--Ordenações, (...),* op. cit., 2018, pág. 47.

972 Vide, MOUTINHO, José Lobo (2008), *Direito das Contra-Ordenações (...),* op. cit., pág. 56.

973 Vide, «Elementos para o Estudo da Legislação Portuguesa sobre Contra-Ordenações», *in* AAVV, *Direito Penal Económico e Europeu, Volume I – Problemas Gerais,* Coimbra: Coimbra Editora, 1998, pág.169.

974 Vide, *Direito das Contra-Ordenações (...),* op. cit., 2008, pág. 62 e ss.

975 Este autor dá como exemplo a proteção do ambiente urbano enquanto atividade não reservada e cuja necessidade imperativa de regulamentação é tutelada pelo regime das contra ordenações. – Vide, *Direito das Contra-Ordenações, (...),* op. cit., 2018, págs. 50 e 51.

Conforme refere Frederico Costa Pinto[976] os critérios usados pelo TEDH, para estender as garantias previstas pela CEDH em matéria penal e em processos de natureza contraordenacional, são frágeis e «profundamente discutíveis»[977]. Conclui este autor que o «desenvolvimento legal das garantias dos processos sancionatórios públicos não penais deve ser concretizado de forma clara por aproximação e identificação com as garantias penais»[978], situação à que ocorre, numa fase inicial, na infração tributária[979].

O Regime Geral das Infrações Tributárias, no artigo 3.º, alínea a), aplica subsidiariamente, em casos de omissão, as normas dispostas no Código Penal e no Código de Processo Penal, desde que não contrariem a regulamentação deste regime. Em relação às contraordenações tributárias, a alínea b) do citado artigo 3.º remete, em caso de não regulamentação, para o Regime Geral das Contraordenações, conforme artigos 32.º e 41.º deste diploma, submetendo-se aos princípios e garantias do Direito Penal[980]. Não é, por isso, possível afastarmo-nos dos preceitos gerais do Direito Penal e processual penal, não obstante existirem, em matéria contraordenacional tributária, regras processuais a serem subsidiariamente aplicadas pelo Código de Procedimento e Processo Tributário, ao invés do Regime Geral das Contraordenações[981].

[976] Vide, «Processo contra-ordenacional», *in* AAVV, *Comentário da Convenção Europeia dos Direitos Humano e dos Protocolos Adicionais –Volume II, (Org. Paulo Pinto de Albuquerque),* Lisboa: Universidade Católica Editora, 2019, págs. 1220 e 1223.

[977] Vide, TEDH, *A. e B.* c. Noruega GC, casos n.ºs 24130/11 e 29758/11, 15 de novembro de 2016.

[978] Vide, Pinto, Frederico de Lacerda da Costa (2019), «Processo contra-ordenacional» *(...),* op. cit., pág. 1225.

[979] Neste sentido vejam-se, a título de exemplo, os seguintes casos do TEDH: *Engel e Outros c. Países Baixos* [TP], n.ºs 5100/71, 5101/71, 5354/72 e 5370/72, 8 de junho 1976; *Ozturk c. Alemanha* [TP], n.º 8544/79, 21 de fevereiro 1984; *Grande Stevens e Outros c. Itália*, n.º 43509/08, 27 de novembro 2011;

[980] Pinto Albuquerque refere-se a garantias de «segurança, certeza, confiança e previsibilidade dos cidadãos por força do princípio do Estado de Direito consagrado no art.º 2.º da CRP e art.º 7.º da CEDH». – Vide, *Comentário do Regime Geral das Contra-ordenações(...),* op. cit., 2011, pág. 116, nota 2.

[981] Por exemplo, as notificações efetuadas aos arguidos, nos termos do artigo 70.º do Regime Geral das Infrações Tributárias – descrevendo os factos apurados no processo de contraordenação e notificando-o que dispõe do prazo de 30 dias para, querendo, apresentar defesa –, é realizada, por força do n.º 3 deste artigo, nos termos do previsto nos artigos 38.º, n.ºs 1 e 2 ou do 40.º, n.º 1, do Código de Procedimento e Processo Tributário, no caso de constituição previamente realizada de mandatário.

Quando no início do nosso estudo abordámos a natureza da infração tributária[982], verificámos que, se a autonomia entre o ilícito criminal e o ilícito contraordenacional ocorria, a verdade é que atualmente ela é inexistente[983]. Concluímos então que fatores sociopolíticos influenciaram o Estado de Direito Social, conduzindo-o à consagração intervencionista e promotora do processo de desenvolvimento económico, através da criação de normas para os mais variados setores sociais e económicos, evolução que se refletiu no surgimento de novas políticas criminais e de um novo setor público sancionatório, decorrentes das novas formas de criminalidade que iam surgindo, assim como da corrente de descriminalização que pretendia um afastamento do Direito Penal.

Mas quais os critérios a utilizar para distinguir a intervenção penal e contraordenacional[984] no âmbito da violação de um dever fiscal, se os impostos são o preço a pagar por uma sociedade justa e funcional?

O direito de mera ordenação social[985] visa a proteção dos valores sociais e dos interesses da comunidade que são tidos como relevantes, assim como as condutas censuráveis e qualificadas, pela sua relevância, como ilícitos contraordenacionais. Assim sendo, a nossa conclusão é a de que uma parte dos bens jurídicos protegidos, e dos valores entendidos essenciais para a realização pessoal do indivíduo e da vida em sociedade, não pertencem à estrutura axiológica que legitima atribuir dignidade penal.

Sucede porém que, considerando os interesses, os bens, os valores jurídicos protegidos e tutelados pelo direito de ordenação social, as sanções que são aplicadas visam a dissuasão e consciencialização do indivíduo, razões pelas quais, quer neste ilícito, quer no penal, as sanções se diferenciem, nomeadamente, nas consequências. Na pena, pela sua natureza

[982] Cf. Capítulo I, Secção I, ponto 3.

[983] Vide, Andrade, Manuel da Costa (2009), *O abuso de confiança fiscal (...)*, op. cit., págs. 233 e 235.

[984] Flávia Loureiro, referindo-se às contraordenações ambientais, levanta a [mesma] questão de saber quais os critérios para efetuar uma distinção entre os dois tipos de intervenção sancionatória. – Vide, «A fronteira entre o Direito Penal e o direito de mera ordenação social: reflexão a partir das contraordenações ambientais», *in* AAVV, *Jornadas de Direito das Contraordenações*, Porto: Universidade Católica Editora, 2019, pág. 133.

[985] Taipa de Carvalho entende que Eduardo Correia acrescentou ao direito de ordenação social a palavra mera, sem qualquer justificação jurídica, a não ser a de pretender reforçar a distinção material entre o ilícito penal e o de ordenação social. – Vide, *Direito Penal Parte Geral (...)*, op. cit., 2016, pág. 137.

penal, o grau de culpa tem uma relevância decisiva na determinação da pena; não sendo exatamente assim na coima, no ilícito administrativo, quer pelo papel social que desempenha, quer através do princípio da culpa em que a censura representa uma «reprimenda social»[986].

Ademais, em caso de aplicação de pena de multa, esta pode ser convertida, nos termos do artigo 49.º do Código Penal, em prisão, ao contrário da coima, que apenas pode ser sujeita a execução, conforme o preceituado no artigo 89.º do Regime Geral das Contraordenações.

2.2. Da Possibilidade de Dispensa, à Atenuação Especial da Coima ou da Admoestação na Contraordenação Tributária

Aqui chegados é legitimo que se interrogue da possibilidade da aplicação, nas contraordenações tributárias, de figuras que dispensem, atenuem ou socialmente repreendam o comportamento do agente.

Para a matéria que nos interessa – reforçamos que a conclusão a alicerçar é idêntica entre as normas preceituadas em sede de contraordenação tributária –, o artigo 114.º do Regime Geral das Infrações Tributárias qualifica a falta de entrega da prestação tributária como ilícito contraordenacional, sempre que tenha sido efetuada a entrega da quantia em falta, após o termo do prazo, mas dentro dos 90 dias estabelecidos na norma. Entende-se que, após este prazo, a conduta, preenchendo os elementos do tipo, passará a configurar uma situação de crime, p.e.p. no artigo 105.º do Regime Geral das Infrações Tributárias[987]. Porém, do n.º 1 do artigo 114.º, conclui-se que o prazo de 90 dias não é perentório, uma vez que o preceito refere «ou por período superior, desde que os factos não constituam crime (...)». Na linha do que defendemos, o crime só se verifica com o preenchimento da condição objetiva de punibilidade da alínea b), do n.º 4 do artigo 105.º[988] mesmo que a norma se pretenda referir a questões de valor e de falta de apropriação.

Todavia, mesmo se discordando, tal significa que, perante uma contraordenação tributária, é possível a atenuação especial da coima, ou mesmo a aplicação da admoestação, conforme ocorre no Regime Geral das Contraordenações?

[986] Vide, Dias, Augusto Silva (2018), *Direito das Contra-Ordenações, (...)*, op. cit., pág. 65.

[987] Vide, Sousa, Jorge Lopes de / Santos, Manuel Simas, *Regime Geral (...)*, op. cit., págs. 812 e 813, anotação 4.

[988] Cf. Capítulo II, Secção I, ponto 4.

O ilícito de mera ordenação social carateriza-se através de critérios formais e materiais, oscilando a doutrina entre o quantitativo, qualitativo e até um misto (critério material e formal), mesmo que a sua homogeneidade, em todos, seja debatida, regressando-se, por isso, à eficiente e pragmática definição de que um ilícito de mera ordenação social é todo aquele que é sancionado por uma coima[989] e o criminal por uma pena[990].

Assim, a sanção assume-se como um elemento imprescindível na definição e caraterização da conduta a tipificar como contraordenação ou crime, sendo que no caso dos ilícitos de mera ordenação social a sua necessidade de prevenção[991] é distinta da necessidade de prevenção a que o Direito Penal, através das sanções, transmite ao agente e à comunidade[992]. Ademais, e já o referimos, Taipa de Carvalho afasta a ideia de retribuição nos ilícitos de contraordenação, não obstante a sua finalidade ser de intimidação para o cumprimento das normas a quem estas se destinem[993].

2.2.1. *A Dispensa de Coima*

Regressando ao artigo 114.º do Regime Geral das Infrações Tributárias, coloquemos a hipótese do agente que, por lapso, só procede à entrega do IVA três dias após o término do prazo legal, cometendo a infração de forma negligente e com um grau de culpa diminuto. Pode beneficiar de algumas das condições especiais na aplicação da sanção contraordenacional?

O nosso estudo precedeu a alteração produzida pela Lei n.º 7/2021, de 26 de fevereiro, a qual entrou em vigor a 1 de janeiro de 2022, deste modo, relembramos que o artigo 32.º, no anterior Regime Geral das Infrações Tributárias [ARGIT], estabelecia dois caminhos para que o agente infrator pudesse beneficiar de condições especiais na aplicação/dispensa da coima, atualmente previsto no artigo 29.º, n.º 2, alíneas a) e b) do novo Regime

[989] Vide, Monte, Mário Ferreira (2014), *Lineamentos de Direito das Contraordenações*, 2.ª Edição, Braga: AEDUM, pág. 55.

[990] Ainda da Escola de Direito do Minho, sobre estas diferentes conceções, reveja-se Monteiro, Fernando Conde (2017), *Breves reflexões epistemológicas sobre a delimitação entre o ilícito contraordenacional e o ilícito jurídico-penal em face da ordem jurídica portuguesa*, Braga: Scientia Ivridica – Tomo LXVI, n.º 344, Maio/Agosto, págs. 203–226.

[991] Mário Monte, em relação ao ilícito de ordenação social, eleva a importância da prevenção geral negativa ou de intimidação. – Vide, *Lineamentos de Direito das (...)*, op. cit., 2014, pág. 175.

[992] Cf. Nota de rodapé 959.

[993] Vide, *Direito Penal Parte Geral (...)*, op. cit., 2016, pág. 142.

Geral das Infrações Tributárias [NRGIT]: através da sua dispensa; e no citado artigo 32.º, n.º 2 do ARGIT, através da atenuação especial. Em relação à situação preceituada, compete à entidade fiscal onde o processo contraordenacional tributário corre termos, ou ao próprio julgador em fase judicial de impugnação, verificar se estavam preenchidos, cumulativamente, os seguintes requisitos: a inexistência de prejuízo efetivo para a receita tributária, que a situação tributada decorrente da infração se encontre regularizada. O NRGIT afastou, entretanto, o pressuposto relativo à verificação de um diminuto grau de culpa[994].

Se os dois primeiros requisitos são diretos e objetivos – existe ou não prejuízo da receita, a situação tributária encontra-se ou não regularizada –, o último requisito, referente à culpa, acarretava um caráter subjetivo para quem tem a competência de analisar e decidir se aquela culpa era ou não diminuta.

Atualmente o NRGIT prevê a possibilidade da coima poder ser especialmente atenuada a pedido do infrator – necessidade de o agente infrator estar obrigado a requerer essa dispensa da coima, nos termos do previsto no n.º 4, do artigo 29.º do NRGIT –, no prazo concedido para a defesa, caso este reconheça a sua responsabilidade e, no mesmo prazo, regularize a situação tributária, existindo uma novidade, por nós defendida ainda antes da alteração legislativa operada, de quando a reduzida gravidade da infração e da culpa do agente o justifique, poder a entidade competente limitar-se a proferir uma admoestação, conforme prevê o n.º 3 do artigo 32.º do NRGIT.

Naturalmente que, nos termos do artigo 27.º do Regime Geral das Infrações Tributárias, a determinação da coima e a sua ponderação tem também de atender a estes requisitos, os quais, em relação aos dois primeiros, não merecem qualquer dificuldade de interpretação teórica, ao invés da sua aplicação prática[995/996].

[994] A dispensa de coima é um instituto que apenas encontramos no Regime Geral das Infrações Tributárias – *"remissão"* do artigo 21.º do Regime Jurídico das Infrações Fiscais Não Aduaneiras –, uma vez que o Regime Geral das Contraordenações não o dispõe, não podendo ser, subsidiariamente, aplicado.

Joana Polónia-Gomes, entende que esta alteração «poderá impulsionar o número de situações em que a ATA, ou os tribunais, em sede *impugnatória*, determinem o afastamento da aplicação da coima.» – Vide, Gomes, Joana Polónia – (2021), *Dispensa, Atenuação e Redução de Coimas (Notas Práticas à Luz da Nova Redação do RGIT)*, Coimbra: Almedina, pág. 95.

[995] Vide, Acórdãos do Supremo Tribunal Administrativo, de 15 de dezembro de 2017, processo n.º 0612/15 e de 12 de julho de 2018, processo n.º 0497/18, ambos disponíveis em www.dgsi.pt.

É nosso entendimento que o prejuízo a que o legislador se refere é, objetivamente, o montante de que o Estado se viu, igualmente, privado, correspondendo ao hiato temporal em que o credor tributário se viu privado da receita tributária. Apesar da nossa posição relativamente ao conceito de *prejuízo efetivo*, a jurisprudência tem proferido decisões antagónicas, decidindo mais recentemente que o prejuízo ocorre sempre que seja ultrapassado o prazo legal de pagamento, não sendo suficiente o seu eventual ressarcimento[997]. Mesmo na hipótese de o imposto ser pago no dia seguinte ao seu término, acrescido dos juros moratórios, tal não significa a inexistência de prejuízo, mas somente o seu ressarcimento. Esta posição elimina, nos casos em que o agente não efetue o pagamento do imposto no prazo legal, a possibilidade de aplicação da dispensa de coima ao ilícito do artigo 114.º do Regime Geral das Infrações Tributárias.

Em relação ao afastamento do pressuposto atinente à culpa do agente, por respeito aos princípios da legalidade e da justiça, teria de se atender ao nível da culpa, e verificar se, nos termos do previsto no artigo 114.º, a conduta foi praticada a título de negligência. Concordamos com a discricionariedade dada ao instrutor do processo contraordenacional e/ou ao julgador, para aferirem do grau de culpa, na medida em que as infrações não devem ser apreciadas sob uma fórmula pré-estabelecida, mas através da análise legal, fiscal e social de cada conduta, de modo a que a justiça seja realizada em toda a sua plenitude.

2.2.2. *A Atenuação Especial de Coima*

Para poder haver lugar à atenuação especial da coima, o agente infrator está dependente, no prazo previsto para o exercício de defesa, da apresentação de requerimento a requerer a aplicação deste regime. É necessário, ainda, que se encontrem verificados, cumulativamente, dois requisitos: o agente infrator reconheça a sua responsabilidade e regularize a situação tributária até à decisão do processo. O preceito não diferencia entre a fase administrativa ou a judicial para poder ser aplicada a atenuação especial.

[996] Ainda sobre esta questão. – Vide, Gomes, Joana Polónia- (2018), *A Colaboração dos Obrigados Fiscais no Direito das Contraordenações Tributárias – dispensa, atenuação e redução de coimas*, Coimbra: Almedina, págs. 182 e 183.

[997] Germano Marques da Silva defende «o que vale é a regularização da situação tributária na pendência do processo administrativo». – Vide, *Princípios gerais em matéria de contra-ordenações tributárias*, Lisboa: Centro de Estudos Judiciários, 2016, pág. 18.

No que concerne ao reconhecimento da responsabilidade por parte do agente, esta deve ser aferida através da análise do comportamento processual que por aquele é demonstrado, seja em sede de defesa, seja pelas ações que, prévias aos trâmites subsequentes à prática da infração, apresentem uma assunção de responsabilidade pela prática da contraordenação. Em relação à verificação do requisito da *regularização da situação tributária*, essencial é que o agente infrator tenha pago o imposto liquidado, acrescido dos juros que sejam devidos[998].

Os limites máximo e mínimo são os fixados no artigo 18.º, n.º 3 do Regime Geral das Contraordenações, regime subsidiariamente aplicável às contraordenações tributárias, reduzidos para metade, uma vez que o Regime Geral das Infrações Tributárias não prevê qualquer norma para a atenuação especial[999]. Repare-se que o critério preceituado no n.º 3 é diferente do disposto no Código Penal quanto à atenuação especial da pena de multa, do artigo 73.º, n.º 1, alínea c) do mesmo diploma[1000/1001]. Daí que a sua aplicação não possa ser realizada de forma arbitrária pelo instrutor do processo administrativo, ou pelo julgador do processo, mas terá, isso sim, de ser realizada sempre pelo cumprimento das regras e fixação dos limites do n.º 3 do artigo 18.º do Regime Geral das Contraordenações[1002].

Sucede que a aplicação da atenuação especial, pela sua génese, e pelo seu objetivo, perfeitamente delineado pelo legislador – desde logo na sua denominação "*atenuação*" e "*especial*" –, tem de respeitar os princípios da

[998] Vide, Acórdãos do Supremo Tribunal Administrativo, de 28 de junho de 2017, processo n.º 0152/17 e de 12 de dezembro de 2018, processo n.º 01053/17.8BEPRT, ambos disponíveis em www.dgsi.pt.

[999] Vide, Acórdãos do Supremo Tribunal Administrativo, de 13 de outubro de 2010, processo n.º 0670/10 e de 25 de outubro de 2017, processo n.º 0371/17, ambos disponíveis em www.dgsi.pt.

[1000] Vide, Pereira, António Beça (2017), *Regime Geral das Contra-Ordenações (...)*, op. cit., pág. 59, nota 4.

[1001] No artigo 73.º do Código Penal, os termos para a fixação da atenuação especial da pena de multa correspondem à redução legal do seu limite máximo em um terço à redução do seu limite, ao mínimo legal. No Regime Geral das Contraordenações, o artigo 18.º, n.º 3, fixa os termos da atenuação especial da coima, reduzindo para metade os limites máximo e mínimo da coima, beneficiando o agente, em relação à legislação penal, em sede de atenuação especial.

[1002] A decisão sobre a atenuação especial da coima é da competência, nos termos do artigo 76.º, do chefe do serviço de finanças ou do diretor de finanças, ou no caso do processo estar em fase de recurso de contraordenação judicial, do Tribunal Tributário, conforme previsto pelo artigo 67.º, ambos do Regime Geral das Infrações Tributárias.

proporcionalidade e da adequação. Assim, serão as especiais circunstâncias inerentes à concreta contraordenação em apreciação que devem definir, quando preenchidos os requisitos do artigo 32.º, n.º 2 do NRGIT, a aplicação do n.º 3, do artigo 18.º do Regime Geral das Contraordenações, sempre sob o respeito e cumprimento daqueles princípios.

2.2.3. *A Admoestação*

Conforme referimos, à data da apresentação deste estudo, o ARGIT não previa a possibilidade de aplicação da admoestação em matéria das contraordenações tributárias. Com o NRGIT, o n.º 3, do artigo 32.º passou a prever que quando a reduzida gravidade da infração e da culpa do agente o justifique, pode a entidade competente limitar-se a proferir uma admoestação. Na verdade, defendemos a sua aplicabilidade às contraordenações tributárias, designadamente pela natureza jurídica desta figura, uma vez que sendo a admoestação uma sanção alternativa, substitutiva da coima, pode, e deve, ser aplicada no âmbito das contraordenações tributárias, por força da aplicação da alínea b) do artigo 3.º do Regime Geral das Infrações Tributárias[1003], sempre que a culpa do agente seja diminuta e a ilicitude e gravidade contraordenacional sejam reduzidas[1004].

[1003] Germano Marques da Silva defendia a sua não aplicação, subsidiária, às contraordenações tributárias porquanto não estar prevista no Regime Geral das Infrações Tributárias como sanção. A aplicação subsidiária do artigo 51.º do Regime Geral das Contraordenações, viola o princípio da legalidade. Mais entende o autor, que o legislador ao prever o regime de dispensa da pena, o qual por ser «muito amplo e generoso», não justifica o regime da admoestação. – Vide, *Princípios gerais em matéria de contra-ordenações tributárias, (...),* op. cit., 2016, pág. 18.
João Matos Viana, defende a aplicação da "redução da coima" preceituada pelo artigo 31.º, n.º 1 do Regime Geral das Infrações Tributárias – para os efeitos do artigo 18.º, n.º 3 do Regime Geral das Contraordenações –, em detrimento da admoestação. – Vide, *Contra-Ordenação por falta de entrega da prestação tributária: coima a determinar por referencia a percentagem da prestação devida, seu limite mínimo e sua atenuação especial – Comentário ao Acórdão de 13.10.2010 do Supremo Tribunal Administrativo,* Coimbra: Revista de Finanças Públicas e Direito Fiscal, Ano 3, n.º 4, 2011, págs. 303-324.

[1004] Neste sentido Mário Monte. – Vide, *Para lá da Coima: As Sanções Substitutivas do Regime Jurídico das contraordenações,* Braga: Scientia Ivridica – Tomo LXVI, n.º 344, Maio/Agosto, 2017, pág. 272;
Ou ainda, Albuquerque, Paulo Pinto (2011), *Comentário do Regime Geral das Contra-Ordenações(...),* op. cit., págs. 221 e 222, nota 2; Sousa, Jorge Lopes de / Santos, Manuel Simas (2007), *Contra-Ordenações (...),* op. cit., pág. 392.

Mais defendemos esta posição, por ser esta figura sancionatória (autónoma no artigo 51.º do Regime Geral das Contraordenações e de substituição da pena de multa, no artigo 60.º do Código Penal) distinta, para efeitos de aplicação, quando se trate do âmbito contraordenacional ou do penal. E poderia ser aplicada, consoante a fase em que se encontrasse, quer pela autoridade administrativa, quer pelo Tribunal.

Com efeito, a sanção da admoestação é aplicada, no direito de contraordenação, de modo idêntico ao Direito Penal, ou seja, através de uma censura[1005], não obstante os regimes, entre si, serem distintos. No Direito Penal, esta censura é «proferida após o trânsito em julgado da decisão que a aplicar» e de modo oral, nos termos do artigo 497.º, n.º 1 do Código de Processo Penal, e do n.º 4 do artigo 60.º do Código Penal se for aplicada a admoestação por uma contraordenação e uma admoestação por um crime[1006]. Nas restantes situações, é proferida por escrito, conforme ocorre no direito das contraordenações, por força do disposto no n.º 2 do artigo 51.º do Regime Geral das Contraordenações.

A posição doutrinal, em relação à sua aplicação através de decisão proferida por escrito ou oralmente em fase judicial, não é unânime. Alguns autores defendem que, em cumprimento do citado n.º 4, do artigo 60.º do Código Penal, a decisão deverá ser proferida oralmente, em audiência e após o trânsito em julgado da decisão que a aplicar[1007]. Por outro lado, há quem defenda que a decisão é sempre realizada por escrito, independentemente da natureza contraordenacional ou criminal em que seja proferida[1008]. A prática judiciária demonstra-nos a opção, em regra, pelo procedimento escrito no processo penal, principalmente por razões de celeridade e economia processual. Aplicada a admoestação penal a pessoas coletivas, a cen-

Para Alexandra Vilela, a admoestação é uma sanção acessória a aplicar às contraordenações ligeiras. – *O Direito de Mera Ordenação Social – entre a ideia de "recorrência" e a de "erosão" do direito penal clássico*, Coimbra: Coimbra Editora, 2013, pág. 433.

[1005] Vide, Moutinho, José Lobo (2008), *Direito das Contra-Ordenações (...)*, op. cit., pág. 37.

[1006] Vide, Albuquerque, Paulo Pinto (2011), *Comentário do Regime Geral das Contra-Ordenações(...)*, op. cit., pág. 224, nota 7.

[1007] A favor desta posição Sérgio Passos, Lopes de Sousa e Simas Santos. – Vide, Passos, Sérgio (2004), *Contra-Ordenações – Anotações ao Regime Geral*, Coimbra: Almedina, págs. 370 e 371, anotação 3 e Sousa, Jorge Lopes de / Santos, Manuel Simas (2007), *Contra-Ordenações (...)*, op. cit., pág. 393, anotação 6.

[1008] Vide, Pereira, António Beça (2017), *Regime Geral das Contra-Ordenações (...)*, op. cit., pág. 107, anotação 2.

sura realizada deve ser efetuada oralmente ao representante legal, à entidade equiparada ou à pessoa que nela ocupe uma posição de liderança, nos termos do artigo 90.º-C, n.º 2 do Código Penal, o que a distingue da admoestação contraordenacional.

A admoestação é utilizada nas infrações em que o julgador entende como restrito o campo de aplicação, em particular na falta da verificação dos requisitos, para a dispensa da coima, nomeadamente no que concerne ao requisito do prejuízo efetivo[1009], sendo por isso uma alternativa utilizada para as contraordenações de reduzida ilicitude. Mas, considerando que o objetivo primário é o recebimento das receitas e, conforme oportunamente referimos, o hiato temporal ser bastante reduzido em relação ao prazo legal para pagamento, o que é demonstrativo da sua maior inflexibilidade em matéria contraordenacional do que em matéria criminal fiscal, não deixa de ser contraditório o comportamento do legislador, ao aplicar de forma restritiva o teor da norma.

Note-se que, enquanto de natureza sancionatória, a admoestação não é sinónimo de absolvição, mesmo que quer pelo próprio agente, quer pela comunidade, se interprete, erradamente, como "um mero puxão de orelhas" sem qualquer consequência. A admoestação de natureza penal, constitui uma censura dirigida ao agente da infração, a admoestação de natureza contraordenacional, nas palavras de Mário Monte,

> *(...) não é uma censura ética mas sim uma mera advertência (...). Não é uma medida de diversão. É uma sanção que, cumprindo as finalidades das sanções contraordenacionais – de mera advertência –, cumpre aquela finalidade sem necessidade de mais (...)*[1010].

Proferida a decisão da aplicação da sanção da admoestação em fase administrativa, pode esta ser impugnada ou, em fase judicial, ser recorrível?

No que concerne à decisão proferida em sede administrativa, a resposta é simples. Se interpretarmos, como o fazemos, que a admoestação é uma sanção, a sua aplicação não pode ser simultaneamente uma absolvição ou arquivamento do processo administrativo. Ao ter natureza de sanção, desde que cumpridos os requisitos processuais, nomeadamente da tempestividade, deve ser possível a sua impugnação.

[1009] Cf. ponto 2.2.1. deste capítulo.

[1010] Vide, *Para lá da Coima (...)*,2017, op. cit., pág. 273.

Neste contexto, o artigo 59.º do Regime Geral das Contraordenações não pode ser interpretado como sendo exclusivo para a coima, uma vez que a sanção de admoestação é uma alternativa, e um meio excecional, para os casos em que a ilicitude apresente um reduzido grau de gravidade. Efetuando-se uma analogia com o instituto da suspensão provisória do processo, previsto no artigo 281.º do Código de Processo Penal, em que é obrigatória a concordância do arguido, na admoestação, naturalmente, essa concordância é uma questão que não é colocada. Todavia, mesmo sendo aplicada a admoestação, legitimamente, o arguido no processo poderá não se conformar com a decisão/sanção e, em face do que vimos defendendo, a impugnação judicial da decisão contraordenacional deverá ser admitida e apreciada em sede judicial. Aliás, conforme preceituado pelo artigo 497.º do Código de Processo Penal, «a admoestação é proferida após trânsito em julgado da decisão que a aplicar» (n.º 1), ou seja, é suspensa até ao caso julgado da decisão que fundamenta a sua aplicação.

Pugnamos por idêntico raciocínio para a hipótese de o arguido pretender recorrer da decisão judicial que lhe aplica a sanção de admoestação, uma vez que esta medida é uma pena de substituição da multa e o arguido poderá entendê-la como injusta. Entender-se de modo divergente, independentemente da fase ou natureza do processo, é aceitar a possibilidade de se coartarem os direitos de defesa do arguido.

Apesar de tudo, a doutrina tem-se divido nesta matéria. AUGUSTO SILVA DIAS «nega à admoestação uma função sancionatória, considerando-a antes uma advertência com dispensa de coima»[1011], o que culmina na impossibilidade de impugnação ou recurso da decisão de admoestação. Na verdade, o artigo 73.º, do Regime Geral das Contraordenações, estabelece quais as

[1011] Vide, *Direito das Contra-Ordenações, (...)*, op. cit., 2018, pág. 65.
Defende idêntico entendimento, FREDERICO COSTA PINTO, para «quem são maiores as afinidades da admoestação contra-ordenacional com a figura penal da dispensa de pena do que com a admoestação». Concluindo que o correto «será aproximar a figura da admoestação à dispensa de pena, entendendo-a como equivalente a uma «dispensa de coima». – Vide, *O ilícito de* mera ordenação social e a erosão do princípio da subsidiariedade, *in* AAVV, *Direito Penal Económico e Europeu: Textos Doutrinários, Volume I, Problemas Gerais,* Coimbra: Coimbra Editora, 1997, págs. 268 e 269, ainda PINTO ALBUQUERQUE. – Vide, *Comentário do Regime Geral das Contra-Ordenações (...)*, op. cit., 2011, págs. 224, nota 9 – parte inicial e 301, nota 14.
Em sentido contrário, por defender a admoestação como sanção. – Vide, MOUTINHO, José Lobo (2008), *Direito das Contra-Ordenações (...)*, op. cit., pág. 37.

decisões judiciais que admitem recurso, não se revendo no texto da norma a sanção de admoestação, razão pela qual, quer AUGUSTO SILVA DIAS, quer FREDERICO COSTA PINTO, reforçam a posição de que a decisão de admoestação tem como consequência o arquivamento dos autos, e, para PINTO DE ALBUQUERQUE, a sua irrecorribilidade, mesmo que lhe coloque algumas reservas. Este autor admite a possibilidade de recurso, «por imperativo constitucional do princípio da defesa», quando a aplicação da admoestação tenha «efeitos negativos»[1012].

A este respeito, a nossa posição é a de uma interpretação ampla, por força do princípio da legalidade e do direito à defesa do arguido. Note-se que o Tribunal Constitucional declarou inconstitucional o n.º 1 do artigo 59.º do Regime Geral das Contraordenações, no sentido da insuscetibilidade da impugnação judicial da decisão administrativa, que proferiu sanção de admoestação, por violação do princípio da tutela jurisdicional efetiva, consagrado nos artigos 20.º, n.º 1 e 268.º, n.º 4 da Constituição da República Portuguesa[1013].

NUNO BRANDÃO, com quem igualmente nesta matéria nos identificamos, admite a possibilidade de impugnação da aplicação da sanção de admoestação, atendendo ao princípio da culpa em que assenta a sanção no âmbito contraordenacional. A admoestação não pode, por violação da legalidade, ser hierarquizada, uma vez que o facto do agente ser sancionado, só ocorre pela prática de um ato ilícito e censurável[1014]. Como se pronuncia o Tribunal Constitucional, a «autoridade administrativa não se limita a expressar o seu entendimento sobre um modo de agir; admoesta, censura, repreende o agente por ter agido ilicitamente»[1015].

Por fim, e comparativamente, se o legislador, e nomeadamente o acusador (Ministério Público), propõem a aplicação do instituto jurídico da suspensão provisória do processo[1016] nos processos relacionados com crimes fiscais – o qual, uma vez aceite, processualmente deferido e cumpridas as

[1012] Vide, *Comentário do Regime Geral das Contra-Ordenações (...)*, op. cit., 2011, pág. 224, nota 9, parte final.

[1013] Vide, Ac. do Tribunal Constitucional n.º 299/13, de 28 de maio de 2013, disponível em www.tribunalconstitucional.pt/tc/acordaos.

[1014] Vide, *Crimes e Contra-Ordenações (...)*, op. cit., 2016, págs. 936 e 937.

[1015] Ac. do Tribunal Constitucional n.º 104/2007, de 14 de fevereiro de 2007, disponível em www.tribunalconstitucional.pt/tc/acordaos.

[1016] Cf. Capítulo II, Secção II, ponto 1.

injunções aplicadas, tem como fim o arquivamento dos autos –, a verdade é que na admoestação a sua aplicação depende somente do decisor/julgador, e, enquanto sanção, não representa juridicamente uma mera censura, mas uma sanção e assunção de um juízo de culpa (inexistente na suspensão provisória do processo), o que legitima o arguido à sua oposição, através de impugnação ou recurso contraordenacional.

Conforme o referimos, após a defesa deste trabalho e no sentido do que por nós foi proposto, o legislador introduziu a possibilidade de aplicação da admoestação [artigo 32.º, n.º 3 do NRGIT], mantendo-se, em nosso entendimento, muitas das questões por nós afloradas sobre a (in)aplicabilidade deste instituto jurídico.

3. O Afastamento do Elemento Matriz no Crime de Abuso de Confiança Fiscal. Um Crime de Desobediência Fiscal?

Analisámos algumas das diferenças e problematizações entre crime e contraordenação tributária, relacionadas com as contraordenações comuns, em que o regime legal pode diferenciar-se na forma de o agente proceder à regularização da sua situação tributária. Esse facto igualmente ocorre no crime fiscal, em que o processo e o regime se encontram organizados no sentido da descriminalização, com o objetivo de recuperação da receita tributária, através do procedimento de despenalização dos deveres de conduta do agente.

Conclui-se, pois, que tanto nos crimes fiscais como nas contraordenações tributárias se protegem bens jurídicos. A diferença entre ambos é que nos crimes fiscais, os bens jurídicos conformam o próprio ilícito penal, de modo a dar forma ao ilícito, enquanto que nas contraordenações tributárias o bem jurídico está afastado desse interesse jurídico, não sendo elemento do ilícito. Vemos assim que a manutenção e distinção destas figuras não passa pelo ilícito, pela valorização da proibição, mas sim pela valoração da conduta, mesmo antes de qualquer desvalor cultural, social e moral.

O legislador tomou a opção de criminalizar condutas que não concretizam diretamente um ataque às receitas fiscais, nem ao dever legal de entregar tempestivamente as quantias recebidas ou deduzidas. Não podemos pois aceitar, sem mais, que esta opção, na lógica de violação de deveres sem caráter fraudulento, proceda, na medida em que o atual ilícito criminal de abuso de confiança fiscal, do qual apenas subsiste o nome, não se diferencia do ilícito de contraordenação do artigo 114.º do Regime Geral das Infrações

Tributárias. Ademais, da sua análise verifica-se que o n.º 3 daquele artigo, e o n.º 2 do artigo 105.º, descriminalizam o ilícito, independentemente da sua natureza administrativa ou penal[1017].

O ilícito penal surge do incumprimento da falta de entrega da prestação tributária, após cumpridos os pressupostos a que a norma alude no n.º 4 do artigo 105.º, ou seja, a responsabilidade – inicialmente meramente de índole fiscal, cuja obrigação é imposta ao obrigado legal, através do recebimento ou dedução do imposto e posterior entrega dessas receitas tributárias ao Estado –, pela sua não entrega no prazo legal configura a prática de um ilícito contraordenacional e, somente após cumpridos os pressupostos supra referenciados, de um ilícito criminal.

Aceitando-se a inexistência, no crime de abuso de confiança fiscal, de dignidade penal para que se criminalize o comportamento do agente, em face da atual caraterização deste crime, não estaremos perante um crime de desobediência fiscal?

O princípio da confiança que o Estado, enquanto credor tributário, transmite no agente, conforme reforçámos insistentemente, é unilateral, sendo uma condição a que o agente se obriga, pela posição que fiscalmente assume.

Este ponto é-nos particularmente sensível, uma vez que o agente não pode desconhecer, mesmo sendo pessoa singular, a obrigação que assume, quando, por exemplo, se coleta fiscalmente para desempenhar uma atividade que esteja sujeita a IVA, ao recebimento do imposto e à sua posterior entrega ao Estado, após dedução fiscal[1018]. O princípio da confiança, pedra basilar no Estado de Direito, implica um mínimo de certeza nos direitos das pessoas, e nas expectativas jurídicas, que são criadas pelo próprio Estado, as quais não devem ser afetadas pela arbitrariedade e discricionariedade de uma imposição[1019]. Efetivamente, as expectativas do agente decorrem da segurança de que as receitas tributárias recebidas e que, nos termos da lei,

[1017] A alteração efetuada ao Regime Geral das Infrações Tributárias com a entrada em vigor da Lei n.º 53-A/2006, de 29 de dezembro, acrescentou novos elementos típicos melhor explanados no capítulo II do presente estudo e descriminalizou condutas que antes eram subsumíveis ao tipo legal do abuso de confiança fiscal.

[1018] A hipótese coloca-se no caso de o agente não se encontrar isento de IVA, nos termos dos artigos 9.º, 13.º, 14.º, 15.º e 53.º do CIVA, ou seja, na aplicação das taxas estabelecidas no artigo 18.º do citado diploma e após o valor global recebido; sendo aplicadas as deduções previstas nos artigos 19.º a 26.º do CIVA.

[1019] Sobre esta conceção do princípio da confiança. – Vide, Acórdãos do Tribunal Constitucional n.ºs 303/1990, de 21 de novembro de 1990, 625/1998, de 3 de novembro de 1998

serão entregues, pelo mínimo de certeza, que constitucionalmente é exigido. Contudo, há que proteger este valor com dignidade constitucional de forma a evitar situações de desconformidade com a própria Constituição.

Pode esta imposição sobrepor-se e confrontar outros princípios constitucionalmente consagrados, como o de tratamento igual e o do direito à solvabilidade do património do agente (mesmo que este não se encontre estabelecido na Constituição) como garante do cumprimento da obrigação legal?

A nossa resposta só pode ser negativa, pois uma posição contrária conflituaria com a dignidade penal e a consequente punibilidade do agente pelo abuso dessa confiança. *In maxium,* podemos ter uma desobediência, com dignidade penal, após a notificação da Autoridade Tributária para proceder à entrega da prestação em situação de mora. Se é legítimo ao Estado, através da Autoridade Tributária, atuar de boa fé – o que nem sempre ocorre –, idêntico comportamento do agente, desde que atuando de boa fé, deve ser aceite.

O princípio da boa fé está fiscalmente previsto no artigo 59.º, n.º 2, da Lei Geral Tributária, referente ao princípio da colaboração, pressupondo por parte da Autoridade Tributária uma atuação segundo os cânones e ditames dessa boa fé. A presunção de atuação de boa fé é, aliás, constitucionalmente imposta, no artigo 266.º, n.º 2, da Constituição da República Portuguesa, a toda a Administração, e não apenas à Autoridade Tributária[1020], o que permite afastar regras, legalmente expressas, que conduzam à violação da boa fé que se exige do Estado[1021].

No princípio da boa fé importam, para a sua concretização, dois subprincípios: o princípio da primazia da materialidade subjacente e o prin-

e 160/2000, de 22 de março de 2000, todos disponíveis em www. tribunalconstitucional.pt/tc/acordaos.

1020 Como referem autores como Diogo Leite de Campos, Benjamim da Silva Rodrigues e Jorge Lopes de Sousa: «esta exigência tem um conteúdo de carácter ético, impondo aos intervenientes no procedimento tributário que actuem com lealdade e sinceridade recíprocas no decurso do procedimento tributário, abstendo-se de actuações que possam enganar o outro interveniente, ou ocultando-lhe elementos que possam ter proveito para a defesa das suas posições». – Vide, *Lei Geral Tributária Comentada e Anotada*, Lisboa: Encontro da Escrita Editora, 4.ª Edição, 2012, pág. 278.

1021 Vide, Miranda, Jorge / Medeiros, Rui (2007), *Constituição Portuguesa Anotada, Tomo III,* Coimbra: Coimbra Editora, pág. 575.

cípio da tutela da confiança[1022]. Este último tem especial importância, para a nossa reflexão, na medida em que visa salvaguardar o agente de atuações injustificadas, desproporcionais e imprevisíveis da Administração Pública, *in casu*, da Autoridade Tributária[1023]. Compreende-se que o interesse público se sobreponha ao interesse dos particulares, contudo, a nível fiscal, estes interesses estão – o público e o dos particulares –, interligados, e idêntica conclusão se pode afirmar em matéria penal.

Nesta circunstância, surgem os verdadeiros desafios para o legislador, o qual, entre as expectativas dos particulares em poderem ver a sua conduta de não entrega como não criminalizada e a realização do interesse público, necessário para a manutenção dos serviços vitais para qualquer cidadão, terá de perceber se seria possível fazer as coisas de um modo diferente, mesmo permitindo manter aquelas mesmas expectativas, sem, no entanto, prejudicar o interesse da comunidade, razão pela qual recorremos no nosso estudo a estes princípios – como havíamos efetuado em relação ao princípio da proibição do excesso – pois são «genética e materialmente derivados do mesmo princípio, o da dignidade da pessoa humana»[1024].

Entendemos, de igual forma, que o legislador opta, em relação ao crime de abuso de confiança fiscal, pela criminalização de comportamentos e condutas de agentes que não configuram um ataque ao património do Estado, mas sim ao dever legal da entrega, tempestiva, de receitas, enquadrando-se, assim, um dever de obediência que, quando incumprido, pode, em tese, dar origem a um ilícito criminal de desobediência fiscal, ao invés de um ilícito criminal de abuso de confiança fiscal.

Considerando que a função do Estado ultrapassa a mera obtenção das receitas de impostos, por ter na defesa da dignidade dos seus cidadãos, em todas as suas vertentes e valores, nomeadamente da solidariedade, então apenas fará sentido uma interpretação jurídica no sentido de uma violação de uma ordem – a entrega das receitas tributárias –, e não da violação da confiança imposta pelo Estado para a prossecução dos seus interesses e fins.

Como sublinha o Supremo Tribunal Administrativo, para que se possa, válida e relevantemente, invocar o princípio da confiança, é necessário

[1022] Vide, Sousa, Marcelo Rebelo de / Matos, André Salgado (2008), *Direito Administrativo Geral – Tomo I – Introdução e Princípios Fundamentais*, 3.ª Edição, Lisboa: Dom Quixote, pág. 221.

[1023] Ao Estado, enquanto pessoa jurídica e pessoa jurídica de bem, é exigido um comportamento suplementar nas relações que estabelece com os particulares.

[1024] Vide, Novais, Jorge Reis (2019), *Princípios Estruturantes (...)*, op. cit., pág. 168.

(...) que o interessado em causa não o pretenda alicerçar apenas, na sua mera convicção psicológica, antes se impondo a enunciação de sinais exteriores produzidos pela Administração suficientemente concludentes para um destinatário normal e onde seja razoável ancorar a invocada confiança (...)[1025].

Tipificar a conduta da não entrega das receitas tributárias como uma desobediência de natureza criminal será ir longe demais, mesmo que efetivamente não estejamos perante um abuso de confiança, mas tão só uma desobediência a condutas meramente fiscais.

Todavia, isto não significa que o crime de abuso de confiança fiscal tenha, presentemente, a dignidade penal que o legislador lhe atribuiu e mantém, uma vez que, concatenando tudo o que vem de ser exposto, apenas lhe subsiste o nome da sua génese.

4. Uma Alteração de Paradigma? Desafios e Propostas Normativas.

Ao não existir um tratamento normativo diferenciado entre o ilícito tipificado como crime e como contraordenação, tendo em atenção os elementos atuais que os caraterizam, nomeadamente do ponto de vista material, defendemos não fazer sentido a permanência da tipificação do abuso de confiança fiscal como crime fiscal.

Numa perspetiva penalista, esta falta de diferenciação tem vital importância, se atendermos aos princípios do Direito Penal da dignidade punitiva e da necessidade ou carência de pena. O legislador ao tipificar condutas idênticas, como ilícito penal ou ilícito contraordenacional, viola a norma constitucional estabelecida no n.º 2, do artigo 18.º da Constituição da República Portuguesa, na qual se exige que para as condutas mais graves sejam aplicadas sanções mais graves.

A reflexão não pretende afigurar se a conduta é ou não merecedora de intervenção penal, se o bem jurídico violado contém a necessária eticidade exigida na dignidade penal, uma vez que o caráter desvalioso e de danosidade social da conduta encontra-se presente e é pela comunidade merecedora de censura.

A questão coloca-se em saber de que modo, e em que termos, cumprindo-se os princípios do Direito Penal, da dignidade punitiva e da necessidade

[1025] Vide, Ac. do Supremo Tribunal Administrativo, de 18 de junho de 2003, processo n.º 01182/02, disponível em www.dgsi.pt.

ou carência de pena, se conforma essa intervenção penal com o ilícito fiscal para cumprir a sua função em relação «ao exame crítico do bem jurídico-penal protegido»[1026].

No início do nosso estudo definimos que, ao contrário do Direito Penal comum, no Direito Penal Tributário a necessidade de proibir determinado comportamento, que geralmente afeta a ordem económica, serve o bem jurídico como um *posterius* e não um *prius*, permitindo deste modo atribuir aos crimes fiscais uma natureza "artificial"[1027].

4.1. A Descriminalização do Crime de Abuso de Confiança Fiscal – O Caráter Fraudulento da Norma

O estudo acerca do atual ilícito de abuso de confiança fiscal, conjugado com o nosso conhecimento empírico da vida jurídica, deu-nos uma visão própria da realidade, e guiou-nos para o desafio de propormos alterações normativas ao crime de abuso de confiança fiscal.

Atualmente, o crime de abuso de confiança fiscal não tem um tratamento diferente, a nível material, em relação à conduta contraordenacional. Ambos se reconduzem à violação do dever de entregar as prestações tributárias recebidas ou deduzidas, após esgotado o(s) prazo(s) a que alude o n.º 4 do artigo 105.º do Regime Geral das Infrações Tributárias, e só após se verificará a prática, por parte do agente, do crime de abuso de confiança fiscal.

Igualmente mencionámos que do seu "irmão"[1028] do Direito Penal comum, apenas subsiste o nome. Se na sua génese o legislador o denominou de abuso de confiança fiscal, por se tratar da prática de ilícito criminal, em matéria de imposto, com a proteção de bem jurídico e preenchendo os mesmos elementos que o abuso de confiança comum, certo é que o legislador, ao longo do tempo, lhe retirou toda essa similitude. Diríamos que lhe retirou a necessária dignidade penal, descriminalizando-o e, de certa forma, despenalizando-o ao integrá-lo no mesmo patamar jurídico, a nível material da conduta, das contraordenações tributárias (não obstante o abuso de confiança fiscal carecer de ser o "irmão" do crime de abuso de confiança comum e tipificado no artigo 205.º do Código Penal). Assim, não se comprovando essa dignidade, deverá o artigo 105.º ser eliminado do Regime

1026 Vide, SOUSA, Susana Aires de (2009), *Sobre o bem jurídico-penal (...)*, op. cit., pág. 315.

1027 *Ibidem*, pág. 315, nota de rodapé 73.

1028 Cf. Capítulo II, Secção III, §4.

Geral das Infrações Tributárias e a conduta definida, quando fraudulenta, ser enquadrada no artigo 103.º do Regime Geral das Infrações Tributárias, como ocorre no ordenamento jurídico alemão[1029].

O legislador pretende o recebimento das receitas tributárias, e, aquando da sua não entrega no prazo legal, e, posteriormente, após expirados todos os prazos previstos no n.º 4 do artigo 105.º, que a conduta seja criminalizada, mantendo, no entanto, um comportamento de descriminalização através da introdução de condições objetivas de punibilidade. O acusador tem ordens internas para propor ao arguido o instituto jurídico da suspensão provisória do processo, em que o único objetivo não é censurar a conduta eticamente reprovável e merecedora de sanção penal, mas sim o de servir como um meio dilatório para obter as quantias em falta nos cofres do Estado. Porém, esta "obsessão" conduz a que seja proposta a dispensa ou a atenuação da pena, o que nos leva à seguinte questão: se não há censurabilidade não pode haver culpa; se não há culpa, como é que há crime?

Somos da opinião que o legislador, sempre que legisla sobre infrações tributárias, é pródigo a adensar mais uma questão, um problema, com contornos exógenos e, por vezes, atendendo muito pouco à correta técnica-jurídica. Recorde-se, a título de exemplo, o extinto "processo de averiguações"[1030]. O Regime Jurídico das Infrações Fiscais Não Aduaneiras

[1029] Cf. Notas de rodapé n.ºs 84, 944, 948 e 1040.

[1030] O processo de averiguações ocorria numa fase que não se confundia com o inquérito e no qual o Ministério Público apenas podia intervir com a sua conclusão. O Tribunal Constitucional veio a ser chamado a pronunciar-se no sentido de aferir da existência da violação dos artigos 32.º, n.ºs 4 e 5, 114.º e 219.º da Constituição da República Portuguesa, no teor dos artigos 43.º, 44.º e 51.º-A, do Regime Jurídico das Infrações Fiscais Aduaneiras. Apesar de o Tribunal Constitucional ter admitido que aqueles artigos do Regime Jurídico das Infrações Fiscais Não Aduaneiras, não se encontrarem conforme o consagrado no texto constitucional, recusou-se, inicialmente, a pronunciar-se sobre a questão. – Vide, Acórdãos do Tribunal Constitucional n.ºs 107/01, de 14 de março de 2001, 59/03 de 4 de fevereiro de 2003 e 165/03, de 28 de março de 2003, todos disponíveis em www.tribunalconstitucional.pt/tc/acordaos.

No entanto, posteriormente, veio o Tribunal Constitucional a decidir pela sua constitucionalidade. No entanto, essa decisão mereceu voto vencido do Conselheiro Benjamim Rodrigues e da Conselheira Maria Fernanda Palma, esta última, por considerar que a instauração do processo de averiguações, violava o artigo 219.º da Constituição da República Portuguesa, uma vez que é ao Ministério Público a quem compete o exercício da ação penal; «orientada pelo princípio da legalidade, o poder de iniciativa relativo a todos os actos de inquérito conducentes a fundamentar o exercício da acção penal. Se o Ministério Público não puder, independentemente de quaisquer situações de delegação de competência

estabelecia, nos artigos 43.º, 44.º e 51.º, um processo de "averiguações". Este processo de investigação era da competência, exclusiva, da Autoridade Tributária. O Ministério Público podia acusar o agente do crime tendo por base o processo de averiguações, nada impedindo que, querendo, realizasse diligências de inquérito[1031]. No entanto, com a entrada em vigor do Regime Geral das Infrações Tributárias, o legislador eliminou esta fase de averiguações, atribuindo as competências de investigação em matéria penal tributária exclusivamente ao Ministério Público, assegurando a Autoridade Tributária o desempenho das funções previstas no Código de Processo Penal para órgãos e autoridades de polícia criminal, no âmbito das diligências de investigação.

Sucede, porém, que por força do princípio da legalidade, a Autoridade Tributária, a partir do momento em que adquire a notícia de crime tributário, deve instaurar o inquérito, pela competência que lhe é delegada pelo Ministério Público, nos termos do n.º 3 do artigo 40.º do Regime Geral das Infrações Tributárias[1032], devendo comunicar a este órgão, pelas competências que constitucionalmente lhe estão consagradas, nomeadamente os

propriamente dita (cf. artigo 271.º, n.º 4, do Código de Processo Penal), determinar, com exclusividade, que se instaure um inquérito, o seu poder-dever de posteriormente exercer a acção penal fica condicionado. Para além disso, é óbvio que não se compadeceria com o regime jurídico do processo de averiguações qualquer poder de avocar a iniciativa do inquérito ou de o Ministério Público subtrair os actos de inquérito a quem legalmente tem competência para os realizar, já que o dever de comunicar ao Ministério Público era contemporâneo do encerramento do processo de averiguações. A generalização do regime em crise levaria, na prática, a um esvaziamento das funções constitucionais do Ministério Público, remetendo-o para um papel fraco de poder de controlo a posteriori através, nomeadamente, do arquivamento ou do exercício de acção penal, nos termos do qual o poder específico de determinar uma compressão dos direitos à privacidade dos cidadãos através do inquérito passaria directamente, através da lei, para a Administração. O princípio que subjaz às normas em crise anunciava uma mudança de modelo no Processo Penal que operaria uma alteração da estrutura de separação de poderes entre o Estado Administração, o Assistente, o Ministério Público e o Arguido, sem o correspondente amparo constitucional, deixando as liberdades dos cidadãos sempre inevitavelmente comprimidas pelo inquérito, menos garantidas ou sem a garantia de um controlo estritamente fundado na defesa imparcial da legalidade democrática». – Vide, Ac. do Tribunal Constitucional n.º 105/2004, de 11 de fevereiro de 2004, disponível em www. tribunalconstitucional.pt/tc/acordaos.

[1031] Vide, Silva, Germano Marques da (2018), *Direito Penal Tributário, (...)*, op. cit., pág. 149.

[1032] Colocada em causa a inconstitucionalidade do artigo 40.º, n.º 3 do Regime Geral das Infrações Tributárias, por violação do artigo 32.º da Constituição da República Portuguesa, o Tribunal Constitucional entendeu não conhecer da sua (in)constitucionalidade. – Vide, Ac.

poderes de direção[1033], a notícia do crime, para que esta seja processualmente valorada e avocada ao processo de inquérito[1034]. O artigo 37.º do Regime Geral das Infrações Tributárias, nos mesmos termos que o artigo 249.º do Código de Processo Penal, atribui à Autoridade Tributária a possibilidade legal para a prática de atos, em caso de urgência ou *periculum in mora*, que entenda por necessários a assegurar os meios de prova.

A notícia do crime surge, na maioria das vezes, após o términus do processo fiscal inspetivo, realizado pela Autoridade Tributária. E se atendermos que esse relatório é utilizado pelo Ministério Público para fundamentar a acusação, em rigor, o processo inspetivo pouco difere da antiga fase de averiguações.

Esta fase de averiguações viria, aliás, a ser reimplementada na investigação dos crimes contra o mercado de valores mobiliários, através do Decreto-lei n.º 5/2015, de 8 de janeiro, sendo a competência atribuída à CMVM, entidade que não tem as atribuições de órgão de polícia criminal. O que reforça a nossa conclusão de que o legislador detinha a consciencialização quando, no Regime Jurídico das Infrações Fiscais Não Aduaneiras, estabeleceu a possibilidade de uma fase de averiguações. Não fosse a (in)constitucionalidade dessa atribuição a entidades diferentes do Ministério Público e, presentemente, este ainda estaria presente no processo penal tributário. Assim, temos, inicialmente, através do direito processual fiscal, uma fase administrativa, de caráter inspetivo, cujas conclusões podem agregar, para além da responsabilidade fiscal do agente, a responsabilidade penal que iniciará a fase processual penal.

Este exemplo, de entre outros, demonstra que o legislador nem sempre atende aos princípios de Direito Penal, ao criminalizar determinadas condutas que possam ser sujeitas a responsabilidade fiscal e contraordenacional, sem que estas mereçam a referida intervenção do Direito Penal. Se o legislador legisla «como arte de conduzir os homens ao máximo de fidelidade ou ao mínimo de felicidade possível, para falar segundo os cálculos

do Tribunal Constitucional n.º 325/2008, de 18 de junho de 2008, disponível em www.tribunalconstitucional.pt/tc/acordaos.

[1033] Vide, Silva, Isabel Marques da (2018), *Regime Geral das Infrações Tributárias (...)*, op. cit., pág. 131.

[1034] Vide, Dias, Augusto Silva / Pereira, Rui Soares (2018), *Sobre a Validade de Procedimentos Administrativos Prévios ao Inquérito e de Fases Administrativas Preliminares no Processo Penal*, Coimbra: Almedina, pág. 73.

dos bens e dos males da vida»[1035], então a lei penal aparece como uma exigência «que é útil, porque os coloca em situação de calcular com precisão os inconvenientes de um crime»[1036], e cujo objetivo final é o de evitar a recondução à ideia de banalização, insignificância e de caráter desvalorativo da ação ilícita, quer perante o agente, quer perante a comunidade, no cumprimento dos «limiares mínimos da exigência preventiva de punição»[1037].

As políticas criminais têm de ser coincidentes, à luz dos princípios de Direito Penal, com a ideia equitativa de justiça, da sanção e da prevenção que dela lhe decorrerá. Não pode o legislador pretender censurar, sancionar e no fim perdoar a responsabilidade criminal que é por si estabelecida. Uma posição desta natureza não pode ser aceite, uma vez que o Direito Penal não pode ser utilizado como um mero "cobrador de impostos", ao serviço do Estado, com o fim da obtenção de um resultado económico[1038]. Este é o paradigma presente que o crime de abuso de confiança fiscal enfrenta, através da falta de legitimação penal, cuja confusão é efetuada pelo próprio legislador e pelas razões supra expostas.

Assim, propondo-se a eliminação do artigo 105.º do Regime Geral das Infrações Tributárias, considerando que a conduta tipificada em sede de responsabilidade criminal, conforme analisámos, não se diferencia materialmente da conduta tipificada para a responsabilidade contraordenacional, é criado um sistema mais simples – o cada vez mais especializado sistema judiciário, esbarra na eficiência e na tempestividade das decisões judiciais –, e coerente, ao nível da aplicação da norma(s).

A este respeito a conduta do agente somente passaria a ter relevância criminal se a mesma tivesse natureza fraudulenta. Se tal ocorresse, então existiria a prática de um crime de fraude fiscal, o qual seria punível inde-

[1035] Vide, Costa, José de Faria (2015), *Beccaria e o Direito Penal: Três estudos*, Coimbra: Coimbra Editora, pág. 44.

[1036] *Ibidem*, pág. 70.

[1037] Vide, Dias, Jorge de Figueiredo (2019), *Direito Penal, Parte Geral, (...)*, op. cit., pág. 787.

[1038] No estudo sobre Beccaria relativo à legitimação do Direito Penal, o qual aplicamos ao estado atual do ilícito penal do abuso de confiança fiscal, refere Faria Costa: «tudo parece ser avaliado ou mensurado algoritmicamente em função exclusiva do resultado. Inclusive a actuação legislativa e o labor judicial. O que não pode deixar de nos provocar certa perplexidade, na medida em que também nos devemos interrogar sobre a legitimidade dos próprios sujeitos responsáveis por definir previamente os resultados que se têm forçosamente de alcançar, muitas vezes com alguma aflição ou desespero. É o que tem acontecido, com o princípio da legalidade criminal». – Vide, *Beccaria e o Direito Penal (...)*, op. cit., 2015, pág. 48.

pendentemente do valor quantitativo previsto na norma do artigo 103.º do Regime Geral das Infrações Tributárias. Este valor mínimo estabelecido para a vantagem patrimonial obtida, quer nesta norma, quer no artigo 105.º, não obedece a um pressuposto específico e compreensível[1039], razão pela qual não nos parece relevante o seu quantitativo para o fim proposto.

Atente-se, tendo por base a nossa proposta, às seguintes hipóteses (tendo, igualmente, por base o nosso entendimento do momento da consumação do crime):

i. *A sociedade X recebe €30.000 relativos a IVA. Procede às deduções estabelecidas na lei fiscal e ao apuramento do montante a entregar ao credor tributário, que fixa em €20.000. No entanto, por força da falta de liquidez para pagar os salários aos seus trabalhadores, confrontado com ambos os deveres, opta por utilizar o montante que detém, a título de substituto tributário, para efetuar o pagamento dos salários. No prazo legalmente previsto para entregar a prestação tributária, não o faz. A conduta seria criminalizada?*

Presentemente, em resultado daquela conduta, o substituto incorre em responsabilidade contraordenacional nos termos do artigo 114.º do Regime Geral das Infrações Tributárias. Considerando o valor do imposto em causa, e após terminado o prazo a que alude a alínea b) do n.º 4 daquela norma, o agente incorreria em responsabilidade criminal pela prática do crime de abuso de confiança fiscal. Ora, de acordo com a nossa proposta, neste caso não existiria responsabilidade criminal, apenas contraordenacional, uma vez que o comportamento descrito não demonstra intenção de defraudar o Estado.

Contudo, como já se referiu, para a nossa jurisprudência o facto de o substituto ter optado por pagar os salários em detrimento da entrega dos impostos não poderá configurar causa de justificação, sendo que um conflito de deveres poderia passar a ser aceite?

A resposta tem de ser negativa à luz do atual preceito, porque o que existe não é um conflito de deveres no sentido jurídico do instituto, mas

[1039] Nos trabalhos preparatórios do Regime Geral das Infrações Tributárias, GERMANO MARQUES DA SILVA, propôs o valor de €60.000 como quantitativo mínimo para a conduta poder ser criminalizada como crime de abuso de confiança fiscal.
Sem compreender a discrepância existente em termos de montantes criminalizados, nomeadamente entre os crimes fiscais e os crimes contra a Segurança Social. – Vide SOUSA, Jorge Lopes de / SANTOS, Manuel Simas (2010), *Regime Geral (...)*, op. cit., pág. 689, nota 4.

um conflito entre um dever positivo (pagamento dos salários) e um dever negativo (a apropriação das receitas tributárias que o agente não desconhece não lhe pertencerem). Assim, de acordo com o que sustentámos de *jure constituendo*, resolveríamos este problema, principalmente, porque deixaríamos de discutir da existência de um direito de necessidade, de um conflito de deveres, ou até mesmo a hipótese de um estado de necessidade desculpante.

*

Uma segunda hipótese, na nossa tese, seria por exemplo:

ii. *A sociedade X recebe €30.000 relativos a IVA. Procede às deduções estabelecidas na lei fiscal e ao apuramento do montante a entregar ao credor tributário, que fixa em €20.000 e cuja entrega, o substituto tributário, pretendia efetuar no prazo legal. No entanto, no prazo legalmente previsto para proceder à entrega da prestação tributária, não o faz.*

O agente, ao "apropriar-se" das receitas tributárias, pratica uma contraordenação por falta de entrega de prestação tributária no prazo legalmente previsto, não tendo relevância a conduta para efeitos de responsabilidade e sanção criminal, uma vez que não existe um comportamento que indiciaria a intenção de violar a norma de modo fraudulento. Todavia, posteriormente, para não incorrer em responsabilidade penal, teria de proceder à entrega da prestação tributária em falta.

*

Num terceiro caso:

iii. *A sociedade X recebe €30.000 relativos a IVA. Procede às deduções estabelecidas na lei fiscal e ao apuramento do montante a entregar ao credor tributário, que fixa em €20.000 e cuja entrega, o substituto tributário, pretendia efetuar no prazo legal. No entanto, no prazo legalmente previsto para proceder à entrega da prestação tributária, não o faz, porque pretendia efetuar, com aquela quantia, o pagamento dos salários aos trabalhadores. Todavia, utiliza posteriormente aquele montante para pagar dívidas da sociedade a outros credores.*

O agente, ao "apropriar-se" das receitas tributárias, pratica uma contraordenação por falta de entrega de prestação tributária no prazo legalmente previsto, não tendo relevância para efeitos de responsabilidade criminal, conforme nos termos referidos no exemplo ii. se esses pagamentos eram essenciais para a manutenção da sociedade, isto é, teria que ser observado o caso concreto para poder ser excluida ou não a responsabilidade penal.

*

Por último:

E se posteriormente, a não entrega da prestação tributária recebida/retida, o agente utilizasse essa quantia em proveito próprio, por exemplo, para jogar no Casino?

Se após o incumprimento se verifica a natureza fraudulenta da conduta do agente, previstos os elementos objetivos e subjetivos do crime de fraude fiscal, prevalecendo naturalmente este último, em relação ao ilícito contraordenacional, o agente será punido pela prática de um crime de fraude fiscal[1040].

Defendemos que essencial é o caráter fraudulento da conduta do agente, mesmo que numa fase inicial o seu objetivo, mesmo encontrando-se impossibilitado de o fazer, seja a regularização e entrega da prestação tributária em falta. Não obstante, se a determinado momento a sua ação passar a preencher essa natureza fraudulenta, passaremos a ter um ilícito penal fiscal.

4.2. O Problema do Preenchimento da Conduta como Fraudulenta

Questão diversa, a ter que ser respondida, é a de saber quando é que a conduta pode ser caraterizada como "fraudulenta". Propomos, em face do regime legal em vigor, e da proposta apresentada, a seguinte solução processual.

Com a falta de entrega da prestação tributária no prazo legal, e após ser instaurado o processo de contraordenação, o processo manteria os seus trâmites subsequentes atualmente previstos no Regime Geral das Infrações Tributárias. O arguido seria notificado, nos termos do artigo 70.º daquele diploma, dos factos apurados e da punição em que incorre. Em sede de defesa, poderia, querendo, justificar as razões da sua não entrega. No entanto, para que pudesse beneficiar desta condição, o arguido ficaria obrigado e

[1040] Chamando à colação o direito alemão, SUSANA AIRES DE SOUSA compara este ordenamento jurídico com o português, concluindo que o legislador alemão, ao contrário do nacional, não criminaliza a não entrega, apenas o podendo fazer se a conduta abranger outras incriminações. Usando como paralelismo o §380 da AO, onde a não entrega e retenção, efetuada a título de dolo ou negligência grave tem a natureza de ilícito administrativo (cf. artigo 114.º do Regime Geral das Infrações Tributárias), a conduta apenas é criminalizada se o agente «preencher simultaneamente os elementos típicos, objetivos e subjetivos da Fraude Fiscal (...)». – Vide, *Os crimes fiscais na Alemanha e em Portugal (...)*, op. cit., 2013, pág. 1124.

sujeito ao ónus da prova dos factos que por si fossem invocados, em particular a demonstração da inexistência da prática de uma conduta fraudulenta decorrente do incumprimento.

Neste contexto, deveria, pois, suprimir-se o artigo 74.º do Regime Geral das Infrações Tributárias, no sentido de que apenas na decisão final de aplicação de coima, conforme estabelecido no artigo 76.º daquele diploma[1041], o dirigente tributário com competência para aplicar a contraordenação, pronunciar-se-ia sobre a existência de indícios da prática de crime tributário, nos termos do atual artigo 103.º do Regime Geral das Infrações Tributárias. A pronúncia sobre essa qualificação teria caráter obrigatório, sob pena de nulidade por omissão de pronúncia na decisão final administrativa.

Não existindo indícios da prática de crime, o processo prosseguiria unicamente em termos contraordenacionais. Contendo a decisão da Autoridade Tributária a existência de indícios fraudulentos na falta de entrega da prestação tributária por parte do arguido, só após decorrido o prazo de 30 dias, previsto no artigo 80.º do Regime Geral das Infrações Tributárias, para, querendo, aquele recorrer da decisão administrativa, o processo seria remetido ao Ministério Público, por ser o órgão a quem compete, nos termos do consagrado pelo artigo 219.º da Constituição da República Portuguesa, a investigação do inquérito.

Recorrendo o arguido da decisão de aplicação da coima, o julgador ficaria obrigado a apreciar e a decidir, tendo em conta os factos alegados pelo arguido referentes à aplicação da coima, se houve ou não existência de uma conduta fraudulenta na falta de entrega da prestação. Se, igualmente, for omitida a qualificação da conduta na decisão judicial, esta enferma de nulidade por omissão de pronúncia[1042].

[1041] A competência para aplicar a coima pertence aos dirigentes dos serviços tributários. É constitucionalmente aceite que possa ser realizada a aplicação de coima e de sanção acessória pelas autoridades administrativas desde que a decisão preveja a possibilidade da sua impugnação judicial.

[1042] Na prática, com as diferenças inerentes a ambos os regimes, esta solução proposta deteém algumas similitudes à aplicada nos processos de insolvência, para efeitos de qualificação de insolvência. Se o administrador de insolvência apresentar parecer, ou qualquer credor o requeira, que a insolvência deva ser qualificada como culposa, o insolvente pode opor-se, sendo o processo apensado e judicialmente apreciada e decidida a qualificação da insolvência (cf. artigo188.º do CIRE).

4.3. A Ressocialização Fiscal

Neste conspecto o arguido passaria, através do processo contraordenacional, a ter a possibilidade de requerer à Autoridade Tributária, o acompanhamento e fiscalização desta entidade. Este apoio consistiria na aplicação de um plano inerente ao cumprimento futuro das demais responsabilidades fiscais que, tendencialmente, em situação de dificuldade financeira, poderiam originar a prática de novos ilícitos da mesma espécie. A diferença que se propõe, em relação aos institutos já regulamentados, em particular, do pagamento em prestações das dívidas fiscais, reside em querer-se evitar novos incumprimentos, deixando de fora a ameaça da sanção penal, uma vez que, presentemente, nem nos 90 dias, nem nos 30 dias da notificação do n.º 4, do artigo 105.º, estes demonstram ser, na maioria dos casos, suficientes para a recuperação das receitas tributárias.

A nossa denominada *"ressocialização fiscal"* teria em consideração razões penais, na defesa do Direito Penal, e razões de equidade, justiça e solidariedade social. O próprio legislador não pode esquecer que se tem como objetivo o recebimento das receitas tributárias, tendo em vista o bem comum, quando a sua entrega não é efetuada, por razões económicas, não deve atuar com indiferença e com comportamento ostracizante para os contribuintes mesmo que o fim dessas receitas tributárias beneficiem a comunidade do qual, igualmente, são parte integrante.

Cremos que a ameaça da sanção penal não tem o efeito dissuasor da prática do crime e da regularização da situação tributária por parte de quem incumpre[1043]. Ao invés, tem o efeito perverso de aumentar as despesas do Estado com mais processos judiciais e com os custos que naturalmente lhe estão inerentes – isto quando observamos uma criminalização puramente intimidatória, não salvaguardando os princípios da dignidade punitiva e da necessidade de pena. Rejeitar tal possibilidade é esquecer uma das regras basilares do nosso Estado de Direito, a Justiça Social, assim como os valores e princípios constitucionalmente consagrados, entre os quais, a definição do Direito Penal como a *ultima ratio* e a dignidade humana.

[1043] Efetuando-se uma analogia com o regime jurídico dos Estados Unidos da América, em particular do aplicado no Estado da Flórida, a legislação deste Estado prevê a pena de morte para o arguido que pratique o crime de homicídio qualificado. Quando aplicada esta pena, a sentença é, em regra, cumprida. Contudo a prática deste crime neste Estado, não diminuiu, antes pelo contrário, tem vindo a verificar um aumento ao longo dos anos, a prática deste tipo de crime. Se tal ocorre quando a pena coloca, em abstrato, o valor máximo, a vida humana, seguramente, que em termos fiscais mais facilmente uma ideia dissuasora se desvanece.

Deste modo, uma opção, como a proposta, seria suficiente para salvaguardar deveres positivos e socialmente essenciais com um conteúdo de inegável importância para o Direito Fiscal e nomeadamente Penal.

5. O Princípio da Solidariedade no Direito Penal Tributário

O artigo 1.º da Constituição da República Portuguesa estabelece que Portugal é uma «República soberana na dignidade da pessoa humana e na vontade popular e empenhada na construção de uma sociedade livre, justa e solidária». É este o corolário da evolução societária que temos vindo a salientar, com respeito pelo valor eminente da pessoa, consagrados em princípios de liberdade, justiça e solidariedade[1044]. A dignidade da pessoa humana é, por isso, uma das bases da República, assentando numa hierarquia de valores na qual a pessoa surge, primeiramente, em relação às outras formas de organização em sociedade, nomeadamente a política, enquanto sujeito autónomo, livre e independente. É um «princípio limite, com um valor próprio e uma dimensão normativa específica»[1045].

Dentro desta caraterização da dignidade da pessoa humana encontram-se concretizados todos os demais direitos fundamentais, face aos quais a comunidade não se pode afastar – não apenas para direitos como da vida, da integridade física ou até da personalidade, mas de igual modo através da solidariedade e coresponsabilidade de todos os membros que a compõem –, de modo a garantir-lhe um mínimo de dignidade humana, de forma a construir uma sociedade justa[1046] e solidária[1047/1048]. Esta solidariedade,

[1044] Vide, Miranda, Jorge / Medeiros, Rui (2005), *Constituição Portuguesa (...)*, op. cit., págs. 52-57.

[1045] Vide, Canotilho, J. J. Gomes / Moreira, Vital (2006), *Constituição da República Portuguesa Anotada – Volume I, (...)*, op. cit., pág. 198, nota VII.

[1046] *Ibidem*, nota XII.

[1047] Os direitos fundamentais da União Europeia baseiam-se «nos valores indivisíveis e universais da dignidade do ser humano, da liberdade, da igualdade e da solidariedade; assenta nos princípios da democracia e do Estado de direito. Ao instituir a cidadania da União e ao criar um espaço de liberdade, de segurança e de justiça, coloca o ser humano no cerne da sua acção». – Vide, preâmbulo da Carta dos Direitos Fundamentais da União Europeia, Jornal Oficial das Comunidades, C 364/5, de 18.12.2000.

[1048] Numa sucinta e clara exposição sobre a evolução histórica dos direitos humanos, agregando o princípio da solidariedade, na CEDH. – Vide, Ferreira, Eduardo Paz (2019), «Solidariedade», *in* AAVV, *Comentário da Convenção Europeia dos Direitos Humanos e dos Protocolos Adicionais – Volume I – (org. Paulo Pinto de Albuquerque)*, Lisboa: Universidade Católica Editora, págs. 33-36.

abrangendo direitos económicos, deve ser refletida nas consequências fiscais e de índole penal que daí lhe advêm.

Assim enquadradas, a solidariedade económica, e principalmente a social, nunca tiveram tanta aplicação em face dos desafios que resultam de uma economia cada vez mais instável, em que a exclusão social tende a agravar a balança socioeconómica entre Estados, com reflexos para os seus membros, obrigando a repensar políticas económicas, sociais e fiscais, dentro da atual visão de um Estado social prestador, de providência na prossecução de uma efetiva justiça social, ao contrário de um Estado intervencionista na procura de uma maior igualdade e equidade social[1049].

É irrelevante, no âmbito dos desafios que são colocados, se a dignidade humana se reflete apenas no mínimo existencial ou, igualmente, nas matérias económicas, fiscais e penais, em respeito pelo princípio da igualdade, na medida em que as escolhas que são realizadas pelo legislador decidem o caminho traçado em todas estas áreas do direito, com reflexos no respeito pela dignidade humana. Aceitando esta imutabilidade de princípios, em que o princípio da solidariedade tem um fundamento jurídico-constitucional nos direitos sociais, este terá que ser imperativamente considerado no âmbito das opções legislativas que mais afetam a pessoa. E dúvidas não podem subsistir que o papel penal-fiscal nunca, como dantes, teve neste campo um papel tão predominante.

Numa perspetiva fiscal, defendemos que o legislador tem moldado a lei, atribuindo-lhe instrumentos que se sobrepõem aos princípios da igualdade[1050] e da legalidade[1051], não por uma conduta altruísta, mas pela necessidade de arrecadação de receitas tributárias. Ao Estado, com a arrecadação

[1049] Sobre a caraterização do Estado Social. – Vide, Moreira, Isabel (2007), *A Solução dos Direitos – Liberdades e Garantias e dos Direitos Económicos, Sociais e Culturais na Constituição Portuguesa*, Coimbra: Almedina, págs. 33–38.

[1050] O legislador concede aos contribuintes, por razões político-económicas e por necessidade de entrada de receitas, a possibilidade de prorrogação de prazos para pagamento de dívidas fiscais, com perdão de juros, de pagamentos faseados, não obstante a intempestividade legal para tais concessões em relação à legislação a aplicar ou, ainda, com a concessão, por força de circulares internas, da possibilidade de arrecadação de mais receitas, evitando em alguns casos a remessa do processo fiscal para o Ministério Público.

[1051] Relembraríamos, por exemplo, a aplicação da sanção de coima, no decurso do processo judicial, com valor fixo, aquando do incumprimento do formalismo previsto na alínea b), do n.º 4, do artigo 105.º do Regime Geral das Infrações Tributárias, o qual, em nosso entendimento, viola os princípios da legalidade e da culpa.

de receitas, impõe-se-lhe o cumprimento da sua função social bem como das expectativas que os seus beneficiários almejam, mesmo que posteriormente possa pautar por um comportamento desigual, em situações similares[1052].

Rejeita-se a ideia da desresponsabilização do agente/contribuinte, assim como a subversão da natureza ética que decorre do cumprimento fiscal, na sua valorização constitucional. Diferente é a aceitação, atendendo à evolução cultural operada, de um Direito Penal que seja ativo, através de uma política criminal dirigida ao encontro das exigências da comunidade, no respeito pelo princípio da legalidade, sem se demitir da sua intervenção social, essencial na moldação legislativa e intervencionista[1053].

Se, como observámos, o Estado tem hoje uma natureza social, as opções políticas, na aplicação da arrecadação de receita, não retira a essencialidade e o fundamento da tributação e pagamento a esse mesmo Estado. Na verdade, o pagamento dos impostos, desde que constitucionais e legitimados, consubstanciam-se na ideia do Estado como comunidade

[1052] Neste sentido, concordando-se, refere JORGE NOVAIS «se o Estado incentivou comportamentos e projectos de vida dos particulares [aditaríamos as pessoas coletivas], se lhes alimentou expectativas legítimas na modificação positiva das prestações sociais e os levou a fazer os chamados investimentos de confiança; ou se, no mesmo quadro de dificuldades financeiras, atribuiu a um grupo social prestações fácticas ou possibilidades de acesso a bens sociais que, sem razão bastante, recusa a outros grupos colocados na mesma situação objectiva; ou se, com essa diferenciação, deixa particulares numa situação gravosa, desproporcionada ou desrazoável, há sempre aí lugar para a invocação daqueles princípios constitucionais (...)». – Vide, *Direitos Sociais – Teoria Jurídica dos Direitos Sociais enquanto Direitos Fundamentais*, Coimbra: Coimbra Editora, 2010, pág. 306.
Esta situação não é exclusiva dos particulares nem do âmbito da denominada dimensão positiva dos direitos sociais. É muito mais abrangente, veja-se o caso das pessoas coletivas em que são concedidos benefícios fiscais a entidades com maior dimensão e cuja situação económica e fiscal pode ter um maior impacto social em relação a outra sociedade de menor dimensão, na medida em que as consequências, mesmo não tão visíveis, terão um resultado idêntico àquele que teria a sociedade beneficiada.

[1053] Com a clarividência que se adequa ao tempo presente, FIGUEIREDO DIAS, em relação ao futuro das políticas-criminais e os reflexos no Direito Penal, refere que «uma política criminal que se queira válida para o presente e o futuro próximo e para um Estado de Direito material, de cariz social e democrático, deve exigir do direito penal que só intervenha com os seus instrumentos próprios de actuação ali, onde se verifiquem lesões insuportáveis das condições comunitárias essenciais de livre realização e desenvolvimento da personalidade de cada homem». – Vide, *Os Novos Rumos da Política Criminal e o Direito Penal Português do Futuro*, ROA, n.º 43, 1983, pág. 11.

política[1054]. Num período de falta de verbas, o Estado socorre-se do único meio que detém, a cobrança de impostos, através da introdução de novos tributos, taxas adicionais, entre outras; mas talvez, de igual modo, o cidadão pagador possa estar a enfrentar idêntica situação de dificuldade, restando-lhe por isso apelar a esse Estado, para que execute a sua função social e de solidariedade.

Em regra, quando os Estados se encontram numa situação económica forte, os seus contribuintes, de igual modo, encontram-se em momento de algum desafogo financeiro. O inverso ocorre de igual forma, ou seja, nas situações em que o Estado por falta de verba aumenta exponencialmente a tributação, aumentam os incumprimentos fiscais que merecerão a intervenção do direito sancionatório penal fiscal. Aliás, o incumprimento de obrigações fiscais não diz respeito apenas às relações com o poder do Estado, mas igualmente, no plano da cidadania, ao nível das relações dos cidadãos entre si, razão pela qual se defende que as consequências negativas para o agente incumpridor, *in casu*, para o substituto tributário, têm consistência no plano ético e jurídico, como «tendem a reforçar os laços de solidariedade entre os membros da comunidade política»[1055].

É certo que, por vezes, a situação de incumprimento do contribuinte é consequência de opções políticas com reflexos na sua organização económica – independentemente de ser pessoa singular ou pessoa coletiva –, motivo pelo qual é irrazoável a sua sanção em termos bastante gravosos. A violação dos deveres tributários, no caso do substituto tributário, poderá não corresponder a uma ação com o intuito de faltar à verdade, de incumprimento ou até mesmo de proceder com falta de transparência nas relações tributárias e, assim, causar prejuízo ao Estado, e a todo o erário público. E se aceitamos o seu sancionamento no âmbito contraordenacional, a partir do momento em que incumpre, sem um comportamento fraudulento, recusamos, por outro lado, a ideia de ser sancionado criminalmente, por tal

[1054] Defendendo uma correspondência a um «dever fundamental autónomo» imediatamente decorrente da própria ideia de Estado como comunidade política, não abrangendo todos os cidadãos, mas apenas os fiscalmente não isentos. – Vide, Andrade, José Carlos Vieira de (2012), *Os Direitos Fundamentais na Constituição Portuguesa de 1976*, 5.ª Edição, Coimbra: Almedina, pág. 151 e Nabais, José Casalta (2015), *O Dever Fundamental de Pagar Impostos (...)*, op. cit., págs. 186 e 187.

[1055] Vide, Ac. do Tribunal Constitucional n.º 565/2018, de 7 de novembro de 2018, disponível em www.tribunalconstitucional.pt/tc/acordaos.

opção ultrapassar a ideia de Justiça como a concebemos em respeito pelos princípios da dignidade humana[1056] e da solidariedade[1057].

Neste enquadramento, são respeitados os princípios da legalidade, da justiça e da solidariedade entre o Estado e o contribuinte, assim como o da igualdade perante os agentes cumpridores[1058]. Mesmo que não se queira aceitar a premissa de um Estado penalmente solidário, as sanções têm de ser proporcionais, como se exige de um Estado[1059] que prossegue um equilíbrio e uma justa medida nas suas decisões, por respeito ao princípio da proibição do excesso, tendo essa medida que ser adequada, necessária e, reforça-se, proporcional. Desde há muito que entendemos que o crime de abuso de confiança fiscal representa uma incriminação excessiva e inadequada. Atendendo ao objetivo da recuperação das receitas tributárias, é desnecessária essa incriminação por não existir qualquer diferença material entre a contraordenação da não entrega da prestação tributária e o crime, e é também desproporcional uma vez que, não sendo a conduta fraudulenta, existe uma relação desconforme entre os interesses e os custos do Estado, em comparação com o benefícios e a carga sancionatória que é imposta ao substituto.

Colocamos por isso a questão de fundo de saber se faz sentido manter, numa era emergente de solidariedade social e fiscal, esta responsabilidade jurídico-penal, meramente incumpridora, no crime de abuso de confiança fiscal, sem a inclusão do princípio da solidariedade.

O substituto tributário está obrigado a proceder à entrega das receitas resultantes do imposto. Por sua vez, essa autoridade que o Estado detém decorre principalmente do interesse da comunidade, o que, por si, origina uma predisposição de cumprimento. Assim, o agente tende a cumprir

[1056] Vide, Miranda, Jorge (2019), «Dignidade», *in* AAVV, *Comentário da Convenção Europeia dos Direitos Humanos e dos Protocolos Adicionais – Volume I – (org. Paulo Pinto de Albuquerque)*, Lisboa: Universidade Católica Editora, págs. 5–8.

[1057] Vide, Ferreira, Eduardo Paz (2019), «Solidariedade», *(...), in* AAVV, op. cit., pág. 29.

[1058] Como afirma Casalta Nabais «o legislador goza de maior liberdade «relativamente à sancionação pelo seu incumprimento, exprimindo-se tal liberdade quanto a este segmento numa liberdade relativa a se, ao como (sanção penal, contraordenacional ou outra como a inibição ou a incapacidade de exercer determinados direitos) e ao quanto da respetiva sancionação». – Vide, *O Dever Fundamental de Pagar Impostos (...)*, op. cit., 2012, pág. 165.

[1059] Dentro desta linha de raciocínio pragmática, não obstante ser matéria divergente. – Vide, Ac. do Tribunal Constitucional n.º 387/2012, de 25 de julho de 2012, disponível em www.tribunalconstitucional.pt/tc/acordaos.

essa obrigação que lhe é imposta e que de forma natural é por si aceite[1060]. O incumprimento, sem caráter fraudulento, somente ocorre pela impossibilidade absoluta de cumprimento, ou, como já abordámos, pelo conflito entre um dever positivo e um dever negativo (que faz cair a existência de um possível conflito de deveres) por parte do substituto tributário. Sem pretendermos ser repetitivos, a lei não pode ser um "veículo" repressivo, ameaçador, que não realiza a Justiça em toda a sua plenitude.

O facto de o julgador, na aplicação da sanção e na medida da pena, em processo crime, diferenciar o comportamento cuja conduta, conscientemente, pretendeu defraudar o Estado, em relação a outra que, não obstante o ter economicamente defraudado, nunca o desejou, não deixa de ser merecedora de reprovação social com a aplicação da sanção penal e com o desprimor social que, independentemente do grau de ilicitude, ambas transmitem[1061].

Na realidade, se a primeira conduta é merecedora de pena pela danosidade social, a segunda, merecedora de ilicitude, recebe da comunidade uma reprovação administrativa. Poderá argumentar-se que ambas as condutas têm dignidade penal e por isso são merecedoras de sanção criminal, isto é, de pena, e que em relação à pena o julgador aplicará, em face do valor ou desvalor do resultado, sanções mais ou menos gravosas. Aquando da análise do bem jurídico protegido no crime de abuso de confiança fiscal, expusemos o raciocínio segundo o qual nem todos os bens jurídicos carecem de tutela penal e concluímos ainda que só com a natureza fraudulenta deverá

[1060] AUGUSTO SILVA DIAS, citando MILIGRAM, refere que a «obediência é o mecanismo psicológico, o cimento disposicional que liga os homens aos sistemas de autoridade. O superior é a autoridade moral máxima que polariza toda a preocupação dos subordinados e afasta todas as considerações morais concorrentes, sobretudo, questões éticas estranhas às preocupações auto-reprodutoras do sistema de autoridade». – Vide, «A Experiência Milgram e a Responsabilidade Jurídico-Penal: Um Ensaio sobre a Banalidade do Mal» *in* AAVV, *Direito Penal: Fundamentos Dogmáticos e Político-Criminais – Homenagem ao Prof. Doutor Peter Hünerfeld*, Coimbra: Almedina, 2013, pág. 223.

[1061] No seu estudo sobre a política criminal e os desafios que enfrenta, ANABELA MIRANDA RODRIGUES, entende que «a lei não pode justificar o endurecimento da resposta penal ou servir respostas puramente securitárias ou repressivas, nem obstruir o caminho a soluções flexíveis na realização da Justiça. Qualquer das vias impede o tratamento "igual" dos cidadãos, que a própria lei, na origem, veio procurar estabelecer». – Vide, «Política Criminal – Novos desafios, velhos rumos», *in* AAVV, *Liber Discipulorum para Jorge de Figueiredo Dias*, Coimbra: Coimbra Editora, 2003, pág. 225.

o bem jurídico merecer a tutela penal, isto porque nem todos os bens jurídicos, mesmo que sujeitos a reprovação social, merecem a intervenção do Direito Penal[1062]. O Direito Penal cumpre uma função de garantia dos valores, com relevância ética e social, tutelados pelo Direito Penal, e a instância de «mediação axiológica é dada pelo próprio Direito Penal»[1063]. Para FIGUEIREDO DIAS, um bem jurídico, para poder ser penalmente tutelado, tem de refletir um valor jurídico-constitucional. Nas suas palavras, significa que entre a ordem axiológica jurídico-constitucional e a ordem legal dos bens jurídicos tem de verificar-se uma qualquer relação de mútua referência[1064].

Contudo, estes valores sociais, éticos e penais, são divergentes nas funções que desempenham, não se podendo contrapor, sob pena de "tudo" poder ser merecedor da legitimação e intervenção penal, bastando a mera ideia de «manutenção do ordenamento penal, da conservação dos bens jurídicos»[1065/1066].

O foco deve ser centrado no conteúdo ético, «na aceitação de que o direito penal é uma ética aplicada»[1067]. Neste confronto entre a moral e o direito, é certo que a distinção da falta de entrega de prestação efetuada, quer no artigo 105.º, quer no artigo 114.º do Regime Geral das Infrações Tributárias, valora cada ilícito, o que os remete para as condutas que os integram[1068].

Note-se que o princípio da solidariedade – solidariedade social enquanto valor ético –, quando violado, não merece sanção penal, o que atribui uma especificidade à intervenção e à sua punição jurídico-penal.

Mas significa isto que o mínimo ético, para efeitos jurídico-penais, é atingido mesmo que a natureza solidária do Estado justificasse a sua

[1062] Vide, COSTA, José de Faria (2017), *Direito Penal, (...)*, op. cit., págs. 194 e 195.

[1063] *Ibidem*, pág. 199.

[1064] Vide, *Direito Penal, Parte Geral, (...)*, op. cit., 2019, págs. 134 e 135.

[1065] Nas assertivas palavras de FARIA COSTA existem «valores que valem a pena ser vividos, que ao valerem a pena ser vividos provocam o direito penal a protegê-los. E esta tensão de provocação é tão densa e tão forte que faz com que o direito penal tenda a coincidir com o mínimo ético». – Vide, *Direito Penal, (...)*, op. cit., 2017, pág. 199.

[1066] *Ibidem*, pág. 200.

[1067] *Ibidem*, pág. 196.

[1068] Para FIGUEIREDO DIAS «existem na verdade condutas às quais, antes e independentemente do desvalor da ilicitude, corresponde, e condutas às quais não corresponde um mais amplo desvalor moral, cultural ou social. A conduta em si mesma, independentemente da sua proibição legal, é no primeiro caso axiológico-socialmente relevante, no segundo caso axiológico-socialmente neutra». – Vide, *Direito Penal, Parte Geral, (...)*, op. cit., 2019, pág. 186.

intervenção? É indubitável que a quantificação de um valor mínimo, para se atingir materialmente a gravidade necessária para ser aceite como crime, atribui ao abuso de confiança fiscal uma "natureza inconstante" que faz variar consoante esse quantitativo. Se atualmente €7.500 é para o legislador suficiente para atribuir dignidade penal à conduta, não deixamos de questionar se chegaremos ao ponto de ser eliminado, como ocorre no crime de abuso de confiança contra a Segurança Social, a exigência de um qualquer montante mínimo. Se as razões invocadas para a inexistência de um limite mínimo naquele crime decorrem de razões meramente economicistas, e de gestão na subsistência daquele instituto, então no crime de abuso de confiança fiscal um entendimento similar significaria aceitar-se uma situação de pré-falência do Estado. É verdade que nunca se abordou tanto a existência de uma crise do Estado Social[1069], em particular na Europa, como nos últimos anos. E que essa crise, entre outros fatores, decorre de uma maior exigência por parte da comunidade, quer no apoio social, como nas concessões de subsídios, circunstâncias que carregam em si um problema de dependência, acrescidas de outros fatores sociais que obrigam a um maior policiamento do Estado[1070].

Em reforço do que vem de ser dito, significa que o Estado, nunca como antes, é um *Estado Fiscal*, com necessidades iminentemente *Sociais*, auxiliado pelo Direito Penal para atingir os seus fins. O problema é o legislador colocar o Direito Penal a coadjuvar o Direito Fiscal, quando deveria ser exatamente a situação inversa.

6. O Direito Penal Tributário no Crime de Abuso de Confiança Fiscal – *Ultima Ratio* de um Estado Socialmente Fiscal

Aceitando-se que o Estado Social evoluiu para um Estado Fiscal, e que mantendo-se as necessidades sociais, como se afirmou, se serve do Direito Penal, coloquemos por fim a questão de saber se o legislador, o julgador, os fiscalistas e acima de tudo os penalistas consideram, como sempre foi caraterizado, o Direito Penal como a *ultima ratio*, atendendo à estreita ligação que mantém com o modelo constitucionalmente consagrado de Estado.

[1069] Casos de Casalta Nabais e Suzana Tavares, que o definem como um «Estado pós-social». – Vide, Nabais, José Casalta / Tavares, Suzana (2010), *O Estado pós-moderno e a figura dos tributos*, RLJ, Ano 140, n.º 3965, Novembro-Dezembro de 2010, pág. 88.

[1070] Vide, Miranda, Jorge (2011), *Os novos paradigmas do Estado Social*, Lisboa: Instituto de Ciências Jurídico-Políticas, pág. 10.

O Direito Penal não está imune às transformações e às crises sociais que o obrigam a adaptar-se às exigências que lhe são requeridas e que ocorrem com a alteração dos modelos em vigor. Em todo o caso, não sendo este o momento nem o local para discutir questões que cabem a ciências como a sociologia e a criminologia, o Estado Social e o Estado Fiscal, ao serem colocados em causa pela comunidade, como nunca o haviam sido no passado, pretendem que o Direito Penal continue a supervisionar matérias que lhe são "estranhas". Sucede que o Direito Penal, tendo no crime o início de intervenção, tem na aplicação da sanção e na medida da pena o seu fim, fundamental até para a sua própria designação[1071].

No crime de abuso de confiança fiscal não encontramos diferenciação entre a conduta penal e a contraordenacional, o que esvazia a função e a intervenção do que deve ser o Direito Penal e a sua axiologia[1072]. As razões da manutenção do denominado ilícito penal do abuso de confiança fiscal são políticas; a jurisprudência é demonstrativa da (falta de) fundamentação do que é a doutrina penal, refugiando-se em questões que não competem ao julgador penal[1073], nomeadamente de índole económica, com avanços e recuos, por motivos que nada têm de político-criminal, que tornam a lei inconstante e, aparentemente, submissa ao sabor das opções políticas e da "tesouraria" do Estado.

O Direito Penal, por vezes, opera, no âmbito dos crimes fiscais, uma intervenção que o diminui e o desclassifica, mantendo o *jus puniendi* sob a cada vez mais frequente desautorização do legislador, como se no âmbito de uma mera cobrança ou recuperação de um crédito tributário nos encontrássemos. É esta uma das principais razões pela qual questionamos qual a razão para a manutenção de uma norma meramente coerciva, e que o Estado apenas mantém para efeitos repressores, independente dos resultados cada vez menos dissuasores do tratamento penal dado a esta situação.

Seria injusto não reconhecer os avanços no âmbito jurisprudencial, como o demonstra o acórdão de fixação de jurisprudência do Supremo

[1071] Vide, Correia, Eduardo (2016), *Direito Criminal, Volume I (...)*, op. cit., págs. 1 e 2.

[1072] Faria Costa denomina-a de uma tutela sem conteúdo e sem bens jurídico-penais de «exaltação do direito penal simbólico». – Vide, *Beccaria e o Direito Penal (...)*, op. cit., 2015, pág. 50.

[1073] Vide, Acórdão do Supremo Tribunal de Justiça, de Uniformização e Fixação de Jurisprudência, n.º 8 de 2010, publicado e disponível no Diário da República, 1.ª Série, n.º 186, de 23 de setembro de 2010, págs. 4219–4249.

Tribunal de Justiça, ao descriminalizar o agente, que não se tendo apropriado das receitas tributárias, não as pode entregar[1074/1075]. Todavia, durante bastante tempo, em relação a esta questão da apropriação, manteve-se um "dogma normativo" sem qualquer sentido, e com consequências práticas devastadoras para muitos agentes que foram sancionados por terem, em face da lei, e aos olhos do julgador, praticado o ilícito penal.

Serão as razões fiscais, agarradas a uma ideia de prevenção e danosidade social pouco coexistente, suficientes para a manutenção da intervenção do Direito Penal, com os sinais que vão sendo expressos pelo Estado?

A ideia de justiça, alcançada através da aplicação do direito, não pode negar e voltar-se contra a natureza e a evolução da comunidade, como o Direito Penal não pode deixar de proteger e tutelar os bens jurídicos que, em respeito à ética que detêm e ao princípio da subsidiariedade penal, são exigidos dessa mesma comunidade.

Verifica-se que, para além da dignidade penal, é exigida a existência de um juízo sobre a necessidade de punição que efetive essa criminalização. Não renegamos a importância da restituição das receitas recebidas; o que não aceitamos é que sejam necessárias sanções de índole penal, fiscal e, em certos casos, civil sobre o agente, sem a existência de uma sua conduta de caráter fraudulento.

Apesar das exigências e da intransigência processual que mantém perante o agente, o Estado atua de forma contraditória, na medida em que ele próprio já não consegue corresponder às tarefas a que, constitucionalmente, se encontra obrigado[1076]. Defendendo-se que essa incapacidade ocorrerá, em certa forma, pelo incumprimento do obrigado legal substi-

[1074] Vide, Acórdão do Supremo Tribunal de Justiça, de Uniformização e Fixação de Jurisprudência, n.º 8 de 2015, publicado e disponível no Diário da República, 1.ª Série, n.º 106, de 2 de junho de 2015, págs. 3502–3512.

[1075] Posição, previamente, assumida por Isabel Marques da Silva, em relação ao IVA. – Vide, Silva, Isabel Marques (2010), «*Nullum Crimen, Nulla Poma, Sine Lege Praevia*: A Inexistência de Infracção Tributária nos Casos de não Entrega de IVA não Recebido», *in* AAVV, *Estudos em Homenagem ao Professor Doutor Paulo de Pitta e Cunha – Volume II,* (coord. Jorge Miranda, António Menezes Cordeiro, Eduardo Paz Ferreira e José Duarte Nogueira), Coimbra: Almedina, págs. 257–266.

[1076] Posição ideológica assumida por Faria Costa. Refere o autor «quando o Estado já não consegue ser solidário e promocional, parece no mínimo paradoxal exigir que o cidadão, justamente aquele que dispõe de ainda menos recursos, o seja». – Vide, *Beccaria e o Direito Penal (...),*op. cit., 2015, pág. 50.

tuto, perante o seu credor tributário Estado, não sendo por isso aceites as suas justificações (causas de justificação) ou a inexistência de culpa (causas de exclusão da culpa).

Então por que razão deverá o agente, quando no papel de "credor social", não ter direito a idêntico comportamento, intransigente, com o "obrigado legal Estado" quando este entra em incumprimento nas suas obrigações?

Abarcado o bem jurídico aos princípios da dignidade e da necessidade penal, o Direito Penal apenas deverá ser chamado a intervir como último resultado, como *ultima ratio*. O Direito Penal não tem intervenção somente porque uma conduta é imoral ou eticamente reprovável. Merece essa intervenção, para além da norma que a estabeleça, se essa imoralidade e as questões éticas colocarem em causa os princípios do Direito Penal e o bem estar de toda a comunidade de forma gravosa. Ora, no crime de abuso de confiança fiscal, nem se colocam em causa – sem o caráter fraudulento – questões de imoralidade ou de eticidade, pelo menos a partir do momento em que o legislador prescindiu do elemento matriz do crime (apropriação)[1077].

No âmbito deste tipo de infração tributária, cujos mecanismos processuais e sancionatórios não penais realizam um papel decisivo, só faz sentido a aplicação de sanções penais nos crimes tributários mais graves e de elevado grau de ilicitude, ou seja, quando esta seja a única solução, de modo a que, quer social, como eticamente, se evite um Direito Penal meramente executivo.

O tempo, a evolução do Homem, mas acima de tudo a conquista do chamado Direito Penal *secundário*, elevado por mérito próprio ao patamar de um Direito Penal, em que atualmente se discute a inclusão das suas normas criminais no Código Penal, é demonstrativo do caminho realizado sob a égide das garantias e princípios do Direito Penal *primário*.

Pretendendo o Direito Penal manter-se fiel ao seu destino de *ultima ratio*, deve o legislador retroceder em algumas das opções que tem vindo a efetuar, protegendo satisfatoriamente só aquilo que é doutrinalmente desejado em termos de prevenção, de ordenação e de punibilidade.

[1077] Neste sentido Paulo Ferreira da Cunha para quem «é preciso que o direito penal esteja seguro do que a sociedade pensa e faz, e também do que ela, do seu ponto de vista, sem dúvida minimalista e não totalitário, deveria pensar fazer». – Vide, «Ultima Ratio: Uma Revisão Filosófico-Constitucional da Ciência do Direito Penal», *in* AAVV, *Direito Penal: Fundamentos Dogmáticos e Político-Criminais – Homenagem ao Prof. Doutor Peter Hünerfeld*, Coimbra: Almedina, 2013, pág. 178.

Para podermos lograr atingir esse desiderato, devemos colocar o Direito Penal no seu caminho essencial, ou seja, o de intervir em condutas fraudulentas que violem bens jurídicos merecedores da sua intervenção, no respeito pelos seus princípios mais estruturantes, como o são a legalidade, a tutela dos bens constitucionais, a culpa, a ressocialização[1078], mas igualmente os princípios da dignidade punitiva, da necessidade ou da carência de pena, de modo a que possa o agente ter o sentimento de igualdade e justiça, afastando a ideia, da qual veemente discordamos, de que na medida da pena, o julgador terá a oportunidade, através do seu "prumo" de igualar o que é desigual, de moralizar o que é imoral, de fazer justiça ao que é injusto, de punir o que deve ser sancionado. Se mantivermos o mesmo tipo de opção político-criminal, para as infrações tributárias, isto é, o de atribuir dignidade penal sem o rigor exigível, cremos que num futuro próximo nada se alterará.

Suspendemos[1079] a nossa reflexão, recorrendo a três premissas:

A primeira a de o nosso Estado, enquanto *Estado Fiscal*, ser caracterizado e baseado no dever fundamental de pagar impostos[1080].

A segunda, nas palavras de CASTANHEIRA NEVES, de não se poder compreender o Homem somente

> *(...) como destinatário do direito e titular de direitos, mas autenticamente como o sujeito do próprio direito e assim não apenas beneficiário dele, mas comprometido com ele – o direito não reivindicado no cálculo e sim assumido na existência, e então como uma externalidade apenas referida pelos seus efeitos, sancionatórios ou outros, mas como uma responsabilidade vivida no seu sentido. O direito só concorrerá para a epifania da pessoa se o homem lograr culturalmente a virtude desse compromisso (...)*[1081].

[1078] ANDRÉ LAMAS LEITE entende que as «mutuações políticas que vivemos, os fenómenos de populismo criminal e a escassez económica são tudo menos factores favoráveis à ressocialização». – Vide, *Ressocializar, hoje? Entre o «mito» e a realidade*, *in* RMP, n.º 156, Outubro/Dezembro, 2018, pág. 23.

[1079] Não terminamos, suspendemos, por termos a consciência de as nossas ideias serem um ponto de partida para reacender o debate em torno deste ilícito. Se assim acontecer, seguramente, novas questões nos serão colocadas e merecerão um novo/continuo aprofundamento sobre esta matéria.

[1080] Cf. Nota de rodapé 8.

[1081] Vide, NEVES, A.. Castanheira (2010), *Digesta – Escritos Acerca do Direito, do Pensamento Jurídico, da sua Metodologia e Outros – Volume 3.º*, Reimpressão, Coimbra: Coimbra Editora, pág. 72.

E por fim, uma terceira, com o alerta de FARIA DA COSTA:

> *(...) o tempo mostrou, de maneira dura e cruel, que se estava ou está perante um direito penal simbólico, na verdade do ponto de vista da estrita lógica da eficácia, contraproducente é admitir que o direito penal continue a oferecer sinais contraditórios, para dizer o menos, à comunidade jurídica. Contraproducente ou até inaceitável é admitir que o direito penal possa, sem a menor hesitação, prometer mais do que aquilo que pode cumprir. Que se assuma, sem resto, como simbólico*[1082].

Apenas uma revolução e muita resiliência, bem o sabemos, podem alterar a visão sobre este ilícito; mas, se tal ocorrer, concretizar-se-á e cumprir-se-á o que se espera da Justiça Penal Fiscal, de modo especial, no ilícito criminal de abuso de confiança fiscal.

Possam as nossas propostas merecer, pelo menos, uma reflexão – assim o desejamos e ansiamos – eliminando-se definitivamente o paradigma da atual Justiça Penal Fiscal e, a final, ser traçado um caminho jurídico consistente na interpretação e compreensão deste ilícito sem colocar em causa a (in)existência de dignidade penal.

[1082] Vide, *Beccaria e o Direito Penal (...)*, op. cit., 2015, pág. 50.

CONCLUSÕES

I. Benjamin Franklin, autor da imortalizada frase «neste mundo nada pode ser dado como certo à exceção da morte e dos impostos»[1083], expõe a importância decisiva dos impostos na vida das comunidades, assim como a inevitabilidade do seu pagamento, de modo a que estas possam subsistir e cumprir o seu objetivo social. Este longo caminho de evolução e de estruturação do pensamento jurídico obrigou a que fossem encontradas formas de sancionar todos aqueles que não cumprissem com o dever de pagar os impostos.

II. No crime de abuso de confiança fiscal o bem jurídico protegido são as receitas tributárias que o Estado deixa de receber, mas devia receber, e que, para poder cumprir as suas finalidades, tem de presidir materialmente à incriminação fiscal, quer pela relevância e identificação direcionada na tutela de um bem comunitário, quer pelo bem jurídico coletivo que lhe está inerente.

III. A consumação do crime, em face do preceituado pelo n.º 4 do artigo 105.º do Regime Geral das Infrações Tributárias, verifica-se após ser ultrapassado o prazo dos 30 dias a que alude a alínea b) deste preceito. Assim, a punibilidade do facto só pode ocorrer se verificados, cumulativamente, dois pressupostos: o decurso de mais de 90 dias sobre o termo do prazo legal de entrega da prestação com a falta de pagamento da prestação comunicada à Administração Tributária através da correspondente decla-

[1083] Vide, *The private correspondence of Benjamin Franklin, Volume 1*, 2.ª Edição, Londres: printed for Henry Colburn, 1817, pág. 266.

ração não paga, acrescida dos juros respetivos e do valor da coima aplicável e, bem assim, o decurso do prazo de 30 dias após a notificação. Concluímos, por isso, que o crime de abuso de confiança fiscal não se verifica no nonagésimo primeiro dia, relativamente à omissão de entrega de prestação não comunicada pelo obrigado legal e nos casos de omissão de entrega de prestação deduzida e comunicada, mas, isso sim, no trigésimo primeiro dia após a notificação remetida ao obrigado legal.

IV. Efetivamente, todos estes prazos "desvalorizam" o ilícito. O mesmo se pode dizer com a utilização do instituto de suspensão provisória do processo por proposta do Ministério Público, uma vez que se conclui que o Estado qualifica o crime de abuso de confiança fiscal como pertencendo à chamada pequena criminalidade. Nem todas as injunções impostas ao arguido através deste instituto da suspensão provisória do processo podem ser aplicadas às pessoas coletivas.

V. Ao defendermos a consumação do crime após o preenchimento das condições de punibilidade previstas no n.º 4 do artigo 105.º do Regime Geral das Infrações Tributárias, o prazo prescricional apenas se iniciaria com o cumprimento dos pressupostos contidos na norma. Sucede, porém, que o artigo 120.º, n.º 1, alínea a) do Código Penal não prevê a suspensão da prescrição decorrente das condições de punibilidade das alíneas a) e b), por não as estabelecer no preceito do Código Penal.

Por essa razão defendemos que o início do prazo de prescrição se conta da data da verificação da condição objetiva de punibilidade e não da data do facto ilícito, em virtude do efeito obstrutor da ausência do tipo e pelo facto de que, não existindo suspensão da prescrição, se a notificação a que alude a alínea b) do n.º 4 estivesse omissa, o prazo prescricional continuaria a correr, contra a prossecução dos princípios de justiça e de prevenção do Direito Penal.

VI. A consumação do crime só ocorre com a verificação das condições objetivas de punibilidade, ou seja, até àquele momento estamos perante uma contraordenação e as regras para a verificação da prescrição são as estabelecidas pelo artigo 33.º do Regime Geral das Infrações Tributárias. Entendemos, de igual modo, que nos casos em que a notificação da alínea b) do n.º 4, do artigo 105.º é realizada ao arguido em fase posterior, o prazo prescricional não se interrompe relativamente à dívida tributária requerida em sede de contraordenação, nos termos dos prazos estabelecidos na Lei

Geral Tributária. Para além de que, no sentido da dogmática do instituto da prescrição, o processo não está pendente, correndo o prazo em benefício do agente infrator, o que reforça a nossa posição de que a contagem do prazo de prescrição só se pode iniciar no fim do prazo "suplementar" a que alude a alínea b), do n.º 4 do artigo 105.º do Regime Geral das Infrações Tributárias, porquanto só com o cumprimento daquele prazo se torna punível o facto, assim como só no fim daquele prazo ocorre a consumação material a que se reporta a norma.

VII. Concluímos que em processos criminais de índole tributária não deverão ser aceites os pedidos de indemnização civil formalizados pelo Ministério Público para obtenção das receitas tributárias em falta, por defendermos que os danos que o lesado possa ter sofrido obedecem às regras da responsabilidade civil e, por merecerem a tutela deste ramo do direito, deveriam ser, única e exclusivamente, apreciados pela jurisdição civil. Discordamos que aquele órgão de magistratura tenha legitimidade para deduzir pedido de indemnização civil, porquanto o crime só se consumou porque o arguido não terá cumprido com as suas obrigações legais, *in casu*, no crime de abuso de confiança fiscal, através da apropriação e não entrega das receitas tributárias à Autoridade Tributária após ultrapassados os prazos a que a norma alude.

Não concordamos com a admissibilidade do pedido de indemnização civil em processo penal deduzido ao abrigo do princípio da adesão, no qual o Tribunal discutirá, em processo penal (a génese do processo), as questões penal, civil e, forçosamente, tributária, na fixação da indemnização a arbitrar.

Um Tribunal judicial comum não pode conhecer matéria da jurisdição fiscal sob imperativos de economia e celeridade processual, por violação do princípio da legalidade e, em relação ao Ministério Público, em representação da Autoridade Tributária, por violação do princípio da separação de poderes. Para além de que o assistente, na qualidade de lesado e para efeitos de pedido de indemnização civil, é titular de um direito privado, enquanto que as receitas decorrentes dos impostos visam a realização de fins públicos legalmente determinados, razão pela qual não pode a Autoridade Tributária constituir-se como assistente.

VIII. É enorme a descaraterização do crime de abuso de confiança fiscal em relação àquilo que foi a sua génese, a sua evolução às opções do legislador no sentido de o não diferenciar do ilícito contraordenacional da falta de entrega da prestação tributária.

Na comparação efetuada com alguns crimes próximos, concluímos que em relação ao crime de abuso de confiança contra a segurança social a preocupação é exclusivamente a arrecadação das receitas inerentes à subsistência económica do instituto da Segurança Social; no crime de infidelidade existe um paralelismo entre o agente que é empossado do poder/dever de administrar, gerir e/ou fiscalizar o património alheio e o substituto tributário a quem é imposto o dever de praticar determinado comportamento, por força da relação de confiança imposta pelo Estado; no crime de violação da obrigação a alimentos, um elemento une ambos os ilícitos: o prazo. Esta é a forma que o legislador encontrou para dilatar no tempo e evitar que uma situação de incumprimento meramente civil termine na esfera penal, na medida em que, em ambos os ilícitos, o objetivo é o cumprimento das obrigações legais, utilizando-se os princípios e as regras do Direito Penal não para punir, mas para obter um cumprimento de uma obrigação em falta; já no crime de abuso de confiança concluímos que, presentemente, deste delito apenas subsiste o nome, ao prescindir do seu elemento matriz que lhe atribuía a eticidade enquanto ilícito criminal — a apropriação —, afastando a infração do bem jurídico protegido.

As comparações efetuadas reforçaram o nosso pensamento inicial no sentido de o Direito Penal ser manipulado para obter a recuperação de receitas e não pelo carater desvalioso da ação praticada pelo agente.

IX. Igualmente concluímos que não se encontra, no crime de abuso de confiança fiscal, dignidade penal para criminalizar o comportamento do agente, na forma de desobediência de natureza criminal, mesmo que o agente atue em desobediência a uma obrigação fiscal.

X. Quer os crimes fiscais, quer as contraordenações tributárias, protegem bens jurídicos. A diferença entre ambos reside no facto de, nos crimes fiscais, os bens jurídicos conformarem o próprio ilícito penal, de modo que dão forma ao ilícito, enquanto que nas contraordenações tributárias o bem jurídico está "afastado" do interesse jurídico, não sendo elemento desse instituto. A manutenção e a distinção destas figuras não passa pelo ilícito.

XI. O Direito Penal Tributário não pode excluir o princípio da solidariedade social enquanto valor ético que, quando violado, não merece sanção penal, atribuindo-lhe uma especificidade à intervenção e à punição jurídico-penal. Uma violação ética desse dever não tem que configurar um ilícito criminal, não obstante uma conduta legalmente estabelecida como um ilícito penal, poder merecer, em situações limite, o desvalor da punição.

XII. O Estado, nunca como antes, é um *Estado Fiscal*, com necessidades eminentemente *Sociais*, sendo auxiliado pelo Direito Penal para atingir os seus fins. É, de facto, o Estado Fiscal que, através do poder de tributar, se financia e publicamente atua.

XIII. Aceitando-se que o Estado Social evoluiu para um Estado Fiscal, a última questão a que tentámos responder foi a de saber se razões fiscais, agarradas a uma ideia de prevenção e de danosidade social pouco consistente, são suficientes para a manutenção da intervenção penal, com os sinais que vão sendo expressos pelo Estado. Verificámos que, para além da dignidade penal, é exigida a existência de um juízo de necessidade de punição para que se efetive essa criminalização.

XIV. Posto isto, e em face do nosso estudo, propomos as seguintes alterações legislativas:

A. No Regime Geral das Infrações Tributárias relativamente ao crime de abuso de confiança fiscal:

i. A inclusão, em secção autónoma, dos crimes fiscais no Capítulo V do Código Penal, constantes no Capítulo III do Regime Geral das Infrações Tributárias, eliminando-os deste último diploma.

ii. A eliminação do artigo 105.º dos crimes fiscais, considerando que a conduta tipificada em sede de responsabilidade criminal não se diferencia materialmente da conduta tipificada para a responsabilidade contraordenacional.

iii. Para aferir da existência da conduta fraudulenta, após instaurado o processo de contraordenação, a marcha processual manteria os trâmites subsequentes, atualmente previstos no artigo 70.º do Regime Geral das Infrações Tributárias. Em sede de defesa, o agente teria de justificar as razões da não entrega da prestação tributária.

iv. Ser suprido, daquele diploma, o artigo 74.º.

v. O dirigente tributário com competência para aplicar a coima teria de se pronunciar sobre a existência de indícios da prática fraudulenta na não entrega da prestação tributária, nos termos constantes dos elementos do tipo estabelecidos no atual artigo 103.º do Regime Geral das Infrações Tributárias. A pronúncia sobre essa qualificação teria caráter obrigatório, sob pena de nulidade por omissão de pronúncia, na decisão final administrativa.

vi. A Autoridade Tributária, decidindo pela existência de indícios fraudulentos na falta de entrega da prestação tributária por parte do agente, após decorrido o prazo previsto no artigo 80.º do Regime Geral das Infrações Tributárias, remete ao Ministério Público o auto contraordenacional, para início da fase de inquérito do processo criminal.

vii. Recorrendo o agente da decisão de aplicação da coima, o julgador fica obrigado a apreciar e a decidir, para além dos factos alegados referentes à aplicação da coima, da existência ou não de uma conduta fraudulenta na falta de entrega da prestação.

viii. A conduta do agente apenas tem relevância criminal se tiver natureza fraudulenta, remetendo-se – quando tal se verifique –, para o crime de fraude fiscal, o qual passaria a ser punível, independente do valor quantitativo, propondo-se desta forma a eliminação do valor à norma.

ix. Para efeitos de contagem do prazo de prescrição, este só se iniciaria com a determinação do momento da consumação do facto nos termos preceituados no artigo 119.º do Código Penal, ou seja, a partir da prática da infração penal e não da contraordenação.

B. Não se aceitando esta nossa proposta, entendemos ser, de igual modo, fundamental consagrar:

i. No Regime Geral das Infrações Tributárias, ou em lei fiscal extravagante, um regime de acompanhamento e fiscalização a efetuar pela Autoridade Tributária, no caso de contraordenação tributária por falta de entrega da prestação tributária.

ii. Este apoio teria que ser requerido pelo agente e, na notificação da contraordenação a remeter ao arguido, deveria constar, obrigatoriamente, a existência do instituto.

iii. O plano teria como objetivo evitar novos incumprimentos das demais responsabilidades fiscais do arguido, independentemente de ser pessoa singular ou coletiva, instituto que denominaríamos de "Ressocialização Fiscal".

iv. A diferença existente em relação aos institutos já regulamentados, em particular, na possibilidade do pagamento em prestações das dívidas fiscais, é o de este pretender evitar novos incumprimentos, deixando de fora a ameaça da sanção penal, uma vez que os prazos constantes no atual artigo 105.º demonstram ser insuficientes para a recuperação das receitas tributárias.

As nossas propostas normativas para o crime de abuso de confiança fiscal são, cremos, concretizáveis e pretendem ser a solução para o equilíbrio entre o dever fundamental de pagar impostos e o dever fundamental de um Estado democrático em distinguir as condutas dos seus membros que devem ser sancionadas criminalmente daquelas que não merecem a tutela penal.

Por outro lado, ao descriminalizar o crime de abuso de confiança fiscal, não se esquece a essencial ressocialização fiscal do agente, num caminho, interligado com o princípio da solidariedade, fundamental ao Direito Penal Tributário enquanto *ultima ratio* de um Estado fiscal com necessidades eminente sociais, não nos chocando uma nova solução, ou seja, a implementação de um regime autónomo no qual este tipo de conduta não configuraria nem um ilícito contraordenacional, nem um ilícito criminal.

JURISPRUDÊNCIA, DECISÕES ARBITRAIS E DIRETIVAS DA PGR CONSULTADAS

Tribunal Europeu dos Direitos do Homem

— *Engel e Outros c. Países Baixos* [TP], n.ºs 5100/71, 5101/71, 5354/72 e 5370/72, 8 de junho 1976.
— *Ozturk c. Alemanha* [TP], n.º 8544/79, 21 de fevereiro 1984.
— Requête 31237-09 – *Carballo et Pinero c. Portugal,* de 21 de junho de 2011.
— *Grande Stevens e Outros c. Itália,* n.º 43509/08, 27 de novembro 2011.
— *A. e B. c.* Noruega [GC], n.ºs 24130/11 e 29758/11, 15 de novembro 2016.

Tribunal Constitucional

— Ac. n.º 494/1974, de 9 de julho de 1974, disponível em www.tribunalconstitucional.pt/tc/acordaos.
— Ac. n.º 303/1990, de 21 de novembro de 1990, disponível em www.tribunalconstitucional.pt/tc/acordaos.
— Ac. n.º 373/1991, de 6 de novembro de 1991, disponível em www.tribunalconstitucional.pt/tc/acordaos.
— Ac. n.º 158/1992, de 23 de abril de 1992, disponível em www.tribunalconstitucional.pt/tc/acordaos.
— Ac. n.º 263/1994, de 23 de março de 1994, disponível em www.tribunalconstitucional.pt/tc/acordaos.
— Ac. n.º 625/1998, de 3 de novembro de 1998, disponível em www.tribunalconstitucional.pt/tc/acordaos.
— Ac. n.º 244/1999, de 29 de abril de 1999, disponível em www.tribunalconstitucional.pt/tc/acordaos.
— Ac. n.º 160/2000, de 6 de novembro de 2000, disponível em www.tribunalconstitucional.pt/tc/acordaos.

— Ac. n.º 245/2000, de 12 de abril de 2000, disponível em www.tribunalconstitucional.pt/tc/acordaos.

— Ac. n.º 312/2000, de 20 de junho de 2000, disponível em www.tribunalconstitucional.pt/tc/acordaos.

— Ac. n.º 516/2000, de 29 de novembro de 2000, disponível em www.tribunalconstitucional.pt/tc/acordaos.

— Ac. n.º 107/2001, de 14 de março de 2001, disponível em www.tribunalconstitucional.pt/tc/acordaos.

— Ac. n.º 383/2001, de 26 de setembro de 2001, disponível em www.tribunalconstitucional.pt/tc/acordaos.

— Ac. n.º 59/2003, de 4 de fevereiro de 2003, disponível em www.tribunalconstitucional.pt/tc/acordaos.

— Ac. n.º 165/2003, de 28 de março de 2003, disponível em www.tribunalconstitucional.pt/tc/acordaos.

— Ac. n.º 269/2003, de 6 de novembro de 1991, disponível em www.tribunalconstitucional.pt/tc/acordaos.

— Ac. n.º 356/2003, de 27 de maio de 2003, disponível em www.tribunalconstitucional.pt/tc/acordaos.

— Ac. n.º 395/2003, de 22 de julho de 2003, disponível em www.tribunalconstitucional.pt/tc/acordaos.

— Ac. n.º 498/2003, de 22 de outubro de 2003, disponível em www.tribunalconstitucional.pt/tc/acordaos.

— Ac. n.º 105/2004, de 11 de fevereiro de 2004, disponível em www.tribunalconstitucional.pt/tc/acordaos.

— Ac. n.º 54/2004, de 20 de janeiro de 2004, disponível em www.tribunalconstitucional.pt/tc/acordaos.

— Ac. n.º 631/2004, de 4 de novembro de 2004, disponível em www.tribunalconstitucional.pt/tc/acordaos.

— Ac. n.º 29/2005, de 19 de janeiro de 2005, disponível em www.tribunalconstitucional.pt/tc/acordaos.

— Ac. n.º 145/2006, de 22 de fevereiro de 2006, disponível em www.tribunalconstitucional.pt/tc/acordaos.

— Ac. n.º 659/2006, de 28 de novembro de 2006, disponível em www.tribunalconstitucional.pt/tc/acordaos.

— Ac. n.º 61/2007, de 30 de janeiro de 2007, disponível em www.tribunalconstitucional.pt/tc/acordaos.

— Ac. n.º 104/2007, de 14 de fevereiro de 2007, disponível em www.tribunalconstitucional.pt/tc/acordaos.

— Ac. n.º 291/2008, de 29 de maio de 2008, disponível em www.tribunalconstitucional.pt/tc/acordaos.
— Ac. n.º 325/2008, de 18 de junho de 2008, disponível em www.tribunalconstitucional.pt/tc/acordaos.
— Ac. n.º 336/2008, de 19 de junho de 2008, disponível em www.tribunalconstitucional.pt/tc/acordaos.
— Ac. n.º 409/2008, de 31 de julho de 2008, disponível em www.tribunalconstitucional.pt/tc/acordaos.
— Ac. n.º 99/2009, de 3 de março de 2009, disponível em www.tribunalconstitucional.pt/tc/acordaos.
— Ac. n.º 643/2009, de 15 de dezembro de 2009, disponível em www.tribunalconstitucional.pt/tc/acordaos.
— Ac. n.º 129/2009, de 12 de março de 2009, disponível em www.tribunalconstitucional.pt/tc/acordaos.
— Ac. n.º 150/2009, de 25 de março de 2009, disponível em www.tribunalconstitucional.pt/tc/acordaos.
— Ac. n.º 151/2009, de 25 de março de 2009, disponível em www.tribunalconstitucional.pt/tc/acordaos.
— Ac. n.º 234/2009, de 12 de maio de 2009, disponível em www.tribunalconstitucional.pt/tc/acordaos.
— Ac. n.º 242/2009, de 12 de maio de 2009, disponível em www.tribunalconstitucional.pt/tc/acordaos.
— Ac. n.º 632/2009, de 3 de dezembro de 2009, disponível em www.tribunalconstitucional.pt/tc/acordaos.
— Ac. n.º 198/2010, de 18 de maio de 2010, disponível em www.tribunalconstitucional.pt/tc/acordaos.
— Ac. n.º 481/2010, de 9 de dezembro de 2010, disponível em www.tribunalconstitucional.pt/tc/acordaos.
— Ac. n.º 24/2011, de 12 de janeiro de 2011, disponível em www.tribunalconstitucional.pt/tc/acordaos.
— Ac. n.º 26/2011, de 12 de janeiro de 2011, disponível em www.tribunalconstitucional.pt/tc/acordaos.
— Ac. n.º 35/2011, de 25 de janeiro de 2011, disponível em www.tribunalconstitucional.pt/tc/acordaos.
— Ac. n.º 54/2011, de 23 de fevereiro de 2011, disponível em www.tribunalconstitucional.pt/tc/acordaos.
— Ac. n.º 85/2011, de 15 de fevereiro de 2011, disponível em www.tribunalconstitucional.pt/tc/acordaos.

— Ac. n.º 125/2011, de 3 de março de 2011, disponível em www.tribunalconstitucional.pt/tc/acordaos.
— Ac. n.º 226/2011, de 3 de maio de 2011, disponível em www.tribunalconstitucional.pt/tc/acordaos.
— Ac. n.º 353/2011, de 12 de julho de 2011, disponível em www.tribunalconstitucional.pt/tc/acordaos.
— Ac. n.º 437/2011, de 3 de outubro de 2011, disponível em www.tribunalconstitucional.pt/tc/acordaos.
— Ac. n.º 461/2011, de 11 de outubro de 2011, disponível em www.tribunalconstitucional.pt/tc/acordaos.
— Ac. n.º 561/2011, de 22 de novembro de 2011, disponível em www.tribunalconstitucional.pt/tc/acordaos.
— Ac. n.º 557/2011, de 21 de dezembro de 2011, disponível em www.tribunalconstitucional.pt/tc/acordaos.
— Ac. n.º 73/2012, de 8 de fevereiro de 2012, disponível em www.tribunalconstitucional.pt/tc/acordaos.
— Ac. n.º 387/2012, de 25 de julho de 2012, disponível em www.tribunalconstitucional.pt/tc/acordaos.
— Ac. n.º 1/2013, de 09 de janeiro de 2013, disponível em www.tribunalconstitucional.pt/tc/acordaos.
— Ac. n.º 78/2013, de 31 de janeiro de 2013, disponível em www.tribunalconstitucional.pt/tc/acordaos.
— Ac. n.º 297/2013, de 28 de maio de 2013, disponível em www.tribunalconstitucional.pt/tc/acordaos.
— Ac. n.º 299/2013, de 28 de maio de 2013, disponível em www.tribunalconstitucional.pt/tc/acordaos.
— Ac. n.º 354/2013, de 27 de junho de 2013, disponível em www.tribunalconstitucional.pt/tc/acordaos.
— Ac. n.º 171/2014, de 18 de fevereiro de 2014, disponível em www.tribunalconstitucional.pt/tc/acordaos.
— Ac. n.º 231/2016, de 6 de junho de 2016, disponível em www.tribunalconstitucional.pt/tc/acordaos.
— Ac. n.º 565/2018, de 7 de novembro de 2018, disponível em www.tribunalconstitucional.pt/tc/acordaos.
— Decisão n.º 667/2018, de 2 de outubro de 2018, proc. n.º 714/2018, 3.ª Seção, relator Conselheiro Gonçalo de Almeida Ribeiro.
— Ac. n.º 636/2018, de 22 de novembro de 2018, disponível em www.tribunalconstitucional.pt/tc/acordaos.

Supremo Tribunal Administrativo

— Ac. de 3 de dezembro de 1997, proc. n.º 021343, disponível em www.dgsi.pt.
— Ac. de 6 de junho de 2001, proc. n.º 022739, disponível em www.dgsi.pt.
— Ac. de 18 de junho de 2003, proc. n.º 01188/02, disponível em www.dgsi.pt.
— Ac. de 20 de outubro de 2004, proc. n.º 0475/04, disponível em www.dgsi.pt.
— Ac. de 27 de março de 2007, proc. n.º 07A760, disponível em www.dgsi.pt.
— Ac. de 16 de abril de 2008, proc. n.º 044/08, disponível em www.dgsi.pt.
— Ac. de 28 de maio de 2008, proc. n.º 78/08, disponível em www.dgsi.pt.
— Ac. de 18 de junho de 2008, proc. n.º 213/08, disponível em www.dgsi.pt.
— Ac. de 18 de setembro de 2008, proc. n.º 483/08, disponível no Diário da República, 1.ª Série, n.º 122, de 26 de Junho de 2008, págs. 3973-3975.
— Ac. de 15 de outubro de 2008, proc. n.º 481/08, disponível em www.dgsi.pt.
— Ac. de 29 de outubro de 2008, proc. n.º 0479/08, disponível em www.dgsi.pt.
— Ac. de 10 de dezembro de 2008, proc. n.º 0579/08, disponível em www.dgsi.pt.
— Ac. de 10 de dezembro de 2008, proc. n.º 0542/08, disponível em www.dgsi.pt.
— Ac. de 21 de janeiro de 2009, proc. n.º 0480/09, disponível em www.dgsi.pt.
— Ac. de 11 de fevereiro de 2009, proc. n.º 0578/08, disponível em www.dgsi.pt.
— Ac. de 11 de março de 209, proc. n.º 0709/08, disponível em www.dgsi.pt.
— Ac. de 22 de abril de 2009, proc. n.º 0984/08, disponível em www.dgsi.pt.
— Ac. de 18 de novembro de 2009, proc. n.º 593/09, disponível em www.dgsi.pt.
— Ac. de 2 de dezembro de 2009, proc. n.º 0887/09, disponível em www.dgsi.pt.
— Ac. de 10 de fevereiro de 2010, proc. n.º 01204/09, disponível em www.dgsi.pt.
— Ac. de 21 de abril de 2010, proc. n.º 85/10, disponível em www.dgsi.pt.
— Ac. de 13 de outubro de 2010, proc. n.º 0670/10, disponível em www.dgsi.pt.
— Ac. de 21 de setembro de 2011, proc. n.º 0753/11, disponível em www.dgsi.pt.
— Ac. de 26 de setembro de 2012, proc. n.º 0729/12, disponível em www.dgsi.pt.
— Ac. de 16 de janeiro de 2013, proc. n.º 01064/12, disponível em www.dgsi.pt.
— Ac. de 3 de abril de 2013, proc. n.º 05/13, disponível em www.dgsi.pt.
— Ac. de 17 de abril de 2013, proc. n.º 01191/12, disponível em www.dgsi.pt.
— Ac. de 21 de maio de 2014, proc. n.º 0306/14, disponível em www.dgsi.pt.
— Ac. de 12 de junho de 2014, proc. n.º 07634/14, disponível em www.dgsi.pt.
— Ac. de 1 de outubro de 2014, proc. n.º 01665/13, disponível em www.dgsi.pt.
— Ac. de 12 de fevereiro de 2015, proc. n.º 01860/13, disponível em www.dgsi.pt.
— Ac. de 17 de junho de 2015, proc. n.º 0535/14, disponivel em www.dgsi.pt.

— Ac. de 25 de março de 2015, proc. n.º 01080/13, disponível em www.dgsi.pt.
— Ac. de 12 de outubro de 2016, proc. n.º 0287/16, disponível em www.dgsi.pt.
— Ac. de 30 de novembro de 2016, proc. n.º 01290/15, disponível em www.dgsi.pt.
— Ac. de 15 de fevereiro de 2017, proc. n.º 0612/15, disponível em www.dgsi.pt.
— Ac. de 28 de junho de 2017, proc. n.º 0152/17, disponível em www.dgsi.pt.
— Ac. de 25 de outubro de 2017, proc. n.º 0371/17, disponível em www.dgsi.pt.
— Ac. de 12 de julho de 2018, proc. n.º 0497/18, disponível em www.dgsi.pt.
— Ac. de 12 de dezembro de 2018, proc. n.º 01053/17.8BEPRT, disponível em www.dgsi.pt.

Tribunal Central Administrativo do Norte
— Ac. de 11 de março de 2013, proc. n.º 00349/05.6BEBRG, disponível em www.dgsi.pt.
— Ac. de 10 de novembro de 2016, proc. n.º 00313/11.6BEBRG, disponível em www.dgsi.pt.
— Ac. de 13 de julho de 2017, proc. n.º 00562/16.0BECBR, disponível em www.dgsi.pt.
— Ac. de 21 de dezembro de 2017, proc. n.º 00049/14.6BEBRG, disponível em www.dgsi.pt.
— Ac. de 21 de junho de 2018, proc. n.º 01602/13.0BEBRG, disponível em www.dgsi.pt.

Tribunal Central Administrativo do Sul
— Ac. de 14 de fevereiro de 2006, proc. n.º 00941/05, disponível em www.dgsi.pt.
— Ac. de 28 de março de 2007, proc. n.º 01609/07, disponível em www.dgsi.pt.
— Ac. de 12 de agosto de 2009, proc. n.º 03222/09, disponível em www.dgsi.pt.
— Ac. de 30 de abril de 2013, proc. n.º 04457/11, disponível em www.dgsi.pt.
— Ac. de 7 de junho de 2018, proc. n.º 618/10.3BELRS, disponível em www.dgsi.pt.

Supremo Tribunal de Justiça
— Ac. de 26 de junho de 1991, disponível no BMJ 408, pág. 257.
— Ac. de 13 de janeiro de 1993, disponível no BMJ 423, pág. 203.
— Ac. de 23 de setembro de 1993, proc. n.º 043026, disponível em www.dgsi.pt.
— Ac. de 14 de abril de 1994, disponível no BMJ 423, pág. 156.

— Ac. de 2 de fevereiro de 1995, disponível no BMJ 47, pág. 247.
— Ac. de 18 de outubro de 1995, proc. n.º 048081, disponível em www.dgsi.pt.
— Ac. de 15 de novembro de 1995, disponível no BMJ 451, pág. 440.
— Ac. de 28 de fevereiro de 1996, disponível no BMJ 454, pág. 397.
— Ac. de 18 de dezembro de 1997, proc. n.º 970/96, disponível em www.dgsi.pt.
— Ac. de 15 de abril de 1998, disponível no BMJ 476, pág. 272.
— Ac. de 8 de julho de 1998, disponível no BMJ 479, pág. 244.
— Ac. de 10 de maio de 1999, proc. n.º 98P666, disponível em www.dgsi.pt.
— Ac. de 20 de maio de 1999, proc. n.º 276/99, disponível em www.dgsi.pt.
— Ac. de 8 de julho de 1999, proc. 603/99, disponível em www.dgsi.pt.
— Ac. de 7 de outubro de 1999, disponível na CJ 1999, tomo 3, pág. 167.
— Ac. de 13 de outubro de 1999, disponível na CJ 1999, tomo 3, pág. 184.
— Ac. de 20 de dezembro de 1999, disponível no BMJ 492, pág. 345.
— Ac. de 26 de janeiro de 2000, proc. 815/99, disponível em www.dgsi.pt.
— Ac. de 7 de junho de 2000, rec. n.º 200/2000, disponível em www.dgsi.pt.
— Ac. de 12 de outubro de 2000, disponível em CJ, Ano VIII, Tomo III, pág. 194.
— Ac. de 8 de novembro de 2001, proc. n.º 2988/01, disponível em www.dgsi.pt.
— Ac. de 20 de junho de 2001, disponível em CJ, Ano IX, 2001, Tomo II, pág. 227.
— Ac. de 13 de dezembro de 2001, proc. n.º 01P3749, disponível em www.dgsi.pt.
— Ac. de 10 de abril de 2002, proc. n.º 02P154, disponível em www.dgsi.pt.
— Ac. de 7 de novembro de 2002, proc. n.º 02P2920, disponível em www.dgsi.pt.
— Ac. de 8 de janeiro de 2003, proc. n.º 3319/02-3, disponível em www.dgsi.pt.
— Ac. de 29 de janeiro de 2003, proc. n.º 983/02, disponível em www.dgsi.pt.
— Ac. de 24 de março de 2003, disponível em CJ, Ano XI-2003, Tomo I, págs. 234 ss.
— Ac. de 23 de abril de 2003, proc. n.º 03P620, disponível em www.dgsi.pt.
— Ac. de 4 de maio de 2003, proc. n.º 03P3209, disponível em www.dgsi.pt.
— Ac. de 18 de junho de 2003, proc. n.º 02P3723, disponível em www.dgsi.pt.
— Ac. de 20 de janeiro de 2004, proc. n.º 2824/04-3, disponível em www.dgsi.pt.
— Ac. de 29 de janeiro de 2004, proc. n.º 03P1874, disponível em www.dgsi.pt.
— Ac. de 24 de março de 2004, proc. n.º 03P2142, disponível em www.dgsi.pt.
— Ac. de 22 de abril de 2004, proc. n.º 04B837, disponível em www.dgsi.pt.
— Ac. de 10 de novembro de 2004, proc. n.º 04P2252, disponível em www.dgsi.pt.
— Ac. de 31 de maio de 2006, proc. n.º 06P1294, disponível em www.dgsi.pt.

— Ac. de 18 de outubro de 2006, proc. n.º 06P2935, disponível em www.dgsi.pt.
— Ac. de 7 de fevereiro de 2007, proc. n.º 4086/06, disponível em www.dgsi.pt.
— Ac. de 21 de fevereiro de 2007, proc. n.º 06P4097, disponível em www.dgsi.pt.
— Ac. de 21 de março de 2007, proc. n.º 06P4079, disponível em www.dgsi.pt.
— Ac. de 27 de junho de 2007, proc. n.º 2050/2007, disponível em www.dgsi.pt.
— Ac. de 20 de dezembro de 2007, proc. n.º 3320/07, disponível em www.dgsi.pt.
— Ac. de 9 de abril de 2008, proc. n.º 4080/07, disponível em www.dgsi.pt.
— Ac. de 13 de novembro de 2008, proc. n.º 07P451, disponível em www.dgsi.pt.
— Ac. de 4 de dezembro de 2008, proc. n.º convencional JSTJ000, disponível em www.dgsi.pt
— Ac. de 18 de dezembro de 2008, proc. n.º 07P020, disponível em www.dgsi.pt.
— Ac. de 28 de maio de 2009, proc. n.º 226/09.1YFLSB, disponível em www.dgsi.pt.
— Ac. de 17 de dezembro de 2009, proc. n.º 331/01.2, disponível em www.dgsi.pt.
— Ac. de 4 de fevereiro de 2010, proc. n.º 106/01.9IDPRT, disponível em www.dgsi.pt.
— Ac. de 18 de fevereiro de 2010, proc. n.º 432/09.9YFLSB, disponível em www.dgsi.pt.
— Ac. de 24 de fevereiro de 2010, proc. n.º 59/06.7GAPFR.P1.S1, disponível em www.dgsi.pt.
— Ac. de 13 de dezembro de 2011, proc. n.º 01P3749, disponível em www.dgsi.pt.
— Ac. de 15 de dezembro de 2011, proc. n.º 549/08.7PVLSB.S1, disponível em www.dgsi.pt.
— Ac. n.º 11/2014, publicado no Diário da República n.º 124, Série I, de 1 de julho de 2014.
— Ac. de 13 de setembro de 2018, proc. n.º 1231/14.1TBCSC.L1.S1, disponível em www.dgsi.pt.

Uniformização e Fixação de Jurisprudência

— Ac. de Uniformização de Jurisprudência n.º 2/2002, publicado em Diário da República, 1.ª Série, n.º 54, em 5 de março de 2002. págs. 5372–5378.
— Ac. de Uniformização de jurisprudência, n.º 3/2003, de 7 de março de 2003, disponível em Diário da República, 1.ª Série, n.º 157, págs. 3890–3906.
— Ac. de Uniformização de Jurisprudência n.º 2/2005, de 16 de fevereiro de 2005, disponível em Diário da República, 1.ª Série, n.º 63, págs. 2711–2714.

— Ac. de Uniformização de Jurisprudência n.º 3/2007, de 12 de outubro de 2007, disponível em Diário da República, 1.ª Série, n.º 37, págs. 1294–1298.
— Ac. de Uniformização de Jurisprudência n.º 6/2008, de 15 de maio de 2008, disponível em Diário da República, 1.ª série, n.º 94, págs. 2672–2680.
— Ac. de Uniformização de Jurisprudência n.º 1/2009, de 16 de janeiro de 2009, disponível em Diário da República, 1.ª série, n.º 11, págs. 389–396.
— Ac. de Uniformização de Jurisprudência n.º 5/2009, de 19 de janeiro de 2009, disponível em Diário da República, 1.ª série, n.º 55, págs. 1762–1768.
— Ac. de Uniformização de Jurisprudência n.º 16/2009 de 24 de dezembro de 2009, disponível em Diário da República, 1.ª série, n.º 248, págs. 8737–8749.
— Ac. de Uniformização de Jurisprudência n.º 8/2010, de 23 de setembro de 2010, disponível em Diário da República, 1.ª Série, n.º 186, págs. 4219–4249.
— Ac. de Uniformização de Jurisprudência, n.º 9/2010, de 16 de dezembro de 2010, disponível no Diário da República, 1.ª Série, n.º 242, págs. 5366–5369.
— Ac. de Uniformização de Jurisprudência, n.º 10/2010, de 17 de novembro de 2010, disponível no Diário da República, 1.ª Série, n.º 242, págs. 5570–5759.
— Ac. de Uniformização de Jurisprudência n.º 8/2012, de 24 de outubro de 2012, disponível em Diário da República, 1.ª Série, n.º 206, págs. 5985–6019.
— Ac. de Uniformização e Fixação de Jurisprudência, n.º 1/2013, de 1 de janeiro de 2012, disponível em Diário da República, 1.ª Série, n.º 4, págs. 44–74.
— Ac. de Uniformização e Fixação de Jurisprudência, n.º 12/2013, de 18 de setembro de 2013, disponível em Diário da República, 1.ª Série, n.º 200, págs. 6116–6123.
— Ac. de Uniformização de jurisprudência, n.º 11/2014, de 28 de maio de 2014, disponível em Diário da República, 1.ª Série, n.º 124, págs. 3577–3584.
— Ac. de Uniformização de Jurisprudência n.º 2/2015, de 8 de janeiro de 2015, disponível em Diário da República, 1.ª Série, n.º 35, págs. 967–982.
— Ac. de Uniformização de Jurisprudência n.º 8/2015, de 2 de junho de 2015, disponível em Diário da República, 1.ª Série, n.º 106, págs. 3502–3512.
— Ac. de Uniformização de Jurisprudência n.º 13/2015, de 15 de outubro de 2015, disponível em Diário da República, 1.ª Série, n.º 202, págs. 9002–9022.
— Ac. de Uniformização de Jurisprudência, n.º 7/2016, de 18 de fevereiro de 2016, disponível em Diário da República, 1.ª Série, n.º 56, págs. 896–908.
— Ac. de Uniformização de Jurisprudência n.º 4/2017, de 16 de julho de 2017, disponível em Diário da República, 1.ª Série, págs. 3037–3051.

Tribunal da Relação de Coimbra

— Ac. de 2 de abril de 1998, disponível no CJ, 1998, tomo II, pág. 60.
— Ac. de 27 de junho de 2001, proc. n.º 127/2001, disponível em www.dgsi.pt.
— Ac. de 06 de outubro de 2006, proc. n.º 90/08.8IDCBR.C1, disponível em www.dgsi.pt.
— Ac. de 14 de março de 2007, proc. n.º 1728/06.7YRCBR, disponível em www.dgsi.pt.
— Ac. de 21 de março de 2007, proc. n.º 232/04.2IDGRD.C1, disponível em www.dgsi.pt.
— Ac. de 21 de março de 2007, proc. n.º 72/03.6IDAVR.C1, disponível em www.dgsi.pt.
— Ac. de 28 de março de 2007, proc. n.º 59/05.4.2IDCTB.C1, disponível em www.dgsi.pt.
— Ac. de 28 de março de 2007, proc. n.º 178/04.4IDACB.C1, disponível em www.dgsi.pt.
— Ac. de 28 de março de 2007, proc. n.º 232/04.2IDGRD.C1, disponível em www.dgsi.pt.
— Ac. de 18 de abril de 2007, proc. n.º 120/04.2IDGRD.C1, disponível em www.dgsi.pt.
— Ac. de 11 de novembro de 2008, proc. n.º 716/03.0TAVIS.C2, disponível em www.dgsi.pt.
— Ac. de 4 de março de 2009, proc. n.º 257/03.5TASTS, disponível em www.dgsi.pt.
— Ac. de 11 de março de 2009, proc. n.º 36/03.GCTSC.C1, disponível em www.dgsi.pt.
— Ac. de 25 de março de 2009, proc. n.º 97/04.4IDCBR.C1, disponível em www.dgsi.pt.
— Ac. de 25 de março de 2009, proc. n.º 1131/01.5TAVIS.C1, disponível em www.dgsi.pt.
— Ac. de 25 de março de 2009, proc. n.º 404/08.0PBMTR.C1, disponível em www.dgsi.pt.
— Ac. de 17 de junho de 2009, proc. n.º 37/05.3TASCI.C1, disponível em www.dgsi.pt.
— Ac. de 24 de junho de 2009, proc. n.º 586/05.3TAACB-C1, disponível em www.dgsi.pt.
— Ac. de 09 de dezembro de 2009, proc. n.º 1497/03.2, disponível em www.dgsi.pt.

— Ac. de 29 de setembro de 2010, proc. n.º 462/06.2TATMR.C2, disponível em www.dgsi.pt.
— Ac. de 10 de novembro de 2010, proc. n.º 67/07.0IDCBR.C1, disponível em www.dgsi.pt.
— Ac. de 15 de dezembro de 2010, proc. n.º 24/06.4IDGRD, disponível em CJ, Ano XXXV, V, 2010.
— Ac. de 21 de setembro de 2011, proc. n.º 142/09.7IDCBR.C1, disponível em www.dgsi.pt.
— Ac. de 28 de setembro de 2011, proc. n.º 123/09.0IDSTR.C1, disponível em www.dgsi.pt.
— Ac. de 29 de fevereiro de 2012, processo n.º 1638/09.6IDLRA.C1, disponível em www.dgsi.pt.
— Ac. de 28 de março de 2012, proc. n.º 1133/10.0IDLRA.C1, disponível em www.dgsi.pt.
— Ac. de 12 de setembro de 2012, proc. n.º 378/07.3TAILH.C1, disponível em www.dgsi.pt.
— Ac. de 24 de outubro de 2012, proc. n.º 314/09.4IDAVR.C1, disponível em www.dgsi.pt.
— Ac. de 14 de março de 2013, proc. n.º 294/10.3JAPRT.P1.S2, disponível em www.dgsi.pt.
— Ac. de 24 de abril de 2013, proc. n.º 122/09.2IDVIS.C1, disponível em www.dgsi.pt.
— Ac. de 25 de setembro de 2013, proc. n.º 120/13.1T3AGD-A.C1, disponível em www.dgsi.pt.
— Ac. de 23 de outubro de 2013, proc. n.º 1231/11.3T3AVR.C1, disponível em www.dgsi.pt.
— Ac. de 30 de outubro de 2013, proc. n.º 322/11.5IDAVR.C1, disponível em www.dgsi.pt.
— Ac. de 3 de janeiro de 2014, proc. n.º 1290/11.9T3AVR.C1, disponível em www.dgsi.pt.
— Ac. de 22 de janeiro de 2014, proc. n.º 49/08.5 IDAVR.C2, disponível em www.dgsi.pt.
— Ac. de 17 de dezembro de 2014, proc. n.º 225/12.6TAACN.C1, disponível em www.dgsi.pt.
— Ac. de 14 de outubro de 2015, proc. n.º 47/13.7IDRLRA.C1, disponível em www.dgsi.pt.
— Ac. de 14 de outubro de 2015, proc. n.º 92/09.7IDVIS.C2, disponível em www.dgsi.pt.

— Ac. de 6 de julho de 2016, proc. n.º 502/14.1T9CBR-A.C1, disponível em www.dgsi.pt.
— Ac. de 22 de fevereiro 2017, proc. n.º 599/14.4TACBR.C1, disponível em www.dgsi.pt.
— Ac. de 7 de março de 2017, proc. n.º 2710/16.1T8VIS.C1, disponível em www.dgsi.pt.
— Ac. de 16 de maio de 2017, proc. n.º 923/11.1TBCTB-C.C2, disponível em www.dgsi.pt.
— Ac. de 11 de outubro de 2017, proc. n.º 2550/15.9T9CBR.C1, disponível em www.dgsi.pt.

Tribunal da Relação de Évora
— Ac. de 21 de março de 2000, disponível em CJ, XXV, 2, 280.
— Ac. de 28 de junho de 2005, disponível na CJ, ano 2005, Tomo 3, pág. 266.
— Ac. de 29 de maio de 2007, proc. n.º 1764/06-1, disponível em www.dgsi.pt.
— Ac. de 24 de março de 2009, proc. n.º 20/06.1IDSTR.E1, disponível em www.dgsi.pt.
— Ac. de 3 de dezembro de 2009, proc. n.º 1358/06.3TDLSB.E1, disponível em www.dgsi.pt.
— Ac. de 4 de março de 2010, proc. n.º 824/09.3TALLE-A.E1, disponível em www.dgsi.pt.
— Ac. de 6 de dezembro de 2010, proc. n.º 231/10.5TACTX.E1, disponível em www.dgsi.pt.
— Ac. de 29 de junho de 2012, proc. n.º 60/09.9TAVVC.E1, disponível em www.dgsi.pt.
— Ac. de 20 de novembro de 2012, proc. n.º 288/11.1TASTR.E1, disponível em www.dgsi.pt.
— Ac. de 10 de setembro de 2013, proc. n.º 346/09.2IDSTB.E1, disponível em www.dgsi.pt.
— Ac. de 17 de setembro de 2013, proc. n.º 152/10.1IDSTR.E1, disponível em www.dgsi.pt.
— Ac. de 24 de setembro de 2013, proc. n.º 53/11.6TASRP.E1, disponível em www.dgsi.pt.
— Ac. de 5 de novembro de 2013, proc. n.º 398/09.5TALGS.E1, disponível em www.dgsi.pt.
— Ac. de 19 de novembro de 2013, proc. n.º 95/08.9IDFAR.E2, disponível em www.dgsi.pt.

— Ac. de 10 de dezembro de 2013, proc. n.º 67/11.6TASRP.E1, disponível em www.dgsi.pt.
— Ac. de 26 de janeiro de 2014, proc. n.º 25/08.8IDSTB.E1, disponível em www.dgsi.pt.
— Ac. de 25 de março de 2014, proc. n.º 86/10.0IDSTB.E1, disponível em www.dgsi.pt.
— Ac. de 20 de maio de 2014, proc. n.º 81/12.4IDEVR.E1, disponível em www.dgsi.pt.
— Ac. de 03 de junho de 2014, proc. n.º 289/11.0TRSTC.E1, disponível em www.dgsi.pt.
— Ac. de 17 de março de 2015, proc. n.º 88/13.4GCSTC.E1, disponível em www.dgsi.pt.
— Ac. de 14 de outubro de 2015, proc. n.º 92/09.7IDVIS.C2, disponível em www.dgsi.pt.
— Ac. de 26 de abril de 2016, proc. n.º 20/12.2IDSTR.E1, disponível em www.dgsi.pt.
— Ac. de 7 de junho de 2016, proc. n.º 98/10.3IDSTB.E1, disponível em www.dgsi.pt.
— Ac. de 5 de julho de 2016, proc. n.º 186/13.4TATMR.E1, disponível em www.dgsi.pt.
— Ac. de 25 de outubro de 2016, proc. n.º 650/12.2IDFAR.E1, disponível em www.dgsi.pt.
— Ac. de 25 de outubro de 2016, proc. n.º 1221/14.4TAFAR.E1, disponível em www.dgsi.pt.
— Ac. de 15 de novembro de 2017, proc. n.º 160/15.6IDLRA.C1, disponível em www.dgsi.pt.

Tribunal da Relação de Guimarães

— Ac. de 3 de maio de 2004, proc. n.º 1363703, disponível em www.dgsi.pt.
— Ac. de 10 de maio de 2004, proc. n.º 514/04-2, disponível em www.dgsi.pt.
— Ac. de 14 de março de 2005, proc. n.º 131/05-1, disponível em www.dgsi.pt.
— Ac. de 25 de maio de 2005, proc. n.º 1039/04-1, disponível em www.dgsi.pt.
— Ac. de 09 de junho de 2005, proc. n.º 203/04-1, disponível em www.dgsi.pt.
— Ac. de 26 de setembro de 2005, disponível na CJ 2005, tomo V, pág. 308.
— Ac. de 7 de novembro de 2005, disponível na CJ 2005, tomo V, pág. 308.
— Ac. de 16 de janeiro de 2006, proc. n.º 2042/05-2, disponível em www.dgsi.pt.
— Ac. de 20 de novembro de 2006, proc. n.º 1796/06-2, disponível em www.dgsi.pt.

— Ac. de 18 de junho de 2007, proc. n.º 983/07, disponível em www.dgsi.pt.
— Ac. de 10 de dezembro de 2007, proc. n.º 2168/07-2, disponível em www.dgsi.pt.
— Ac. de 23 de março de 2009, proc. n.º 2378/08.2, disponível em www.dgsi.pt.
— Ac. de 27 de abril de 2009, proc. n.º 13/04.8TABRG.G1, disponível em www.dgsi.pt.
— Ac. de 9 de julho de 2009, proc. n.º 2438/07.3TAGMR.G1, disponível em www.dgsi.pt.
— Ac. de 11 de janeiro de 2010, proc. n.º 2692/08-3, disponível em www.dgsi.pt.
— Ac. de 13 de junho de 2011, proc. n.º 137/09.0IDBRG, *In* CJ Ano XXXVI, III, 2011.
— Ac. de 3 de dezembro de 2012, proc. n.º 103/11.6IDBRG.G1, disponível em www.dgsi.pt.
— Ac. de 4 de fevereiro de 2013, proc. n.º 285/11.7IDBRG.G1, disponível em www.dgsi.pt.
— Ac. de 18 de março de 2013, proc. n.º 412/11.4 IDGRG.G1, disponível em www.dgsi.pt.
— Ac. de 22 de abril de 2013, proc. n.º 520/11.1IDBRG.G1, disponível em www.dgsi.pt.
— Ac. de 14 de maio de 2013, proc. n.º 2835/07.4TABRG-A.G1, disponível em www.dgsi.pt.
— Ac. de 20 de janeiro de 2014, proc. n.º 97/06.0IDBRG.G2, disponível em www.dgsi.pt.
— Ac. de 31 de março de 2014, proc. n.º 250/12.7IDBRG.G1, disponível em www.dgsi.pt.
— Ac. de 10 de julho de 2014, proc. n. .º 721/07.7TAFAF-A.G1, disponível em www.dgsi.pt.
— Ac. de 11 de maio de 2015, proc. n.º 196/10.3IDBRG.E1, disponível em www.dgsi.pt.
— Ac. de 22 de Junho de 2015, proc. n.º 1549/14.3T8VCT.G1, disponível em www.dgsi.pt.
— Ac. de 19 de outubro de 2016, proc. n.º 263/11.6IDBRG.G1, disponível em www.dgsi.pt.
— Ac. de 5 de junho de 2017, proc. n.º 480/15.0T9PTLG1, disponível em www.dgsi.pt.

Tribunal de Relação de Lisboa

— Ac. de 6 de novembro de 2003, proc. n.º 6513/2003, disponível em www.dgsi.pt.
— Ac. de 23 de fevereiro de 2005, proc. n.º 10220/2004, disponível em www.dgsi.pt.
— Ac. de 22 de setembro de 2005, disponível na CJ, XXX, 5, pág. 141.
— Ac. de 17 de novembro de 2005, proc. n.º 4061/2005-9, disponível em www.dgsi.pt.
— Ac. de 6 de julho de 2006, proc. n.º 3722/2006, disponível em www.dgsi.pt.
— Ac. de 6 de julho de 2006, proc. n.º 3372/2006-9, disponível em www.dgsi.pt.
— Ac. de 24 de abril de 2007, proc. n.º 10227/2006-5, disponível em www.dgsi.pt.
— Ac. de 2 de maio de 2007, proc. n.º 6979/2006, disponível em www.dgsi.pt.
— Ac. de 7 de outubro de 2008, proc. n.º 434272008-5, disponível em www.dgsi.pt.
— Ac. de 4 de fevereiro de 2009, proc. n.º 11036/2008-3, disponível em www.dgsi.pt.
— Ac. de 25 de fevereiro de 2009, proc. n.º 102/04.4TACLD.L1-3, disponível em www.dgsi.pt.
— Ac. de 27 de maio de 2009, proc. n.º 343/2005, disponível em www.dgsi.pt.
— Ac. de 15 de julho de 2009, proc. n.º 6463/2007.6TDLSB, disponível em www.dgsi.pt.
— Ac. de 20 de julho de 2009, proc. n.º 7867/2008.3, disponível em www.dgsi.pt.
— Ac. de 18 de fevereiro de 2010, proc. n.º 10255/2003.3, disponível em www.dgsi.pt.
— Ac. de 25 de fevereiro de 2010, proc. n.º 3196/2008.0TDLSB, disponível em www.dgsi.pt.
— Ac. de 8 de abril de 2011, proc. n.º 668/09.2TDLSB.L1-5, disponível em www.dgsi.pt.
— Ac. de 17 de abril de 2013, proc. n.º 496/11.5IDLSB.L1-3, disponível em www.dgsi.pt.
— Ac. de 23 de abril de 2013, proc. n.º 1034/10.2TAALM-5, disponível em www.dgsi.pt.
— Ac. de 7 de maio de 2013, proc. n.º 169/09.9IDFUN.L1-5, disponível em www.dgsi.pt.
— Ac. de 10 de outubro de 2013, proc. n.º 210/11.5TELSB.L1, disponível em www.dgsi.pt.

— Ac. de 24 de março de 2015, proc. n.º 2168/10.0TRSTC.E1, disponível em www.dgsi.pt.
— Ac. de 19 de maio de 2015, proc.. n.º 759/02.0TDLSB.L1-5, disponível em www.dgsi.pt.
— Ac. de 16 de junho de 2015, proc. n.º 586/09.4IDAVR.C1, disponível em www.dgsi.pt.
— Ac. de 5 de abril de 2016, proc. n.º 1262/12.6IDLSB.L1-5, disponível em www.dgsi.pt.
— Ac. de 5 de maio de 2016, proc. n.º 194-15.0T8MGD.L1-8, disponível em www.dgsi.pt.
— Ac. de 16 de fevereiro de 2017, proc. n.º 1735/09.8TACSC.L1-9, disponível em www.dgsi.pt.
— Ac. de 14 de março de 2018, proc. n.º 483/15.4IDLSB-3, disponível em www.dgsi.pt.
— Ac. de 20 de março de 2018, proc. n.º 771/10.6TBVCT-D.G1, disponível em www.dgsi.pt.
— Ac. de 17 de abril de 2018, proc. n.º 777/16.1IDLSB.L1-5, disponível em www.dgsi.pt.
— Ac. de 19 de abril de 2018, proc. n.º 1160/14.9IDLSB.L1-9, disponível em www.dgsi.pt.
— Ac. de 24 de abril de 2018, proc. n.º 4373/12.4TALRS.L1-5, disponível em www.dgsi.pt.
— Ac. de 16 de maio de 2018, proc. n.º 255/15.6IDSTB-3, disponível em www.dgsi.pt.
— Ac. de 10 de outubro de 2018, proc. n.º 257/18.0GCMTJ-R.L.1-3, disponível em www.dgsi.pt.
— Ac. de 12 de novembro de 2018, proc. n.º 364/16.4T9SNT.L1-3, disponível em www.dgsi.pt.

Tribunal da Relação do Porto

— Ac. de 13 de outubro de 1993, proc. n.º 9320582, disponível em www.dgsi.pt.
— Ac. de 24 de maio de 1995, proc. n.º 047320, disponível em www.dgsi.pt.
— Ac. de 15 de outubro de 1997, proc. n.º 9710385, disponível em www.dgsi.pt.
— Ac. de 10 de maio de 2000, proc. n.º 0040252, disponível em www.dgsi.pt.
— Ac. de 18 de abril de 2001, proc. n.º 0011444, disponível em www.dgsi.pt.
— Ac. de 5 de dezembro de 2001, proc. n.º 0110842, disponível em www.dgsi.pt.
— Ac. de 21 de maio de 2003, disponível na CJ 2003, tomo III, pág. 208.

— Ac. de 15 de outubro de 2003, proc. n.º 0314181, disponível em www.dgsi.pt.
— Ac. de 10 de novembro de 2004, disponível em CJ, Tomo V, pág. 209.
— Ac. de 27 de abril de 2005, proc. n.º 0511393, disponível em www.dgsi.pt.
— Ac. de 14 de dezembro de 2005, proc. n.º 0541858, disponível em www.dgsi.pt.
— Ac. de 14 de junho de 2006, proc. n.º 0542832, disponível em www.dgsi.pt.
— Ac. de 14 de fevereiro de 2007, proc. n.º 6222/06, disponível em www.dgsi.pt.
— Ac. de 6 de junho de 2007, proc. n.º 0644055, disponível em www.dgsi.pt.
— Ac. de 11 de julho de 2007, proc. n.º 0713147, disponível em www.dgsi.pt.
— Ac. de 10 de outubro de 2007, proc. n.º 0712154, disponível em www.dgsi.pt.
— Ac. de 24 de outubro de 2007, proc. n.º 0713235, disponível em www.dgsi.pt.
— Ac. de 5 de dezembro de 2007, proc. n.º 0416130, disponível em www.dgsi.pt.
— Ac. de 26 de março de 2009, proc. n.º 0716952, disponível em www.dgsi.pt.
— Ac. de 24 de setembro de 2008, proc. n.º 0811683, disponível em www.dgsi.pt.
— Ac. de 26 de setembro de 2008, proc. n.º 0811683, disponível em www.dgsi.pt.
— Ac. de 1 de outubro de 2008, proc. n.º 0842659/08, disponível em www.dgsi.pt.
— Ac. de 11 de março de 2009, proc. n.º 0847944, disponível em www.dgsi.pt.
— Ac. de 13 de maio de 2009, proc. n.º 142/05.6IDPRT-P1, disponível em www.dgsi.pt.
— Ac. de 27 de maio de 2009, proc. n.º 1760/06.0TDPRT, disponível em www.dgsi.pt.
— Ac. de 27 de maio de 2009, proc. n.º 946/07.5TABGC.P1, disponível em www.dgsi.pt.
— Ac. de 27 de maio de 2009, proc. n.º 47/02.2IDPRT-B.P1, disponível em www.dgsi.pt.
— Ac. de 27 de maio de 2009, proc. n.º 343/05.7TAVNF.P1, disponível em www.dgsi.pt.
— Ac. de 3 de junho de 2009, proc. n.º 0715084/08, disponível em www.dgsi.pt.
— Ac. de 23 de setembro de 2009, proc. n.º 267/02.0IDBRG.P1, disponível em www.dgsi.pt.
— Ac. de 21 de abril de 2010, proc. n.º 184/06.4IDPRT.P1, disponível em www.dgsi.pt.
— Ac. de 2 de março de 2011, proc. n.º 1438/05.2TAVFR-A.P1, disponível em www.dgsi.pt.
— Ac. de 22 de junho de 2011, proc. n.º 10/07.7TAMGD.P1, disponível em www.dgsi.pt.

— Ac. de 22 de junho de 2011, proc. n.º 17716/09.9TDPRT.P1, disponível em www.dgsi.pt.
— Ac. de 11 de outubro de 2011, proc. n.º 155/05.8TAVNG.P1, disponível em www.dgsi.pt.
— Ac. de 20 de junho de 2012, proc. n.º 6651/08.8TAVNG.P1, disponível em www.dgsi.pt.
— Ac. de 15 de maio de 2013, proc. n.º 15312/09.0IDPRT.P1, disponível em www.dgsi.pt.
— Ac. de 3 de julho de 2013, proc. n.º 1727/09.7PBVIS.C1, disponível em www.dgsi.pt.
— Ac. de 18 de julho de 2013, proc. n.º 1/05.2JFLSB.L1-3, disponível em www.dgsi.pt.
— Ac. de 18 de dezembro de 2013, proc. n.º 12/09.9TAMFR.P1, disponível em www.dgsi.pt.
— Ac. de 26 de fevereiro de 2014, proc. n.º 6319/11.8IDPRT.P1, disponível em www.dgsi.pt.
— Ac. de 4 de junho de 2014, proc. n.º 16285/09.4IDPRT.P2, disponível em www.dgsi.pt.
— Ac. de 7 de janeiro de 2015, proc. n.º 735/09.2TAOAZ.P1, disponível em www.dgsi.pt.
— Ac. de 28 de janeiro de 2015, proc. n.º 9/13.4GCFLG.P1, disponível em www.dgsi.pt.
— Ac. de 28 de outubro de 2015, proc. n.º 7748/08.0TDPRT.P1, disponível em www.dgsi.pt.
— Ac. de 28 de outubro de 2015, proc. n.º 557/13.6TBLSD.P1, disponível em www.dgsi.pt.
— Ac. de 20 de abril de 2016, proc. n.º 21/14.6IDPRT.P1, disponível em www.dgsi.pt.
— Ac. de 18 de maio de 2016, proc. n.º 2152/14.3IDPRT.P1, disponível em www.dgsi.pt.
— Ac. de 5 de abril de 2017, proc. n.º 67/15.7IDPRT.P1, disponível em www.dgsi.pt.
— Ac. de 19 de abril de 2017, proc. n.º 131/12.4T3AGD.P1, disponível em www.dgsi.pt.
— Ac. de 26 de abril de 2017, proc. n.º 191/15.6SMPRT-A.P1, disponível em www.dgsi.pt.
— Ac. de 10 de maio de 2017, proc. n.º 10/16.6IDAVR.P1, disponível em www.dgsi.pt.

— Ac. de 12 de julho de 2017, proc. n.º 149/16.8IDPRT.P1, disponível em www.dgsi.pt.
— Ac. de 10 de janeiro de 2018, proc. n.º 257/14.0IDAVR.P2, disponível em www.dgsi.pt.
— Ac. de 11 de abril de 2018, proc. n.º 421/09.3IDAVR.P2, disponível em www.dgsi.pt.
— Ac. de 12 de setembro de 2018, proc. n. .º 260/16.5IDPRT.P1, disponível em www.dgsi.pt.
— Ac. de 24 de outubro de 2018, proc. n.º 904/15.6IDPRT.P1, disponível em www.dgsi.pt

Decisões Arbitrais do CAAD

— Decisão Arbitral de 8 de abril de 2014, proc. n.º 229/2013-T, disponível em www.caad.org.pt.
— Decisão Arbitral de 8 de julho de 2015, proc. n.º 96/2013-T, disponível em www.caad.org.pt.
— Decisão Arbitral de 30 de outubro de 2015, proc. n.º 118/2015-T, disponível em www.caad.org.pt.
— Decisão Arbitral de 24 de junho de 2016, proc. n.º 612/2015-T, disponível em www.caad.org.pt.
— Decisão Arbitral de 30 de junho de 2016, proc. n.º 476/2015-T, disponível em www.caad.org.pt.
— Decisão Arbitral de 12 de dezembro de 2016, proc. n.º 58/2016-T, disponível em www.caad.org.pt.
— Decisão Arbitral de 2 de fevereiro de 2017, proc. n.º 296/2016-T, disponível em www.caad.org.pt.
— Decisão Arbitral de 22 de maio de 2017, proc. n.º 377/2014-T, disponível em www.caad.org.pt.
— Decisão Arbitral de 7 de dezembro de 2017, proc. n.º 756/2016-T, disponível em www.caad.org.pt.
— Decisão Arbitral de 15 de janeiro de 2018, proc. n.º 317/2017-T, disponível em www.caad.org.pt.
— Decisão Arbitral de 11 de junho de 2018, proc. n.º 555/2017-T, disponível em www.caad.org.pt.
— Decisão Arbitral de 05 de agosto de 2018, proc. n.º 324/2017-T, disponível em www.caad.org.pt.
— Decisão Arbitral de 9 de novembro de 2018, proc. n.º 292/2018-T, disponível em www.caad.org.pt.

— Decisão Arbitral de 29 de janeiro de 2019, proc. n.º 253/2018-T, disponível em www.caad.org.pt.
— Decisão Arbitral de 19 de fevereiro de 2019, proc. n.º 665/2018-T, disponível em www.caad.org.pt.
— Decisão Arbitral de 24 de maio de 2019, proc. n.º 357/2018-T, disponível em www.caad.org.pt.
— Decisão Arbitral de 12 de julho de 2019, proc. n.º 282/2016-T, disponível em www.caad.org.pt.
— Decisão Arbitral de 31 de julho de 2019, proc. n.º 47/2019-T, disponível em www.caad.org.pt.

Diretivas da Procuradoria Geral da República

— Diretiva n.º 2/2013, de 6 de setembro de 2013, publicada no Diário da República, 2.ª Série, n.º 189, de 2 de outubro de 2013, págs. 29936-29937
— Parecer n.º 11/2013, de 5 de setembro de 2013, publicado no Diário da República, 2.ª Série, n.º 178, de 16 de setembro de 2013, págs. 28814–28827
— Diretiva n.º 1/2014, de 15 de janeiro de 2014, publicada no Diário da República, 2.ª Série, de 24 de janeiro de 2014, págs. 2542–2547.
— Diretiva n.º 1/2015, de 30 de abril de 2015, disponível em www.ministeriopublico.pt.

BIBLIOGRAFIA E FONTES

Abrantes, João, «Os acordos sobre a sentença em processo penal», Revista Julgar online, Julho 2020.

Abreu, Jorge M. Coutinho de, *Código das Sociedades Comerciais em Comentário, Volume I*, 2.ª Edição, Coimbra: Almedina, 2017.

Adams, Charles, *For Good and Evil. The Impact of Taxes on the Course of Civilization*, 2.ª Edição, Nova Iorque: Madison Books, 1999.

Afonso, Ana, «Anotação ao artigo 524.º do Código Civil», *in* AAVV, *Comentário ao Código Civil – Direito das Obrigações –Das Obrigações em Geral*, coord. José Brandão Proença, Lisboa: Universidade Católica Editora, 2018, págs. 449–451.

Aguilar, Francisco, «A suspensão provisória do processo como troca das penas do processo por uma confissão informal de culpa (ou do incitamento ou auxílio processuais ao suicídio moral)», *in* AAVV, Revista Portuguesa de Ciência Criminal, Ano 29, n.º 2, 2019, págs. 301–323.

Albuquerque, Paulo Pinto de, *Comentário do Código de Processo Penal à luz da Constituição da República e da Convenção Europeia dos Direitos do Homem*, 4.ª Edição atualizada, Lisboa: Universidade Católica, 2011.

—— *Comentário do Regime Geral das Contra-ordenações, à luz da Constituição da República e da Convenção Europeia dos Direitos do Homem*, Lisboa: Universidade Católica Editora, 2011.

—— *Comentário do Código Penal à luz da Constituição da República e da Convenção Europeia dos Direitos do Homem*, 3.ª Edição, Lisboa: Universidade Católica Editora, 2015.

Albuquerque, Paulo Pinto / Branco, José (org.), *Comentário das Leis Penais Extravagantes – Volume 2*, Lisboa: Universidade Católica Editora, 2011.

ALBUQUERQUE, Ruy / CORDEIRO, A. Menezes, «Da Responsabilidade fiscal subsidiária: a imputação aos gestores das dívidas das empresas à previdência e o art. 16.º do Código de Processo das contribuições e Impostos», CTF, 1986.

ALFAITE, Ana Rita, «O artigo 19.º do Código Penal português à luz de uma nova visão sobra a (in)imputabilidade penal em razão da idade – o conceito de intellectus criminalis», *in* AAVV, *Estudos em Homenagem ao Prof. Doutor Manuel da Costa Andrade, Volume I – Direito Penal,* Coimbra: Boletim da FDUC, 2018, págs. 63–91.

ALMEIDA, Carlos Ferreira de, *Contratos II,* 4.ª Edição, Coimbra: Almedina, 2016.

ALMEIDA, Carlos Rodrigues, *Os crimes contra a Segurança Social previstos no Regime Jurídico das Infrações Fiscais Não Aduaneiras,* RMP, ano 18, n.º 72, out/dez, 1997, págs. 95–114.

ALMEIDA, S., *O Respeito pela Vida (Privada e) Familiar na Jurisprudência do Tribunal Europeu dos Direitos do Homem: A Tutela das Novas Formas de Família,* Coimbra: Coimbra Editora, 2009.

ALVES, José António Costa, *A responsabilidade tributária dos titulares dos corpos sociais e dos responsáveis técnicos,* Revista da Faculdade de Direito da Universidade do Porto, ano III, Coimbra: Coimbra Editora, 2006, págs. 377–400.

AMORIM, José de Campos / AZEVEDO, Patrícia Anjos, *Códigos Anotados e Comentados – CIRC,* Porto: Lexit Editora, 2019.

ANDRADE, João da Costa, «O Erro sobre a proibição e a problemática da legitimação em Direito Penal (Elemento diferenciador entre o Direito Penal Económico e o Direito Penal de Justiça)», *in* AAVV, *Temas de Direito Penal Económico* (coordenação. José de Faria Costa), Coimbra: Coimbra Editora, 2005, págs. 9–64.

—— *Da Unidade e Pluralidade de Crimes – Doutrina Geral e Crimes Tributários,* Coimbra: Coimbra Editora, 2010.

ANDRADE, José Carlos Vieira de, *Os Direitos Fundamentais na Constituição Portuguesa de 1976,* Reimpressão da 5.ª Edição de 2012, Coimbra: Almedina, 2017.

ANDRADE, Manuel A. Domingues de / FERRARA, Francesco, *Ensaio sobre a Teoria da Interpretação das Leis e Interpretação e Aplicação das Leis,* 2.ª Edição, Coimbra: Arménio Amado, Editor, Sucessor, 1978.

ANDRADE, Manuel da Costa, *Sobre as Proibições em Processo Penal, Reimpressão,* Coimbra: Coimbra Editora, 1992.

—— «A nova lei dos crimes contra a economia (Dec. Lei n.º 28/84, de 20 de Janeiro)», *in* AAVV, *Direito Penal Económico e Europeu: Textos Doutrinais, Volume I, Problemas Gerais,* Coimbra: Coimbra Editora, 1998, págs. 393–411.

—— «Contributo para o Conceito de Contra-Ordenação (A Experiência Alemã)», *in* AAVV, *Direito Penal Económico e Europeu: Textos Doutrinais, Volume I, Problemas Gerais,* Coimbra: Coimbra Editora, 1998, págs. 75–107.

—— «O abuso de confiança fiscal e a insustentável leveza (de um acórdão) do Tribunal Constitucional», *in* AAVV, *Direito Penal Económico e Europeu: Textos Doutrinais, Volume III,* Coimbra Editora, 2009, págs. 229–253.

—— *«A Fraude Fiscal – Dez anos depois, ainda um "crime de resultado cortado?"», in* AAVV, *Direito Penal Económico e Europeu: Textos Doutrinários, Volume III,* Coimbra Editora, 2009, págs. 255–291.

ANDRADE, Manuel da Costa / SOUSA, Susana Aires de, «As metamorfoses e desventuras de um crime (abuso de confiança fiscal) irrequieto – Reflexões críticas a propósito da alteração introduzida pela Lei n.º 53-A/2006, de 29 de Dezembro», *in* AAVV, *Direito Penal Económico e Europeu: Textos Doutrinários, Volume III,* Coimbra: Coimbra Editora, 2009, págs. 321–335.

ANTEPROJECTO *do Regime Geral das Infrações Tributárias,* Lisboa: Edição do Ministério das Finanças, 1999.

ANTUNES, Bruno Botelho, *Da Repercussão Fiscal no IVA,* Coimbra: Almedina, 2008.

ANTUNES, Francisco Vaz, *Estudos de Direito Fiscal – A Evasão Fiscal e o Crime de Fraude Fiscal no Sistema Legal Português,* Coimbra: Almedina, 2016, págs. 61–186.

ANTUNES, João Tiago, *Do Contrato de Depósito Escrow,* Coimbra: Almedina, 2007.

ANTUNES, Maria João, «Direito Penal Fiscal-Algumas questões da jurisprudência constitucional», *in* AAVV, COSTA ANDRADE e outros (org.), *Direito Penal. Fundamentos dogmáticos e político-criminais. Homenagem ao Prof. Peter Hünerfeld,* Coimbra: Coimbra Editora, 2013, págs. 785–804.

—— *Consequências Jurídicas do Crime,* Coimbra: Coimbra Editora, 2015.

—— *Penas e Medidas de Segurança,* Coimbra: Almedina, 2017.

—— *Direito Processual Penal,* 2.ª Edição – Reimpressão, Coimbra: Almedina, 2019.

ANTUNES, Paulo José Rodrigues, *Infrações Tributárias e seu Processo – Regime Geral de 2001/2002, Anotado,* 2.ª Edição, Coimbra: Almedina, 2002.

—— *Infrações Fiscais e seu Processo – Regime Geral anotado (atualizado segundo as Alterações Orçamentais de 2003/2004),* Coimbra: Almedina, 2004.

ARDANT, Gabriel, *Histoire de l'Impôt,* Livre II, Paris: Fayard, 1972.

AZEVEDO, Maria Eduarda, *As Reformas Fiscais Portuguesas do Século XX*, CTF, n.º 425, 2010.

—— *As Reformas Fiscais Portuguesas do Século XX – Um Enfoque Analítico*, Lisboa: Lusíada Direito, n.ºs 8/9, 2011, págs. 174–183.

AZEVEDO, Patrícia Anjos, «Comentário ao art. 71.º do CIRS», *in* AAVV, *Códigos Anotados e Comentados – CIRS*, Porto: Lexit Editora, 2017, págs. 194 e 195.

AZEVEDO, Tiago Lopes, *Da Subsidiariedade no Direito das Contra-Ordenações – Problemas, Críticas e Sugestões Práticas*, Coimbra: Coimbra Editora, 2011.

BAJO, Miguel / BACIGALUPO, Silvina, *Delitos Contra a la Hacienda Publica*, Editorial Centro de Estudos Ramon Areces, 2000.

BANDEIRA, Gonçalo Nicolau Cerqueira Sopas de Melo, *"Responsabilidade" Penal Económica e Fiscal dos entes Colectivos – À volta das sociedade comerciais e sociedade civis sob a forma comercial*, Coimbra: Almedina, 2004.

BAQUERO CRUZ, J., *What's left of the Charter? Reflections on Law and Political Mythology*, 15 MJ, 2008, págs. 61–71.

BARBOSA, Mafalda Miranda, *Maiores Acompanhados*, Coimbra: Gestlegal, 2018.

BECCARIA, Cesare, *Dos delitos e das penas*, tradução de JOSÉ DE FARIA COSTA, Revisão de PRIMOLA VINGIANO, 4.ª Edição, Lisboa: Calouste Gulbenkian, 2014.

BELEZA, Teresa Pizarro, *Direito Penal, 1.º Volume*, 2.ª Edição revista e atualizada, Lisboa: AAFDL Editora, 1998.

—— *Direito Penal, 2.º Volume*, 2.ª Edição revista e atualizada, Lisboa: AAFDL Editora, 1998.

BELEZA, Teresa / PINTO, Frederico de Lacerda da Costa, *O regime legal do erro e as normas penais em branco*, Coimbra: Almedina, 1999.

BONAVIDES, PAULO, *Curso de Direito Constitucional*, 33.ª Edição, São Paulo: Malheiros, 2018.

BRANDÃO, Nuno, *Justificação e Desculpa por obediência em Direito Penal*, Coimbra: Coimbra Editora, 2006.

—— «O erro sobre os pressupostos das causas de justificação: um erro que pode excluir a ilicitude?», *in* AAVV, *Estudos em Homenagem ao Prof. Doutor Jorge de Figueiredo Dias – Volume II*, Coimbra: Coimbra Editora, 2009, págs. 171–202

—— *Crimes e Contra-Ordenações: da Cisão à Convergência Material*, Coimbra: Coimbra Editora, 2016.

—— «Bem jurídico e direitos fundamentais: entre a obrigação estadual de protecção e a proibição do excesso», *in* AAVV, *Estudos em Homenagem ao Prof.*

Doutor Manuel da Costa Andrade, Coimbra: Instituto Jurídico, 2017, págs. 239–266.

Brandariz Garcia, José Angel, *El delito de defraudación a la Seguridad Social*, Valencia: Tirant lo Blanch, 2000.

—— *La exención de responsabilidad penal por regularización en el delito de defraudación a la Seguridad Social*, Granada: Comares editorial, 2005.

Bravo, Jorge dos Reis, *Critérios de imputação jurídico-penal de entes colectivos*, RPCC, n.º 13, 2003.

—— *Direito Penal de Entes Colectivos, Ensaio sobre a punibilidade de Pessoas Coletivas e Entidades Equiparadas*, Coimbra: Coimbra Editora, 2008.

—— *Prejudicialidade e "adesão" em processo penal tributário: aspetos particulares*, RMP, ano 29, n.º 115, Lisboa: julho-setembro, 2008.

Brito, Teresa Quintela de, *O Direito de Necessidade e a Legítima Defesa no Código Civil e no Código Penal*, Lisboa: Lex Edições Jurídicas, 1994.

—— «Responsabilidade criminal das pessoas jurídicas e equiparadas», *in* AAVV, *Estudos em Honra do Professor Doutor José de Oliveira Ascensão*, Coimbra: Almedina, 2008, págs. 1425–1443.

—— «Responsabilidade Criminal de Entes Colectivos – Algumas questões em torno da interpretação do artigo 11.º do Código Penal», *in* AAVV, RPCC, Ano 20, n.º 1, Coimbra: Coimbra Editora, 2010, págs. 41–71.

—— «Fundamento da responsabilidade criminal de entes colectivos: articulação com a responsabilidade individual», *in* AAVV, Direito Penal Económico e Financeiro – Conferências do Curso Pós-Graduado de Aperfeiçoamento, Coimbra: Coimbra Editora, 2012, págs. 201–225.

Bucho, José Manuel Saporitti Machado da Cruz, *A Lei do OE 2009 e o crime de abuso de confiança contra a Segurança Social*, Tribunal da Relação de Guimaraes, 14 de abril de 2009, disponível em www.trg.pt/ficheiros/estudos/cruzbucho_abusoconfiancasegurancasocial.pdf

Cabral, Nazaré da Costa, *O Orçamento da Segurança Social – Enquadramento da Situação Financeira do Sistema de Segurança Social Português – n.º 3 da Coleção*, Coimbra: Almedina, 2005.

—— *Contribuições para a Segurança Social – Natureza, Aspectos de Regime e de Técnica e Perspectivas de Evolução num Contexto de Incerteza*, n.º 12 da Coleção Cadernos IDEFF, Coimbra: Almedina, 2010.

—— *A Reforma do Estado Social: Segurança Social – Revista de Finanças Públicas e Direito Fiscal*, Ano VI, n.º 1, julho/2013, Coimbra: Almedina.

Caeiro, Pedro, *Sentido e função do instituto da perda de vantagens relacionadas com o crime no confronto com outros meios de prevenção da criminalidade reditícia (em especial, os procedimentos de confisco in rem e a criminalização do enriquecimento ilícito)*, RPCC, ano 21, n.º 2, Coimbra, 2011, págs. 267–324.

Caetano, Marcello, *A Reforma Fiscal*, RCJAP, Ano XCVI, Lisboa, 1964.

Caldeira, Margarida (2015), «O Princípio da Pessoalidade da Responsabilidade Criminal e o «Regime do n.º 8 do artigo 11.º do Código Penal», *in* AAVV, *Comparticipação, pessoas colectivas e responsabilidade*, Coimbra: Almedina, págs. 157–189.

Campos, Diogo Leite de, *Natureza jurídica do direito tributário, Estudos em Homenagem à Dra. Maria de Lourdes Órfão de Matos Correia e Vale*, CTF, n.º 171, 1995.

—— *Evasão Fiscal, Fraude Fiscal e Prevenção Fiscal, Problemas Fundamentais do Direito Tributário*, Lisboa: Vislis Editores, 1999.

—— «Caducidade e Prescrição em Direito Tributário – Os abusos do Estado Legislador/Credor», *in* AAVV, *Separata Prof. Doutor Inocêncio Galvão Telles: 90 anos, Homenagem da Faculdade de Direito de Lisboa*, Coimbra: Almedina, 2007.

Campos, Diogo Leite de / Andrade, João Costa, *Autonomia Contratual e Direito Tributário*, Coimbra: Almedina, 2008.

—— *Cláusula anti-abuso e crimes fiscais*, ROA, n.º 58, setembro, Lisboa, 2009.

Campos, Diogo Leite de / Rodrigues, Benjamim Silva / Sousa, Jorge Lopes de, *Lei Geral Tributária Comentada e Anotada*, Lisboa: Encontro da Escrita Editora, 4.ª Edição, 2012.

Campos, Diogo Leite / Mónica Leite, *Direito Tributário*, Almedina, 2.ª edição, 2003.

Canotilho, J. J. Gomes, *Direito Constitucional e Teoria da Constituição*, 7.ª Edição, Coimbra: Almedina, 2003.

Canotilho, J. J. Gomes / Moreira, Vital, *Constituição da República Portuguesa Anotada – Volume I, artigos 1.º a 107.º*, Coimbra: Coimbra Editora, 4.ª Edição, 2006.

—— *Constituição da República Portuguesa Anotada – Volume II, artigos 108.º a 296.º*, 4.ª Edição Revista, Coimbra: Coimbra Editora, 2010.

Carlos, Américo Brás, *Impostos – Teoria Geral*, 5.ª Edição, Coimbra: Almedina, 2016.

Carmo, Rui do, «A suspensão provisória do processo no Código de Processo Penal revisto – Alterações e clarificações», *in* AAVV, *Jornadas sobre a revisão do Código de Processo Penal*, Revista do CEJ, n.º 9 (especial), 2008, págs. 321–336.

CARNEIRO, Ana Teresa, *Dos Fundamentos do Recurso Extraordinário de Revisão*, Lisboa: Rei dos Livros, 2012.

CARRETO, José Alberto Vaz, *A Suspensão Parcial da Pena de Prisão e a Reparação do Dano (Perspectivas)*, Coimbra: Almedina, 2017.

CARVALHO, Américo Taipa de / CUNHA, José M. Damião da, «Facturas Falsas: Crime de Fraude Fiscal ou de Burla?», *in* AAVV, MANUEL AFONSO VAZ e AZEREDO LOPES (coord), *Juris et de Jure, Nos vinte anos da Faculdade de Direito da Universidade Católica Portuguesa*, Porto: Publicações Universidade Católica, 1998, págs. 849–872.

CARVALHO, Américo Taipa de, *A Legítima Defesa*, Coimbra: Coimbra Editora, 1995.

—— «Comentário ao art. 224.º do Código Penal», *in* AAVV, *Comentário Conimbricense do Código Penal – Parte Especial, Tomo II*, Coimbra: Coimbra Editora, 1999, págs. 362–372.

—— *O crime de abuso de confiança fiscal – As consequências Jurídico-penais da alteração introduzida pela Lei n.º 53 – A/2006, de 29 de Dezembro*, Coimbra: Coimbra Editora, 2007.

—— *Direito Penal Parte Geral – Questões fundamentais – Teoria Geral do Crime*, 3.ª Edição, Porto: Universidade Católica Editora, 2016.

CARVALHO, Ruben Anjos / PARDAL, Francisco Rodrigues, *Código de Processo das Contribuições e Impostos, Anotado e Comentado*, Coimbra, 1969.

CASIMIRO, Sofia de Vasconcelos, *A responsabilidade dos gerentes, administradores e diretores pelas dívidas tributárias das sociedade comerciais*, Coimbra: Almedina, 2000.

CATARINO, João Ricardo, *Para uma Teoria Política do Tributo*, CTF, n.º 184, Lisboa, 1999.

—— *Redistribuição tributária – Estado Social e escolha individual*, Coimbra: Almedina, 2008.

CATARINO, João Ricardo / GUIMARÃES, Vasco Branco, *Lições de Fiscalidade Volume, I – Princípios Gerais e Fiscalidade Interna*, 6.ª Edição revista e atualizada, Coimbra: Almedina, 2019.

CATARINO, João Ricardo / VICTORINO, Nuno, *Infracções Tributárias – Anotações ao Regime Geral*, 2.ª Edição, Coimbra: Coimbra Editora, 2012.

—— *Direito Sancionatório Tributário*, Coimbra: Almedina, 2020.

CÓDIGO PENAL PORTUGUEZ PROJECTO DA COMISSÃO, Tomo II, Lisboa: Imprensa Nacional, 1861.

CÓDIGO PENAL PROJETO DA PARTE GERAL, Separata do Boletim do Ministério da Justiça, n.º 127, Lisboa: Ministério da Justiça, 1963.

Comissão do Livro Branco da Segurança Social, *Livro Branco da Segurança Social, versão final,* Lisboa, 1998.

Caupers, João, *Os Direitos Fundamentais dos Trabalhadores e a Constituição,* Coimbra: Almedina, 1985.

Conceição, Appeles J. B., *Segurança Social,* 10.ª Edição, Coimbra: Almedina, 2017.

Cordeiro, António Menezes, *Tratado de Direito Civil XII – Contratos em Especial (2.ª parte),* Coimbra: Almedina, 2018.

Correia, Eduardo, *O efeito da entrega como elemento constitutivo do crime de abuso de confiança,* RDES, ano VII, 1954.

—— *Unidade e Pluralidade de Infrações,* Coimbra: Almedina, 1983.

—— «Direito Penal e Direito de Mera Ordenação Socia»l, *in* AAVV, *Direito Penal Económico e Europeu: Textos Doutrinais, Volume I – Problemas Gerais,* Coimbra: Coimbra Editora, 1998, págs. 3–18.

—— «Os artigos 10.º do Decreto-Lei n.º 27 153 e 4.º, n.º 1, do Decreto-Lei n.º 28 221», *in* AAVV, *Direito Penal Económico e Europeu: Textos Doutrinários, Volume II,* Coimbra, Coimbra Editora, 1999, págs. 17–44.

—— *Direito Criminal – Volume I, com a colaboração de Figueiredo Dias,* reimpressão, Coimbra: Almedina, 2016.

——*Direito Criminal – Volume II, com a colaboração de Figueiredo Dias,* reimpressão, Coimbra: Almedina, 2016.

Correia, João Conde, «Comentário ao Art. 282.º do Código de Processo Penal», in AAVV, Comentário Judiciário do Código de Processo Penal, Tomo III, Coimbra: Almedina, 2021, págs. 1123 a 1125.

Correia, Sérvulo, *Teoria da Relação Jurídica do Seguro Social,* In *Estudos Sociais e Corporativos,* Ano VII, n.º 27, 1968.

Cortês, António, *Jurisprudência dos Princípios – ensaio sobre os fundamentos da decisão jurisdicional,* Lisboa: Universidade Católica Editora, 2010.

—— *Para uma Metodologia Jurídica Integral, in* RDJ – *estudos dedicados ao Professor Doutor Nuno José Espinosa Gomes da Silva,* Volume Especial, 2013, págs. 39–86.

Costa, José de Faria, *Jornadas de Direito Criminal,* Lisboa: Centro de Estudos Judiciários, 1983.

---- Anotação ao Acórdão de 3 de julho de 1991, *Revista de Legislação e de Jurisprudência,* n.º 3903, Coimbra, 1999, págs. 167–183.

—— Anotação ao Acórdão de 3 de julho de 1991, *Revista de Legislação e de Jurisprudência,* n.º 3907, Coimbra, 2000, págs. 305–312.

---- *O Perigo em Direito Penal*, Reimpressão, Coimbra: Coimbra Editora, 2000.

—— *Ilícito-típico, resultado e hermenêutica (ou o retorno à limpidez do essencial)*, RPCC, n.º 12, 2002.

—— *Direito Penal Económico*, Lisboa: Quarteto Editora, 2003.

—— *Direito Penal Especial (Contributo a uma sistematização dos problemas "especiais" da parte especial)*, Coimbra: Coimbra Editora, 2004.

—— *Noções Fundamentais de Direito Penal (fragmenta iuris poenalis)*, 4.ª Edição, Coimbra: Coimbra Editora, 2015.

—— *Beccaria e o Direito Penal – Três estudos*, Coimbra: Coimbra Editora, 2015.

—— *Direito Penal*, Lisboa: Imprensa Nacional, 2017.

Costa, José Manuel M. Cardoso da, *Curso de Direito Fiscal*, Coimbra: Almedina, 1970.

—— *O princípio da capacidade contributiva no constitucionalismo português e na jurisprudência do Tribunal Constitucional*, Boletim de Ciências Económicas, Volume LVII – Tomo I, 2014, págs. 1159–1186.

Costa, Manuel Júlio de Almeida, *Direito das Obrigações*, 12.ª Edição, Coimbra: Almedina, 2013.

Cunha, José M. Damião da, «Comentário ao art. 250.º do Código Penal», *in* AAVV, *Comentário Conimbricense do Código Penal – Parte Especial, Tomo II*, Coimbra: Coimbra Editora, 1999, págs. 621–636.

—— «Algumas Reflexões Críticas sobre a omissão imprópria no sistema penal Português», *in* AAVV, *Liber Discipulorum para Jorge de Figueiredo Dias*, Coimbra: Coimbra Editora, 2003, págs. 481–539.

—— *Não punibilidade e dispensa de pena. Breve contributo para a integração dogmática da não punibilidade, à luz de um perspetiva processual-penal*, RPCC, 2005, págs. 229–256.

—— *Sobre o segmento normativo "por falta...de sentença a proferir por Tribunal Penal" – artigo 120.º, n.º 1, al. a) do CP, Anotação ao acórdão do TC n.º 195/2010*, RPCC, ano 20, n.º 2, 2010, págs. 307–340.

—— «Sobre a adesão em Processo Penal», *in* AAVV, *Liberum amircorum Manuel Simas Santos*, (coord. Pitton, André / Carneiro, Ana Teresa), Lisboa: Rei dos Livros, 2016, págs. 763–781.

—— *Medidas de Combate à Criminalidade Organizada e Económico-Financeira – A Lei n.º 5/2002, de 11 de janeiro de 2002*, Porto: Universidade Católica Editora, 2017.

—— *Direito Penal Patrimonial – Sistema e Estrutura Fundamental*, Porto: Universidade Católica Editora, 2017.

—— *Comentário ao Crime de Violação de Obrigação de Alimentos*, RMP, n.º 154, abril–junho, 2018, págs. 9–46.

—— *Brevíssima anotação ao Acórdão n.º 2/2015 do Supremo Tribunal de Justiça*, RMP, n.º 156, outubro–dezembro, 2018, págs. 259–273.

Cunha, Maria da Conceição Ferreira da, *Constituição e Crime – uma perspectiva da criminalização e da descriminalização*, Porto: Universidade Católica, 1995.

—— «Questões atuais em trono de uma vexata questão: o crime continuado», *in* AAVV, *Manuel da Costa Andrade e outros (org.), Estudos em Homenagem ao Prof. Doutor Jorge de Figueiredo Dias, Volume II*, Coimbra: Coimbra Editora, 2009, págs. 321–370.

—— *Vida contra Vida – Conflitos existenciais e limites do Direito Penal*, Coimbra: Coimbra Editora, 2009.

Cunha, Patrícia Noiret, *Imposto Sobre o Valor Acrescentado – Anotações ao Código do Imposto Sobre o Valor Acrescentado e ao Regime do IVA nas Transacções Intracomunitárias*, Coimbra: Coimbra Editora, 2004.

Cunha, Paulo de Pitta, *A Reforma Fiscal Portuguesa dos Anos 80*, ROA, 1980.

—— «15 anos da Reforma Fiscal de 1988/89» *in* AAVV, *Jornadas de Homenagem ao Professor Doutor Pitta e Cunha*, Coimbra: Almedina, 2006, págs. 19–26.

Cunha, Paulo de Pitta / Santos, Jorge Costa, *Responsabilidade Tributária dos Administradores ou Gerentes*, Lisboa: Lex, 1999.

Cunha, Paulo Ferreira da, «Ultima Ratio: Uma Revisão Filosófico-Constitucional da Ciência do Direito Penal», *in* AAVV, *Direito Penal: Fundamentos Dogmáticos e Político-Criminais – Homenagem ao Prof. Doutor Peter Hünerfeld*, Coimbra: Almedina, 2013, págs. 141–183.

Cunha, Tânia Meireles, *Responsabilidade dos Gestores de Sociedades perante os Credores Sociais: A culpa nas Responsabilidades Civil e Tributária*, 2.ª Edição, Coimbra: Almedina, 2009.

Dassesse, Marc / Minne, Pascal, *Droit Fiscal – Principes Généraux et Impôts Sur Les Revenus*, Bruxelas, 1990.

Dias, António M. V. Lopes, *Considerações sobre o enquadramento dogmático dos crimes contra a Segurança Social*, disponível em www.verbojuridico.net, 2005.

Dias, Augusto Silva, *O Novo Direito Penal Fiscal Não Aduaneiro*, Fisco n.º 22, Ano 2, julho, 1990.

—— *Os crimes de fraude fiscal e abuso de confiança fiscal: alguns aspectos dogmáticos e político criminais*, CTF, n.º 394, abril/junho, 1999, págs. 45–68.

—— «O novo Direito Penal Fiscal Não Aduaneiro (Decreto-Lei n.º 20-A/90, de 15 de Janeiro)», *in* AAVV, *Direito Penal Económico e Europeu: Textos*

Doutrinários – Volume II, Problemas Especiais, Coimbra: Coimbra Editora, 1999, 239–285.

—— «Crimes e contra-ordenações fiscais», *in* AAVV, *Direito Penal Económico e Europeu: Textos Doutrinários – Volume II, Problemas Especiais,* Coimbra: Coimbra Editora, 1999, págs. 437–480.

—— *"Delicta In Se" e "Delicta Mere Prohibita – Uma análise das descontinuidades do lícito penal moderno à luz da reconstrução de uma distinção clássica,* Coimbra: Coimbra Editora, 2008.

—— «A Experiência Milgram e a Responsabilidade Jurídico-Penal: Um Ensaio sobre a Banalidade do Mal», *in* AAVV, *Direito Penal: Fundamentos Dogmáticos e Político-Criminais – Homenagem ao Prof. Doutor Peter Hünerfeld,* Coimbra: Almedina, 2013, págs. 211–251.

—— *Direito das Contra-Ordenações,* Coimbra: Almedina, 2018.

—— *Imputação Objectiva de Negócios de Risco à Acção de Infidelidade (Art. 224.º, n.º 1 do Código Penal) – O Direito Penal no Mar Revolto da Crise Económico–Financeira,* Coimbra: Almedina, 2018.

Dias, Augusto Silva / Pereira, Rui Soares, *Sobre a Validade de Procedimentos Administrativos Prévios ao Inquérito e de Fases Administrativas Preliminares no Processo Penal,* Coimbra: Almedina, 2018.

Dias, Augusto Silva / RAMOS, Vânia Costa, *O Direito à auto-inculpação (nemo tenutur se ipsum accusare) no processo penal e contra-ordenacional português,* Coimbra: Coimbra Editora, 2009.

Dias, Fernando Jorge, «Suspensão provisória do processo e não repetição do prestado», *in* AAVV, *Estudos em Comemoração dos 100 anos do Tribunal da Relação de Coimbra,* Coimbra: Almedina, 2018, págs. 339–360.

Dias, Jorge de Figueiredo, «Sobre a Reparação de Perdas e Danos Arbitrada em Processo Penal», *in* AAVV, *"Memoriam" do Prof. Doutor Beleza dos Santos,* Coimbra: Boletim da Faculdade de Direito, 1966.

—— *Os Novos Rumos da Política Criminal e o Direito Penal Português do Futuro,* ROA, n.º 43, 1983, págs. 5–40.

—— *Liberdade, Culpa, Direito Penal,* 3.ª Edição, Coimbra: Coimbra Editora, 1995.

—— *Comentário Conimbricense do Código Penal – Parte Especial, Tomo II,* Coimbra: Coimbra Editora, 1999.

—— «Sobre o fundamento, o sentido e a aplicação das penas em Direito Penal Económico», *in* AAVV, *Direito Penal Económico e Europeu: Textos Doutrinários, Volume I, Problemas Gerais,* Coimbra: Coimbra Editora, 1998, págs. 375–386.

—— «O movimento da descriminalização e o ilícito de mera ordenação social», *in* AAVV, *Direito Penal Económico e Europeu: Textos Doutrinários, Volume I, Problemas Gerais,* Coimbra: Coimbra Editora, 1998, págs. 19–33.

——«Para uma dogmática do direito penal secundário», *in* AAVV, *Direito Penal Económico e Europeu: Textos Doutrinários, Volume I, Problemas Gerais,* Coimbra: Coimbra Editora, 1998, págs. 35–74.

—— *Temas Básicos da Doutrina Penal – Sobre os Fundamentos da Doutrina Penal sobre a Doutrina Geral do Crime,* Coimbra: Coimbra Editora, 2001.

—— *Direito Processual Penal,* Reimpressão da 1.ª Edição de 1974, Coimbra: Coimbra Editora, 2004.

—— *Direito Penal Português, As Consequências Jurídicas do Crime, Parte Geral, Tomo II,* Coimbra: Coimbra Editora, 2009.

—— *O Problema da Consciência da Ilicitude em Direito Penal,* 6.ª Edição, Coimbra: Coimbra Editora, 2009.

—— *Direito Penal, Parte Geral, Tomo I, Questões Fundamentais, A Doutrina Geral do Crime,* 3.ª Edição, Coimbra: Gestlegal, 2019.

Dias, Maria do Carmo Silva, «Comentário ao Art. 16.º do Código de Processo Penal», *in* AAVV, Comentário Judiciário do Código de Processo Penal, Tomo I, Coimbra: Almedina, 2019, págs. 283 e 284.

Domingues, Sérgio, *Os Ciclos económicos e a Teoria das Cinco Transformações,* Lisboa: Gradiva, 2010.

Dourado, Ana Paula, *Substituição e responsabilidade tributária,* CTF, n.º 391, 1998.

—— *O Princípio da Legalidade Fiscal – Tipicidade, conceitos jurídicos indeterminados e margem de livre apreciação,* Coimbra: Almedina, 2010.

—— *Direito Fiscal,* 4.ª Edição, Coimbra: Almedina, 2019.

Dupyroux, Jean-Jacques / Borgetto, Michel / Lafore, Robert, *Droit de la Sécurité Sociale,* 18.ª Edição, Paris: Dalloz, 2015.

Esteves, Marli Cristina Barata, *Causas de Justificação e Desculpa em Matéria Tributária: a problemática do pagamento de salários em contraposição ao pagamento de impostos,* Lisboa: Universidade Católica Editora, 2017.

Eusébio, Domingos Martins, *Subsídios para uma Teoria da infração Fiscal,* CTF, n.º 15, 1963.

Fantozzi, Augusto, *Il Diritto Tributario,* 3.ª Edição, Turim: UTET, 2004.

—— *Corso di Diritto Tributario,* Turim: UTET, 2005.

Faria, Jorge Ribeiro de, *Indemnização por perdas e danos arbitrada em processo penal: o chamado processo de adesão,* Coimbra: Almedina, 1983.

—— *«Ainda a lesão do indemnizado por crime», in* AAVV, *Estudos em Homenagem a Cunha Rodrigues, Vol. 1,* Coimbra: Coimbra Editora, 2001, págs. 393–417.

FARIA, Maria Paula Ribeiro de, «Da reparação punitiva – Uma "terceira via" na efetivação da Responsabilidade Penal?», *in* AAVV, *Liber Discipulorum para Jorge Figueiredo Dias*, Coimbra: Coimbra Editora, 2003, págs. 259–291.

—— *A Adequação Social da Conduta no Direito Penal – Ou o Valor dos Sentidos Sociais na Interpretação da Lei Penal*, Porto: Universidade Católica Editora, 2005.

—— *Formas Especiais do Crime*, Porto: Universidade Católica Editora, 2017.

FEIO, Diogo, *A Substituição Fiscal e a Retenção na Fonte: O caso específico dos impostos sobre o Rendimento*, Coimbra: Coimbra Editora, 2001.

FERNANDES, Luís Carvalho / LABAREDA, João, *Código da Insolvência e da Recuperação de Empresas Anotado*, 3.ª Edição, Lisboa: Quid Juris, 2015.

FERNANDES, Ricardo Sá, «O Imposto – Uma reflexão Conceptual», *in* AAVV, *Estudos em Homenagem ao Professor Doutor Paulo de Pitta e Cunha – Volume II*, (coord. JORGE MIRANDA, ANTÓNIO MENEZES CORDEIRO, EDUARDO PAZ FERREIRA e JOSÉ DUARTE NOGUEIRA) Coimbra: Almedina, 2010, págs. 733–745.

FERREIRA, Eduardo Paz, «Solidariedade», *in* AAVV, *Comentário da Convenção Europeia dos Direitos Humanos e dos Protocolos Adicionais – Volume I –(org. Paulo Pinto de Albuquerque)*, Lisboa: Universidade Católica Editora, 2019, págs. 29–43.

FERREIRA, Eduardo Paz / OLIVEIRA, Ana Perestrelo de, «Do pedido de indemnização civil formulado no processo penal por crime de fraude fiscal: O caso de anulação do ato de liquidação visto à luz da jurisprudência do STJ», *in* AAVV, *Estudos Comemorativos dos 20 anos da FDUP – Volume I*, Coimbra: Almedina, 2017, págs. 369–390.

FERREIRA, Manuel Cavaleiro de, *Lições de Direito Penal, Parte Geral – I – A Lei Penal e a Teoria do Crime no Código Penal de 1982*, Reimpressão da 4.ª Edição de 1992, Coimbra: Almedina, 2010.

—— *Lições de Direito Penal, Parte Geral – II – Penas e Medidas de Segurança*, Reimpressão da 4.ª Edição de 1992, Coimbra: Almedina, 2010.

FIGUEIRA, Luís / JOBLING, Carla, *Lei Geral Tributária – Anotada*, Coimbra: Coimbra Editora, 2013.

FRANCO, A. L. de Sousa, *Finanças Públicas e Direito Financeiro, Volumes I e II*, Coimbra: Almedina, 1997.

FRANKLIN, Benjamin / FRANKLIN, William Temple, *The private correspondence of Benjamin Franklin, Volume 1*, 2.ª Edição, Londres: printed for Henry Colburn, 1817.

FREITAS, Tiago Fidalgo, «O princípio da proibição do retrocesso social», *in* AAVV, *Estudos em Homenagem ao Professor Doutor Marcello Caetano, No centenário do seu nascimento, Vol. II*, Coimbra: Coimbra Editora, 2006, págs. 783–850.

García Dorado, Francisco, *Prohibición Constitucional y Deber de Tributación*, (prol. de J. L. Pérez Ayala), Madrid: Dykinson, 2002.

Garcia, M. Miguez, *O Direito Penal Passo a Passo, Volume II*, Coimbra: Almedina, 2011.

—— *O Risco de Comer uma Sopa e Outros Casos de Direito Penal – Elementos da Parte Geral*, 2.ª Edição, Coimbra: Almedina, 2012.

Garcia, M. Miguez / RIO, J. M. Castela, *Código Penal parte geral e especial com notas e comentários*, Coimbra: Almedina, 2014.

Gersão, Eliana, *Revisão do Sistema Jurídico Relativo à Infracção Fiscal*, *in* AAVV, *Direito Penal Económico e Europeu: Textos Doutrinários – Volume II, Problemas Especiais*, Coimbra: Coimbra Editora, 1999, págs. 85–99.

Gomes, Nuno Sá, «O princípio «non bis in idem» face à criminalização das infracções fiscais não aduaneiras», *in* AAVV, *Estudos em Homenagem à Dra. Maria de Lourdes Órfão de Matos Correia e Vale*, CTF, n.º 171, 1995.

—— *Evasão Fiscal, Infracção Fiscal e Processo Penal Fiscal (Lições)*, 2.ª Edição, revista, atualizada e ampliada com adenda, Lisboa: Rei dos Livros, 2000.

—— *Manual de Direito Fiscal – Volume I*, 12.ª Edição, Lisboa: Rei dos Livros, 2003.

Gonçalves, Manuel Lopes Maia, *Código Penal Anotado e Comentado*, 17.ª Edição, Coimbra: Almedina, 2005.

—— *Código de Processo Penal – Anotado e Comentado*, 15.ª Edição, Coimbra: Almedina, 2005.

González, José Alberto, *Código Civil Anotado – Volume III – Contratos em Especial*, Lisboa: Quid Juris, 2014.

Guedes, Inês, «Infrações Económicas e Financeiras: Aplicação da Teoria da Associação Diferencial de Sutherland», *in* AAVV, *Infrações Económicas e Financeiras: Estudos de Criminologia e Direito* (coord. José Neves Cruz, Carla Cardoso, André Lamas Leite e Rita Faria), Coimbra: Coimbra Editora, 2013, págs. 91–103.

Horster, Heinrich Ewald, *A Parte Geral do Código Civil Português, Teoria Geral do Direito Civil*, 6.ª Reimpressão, Coimbra: Almedina, 2012.

Jakobs, Gunther, *Derecho Penal, Parte General, Fundamentos y Teoría de la Imputación*, 2.ª Edição, Madrid: Ediciones Jurídicas, 1997.

—— *La imputación objetiva en Derecho Penal*, Civitas Editora, 1999.

—— *Autoria Mediata e sobre o Estado da Omissão*, Editora Manole, 2003.

Jellinek, George, *Teoría General del Estado*, 11.ª Edición, Madrid: F.C.E., 2001.

Jescheck, Hans Heinrich, *As fases de desenvolvimento da nova teoria da infracção*, In *Textos de apoio de Direito Penal, Tomo II*, Lisboa: AAFDL, 1983/84.

—— *Tratado de Derecho Penal, Parte General,* tradução de Miguel Olmedo Cardenete, 5.ª Edição corrigida e ampliada, Granada: Editorial Comares, 2002.

Jorge, Fernando Pessoa, *Curso de Direito Fiscal (lições ao curso do 3.º ano jurídico de 1963-64),* Lisboa, edição policopiada, 1963.

Justo, A. Santos, *Introdução ao Estudo do Direito,* 9.ª Edição, Coimbra: Coimbra Editora, 2018.

Kramer, Roderick M., *Repensar la confianza,* Harvard Business Review, Vol. 87, n.º 6, 2009.

Lacerda, Hugo, *O Crime de Fraude Fiscal – Estudo e Reflexão,* Porto: Almeida & Leitão, 2009.

—— *Os Crimes Contra a Segurança Social,* Porto: Faculdade de Direito da Universidade do Porto, Porto: Centro de Investigação Jurídico Económica, 2011.

—— *Códigos Anotados & Comentados – Justiça Tributária: LGT–CPPT–RGIT–RCPITA–RAT–LPFA,* Porto: Lexit Editora, 2021.

—— *Códigos Anotados & Comentados – Tributação do Património: IMI–IMT–IS,* Porto: Lexit Editora, 2021.

Larenz, Karl, *Metodologia da Ciência e do Direito,* 3.ª Edição, Lisboa: Fundação Calouste Gulbenkian, 1997.

Leitão, João Menezes Correia, «A Substituição e a Responsabilidade Fiscal no Direito Português», CTF, n.º 388, 1997, págs. 93–148.

Leite, André Lamas, *Ressocializar, hoje? Entre o «mito» e a realidade,* RMP, n.º 156, outubro–dezembro, 2018, págs. 9–53.

Leite, Inês Ferreira, *Ne (Idem) Bis In Idem – Proibição de Dupla Punição e de Duplo Julgamento – Vol. I,* Lisboa: AAFDL Editora, 2016.

—— *Ne (Idem) Bis In Idem – Proibição de Dupla Punição e de Duplo Julgamento — Vol. II,* Lisboa: AAFDL Editora, 2016.

Leite, Luís Ferreira, *Curso de Direito Sancionatório da Segurança Social — A regularização da Dívida à Segurança Social,* Coimbra: Almedina, 2002.

Lima, Pires / Varela, Antunes, *Código Civil Anotado – Volume V,* Coimbra: Coimbra Editora, 1995.

—— *Código Civil Anotado – Volume II,* 4.ª Edição revista e atualizada, Coimbra: Coimbra Editora, 1997.

—— *Código Civil Anotado, Volume I,* 4.ª Edição, Coimbra: Coimbra Editora, 2010.

—— *Código Civil Anotado, Volume III,* 2.ª Edição, Coimbra: Coimbra Editora, 2010.

LOMBA, Pedro / MACEDO, Joaquim Shearman, *Crime de Abuso de Confiança Fiscal no Novo Regime Geral das Infracções Tributárias*, ROA, Ano 67, dezembro, 2007.

LOUREIRO, Flávia Noversa, «A fronteira entre o direito penal e o direito de mera ordenação social: reflexão a partir das contraordenações ambientais», *in* AAVV, *Jornadas de Direito das Contraordenações*, Porto: Universidade Católica Editora, 2019, págs. 117–136.

LUMBRALES, Nuno, *O Abuso de Confiança Fiscal no Regime Geral das Infracções Tributárias*, Fiscalidade, n.º 13/14, janeiro/abril, 2003, págs. 85–115.

—— *Sobre o Conceito Material de Contra-Ordenação*, Lisboa: Universidade Católica Editora, 2006.

LYONS, Timothy, *EU Customs Law*, 3.ª Edição, Oxford: Library, 2018.

MACHADO, João Baptista, *Introdução ao Direito e ao Discurso Legitimador*, 21.ª Reimpressão, Coimbra: Almedina, 2013.

MACHADO, Jónatas, *A responsabilidade subsidiária dos TOC's (Algumas considerações constitucionais a propósito do art. 24.º/3 da LGT)*, Fiscalidade n.º 30, Lisboa: Instituto Superior de Gestão, abril–junho, 2007.

MACHADO, Jónatas E. M. / COSTA, Paulo Nogueira da, *Curso de Direito Tributário*, 2.ª Edição, Coimbra: Coimbra Editora, 2012.

MACHADO, Miguel Pedrosa, «Elementos para o Estudo da Legislação Portuguesa sobre Contra-Ordenações», *in* AAVV, *Direito Penal Económico e Europeu: Textos Doutrinais, Volume I – Problemas Gerais*, Coimbra: Coimbra Editora, 1998, págs. 145–207.

—— «Para uma síntese do conceito jurídico-penal de comparticipação (numa perspectiva de comparação luso-brasileira)», *in* AAVV, *AB VNO AD OMNES – 75 Anos da Coimbra Editora*, Coimbra: Coimbra Editora, 1998, págs. 763–772.

MAGALHÃES, Inês, *Abuso de Confiança Fiscal: O prazo de prescrição e o art. 105.º/4, al. a), do RGIT – Comentário ao acórdão do Supremo Tribunal de Justiça n.º 2/2015*, RPCC, Ano 25, n.ºs 1 a 4, Coimbra: Instituto de Direito Penal Económico e Europeu da Faculdade de Direito da Universidade de Coimbra, 2015, págs. 607–665.

MARECOS, Diogo Vaz, *Código do Trabalho – Comentado*, 4.ª Edição, Coimbra: Almedina, 2020.

MARQUES, Fernando, *Evolução e problemas da Segurança Social em Portugal no após 25 de Abril*, Lisboa: Edições Cosmos, 1997.

MARQUES, Paulo, *Elogio do Imposto*, Coimbra: Coimbra Editora, 2010.

—— *Crime de Abuso de Confiança Fiscal – Problemas do actual Direito Penal Tributário*, 2.ª Edição, Coimbra: Coimbra Editora, 2012.

—— «A responsabilidade tributária e sancionatória da entidade empregadora pela falta de entrega das retenções na fonte de IRS e das contribuições para a Segurança Social dos trabalhadores», *in* AAVV, *Para Jorge Leite – Escritos Jurídicos*, Coimbra: Coimbra Editora, 2014, págs. 299–318.

Marques, Paulo / Gonçalves, Pedro Correia / Marques, Rui (2017), *Responsabilidade Tributária e Penal dos Gestores, Advogados, Contabilistas e Auditores – Impostos, Crime e Castigo*, Coimbra: Almedina, 2017.

Marques, Paulo / Sarmento, Joaquim Miranda / Marques, Rui (2017), «Os pagamentos especiais por conta no Grupo de Sociedades», in *IRC – Problemas Actuais*, Lisboa: AAFDL, 2017, págs. 119–125.

Marques, Rui, *A caducidade do direito de liquidação do imposto*, Porto: Vida Económica, 2016.

—— *A Prescrição das Dívidas Tributárias*, Coimbra: Almedina, 2018.

Martin Queralt, Juan, *Curso de Derecho Financeiro y Tributário*, 7.ª Edição, Madrid: Editorial Tecnos, 1996.

Martinez, Pedro Soares, *Direito Fiscal*, Reimpressão da 10.ª Edição, Coimbra: Almedina, 2003.

Martins, A. Lourenço, *Medida da Pena – Finalidades – Escolha, Abordagem Crítica de Doutrina e Jurisprudência*, Coimbra: Coimbra Editora, 2011.

Martins, Alexandre Soveral, *Código das Sociedades Comerciais em Comentário, Volume I, (coord. Jorge M. Coutinho de Abreu)*, 2.ª Edição, Coimbra: Almedina, 2017, págs. 108–122.

Martins, Guilherme D'Oliveira / Reis, Isabel Vieira dos, «A posição do Estado nos impostos: estudo preliminar», *in* AAVV, *Estudos em Homenagem ao Professor Doutor Alberto Xavier, Vol. I*, Coimbra: Almedina, 2013, págs. 547–565.

Mata-Mouros, Maria de Fátima, *Juiz das Liberdades – Desconstrução de um Mito do Processo Penal*, Coimbra: Almedina, 2011.

Mateus, J. Silvério / Freitas, L. Corvelo, *Os Impostos Sobre o Património Imobiliário. O Imposto do Selo*, Lisboa: Engifisco, 2005.

Meireles, Mário Pedro, «A Responsabilidade Penal das Pessoas Colectivas ou Entidades Equiparadas na recente alteração ao Código Penal aditada pela Lei 59/2007, de 4 de setembro: Algumas notas», Revista Julgar, n.º 5, 2008, págs. 121–138.

Mendes, António de Oliveira / Cabral, José dos Santos, *Notas ao Regime Geral das Contra-Ordenações e Coimas*, 3.ª Edição, Coimbra: Almedina, 2009.

MENDES, Marlene, «A Imputação da Pessoa Colectiva I: A Responsabilidade Criminal da Pessoa Colectiva pelos atos praticados pelos seus Órgãos», *in* AAVV, *Comparticipação, pessoas colectivas e responsabilidade,* Coimbra: Almedina, 2015, págs. 49–117.

MENDES, Paulo de Sousa, MENDES, *Lições de Direito Processual Penal,* 5.ª Reimpressão da edição de setembro de 2013, Coimbra: Almedina, 2018.

MESQUITA, Paulo Dá, *A tutela penal das deduções e reembolsos indevidos de imposto, Contributo para uma leitura da proteção dos interesses financeiros do Estado pelos tipos de fraude fiscal e burla tributária,* RMP, ano 23, n.º 91, 2002, págs. 55–80.

MILHEIRO, Tiago Caiado, *Da punibilidade nos crimes de abuso de confiança fiscal e de abuso de confiança contra a segurança social,* Revista Julgar, n.º 11, 2010.

MILHEIRO, Tiago Caiado / VIEIRA, Frederico Soares, *Do Erro sobre a Punibilidade,* Lisboa: Quid Juris, 2011.

MIR PUIG, Santiago, *Derecho Penal – Parte General (Fundamentos y Teoría del Delito),* 10.ª Edição, Barcelona: PPU Editora, 1996.

MIRA, Alberto António Moreira, «Alteração substancial, não substancial e da qualificação jurídica, na fase de julgamento, no tribunal de primeira instância e no tribunal da relação», *in* AAVV, *Estudos em Comemoração dos 100 anos do Tribunal da Relação de Coimbra,* Coimbra: Almedina, 2018, págs. 361–404.

MIRANDA, Jorge, *A Constituição Fiscal Portuguesa,* revista da FDUL, Volume XLVI, n.º 1, Coimbra: Coimbra Editora, 2005.

—— *Os novos paradigmas do Estado Social,* Lisboa: Instituto de Ciências Jurídico-Políticas, 2011, págs. 1–19.

—— *Direito Constitucional, Tomo IV,* Coimbra: Coimbra Editora, 2012.

—— «Dignidade», *in* AAVV, *Comentário da Convenção Europeia dos Direitos Humanos e dos Protocolos Adicionais – Volume I – (org. Paulo Pinto de Albuquerque),* Lisboa: Universidade Católica Editora, 2019, págs. 5–8.

MIRANDA, Jorge / MEDEIROS, Rui, *Constituição Portuguesa Anotada, Tomo II,* Coimbra: Coimbra Editora, 2006.

—— *Constituição Portuguesa Anotada, Tomo I,* Coimbra: Coimbra Editora, 2015.

MOLINA MARTIN, Amparo María, *Comisión, prueba y sanción de la transgresión de la buena fe contractual y abuso de confianza,* Aranzadi Social: Revista Doctrinal, Vol. 2, n.º 14 (dic), 2009.

MONTE, Mário Ferreira, «Da reparação penal como consequência jurídica autónoma do crime», *in* AAVV, *Liber Discipulorum para Jorge Figueiredo Dias,* Coimbra: Coimbra Editora, 2003, págs. 129–155.

—— *Da legitimação do direito penal tributário em particular, os paradigmáticos casos de facturas falsas*, Coimbra: Coimbra Editora, 2007.

—— «O Abuso de Confiança Fiscal e contra a Segurança Social na emergência da Crise Económica», *in* AAVV, *I Congresso de Direito Fiscal (coord.* GLÓRIA TEIXEIRA), Porto: Vida Económica, 2011, págs. 249–272.

—— *Lineamentos de Direito das Contraordenações*, 2.ª Edição, Braga: AEDUM, 2014.

—— *Para lá da Coima: As Sanções Substitutivas do Regime Jurídico das contraordenações*, Braga: Scientia Ivridica – Tomo LXVI, n.º 344, maio/agosto, 2017, págs. 263–276.

MONTEIRO, Cristina Líbano, *Do Concurso de Crimes ao "concurso de ilícitos" em direito penal*, Coimbra: Almedina, 2015.

MONTEIRO, Fernando Conde, *Breves reflexões epistemológicas sobre a delimitação entre o ilícito contraordenacional e o ilícito jurídico-penal em face da ordem jurídica portuguesa*, Braga: Scientia Ivridica – Tomo LXVI, n.º 344, maio/agosto, 2017, págs. 203–226.

MORAIS, Luís Domingues da Silva, *Incriminação de Infrações Fiscais Não Aduaneiras*, Lisboa: Edições Cosmos, 1993.

MORAIS, Rui Duarte, *Sobre o IRS*, 3.ª Edição, Coimbra: Almedina, 2016.

MOREIRA, Amílcar (coord.), *Sustentabilidade do Sistema de Pensões*, Resumos da Fundação 8, Lisboa: Fundação Francisco Manuel dos Santos, 2019.

MOREIRA, Isabel, *A Solução dos Direitos – Liberdades e Garantias e dos Direitos Económicos, Sociais e Culturais na Constituição Portuguesa*, Coimbra: Almedina, 2007.

MOURA, José Souto de, «O Acordo no Processo Penal, Um Caminho já Iniciado?», *in* AAVV, *Liberum Amicorum Manuel Simas Santos*, (coord. ANDRÉ PITTON / ANA TERESA CARNEIRO), Lisboa: Rei dos Livros, 2016, págs. 783–797.

MOUTINHO, José Lobo, *Da Unidade à Pluralidade dos Crimes no Direito Penal Português*, Lisboa: Universidade Católica Editora, 2005.

—— *Direito das Contra-Ordenações, Ensinar e Investigar*, Lisboa: Universidade Católica Editora, 2008.

—— *Processo penal tributário e processo penal comum – questões fundamentais, in* AAVV, *Curso de Especialização – Temas de Direito Fiscal Penal*, Lisboa: Centro de Estudos Judiciários, 2013, págs. 172–227.

NABAIS, José Casalta, «Impugnação Administrativa no Direito Fiscal», *in Por um Estado Fiscal Suportável – Estudos de Direito Fiscal*, Coimbra: Almedina, 2005, págs. 497–536.

—— *O Dever Fundamental de Pagar Impostos – Contributo para a compreensão constitucional do Estado Fiscal Contemporâneo,* 3.ª Reimpressão, Coimbra: Almedina, 2012.

—— *Direito Fiscal,* 11.ª Edição, Coimbra: Almedina, 2019.

Nabais, José Casalta / Tavares, Suzana, *O Estado pós-moderno e a figura dos tributos,* RLJ, Ano 140, n.º 3965, novembro–dezembro de 2010.

Nascimento, Antonieta, *Regime Geral das Infrações Tributárias – dificuldades de aplicação dos artigos 14-1 e 22,* RPCC, ano 20, n.º 1, janeiro–março, 2010, págs. 73–95.

Neto, Abílio, *Código Civil Anotado,* 20.ª Edição atualizada, Lisboa: Ediforum, 2018.

Neves, A. Castanheira, *Metodologia Jurídica – Problemas Fundamentais,* Boletim da Faculdade de Direito da Universidade de Coimbra, Coimbra: Coimbra Editora, 1993.

—— *DIGESTA – Escritos acerca do Direito, do Pensamento Jurídico, da sua Metodologia e Outros–Volume 1.º (Reimpressão),* Coimbra: Coimbra Editora, 2010.

—— *DIGESTA – Escritos acerca do Direito, do Pensamento Jurídico, da sua Metodologia e Outros–Volume 3.º (Reimpressão),* Coimbra: Coimbra Editora, 2010.

—— *O Actual Problema Metodológico da Interpretação Jurídica I,* Coimbra: Coimbra Editora, 2011.

Neves, Ilídio das, *Direito da Segurança Social,* Coimbra: Coimbra Editora, 1996.

Nogueira, Ana Cláudia, *Instrução criminal: mudanças precisam-se,* Revista Julgar, n.º 33, setembro–dezembro, 2017, págs. 263–292.

Novais, Jorge Reis, *Direitos Sociais – Teoria Jurídica dos Direitos Sociais enquanto Direitos Fundamentais,* Coimbra: Coimbra Editora, 2010.

—— *Princípios Estruturantes de Estado de Direito,* Coimbra: Almedina, 2019.

Oliveira, Francisco da Costa, *Crime Negligente e Culpa na dogmática Penal e na prática Judiciária,* Coimbra: Almedina, 2010.

Oliveira, Luís C. / Roxo, Manuel M., *O Processo de Contra Ordenação Laboral e de Segurança Social,* Coimbra: Almedina, 2010.

Paiva, Carlos, *Das Infrações Fiscais à sua Perseguição Processual,* Coimbra: Almedina, 1992.

Palma, Clotilde Celorico, *Código do IVA e RITI – Notas e Comentários* (coord. e org. Clotilde Celorico Palma e António Carlos dos Santos), Coimbra: Almedina, 2014.

Palma, Maria Fernanda, «O estado de necessidade justificante no Código Penal de 1982», *in* AAVV, *Estudos em Homenagem ao Prof. Doutor Eduardo Correia, III,* Coimbra: Boletim da Faculdade de Coimbra, 1984.

—— *A Justificação por Legítima Defesa como Problema de Delimitação de Direitos*, Lisboa: AAFDL, 1990.

—— *O Princípio da Desculpa em Direito Penal*, Coimbra: Almedina, 2005.

—— *Da "Tentativa Possível" em Direito Penal*, Coimbra: Almedina, 2006.

—— *Direito Penal, Parte Geral: A teoria geral da infração como teoria da decisão penal*, 3.ª Edição Reimpressão, Lisboa: AAFDL Editora, 2018.

Pasquale, Russo, *Manuale di Diritto Tributario*, Milão: Giuffrè, 2006.

Passos, Sérgio, *Contra-Ordenações — Anotações ao Regime Geral*, Coimbra: Almedina, 2004.

Pedro, Manuel José Miranda, «Justificação do Facto e Exclusão da Culpa nos Crimes de Abuso de Confiança Fiscal e Contra a Segurança Social: O Estado da Questão na Doutrina e na Jurisprudência», *in* AAVV, *Colectânea de textos de Parte Especial do Direito Penal*, Lisboa: AAFDL, 2008, págs. 209–234.

Pereira, António Beça, *Regime Geral das Contra-Ordenações e Coimas*, 12.ª Edição, Coimbra: Almedina, 2017.

Pereira, Manuel Henrique de Freitas, *Fiscalidade*, Coimbra: Almedina, 6.ª Edição, 2018.

Pereira, Paula Rosado, *Princípios do Direito Fiscal Internacional — Do Paradigma Clássico ao Direito Fiscal Europeu*, Coimbra: Almedina, 2010.

—— *Estudos sobre IRS: Rendimentos de Capitais e Mais Valias (N.º 2 da Coleção)*, Cadernos do IDEFF, Coimbra: Almedina, 2016.

Pereira, Rui Carlos, *O Dolo de Perigo — Contribuição para a Dogmática da Imputação Subjetiva nos Crimes de Perigo Concreto*, Lisboa: Lex Edições Jurídicas, 1995.

Pereira, Tânia Carvalhais, *O Contencioso Aduaneiro*, coleção de *Direito Fiscal Internacional e Europeu e Contencioso Aduaneiro*, Centro de Estudos Judiciários, Junho, 2016, págs. 17–41.

Pereira, Victor de Sá / Lafayette, Alexandre, *Código Penal – Anotado e Comentado*, 2.ª Edição, Lisboa: Quid Juris, 2014.

Pérez Royo, Fernando, *Derecho Financiero Y Tributario Parte General*, 28.ª Edição, Madrid: Editorial Civitas, 2018.

Pinto, António Augusto Tolda / Bravo, Jorge Manuel Almeida dos Reis, *Regime Geral das Infracções Tributárias e Regimes Sancionatórios Especiais Anotados*, Coimbra: Coimbra Editora, 2002.

Pinto, Carlos Alberto da Mota, *Teoria Geral do Direito Civil*, 4.ª Edição, Coimbra: Coimbra Editora, 2012.

Pinto, Frederico de Lacerda da Costa, *Crimes tributários em Portugal*, Lisboa: Faculdade de Direito da Universidade Nova de Lisboa.

—— «O ilícito de mera ordenação social e a erosão do princípio da subsidiariedade da intervenção penal», *in* AAVV, *Direito Penal Económico e Europeu, Volume I – Problemas Gerais,* Coimbra: Coimbra Editora, 1998, págs. 209–274.

—— *A Categoria da Punibilidade na Teoria do Crime – Tomo I,* Coimbra: Almedina, 2013.

—— *A Categoria da Punibilidade na Teoria do Crime – Tomo II,* Coimbra: Almedina, 2013.

—— *As garantias do Estado de Direito e a evolução do direito de mera ordenação social,* Braga: Scientia Ivridica – Tomo LXVI, n.º 344, maio/agosto, 2017, págs. 243–262.

—— «Processo contra-ordenacional», *in* AAVV, *Comentário da Convenção Europeia dos Direitos Humano e dos Protocolos Adicionais–Volume II, (Org. Paulo Pinto de Albuquerque),* Lisboa: Universidade Católica Editora, 2019, págs. 1220–1227.

Pinto, Rosa Margarida Maia Alves, *Suspensão provisória do processo: questões controvertidas,* Revista Julgar – Online, novembro, 2018.

Pires, José Maria Fernandes, *Lições de Impostos sobre o Património e do Selo,* 3.ª Edição, Coimbra: Almedina, 2018.

Pires, José Maria Fernandes (coord.) / Bulc, Gonçalo / Vidal, José Ramos / Menezes, Maria João, *Lei Geral Tributária – comentada e anotada,* Coimbra: Almedina, 2015.

Pires, Manuel / Pires, Rita Calçada, *Direito Fiscal,* 5.ª Edição, Coimbra: Almedina, 2018.

Polónia-Gomes, Joana, *A Colaboração dos Obrigados Fiscais no Direito das Contraordenações Tributárias – Dispensa, Atenuação e Redução de Coimas,* Coimbra: Almedina, 2018.

—— *Dispensa, Atenuação e Redução de Coimas (Notas Práticas à Luz da Nova Redação do RGIT),* Coimbra: Almedina, 2021.

Pombo, Nuno, *A Fraude Fiscal – A norma incriminadora, a simulação e outras reflexões,* Coimbra: Almedina, 2007.

Prata, Ana, *Código Civil Anotado – Volume I,* Coimbra: Almedina, 2017.

—— *Código Civil Anotado – Volume II,* Coimbra: Almedina, 2017.

Prata, Ana / Carvalho, Jorge Morais / Simões, Rui, *Código da Insolvência e da Recuperação de Empresas – Anotado,* Coimbra: Almedina, 2013.

Quintero Olivares, Gonzalo, *Comentarios A La Parte Especial Del Derecho Penal,* Navarra: Editorial Aranzadi, 2008.

Rancaño Martin, M. Asunción, *El Delito de Defraudación Tributária,* Madrid: Marcial Pons, 1997.

REIS, Alcino Ferreira dos, *O Crime de Abuso de Confiança Fiscal – Ou a Razão de Estado Contra a Razão da Verdade?*, Porto: Vida Económica, 2003.

RIBEIRO, José Antunes, *Regime Geral das Infrações Tributárias (Fiscais, Aduaneiras e contra a Segurança Social)*, Lisboa: Quid Juris, 2002.

RIBEIRO, José Joaquim Teixeira, «Anotação ao Acórdão de 28 de novembro de 1990», *Revista de Legislação e de Jurisprudência*, n.º 3815, Coimbra, 1992, págs. 46–50.

----- *Lições de Finanças Públicas*, 4.ª Edição, revista e atualizada, Coimbra: Coimbra Editora, 1991.

RIBEIRO, Maria de Fátima, *A Tutela dos Credores da Sociedade por Quotas e a "Desconsideração da Personalidade Jurídica"*, Coimbra: Almedina, 2009.

RICARDO, David, *Princípios de Economia Política e de Tributação*, 3.ª Edição, Lisboa: Fundação Calouste Gulbenkian, 1983.

ROCHA, Joaquim Freitas da, *Lições de Procedimento e Processo Tributário*, 6.ª Edição, Coimbra: Almedina, 2018.

ROCHA, Joaquim Freitas da / SILVA, Hugo Flores da, *Teoria Geral da Relação Tributária*, Coimbra: Almedina, 2017.

ROCHA, Lígia Noronha (2016), «O Conflito de Deveres como Causa de Justificação do Abuso de Confiança Fiscal? – Comentário ao Acórdão do Tribunal da Relação de Évora Proc. 81/12.4IDEVR.E1 de 20-05-2014», *in* AAVV, Lisbon Law Review, 2016/2, LVII, Lisboa: Faculdade de Direito da Universidade de Lisboa, 2016, págs. 167–193 .

ROCHA, Sérgio André, «Processo Fiscal e Justiça Tributária», *in* AAVV, *Estudos em Homenagem ao Professor Doutor Alberto Xavier*, Coimbra: Almedina, 2013, págs. 829–847.

RODRIGUES, Anabela Miranda, «Contributo para a fundamentação de um discurso punitivo em matéria penal fiscal», *in* AAVV, *Direito Penal Económico e Europeu: Textos Doutrinários – Volume II, Problemas Especiais*, Coimbra: Coimbra Editora, 1999, págs. 481–489.

—— «Política Criminal – Novos desafios, velhos rumos», *in* AAVV, *Liber Discipulorum para Jorge de Figueiredo Dias*, Coimbra: Coimbra Editora, 2013, págs. 207–234.

—— *A Determinação da Medida da Pena Privativa da Liberdade – Os critérios da culpa e da prevenção*, 1.ª Edição Reimpressão da edição de 1995, Coimbra: Coimbra Editora, 2014.

RODRIGUES, Benjamim da Silva, *A Prescrição no Direito Tributário, Problemas Fundamentais do Direito Tributário*, Lisboa: Vislis Editores, 1999.

—— *Direito das Contra-Ordenações, do regime do ilícito de mera ordenação social ao Regime Geral das Infrações Tributárias,* Lisboa: Rei dos Livros, 2018.

RODRIGUES, Hélio Rigor / CORREIA, João Conde, *O confisco das vantagens e a pretensão patrimonial da Autoridade Tributária e Aduaneira nos crimes tributários (Anotação ao Acórdão do Tribunal da Relação do Porto de 23.11.2016, proferido no processo n.º 905/15.4IDPRT.P1)*, Revista Julgar online, janeiro, 2017.

RODRIGUEZ DEVESA, José Maria, *El "Terrorismo" Fiscal,* Anuario de Derecho Penal y Ciencias Penales, Tomo 34, n.º 1, 1981, págs. 5–16.

ROSA, Manuel Cortes, «Natureza jurídica das penas fiscais», *in* AAVV, *Direito Penal Económico e Europeu: Textos Doutrinários – Volume II, Problemas Especiais,* Coimbra: Coimbra Editora, 1999, págs. 1–16.

ROXIN, Claus, *Teoria da Infração,* In *Textos de Apoio de Direito Penal, Tomo I,* Lisboa: AAFDL, 1983/1984.

—— *Acerca da problemática do direito penal da culpa,* In *Textos de apoio de Direito Penal, Tomo II,* Lisboa: AAFDL, 1983/84.

—— *Derecho Penal, Parte General, Tomo I, Fundamentos. La Estructura de La Teoría Del Delito,* Traducción y notas de DIEGO-MANUEL LUZÓN PEÑA, MIGUEL DÍAZ y GARCIA CONLLEDO, JAVIER DE VICENTE REMESAL, Madrid: Civitas, 1999.

—— *O conceito de bem jurídico como padrão crítico da norma penal posto à prova,* RPCC, ano 23, n.º 1, Coimbra: Coimbra Editora, 2013, págs. 7–43.

SALINAS, Henrique, *A Comparticipação em Crimes Especiais no Código Penal,* Lisboa: Universidade Católica Editora, 1999.

—— *Os Limites Objectivos do Ne Bis In Idem e a Estrutura Acusatória no Processo Penal Português,* Lisboa: Universidade Católica Editora, 2014.

SAMUELSON, Paul A. / NORDHAUS, William D., *Economia,* Mcgraw-Hill, 18.ª Edição, 2005.

SANCHES, J. L. Saldanha, *Os Limites do Planeamento Fiscal – Substância e Forma no Direito Fiscal Português, Comunitário e Internacional,* Coimbra: Coimbra Editora, 2006.

—— *Manual de Direito Fiscal,* 3.ª Edição, Coimbra: Coimbra Editora, 2007.

SANCHES, J. L. Saldanha / GAMA, João Taborda da, «Audição – Participação – Fundamentação: A Co-responsabilização do sujeito passivo na decisão tributária», *in* AAVV, *Homenagem a José Guilherme Xavier de Basto,* Coimbra: Almedina, 2006, págs. 270-304.

SANTOS, André Teixeira dos, *O Crime de Fraude Fiscal – Um contributo para a configuração do tipo objectivo de ilícito a partir do bem jurídico,* Coimbra: Coimbra Editora, 2009.

SANTOS, Cláudia Cruz, *Os crimes de corrupção – notas críticas a partir de um regime jurídico-penal sempre em expansão,* Revista Julgar, n.º 28, janeiro–abril, Coimbra: Coimbra Editora, 2016, págs. 89-105.

SANTOS, José Beleza dos, *Algumas questões sobre o crime de Descaminho,* RLJ, Ano 69, n.ºs 2567 a 2570, 1936.

—— *A suspensão condicional da execução da pena e os efeitos do não cumprimento das condições,* RLJ, Ano 74, n.º 2698, 1941/1942.

—— *Ilícito Penal Administrativo e Ilícito Criminal,* ROA, Ano 5, n.ºs 1 e 2, 1945.

SANTOS, Manuel Simas / HERNRIQUES, Manuel Leal-, *Noções de Direito Penal,* 4.ª Edição, Lisboa: Rei dos Livros, 2011.

—— *Código Penal - Anotado, Art.º 1.º ao 69.º, Vol. I,* 4.ª Edição, Lisboa: Rei dos Livros, 2014.

—— *Código Penal - Anotado, Art.º 131.º ao 235.º, Vol. III,* 4.ª Edição, Lisboa: Rei dos Livros, 2016.

SANTOS, Manuel Simas / FREITAS, Pedro, *Código Penal – Actas e Projecto da Comissão de Revisão,* Lisboa: Rei dos Livros, 2018.

SANTOS, Margarida, «Princípio da legalidade criminal», *in* AAVV, *Comentário da Convenção Europeia dos Direitos Humanos e dos Protocolos Adicionais–Volume II - (org. Paulo Pinto de Albuquerque),* Lisboa: Universidade Católica Editora, 2019, págs. 1347–1367.

SAPORITTI, José Manuel, *A Lei do Orçamento do Estado de 2009 – O Crime de Abuso de Confiança contra a Segurança Social,* monografia policopiada, Guimarães, 2009.

SERRA, Adriano Vaz, Revista de Legislação e Jurisprudência, ano 108, n.º 3554, 1975/1976.

SERRA, Teresa / AMORIM, Cláudia, «Abuso de confiança fiscal, algumas reflexões a partir de um caso concreto», *in* AAVV, *Estudos em memória do Prof. Doutor J. L. Saldanha Sanches – Volume V,* Coimbra: Coimbra Editora, 2011, págs. 467–491.

SILVA, Germano Marques da, *Crimes Fiscais e Aplicação de Penas Privativas de Liberdade – Crimes Fiscais e Direito Penal,* Fundação Mário Soares e Fórum Social - Jornadas Fiscais – 30 de outubro de 1997.

—— *Direito Penal Português – Parte Geral – Teoria do Crime,* Lisboa: Editorial Verbo, 1998.

—— «Imposto, Ética e Crime (tentativa de resposta a algumas interrogações correntes)», *in* AAVV, *Estudos em homenagem ao Professor Doutor Pedro Soares Martinez, Volume II, Ciências Jurídico-Económicas,* Coimbra: Almedina, 2000.

—— *Notas sobre o Regime Geral das Infracções Tributárias aprovado pela Lei n.º 15/2001, de 5 de Junho*, RDJ, Volume XV, Tomo II, Lisboa: Universidade Católica Portuguesa, 2001, págs. 59–70.

—— «Responsabilidade Penal das Pessoas Colectivas – Alterações ao Código Penal introduzidas pela Lei n.º 59/2007, de 4 de Setembro», Revista do CEJ, 1.º semestre, n.º 8 (especial), Coimbra: Almedina, 2008, págs. 69–97.

—— *Direito Penal Tributário – Sobre as Responsabilidades das Sociedades e dos seus Administradores conexas com o Crime Tributário*, Lisboa: Universidade Católica Editora, 2009.

—— «Sobre a Responsabilidade Civil Emergente de Crime Tributário e outras Questões Pertinentes», *in* AAVV, *Estudos em Homenagem ao Professor Doutor Paulo de Pitta e Cunha – Volume II*, (coord. Jorge Miranda, António Menezes Cordeiro, Eduardo Paz Ferreira e José Duarte Nogueira), Coimbra: Almedina, 2010.

—— *Princípios gerais em matéria de contra-ordenações tributárias*, Lisboa: Centro de Estudos Judiciários, 2016, págs. 11–22.

—— *Direito Processual Penal Português – Do Procedimento (Marcha do Processo) – Vol. 3*, 2.ª Edição, Lisboa: Universidade Católica Editora, 2018.

—— *Direito Penal Português – Teoria do Crime*, 2.ª Edição, Lisboa: Universidade Católica Editora, 2018.

—— *Direito Processual Penal Português – Vol. I*, 2.ª Edição (Reimpressão), Lisboa: Universidade Católica Editora, 2019.

—— *Direito Penal Tributário (revista e ampliada)*, Lisboa: Universidade Católica Editora, 2018.

Silva, Isabel Marques da, *Responsabilidade Fiscal Penal Cumulativa – Das Sociedades e dos seus Administradores e Representantes*, Lisboa: Universidade Católica Editora, 2000.

—— *Considerações acerca da Responsabilidade por Dívidas e por Infrações tributárias dos membros dos corpos sociais*, RDJ, *Volume XVI, Tomo I*, Lisboa, 2002, págs. 265–279.

—— *Responsabilidade Subsidiária – Artigo 24.º Lei Geral Tributária, Revista das Finanças Públicas e Direito Fiscal, Ano I, n.º 2, IDEFF*, Coimbra: Almedina, 2008.

—— «*Nullum Crimen, Nulla Poma, Sine Lege Praevia*: A Inexistência de Infracção Tributária nos Casos de não Entrega de IVA não Recebido», *in* AAVV, *Estudos em Homenagem ao Professor Doutor Paulo de Pitta e Cunha – Volume II*, (coord. Jorge Miranda, António Menezes Cordeiro, Eduardo

Paz Ferreira e José Duarte Nogueira), Coimbra: Almedina, 2010, págs. 257–266.

—— *Regime Geral das Infracções Tributárias, n.º 5*, Reimpressão da 3.ª Edição, cadernos do IDEFF, Coimbra: Almedina, 2016.

Silva, Pedro Gama da, *A Prescrição no Direito Penal Português*, Coimbra: Almedina, 2018.

Silva, Suzana Tavares da, *Direito Fiscal – Teoria Geral*, Coimbra: Imprensa da Universidade de Coimbra, 2013.

Sottomayor, Maria Clara, *Regulação do Exercício das Responsabilidades Parentais nos Casos de Divórcio*, 8.ª Edição, Coimbra: Almedina, 2021.

Sousa, Alfredo José de, *Infrações Fiscais (Não Aduaneiras) – anotada*, 3.ª Edição, Coimbra: Almedina, 1998.

—— «Direito Penal Fiscal – Uma Prospectiva», *in* AAVV, *Direito Penal Económico e Europeu: Textos Doutrinários – Volume II, Problemas Especiais*, Coimbra: Coimbra Editora, 1999, págs. 147–172.

Sousa, Domingos Pereira de, *Direito Fiscal e Processo Tributário*, Coimbra: Coimbra Editora, 2013.

Sousa, Jorge Lopes de, *Sobre a Prescrição da obrigação tributária: notas práticas*, 2.ª edição, Lisboa: Áreas editora, 2010.

—— *Código de Procedimento e Processo Tributário – Volume I (1.º a 95.º c) – Anotado e Comentado*, 6.ª edição, Áreas Editora, 2011.

—— *Código de Procedimento e Processo Tributário – Volume III (148.º a 238.º) – Anotado e Comentado*, 6.ª edição, Lisboa: Áreas Editora, 2011.

Sousa, Jorge Lopes de / Santos, Manuel Simas, *Contra-ordenações – Anotações ao Regime Geral*, 4.ª Edição Lisboa: Vislis Editores, 2007.

—— *Regime Geral das Infracções Tributárias – Anotado*, 4.ª Edição, Lisboa: Áreas Editora, 2010.

Sousa, Luís dos Milagres e, *Fraudes Tributárias e o Crime Continuado*, Coimbra: Almedina, 2010.

Sousa, Marcelo Rebelo de / Matos, André Salgado, *Direito Administrativo Geral – Tomo I – Introdução e Princípios Fundamentais*, 3.ª Edição, Lisboa: Dom Quixote, 2008.

Sousa, Susana Aires de, «Sobre o bem jurídico-penal protegido nas incriminações fiscais», *in* AAVV, *Direito Penal Económico e Europeu: Textos Doutrinários, Volume III*, Coimbra: Coimbra Editora, 2009, págs. 293–319.

—— *A infracção fiscal (e a sua natureza) no direito português: breve percurso histórico*, Boletim de Ciências Económicas, LIII, 2010, págs. 39–59.

—— «Os crimes fiscais na Alemanha e em Portugal: entre semelhanças e diferenças», *in* AAVV, *Direito Penal. Fundamentos dogmáticos e político-criminais. Homenagem ao Prof. Doutor Peter Hünerfeld*, Coimbra: Coimbra Editora, 2013, págs. 1111–1137.

—— *A Responsabilidade Criminal pelo Produto e os Topos Causal em Direito Penal – contributo para uma protecção penal de interesses do consumidor*, Coimbra: Coimbra Editora, 2014.

—— *A natureza jurídica da infração fiscal no direito português: oscilando entre crime e contraordenação – Contraordenações Tributárias*, Lisboa: Centro de Estudos Judiciários, 2016, págs. 71–78.

—— «Causalidade e imputação: proposta de um modelo (o modelo da imputação causal de resultados criminalmente desvaliosos), *in* AAVV, *Estudos Comemorativos dos 20 anos da FDUP – Volume II*, Coimbra, Almedina, 2017, págs. 767–787.

—— *Questões Fundamentais de Direito Penal da Empresa*, Coimbra: Almedina, 2019.

—— *Os Crimes Fiscais – Análise dogmática e Reflexão sobre a legitimidade do Discurso Criminalizador*, Coimbra: Almedina, 2021.

Sutherland, Edwin H. / Cressey, Donald R. / Luckenbil, David F., *Principles of Criminology*, Lanham: General Hall, 1992.

Tavares, Tomás Cantista, *IRC e Contabilidade – Da Realização ao Justo Valor*, Coimbra: Almedina, 2018.

Teixeira, António Braz, *Direito Fiscal*, Lisboa: AAFDL, 1982.

—— *Princípios de Direito Fiscal, Volume I*, 3.ª Edição, Coimbra: Almedina, 1999.

Teixeira, Carlos de Azevedo, *Tantos condenados por crimes...prescritos*, Porto: Legis Editora, 2008.

Teixeira, Glória, *Relações entre a tributação dos rendimentos do trabalho dependente e as contribuições para a segurança social Tributação do Trabalho Dependente – Relação com as contribuições para a segurança social*, Porto: Vida Económica, 2000.

—— *Estudos de Direito Fiscal – Teses selecionadas do I Curso de Pós-Graduação em Direito Fiscal*, Porto: Almedina, 2006.

—— *A Fraude Fiscal e o Princípio da Transparência*, CTF, n.º 422, julho/dezembro de 2008, págs. 25–42.

—— *Estudo sobre as Infrações Tributárias – III Congresso de Direito Fiscal*, Porto: Vida Económica, 2013.

—— «Estudo sobre as infrações tributárias», *in* AAVV, *Infrações Económicas e Financeiras, Estudos de Criminologia e Direito*, Coimbra: Coimbra Editora, 2014, págs. 571–579.

—— *Contraordenações tributárias e políticas fiscais: breve análise,* Lisboa: Centro de Estudos Judiciários, 2016, págs. 65–68.

—— *Códigos Anotados e Comentados – CIRS,* Porto: Lexit Editora, 2017.

—— *Manual de Direito Fiscal,* 5.ª Edição, Reimpressão, Coimbra: Almedina, 2019.

Tixier, G. / Guest, G., *Droit Fiscal,* Paris: Librairie Générale de Droit et de Jurisprudence, 1976.

Tomé, Maria João Romão Carreiro Vaz, «Anotação ao Artigo 2003.º do Código Civil», *in* AAVV, *Código Civil Anotado – Livro IV – Direito da Família,* 2020, págs. 1051-1057.

Torrão, Fernando, *A Relevância Político-Criminal da Suspensão Provisória do Processo,* Coimbra: Almedina, 2000.

—— «Admissibilidade da suspensão provisória nas situações previstas pelo artigo 16.º, n.º 3 do CPP», *in* AAVV, *Estudos em Homenagem ao Professor Doutor Jorge de Figueiredo Dias, Volume III,* Coimbra: Coimbra Editora, 2010, págs. 1208–1213.

—— *Societas Delinquere Potest?,* Coimbra: Almedina, 2018.

Tranquillo, Tulio / Ferrante, Vincenzo, *Nozioni di diritto della previdenza sociale,* 2.ª Edição, Milão: Wolters Kluwer Ipsoa, 2006.

Trigo, Maria da Graça, «Comentário ao artigo 339.º do Código Civil», *in* AAVV *Comentário ao Código Civil – Parte Geral,* Lisboa: Universidade Católica Editora, 2014.

trotabas, Louis / Cotteret, Jean-Marie, *Finances Publiques,* 8.ª Edição, Paris: Dalloz, 1996.

Varela, Antunes, *Das Obrigações em Geral – Vol. I,* Coimbra: Almedina, 10.ª Edição, 2013.

Varela, Raquel, *A Segurança Social é Sustentável – Trabalho, Estado e Segurança Social em Portugal,* Lisboa: Bertrand, 2013.

Vasques, Sérgio, *Eça e os Impostos – textos coligidos por Sérgio Vasques,* Coimbra: Almedina, 2000.

—— *O Princípio da Equivalência como Critério de Igualdade Tributária,* Coimbra: Almedina, 2008.

—— *Manual de Direito Fiscal,* 2.ª Edição, Coimbra: Almedina, 2018.

—— *O Imposto Sobre o Valor Acrescentado,* Coimbra: Almedina, 2020.

Veiga, António Miguel, *Da obrigação familiar de alimentos e das consequências penais do respetivo incumprimento o actual exemplo português,* RCEJ, 2016–I, págs. 195–239.

VEIGA, Catarina / SANTOS, Cristina Máximo dos, *Constituição Penal,* Coimbra: Coimbra Editora, 2006.

VIANA, João Matos, *Contra-Ordenação por falta de entrega da prestação tributária: coima a determinar por referencia a percentagem da prestação devida, seu limite mínimo e sua atenuação especial – Comentário ao Acórdão de 13.10.2010 do Supremo Tribunal Administrativo,* Coimbra: Revista de Finanças Públicas e Direito Fiscal, Ano 3, n.º 4, 2011, págs. 303–324.

VIEIRA, Vasco Sousa, *Sobre a Suspensão da Execução da Pena de Prisão nos Crimes Tributários: Análise de Alguns Problemas Emergentes da sua Especialidade e Contributo para a sua Compreensão,* RPCC, 2018, págs. 239–278.

VILELA, Alexandra, *O Direito de Mera Ordenação Social – Entre a ideia de "recorrência" e a de "erosão" do direito penal clássico,* Coimbra: Coimbra Editora, 2013.

WELZEL, H., *Teoria da Infração – crimes dolosos,* In *Textos de apoio de Direito Penal, Tomo II,* Lisboa: AAFDL, 1983/1984.

—— *Teoria da Infração – crimes negligentes,* In *Textos de apoio de Direito Penal, Tomo II,* Lisboa: AAFDL, 1983/1984.

XAVIER, Alberto P., *Manual de Direito Fiscal,* Lisboa: Livraria Petrony, 1981.

XAVIER, Cecília, *A proibição da aplicação analógica da lei fiscal no âmbito do Estado Social de Direito,* Coimbra: Almedina, 2006.

XAVIER, Rita Lobo, *Recentes Alterações ao Regime Jurídico do Divórcio e das Responsabilidades Parentais,* Coimbra: Almedina, 2010.

Fontes

—— Intervenção da Prof. Doutora Glória Teixeira, na Conferência de 15 de janeiro de 2016, no Centro de Estudos Judiciários, disponível em https://educast.fccn.pt/vod/clips/drtq0mm2v/flash.html.

_____ Jornal Económico, Edição de 26 de janeiro de 2017.

_____Relatório da Direção-Geral da Política de Justiça, *Os números da Justiça,* Ministério da Justiça, 2018.

_____www.pordata.pt.